语言产业与文化传播研究

Language Industry and Cultural Communication

李艳 著

中国传媒大学出版社
·北京·

自 序

一、人生代代无穷已

今天,雪后的北京最低温度达到零下16度,有可能是今冬最冷的一天。早上,天还未亮时,我看到了姥姥,姥姥走路利索、说话清晰,告诉我她现在不喜欢吃糖了,让我别再给她买糖。姥姥好好的,我很开心,心想姥姥这不是又挺过来了吗?等我准备和姥姥说话时,却醒了。

2019年的秋天,姥姥走了,而我,在一个多月之后才被告知。那一刻,我深深体会到了什么是撕心裂肺、无力回天。姥姥出生于1927年,3岁丧母,后母不善,幸有奶奶、舅舅给予些许温暖。如灰姑娘一般的姥姥后来并没有遇到童话故事里的"王子",于21岁开始"守寡",那时,我的妈妈两岁。姥姥带着妈妈,还要照顾妈妈的爷爷和奶奶,后来,心胸宽厚的姥姥甚至还帮助照料被送到老家的、妈妈同父异母的弟弟。姥姥干活从不惜力,听妈妈讲,姥姥当过生产队长,在"低指标"的那几年,吃集体食堂,因为粮食不够吃,姥姥总是跟食堂的人说,打回家吃,到家说在食堂吃过了,就这样两头瞒着,等妈妈发现的时候,姥姥已经瘦脱了形。

姥姥生在除夕,名中有一个"梅"字,正如这雪中寒梅,苦难没有丝毫改变姥姥善良的本性,有的只是越发坚韧的品格。姥姥小时候没有条件读书识字,不会讲什么深奥的道理,但姥姥给予我全身心的爱,培养了我爱的能力;与人为善、不怕吃苦、乐于付出……这些优秀品质是姥姥给我的珍贵财富。

姥姥给我的爱如山、如海,我一直想回报,却如碎石、如杯水。2007年4月,我在博士学位论文的后记中写道:"在博士即将毕业的时候,脑海中常常浮现儿时初入学堂的情景,还有一些总会萦绕心头的记忆片段。寒冷的清晨,起早烧火做饭、耐心唤起怕冷不愿出被窝的我;酷热的夜晚,摇着蒲扇,为我驱走蚊虫和暑气;无数个日子,站在大院的门口,注视着我上学的背影渐渐远去。她就是我的姥姥,给予我最无私的爱、为我付出心血最多的人。一次次毕业,我都没有表达对姥姥的谢意。姥姥不识字,但姥姥温和、宽厚的目光是我求学路上的暖阳。我知道,无论我走得再远,姥姥都在背后远远地望着我……"写到这里,泪水又一次模糊了双眼。我相信,姥姥依然在远远地望着我、护佑着我。

随着年龄的增长,越来越相信一些事情其实早已命中注定。所谓"性格决定命运",你将走怎样的路、遇到怎样的人、做出怎样的抉择,剧本或许早就写好,只不过不能"剧透",每个人都得认认真真、本色出演一场人生大戏。

现在回首去看人生过往,自己就是一个晚知晚觉、后知后觉的人,姥姥赋予了我善良与坚韧、父亲培养了我"不用扬鞭自奋蹄"、母亲遗传给我乐观与豁达。但是,不能苛求的是,姥姥和父母都没能教给我更多的人生智慧,当我17岁去上大学,特别是2001年来到北京读研究生,人生的"闯关游戏"才真正开始。

高中和大学阶段,我一直扮演着"别人家孩子"的角色,常规操作就是"放弃",放弃保送读大学、放弃保送读研究生、放弃留校、放弃大家看好的工作机会。那时,因为机会来的容易,所以不懂珍惜。

21岁大学毕业,如愿成为一名电视新闻记者;24岁,以第一名的成绩考入公务员队伍。"不想过一眼看到底的人生"、追求未知的我,开始了在广院读研、接着又被保送读博的日子。

2004年,我在广院南门外,亲眼目睹"北京广播学院"的牌子被小心翼翼地取下,转瞬之间挂上了"中国传媒大学"的新校牌。如果以进入博士研究生阶段作为我学术研究生涯起点的话,那么,这一年,"命运的齿轮开始转动",尽管未来充满未知,习惯使然,自己还是坚定地迈步向前。

二、江月年年望相似

走啊走,蓦然回首,已走过了二十年。这个二十年,有着前一个二十年所未经历过的苦辣酸甜、坎坷泥泞、至暗时刻;这二十年,感觉自己一直在赶路,有时是在手脚并用地爬山,很多时候是披星戴月地走着。前二十年所养成的品性给了自己后二十年面对困苦、伤痛的能力以及勇于进取的力量。

2022年11月,办公室需要从本部教四楼搬至北一区文科楼,书整整装了26箱。朋友们在帮助我整理打包的过程中,发现我竟然写了那么多文字,感叹我一路走来太不容易!说实话,我只顾埋头赶路,至于写了多少,自己没有概念。

接受朋友的动议，汇集这些文稿并进行筛选，对文章做必要的修改加工，对篇章予以分类并按内容逻辑排列顺序，定名《语言产业与文化传播研究》。2023年5月，整部书稿完工。研究内容根据我二十年学术之路的三个阶段，分别命名为拓荒之路、转型之路和启航之路。从2004年，学术"启航"到2007年专业"转型"，再至2010年走上学科"拓荒"之路。选择在中国传媒大学出版社出版这本书，也有从"启航"之地再回首之意。

从"启航"到"转型"，再到"拓荒"，感觉走了很远的路，回首望去，由近及远，还是留下了一串脚印的。这或深或浅的脚印，串联起我从东五环外到西三环边、从国内到国外、从大陆到台湾，一路观察、思考、写作的学术印记。

从怀揣梦想执着"启航"到命运安排切换"转型"，再至被选择投身"拓荒"，每一段路程，仿佛都在星夜兼程；每一篇文章，往往都有月光陪伴。对"月亮"这一有形物体以及"月光"所产生的无形意象的莫名情感，可以用"情不知所起，一往而深"来形容。我将微信取名Moonlight；行走在祖国广袤的大地上，在草原问"月"，知其蒙语为"萨仁达尼"；在高原询"月"，记住其藏语为"达娃卓玛"；在新疆访"月"，有了维语之名"阿依努尔"……安静、柔和的月光在静谧的深夜中，也能为跋涉的旅人照亮前行的路。

在路上，看着车窗外的景物快速掠过、看着陌生城市的灯河闪烁，一些经年往事的片段常常在脑海中划过。清晰地记得中学时的梦，梦到自己抱着书、迎着初升的太阳，朝气蓬勃地走在大学的校园里，身边有白鸽飞过。在大学里，我被评为校首届十佳三好学生，学校的宣传栏里，不仅张贴大照片，还让写一段感言。回想起中学时的那个梦，我写下了感言的标题——"我是来寻梦的"。

或许，我是一个对"梦"有执念的人；有时，我也愿意相信自己是带着前世的记忆来寻梦的。

我想将这本用人生最美好的二十年所完成的"月光集"，献给我的姥姥、爸爸和妈妈！

三、二十年学术自叙

这里是"自序"，也是"自叙"。目录所列的拓荒之路、转型之路和启航之路三部分，从时间线索来说，属于倒叙排列。本书的三个部分——语言产业研究、文化产业研究、文化传播研究，时间跨度二十年：

2003年，我在北京广播学院读硕士研究生，专业是电视新闻。那一年，广院历史上有了第一拨"硕博连读"（也被称作"直博"）的学生，共17人，我是其中之一。电视新闻记者的从业经历和专业所学,涵养了我的人文关怀理念,培养了以"人"为中心视角的学术研究习惯。以此为背景,我将博士学位论文的题目确定为"在人际传播与大众传播的交叉点上——电视人物专访节目研究"。2005—2006年,在中央电视台《大家》栏目作体验式调研,感谢栏目组的信任与支持,给我独立担任节目编导的机会,丰富了我的研究视角,使我能够获得更多的一手资料。2005年11月,我参与了周有光先生专访节目的制作,先生还签名送我《百岁新稿》和《浪花集》。那时,怎知几年后,我的学术之路会与语言文字领域发生更为密切的关联。现在看来,似乎又是一种冥冥之中的"注定"。

2007年4月1日,我成为本专业唯一一位被抽中毕业论文匿名评审的博士生,"中签"后要求一周内提交送审的论文。为了把论文改到自己满意的程度,我表面的沉着冷静和内心的忙慌焦灼打了六天架,到第七天中午,开始出现剧烈的胃绞痛,同学连忙将我送到校医院。采血化验等检查下来,并没有发现什么明显问题,医生于是问我是不是在赶毕业论文,"一早来了一个女生,症状和你一样……"

当我在留广院和去外校之间犹豫的时候,导师叶凤英教授建议我不妨到一片未知的天空翱翔。2007年7月,我从东五环以东来到了西三环边上的首都师范大学。正如我在2022年4月出版的《语言消费论》一书的后记中所写的:"到了首都师范大学,我的任务是投身于新建的文化产业管理方向,起初的3年里,自学经济学、管理学、社会学、心理学、广告学、市场营销、民俗学、人类学……承担了本科生的10多门课程。"在2007到2012年这段时间,除了本科生教学任务,还担任传播学、文化产业这两个研究方向的硕士生导师。教学与研究相互促进,我开始关注旅游产业、影视传播、网络视频和微博传播等问题,先后在《人民日报》发表了《综艺节目的"火"还能怎么烧》《不妨先做"资产评估"》,以及《"非遗"传承人开办"家庭博物馆"的意义与策略》《对北京胡同旅游产品深度开发的思考——以什刹海地区为例》《发掘优势文化资源,激发游客体验兴趣》《京津冀区域特色旅游合作开发研究》《当前我国网络视频内容生产的新趋向》《对当前中国电影产品跨文化传播状况的实证调查》《我国人物传记电视剧制作与传播的实证研究》《新生代女性农民工与微博传播——以四个不同定位的微博为例》等一系列期刊论文。《对电视人物专访节目社会功能与评价标准的思考》《"合作"与"冲突"——电视人物专访的基本交流模式与策略分析》《对改革开放以来电视新闻创新发展的思考》《透过"包装"看电视媒体的品牌营销策略》《新竞争环境下的电视编排趋向》等文章是刚博士毕业之初,延续自己电视新闻专业思考所陆续发表的。

2012年秋,公派赴美国访学一年。在加州太平洋大学白塔对面的公寓中,完成了

《产品供给视角下的美国语言教育培训行业分析》和《中小学媒介素养教育实施路径探析》;从旧金山到芝加哥、从芝加哥到安娜堡,在密歇根大学,通过在高校、社区的走访、调研,我对文化传播与语言传播的关系有了进一步的思考,《在文化传播中拓展语言传播 以语言传播深化文化传播》于回国后发表。此后,又完成了《孔子、孔子学院的海外认同与中国文化的对外传播》一文。

2014年,受邀到台湾元智大学访问交流。结合在台湾的调研和思考,撰写了《"人"文化主体性的激发与城乡文化治理的创新》《对中国文化创意阶层生成与发展的"人本"思考》。这一年,我参加了国家语委首期"语言文字应用研究中青年学者研修班"。

2015年,可以用"多事之秋"来形容,父亲、姥姥、母亲相继住院,我在北京、邯郸两地奔波,在深夜才能有一段安静工作的时间。2016年春节期间,国家社科基金项目申报书提交前的最后几天,基本上都是熬到凌晨四五点钟,那时,姥姥总会在半夜拄着拐杖,从卧室缓慢地挪到客厅,坐到我身边,看着我、陪着我。

2016年6月,"'一带一路'建设中的语言消费新问题及其对策研究"在语言学学科获得国家社科基金立项。从《语言产业视野下的语言消费研究》《"一带一路"建设中的语言消费问题及其对策研究》《语言消费:基本理论问题与亟待搭建的研究框架》等系列论文中,可以看出自己对语言消费问题思考不断深入的过程。以此为基础,作为我国首部语言消费研究专著,《语言消费论》于2022年出版。

2017年秋冬,参加国家语委首期"语言文字中青年学者国外研修项目",在英国谢菲尔德大学访学。《基于大语言产业观的语言培训业供给侧治理思考》《基于语言服务视角的语言康复行业状况及对策研究》是赴英之前完成的对语言培训、语言康复这两个语言行业的研究。回国后,撰写并发表了万余字的访学报告《对当前英国语言产业及语言服务状况的调查与思考》。

2018年,《语言产业研究》学术辑刊创刊,我担任主编,为创刊号撰写了《从"产业观"到"大产业观":对语言产业研究演进的梳理与理论思考》。同年,承担国家语委托项目"新技术与新需求视角下的2022年冬奥会语言服务",围绕项目研究,产出了系列论文成果。

2017年,出版了《名不虚传——北京老字号的语言与文化》和《新媒体时代的语言生活》(合著)。2018年,主编了《北京语言生活状况报告(2018)》。

2019年2月18日,中共中央、国务院印发了《粤港澳大湾区发展规划纲要》;3月23日,中国语言产业研究院在横琴主办"粤港澳大湾区语言文化学术沙龙";年底,与团队师生一起初步完成《粤港澳大湾区语言产业调查报告》；2020年4月11日，《语言产业助力粤港澳大湾区建设》在《光明日报》刊发。

2020年初，在新冠疫情发生后，提出"语言是生产力，也是战斗力"这一命题，关注疫情防控中出现的语言现象，并在"语言产业研究"公众号推出系列文章。2月22日，在《光明日报》发表《语言是生产力，也是战斗力——疫情防控中的语言产品与服务》，呼吁关注重大突发事件中的语言服务问题。2020年秋，全国语言文字会议召开，《大力发展语言产业　服务国家语言战略》是在这一背景下的思考与建议，应邀刊发在《中国教育报》。

作为语言产业研究从无到有整个发展过程的亲历者，语言产业研究已经与我的学术生命融为一体，我在《语言消费论》的后记中写道："每个人来到这个世界上，都有着自己的使命和宿命，当走过一段人生旅程后，回首可能会发现，过往的足迹是一串偶然构成的必然。……在北京广播学院—中国传媒大学的6年间，我的专业是电视新闻；到了首都师范大学，我的任务是投身于新建的文化产业管理方向。现在回想起来，那段被动进行跨学科拓展、如海绵吸水一样在不同专业间游走的时光，有可能是长跑前的热身。

"2010年春天，毫无征兆地、在懵懂之中被喊去开一个会，在那个小型圆桌会议上，第一次听到一个概念——'语言产业'，而那位满怀激情给我们描绘'语言产业研究'广阔蓝图的人，也是第一次见到，后来才知道他是谁，而他的工作单位我也是第一次听说——北京市语委办。这次会议有很多扑面而来的新信息、新内容，幸好我对于接受'新'的东西已经习以为常了，并不排斥，也不觉得有什么困难。不过，当时也并不知道'语言产业研究'会和自己今后的学术生命产生什么关联。"

2016年，我开始担任"北京语言产业研究中心"主任；2018年，"中心"更名为"中国语言产业研究院"，我担任执行院长。在院长贺宏志研究员的带领下，我们开始规划语言产业研究的学科发展和人才培养，2019年开始招收"语言产业研究"方向博士研究生、硕士研究生；开始建立产学研合作基地、研究生实践教育基地以及专门领域的研究基地。

2020年，在中国语言产业研究系统开展十年的节点上，我们将语言产业研究分为三个阶段：界定概念与内涵外延、搭建研究框架、在建立语言产业数据库的基础上进行语言产业发展规划研究。《语言产业经济学：学科构建与发展趋向》《中国语言产业研究文献计量分析（2010—2021年）》《新时代语言产业规划研究》集中呈现了这一思考。

2020年，我们受国家语委委托，开始进行"中国语言产业发展报告"的相关研究。

2022年,作为阶段成果,我主编的《北京语言产业调查报告》出版。应邀撰写并发表的《语言产业与语言生活》,作为语言产业研究服务国家语言战略、服务社会语言生活的思考成果,也是对中国语言产业研究院团队学术服务、社会服务理念与实践的理论总结。

2021年,受产学研合作基地——科大讯飞委托,主持开展"国际中文教育蓝皮书"项目研究,项目成果于2023年10月在全球中文学习平台年会上发布;作为阶段成果之一,2023年8月发表《中文国际传播策略研究——基于对164国中文传播状况的调查》。

2022年,参加国家语委首期"语言文字应用研究高级研修班";所主持的"中国语言产业数据库建设及应用研究"获批国家语委重点项目。

2023年,代表"术语资源开发应用研究基地"申报的"术语资源开发应用模式路径研究"获批全国科学技术名词审定委员会重点项目,并发表阶段成果《语言产业视角下术语资源开发策略研究》。

轻轻滑动鼠标,翻看这一篇篇文章、一行行文字,总让我不禁想起常常在凌晨时分穿过寂静校园和西三环回家的自己。"江畔何人初见月?江月何年初照人?人生代代无穷已,江月年年望相似。"人生的意义是相对的,也是个性化的;人生的时长是有限的,也基本是未知的。寻找、确定人生的意义,并为这一意义而用心、用情地去努力,这一过程,应该就是人生意义所在吧!

一路走来,要感谢许多的师友!

感谢我的老师叶凤英教授、朱羽君教授、詹福瑞教授;感谢首都师范大学文学院左东岭教授、周建设教授、洪波教授、马自力教授,以及同事冯新华老师、寇志刚老师;"跨界"进入语言文字交叉研究领域后,感谢李宇明教授的引领,感谢冯志伟教授、姚喜双教授、卞成林教授、屈哨兵教授、黄少安教授、亢世勇教授的鼓励,感谢赵世举教授、张维佳教授、叶青编审、陈鹏教授、赵蓉晖教授的帮助;感谢教育部语信司和田立新司长、刘宏副司长,为我的学术成长提供了至关重要的支持;感谢全国科学技术名词审定委员会和裴亚军主任,感谢科大讯飞和汪张龙副总裁及团队,我们在合作中建立了深厚的情谊!

感谢自诩为"学术志愿者"的贺宏志研究员!在担任北京市语委办主任的十年中,以及在担任中国语言产业研究院院长的六年里,贺主任、贺院长开拓语言文字工作的诸多创新之举、对"语言产业研究"的开创及学术组织工作,直接影响了我2010年以后的学术道路,或者说,改写了我的学术生涯。

最后,以我作为导师代表,今年 6 月 6 日,在首都师范大学研究生年度人物颁奖典礼上的寄语为结尾:"从农耕文明到工业文明,再到今天数字技术的飞速发展。人类生存最根本的需求或许与千百年前无异,比如吃饭、睡觉等。那么,推动人类进步的动力之源是什么呢?是对更美好生活的追求。

"美好生活,来自对人类自身认知的不断深化,来自人与自然互动方式的优化以及互动能力的增强等。这一过程,是人类的力量不断增强的过程。

"在这一自我赋能的过程中,有亮丽美景、大道坦途,也会有电闪雷鸣、沼泽险滩。这也是我们每个人要面对的人生之路。

"20 年前,我还在中国传媒大学读研究生;16 年前,我博士毕业来到首师大;13 年前,我投身语言产业研究,开始了学术拓荒之路。

"你们看,人生的 20 年,用一句话就可以简单概括;但是,这一路上你看到的、经历的、体验的、感悟的,是独属于你的财富。

"我总是跟我的学生们说'我不认为自己有资格给你们人生建议,因为我也一直在摸着石头过河,有时也会因为不会游泳而害怕'。

"今天,如果要让我为大家送上一句寄语,那么,我想说——请相信坚守的力量!再过 20 年,希望我们还能再相聚。到那时,请将你们的故事讲给我们听,期待听到、看到不同的人生故事、共同的坚守历程。"

李 艳

2023 年 12 月 16 日

拓荒之路：语言产业研究

语言产业经济学：学科构建与发展趋向 /3
语言产业视野下的语言消费研究 /16
"一带一路"建设中的语言消费问题及其对策研究 /25
语言消费：基本理论问题与亟待搭建的研究框架 /36
从"产业观"到"大产业观"：对语言产业研究演进的梳理与理论思考 /48
语言产业与语言生活 /61
中国语言产业研究文献计量分析（2010—2021年） /73
基于大语言产业观的语言培训业供给侧治理思考 /84
基于语言服务视角的语言康复行业状况及对策研究 /95
北京语言产业发展的背景、现状与任务 /106
语言产业助力粤港澳大湾区建设 /122
产品供给视角下的美国语言教育培训行业分析 /125
对当前英国语言产业及语言服务状况的调查与思考 /134
北京2022年冬奥会语言服务对策思考 /142
语言是生产力，也是战斗力
　　——疫情防控中的语言产品与服务 /154
大力发展语言产业 服务国家语言战略 /157

转型之路：文化产业研究

"人"文化主体性的激发与城乡文化治理的创新
  ——以中国台湾20世纪90年代以来的"社区营造"为研究参照　/161
对中国文化创意阶层生成与发展的"人本"思考
  ——基于一种"人物志"的研究方法　/173
"非遗"传承人开办"家庭博物馆"的意义与策略　/185
对北京胡同旅游产品深度开发的思考
  ——以什刹海地区为例　/195
发掘优势文化资源，激发游客体验兴趣　/200
京津冀区域特色旅游合作开发研究　/207
当前我国网络视频内容生产的新趋向　/213
综艺节目的"火"还能怎么烧　/221
不妨先做"资产评估"　/223

启航之路：文化传播研究

在文化传播中拓展语言传播 以语言传播深化文化传播　/227
孔子、孔子学院的海外认同与中国文化的对外传播　/236
对电视人物专访节目社会功能与评价标准的思考　/243
"合作"与"冲突"
  ——电视人物专访的基本交流模式与策略分析　/247
我国人物传记电视剧制作与传播的实证研究　/252
对改革开放以来电视新闻创新发展的思考　/260
透过"包装"看电视媒体的品牌营销策略　/266
新竞争环境下的电视编排趋向　/271
对当前中国电影产品跨文化传播状况的实证调查
  ——以在京外国留学生为调查对象　/275
中小学媒介素养教育实施路径探析　/282

附　录　/289

拓荒之路：
语言产业研究

改革开放后,随着以语言资源为基础的语言产品的供需关系逐步形成,语言培训、语言翻译等行业率先萌芽并得到迅速发展;此后,语言出版、语言技术、语言测评、语言艺术、语言创意、语言康复、语言会展等行业也相继产生,这些语言行业共同构成了语言产业。

语言产业在新兴产业中具有基础性地位,语言会展、语言康复、语言技术、语言测试、语言创意属于新业态、新经济,以语言智能为代表的语言技术属于新技术。在产业体系中,语言产业具有广泛的渗透性,尤其在教育、通信、信息、旅游、文化、广告等产业中,语言产品、语言服务往往是作为一个要素或某个环节产生作用,这使得语言产业在整个知识产业或广义的信息产业中具有特殊地位。语言是生产力,语言产品是每个人的生活必需品,每个人都是语言消费者。

在不断满足消费主体语言能力提升、语言转换、语言技术、语言创意与艺术需求及公共语言产品需求的过程中,语言产业因其具有的文化、经济功能及由此产生的对社会发展、文化软实力的影响,而在国家内政外交、经济、社会、文化的发展中发挥着日益重要的作用。

语言产业研究,是语言经济学研究的深化和发展的重要增长点,属于产业经济学的分支,介于微观、宏观经济学之间,旨在通过对中观层面经济活动及规律的研究,解决语言产业理论与实践问题,推动语言产业发展。同时,在区域发展中,语言产业助力新旧动能转换、新经济与新业态发展,并通过语言产业相关业态的发展,为深化语言文化认同、构建和谐语言生态服务。

本部分按照"语言产业理论思考—业态分析—区域研究—国别研究—拓展研究—趋势研究"的逻辑思路展开,以期理论研究与实践分析相结合、核心问题与拓展思考相结合、现状研究与趋势探讨相结合,多视角、全景式地展现语言产业与社会生活、语言产业与区域发展、语言产业与国家形象之间的密切关系。

语言产业经济学：学科构建与发展趋向

语言产业经济学是以语言产业为研究对象的经济学，是关于语言产业的产业经济学研究。语言产业作为一个新兴产业，特别是一个以新技术为重要特征、以高端服务经济为主要内容的产业，其在产业结构、产业关联、产业发展等方面，都与传统产业有着较为明显的差异，本文旨在进一步梳理语言产业的产业特性，探析从产业经济学角度对语言产业进行研究的主要方法、内容，并搭建语言产业经济学研究的基本框架。

一、语言产业经济学的学科定位与相关概念

（一）学科定位

语言产业经济学是在产业经济学的视野下，运用产业经济学的方法对语言产业进行研究的新兴学科，主要研究内容包括语言产业的产业结构、供需状况、比例关系、投入产出情况、行业构成、各行业之间的相互关系、地区分布、产业发展政策等。

从现阶段的学科定位来看，语言产业经济学是介于微观、宏观经济学之间，对中观层面经济活动及规律进行研究的、理论与应用并重的经济学学科，以解决语言产业实践问题、推动语言产业发展作为重要任务。概而言之，语言产业经济学是产业经济学的一个分支，是语言经济学深入实践领域的需要。

（二）相关概念

语言产业经济学是对语言产业所进行的产业经济学研究，语言产业是语言产业经济学的核心概念，产业经济学和语言经济学是语言产业经济学的亲缘概念，服务经济学是语言产业经济学的相关概念。

1. 语言产业：语言产业经济学的核心概念

语言产业是以语言为内容、材料，或是以语言为加工、处理对象，生产出不同语言

产品以满足各种语言需求的产业形态。目前,较为典型的语言产业业态包括语言培训、语言出版、语言翻译、语言技术、语言艺术、语言创意、语言康复、语言会展、语言测试等。

中国语言产业产生于20世纪80年代,各个行业起步有先后,构成与规模亦不均衡。其中,语言培训、语言翻译行业起步较早,企业数量众多,整体规模较大;语言技术行业起步虽略晚于前两个行业,但后来居上,呈高速发展态势,注册资本量巨大,并且为其他语言行业的发展提供了技术支撑,促使传统语言业态现代化,如语言出版、语言测评行业等。随着对语言资源经济属性认识的不断深入,语言产业在语言资源保护、传承以及相关产品研发、传播中的重要功能日益显现。当前,经济发展从以要素驱动、投资驱动为主的阶段,进入主要依靠创新驱动的阶段,培育壮大新动能、促进新旧动能接续转换,成为中国经济高质量发展的重要战略。在主要由新技术、新产业、新业态、新模式等构成的新动能中,以新经济为特征的语言产业在新一轮科技革命和产业变革中,直接为新动能的壮大贡献力量;同时,以语言智能为代表的语言技术行业为其他新技术、新经济、新业态发展提供着必不可少的技术支持,成为新旧动能转换的"助推器"。[1]

语言产业研究旨在对国民经济中已经具有一定规模或者具有一定发展空间的语言行业进行分类研究,通过统计分析,掌握其对于国民经济的贡献度,以及在发展中面临的问题,并对语言产业的发展对策进行探究。

2.产业经济学、语言经济学:语言产业经济学的亲缘概念

产业经济学是以产业为研究对象的经济学,研究内容包括产业组织、产业结构、产业关联、产业布局、产业发展和产业政策等,既包括产业内各企业之间的市场关系研究,也涉及单个企业内部的结构问题分析等。产业经济学产生于20世纪上半叶,20世纪70年代后逐渐成为国际公认的一门经济学学科,狭义研究主要分布在欧美国家,以聚焦产业组织研究为主要特点;日本、中国等亚洲国家的产业经济学研究从产业组织扩展到了产业结构、产业关联以及产业政策,被认为属于广义研究。[2]

关于产业经济学与微观、宏观经济学的关系,研究者的观点尚存在一定分歧:一种观点认为,产业经济学是以微观经济学为理论基础并侧重于应用研究的一门学科,但持此观点的学者们也关注到近年来产业经济学呈现出向理论化学科发展的趋势,不仅促进了规制经济学、劳动经济学等经济学科的产生与发展,而且对宏观经济学的研究也产生了一定的影响。[3]另一种观点认为应将其视为介于微观、宏观经济学之间的中观经济学,因为其既不同于研究单个企业和消费者经济行为的微观经济学,也不同于

---

[1] 李艳,贺宏志.大力发展语言产业 服务国家语言战略[N].中国教育报,2020-10-10(2).
[2] 王定祥,冉光和,李伶俐.产业经济学的发展及与其他学科的交融[J].重庆社会科学,2007(8):13-18.
[3] 马广奇.产业经济学在西方的发展及其在我国的构建[J].外国经济与管理,2000(10):8-15.

研究国民经济总体的宏观经济学，而是对产业间、产业内部企业间的经济关系等中观层面经济活动及规律进行研究的理论经济学。产业经济学中的产业组织理论是微观经济学的延伸，产业结构、关联、布局、发展等理论是宏观经济总量分析的具体化，微观、宏观经济学正是通过产业经济学实现紧密连接，从而构成一个有机整体。①

由于语言产业本身的特性，有必要在产业经济学领域进行专门的语言产业经济研究。语言产业是一个以新技术为重要特征、以高端服务经济为主要内容的产业，在产业结构、产业关联、产业发展等方面，都与传统产业有着较为明显的差异，因此，有必要结合语言产业的产业特性，在产业经济学的视野下，建立语言产业经济学研究的理论框架。

语言经济学是以语言变量为研究对象的经济学研究，旨在从经济学的角度来研究语言问题，同时，也研究语言与经济之间的关系，如语言及言语行为对经济理论、方法或经济绩效的影响与作用。近年来，语言经济学的研究内容不断丰富，如关注语言能力对劳动者收入的影响，认为语言学习是对人力资本的一种投资，包括母语水平和使用外语的人数、熟练程度在内的国民总体的语言能力，是该国人力资本的一个重要组成部分；语言能力的提升能够增强不同语言群体之间的经贸往来，降低经济活动协调、管理、信息交流的成本。②

目前，语言产业引发的经济现象日益成为语言经济学研究的重要内容。语言经济学与语言产业经济学的关系是：前者的研究对象是语言问题，后者的研究对象为语言产业，语言产业是语言问题的重要组成部分；前者侧重于对语言的经济属性及相关问题的理论阐述，后者在对相关理论问题进行研究的基础上，侧重于对语言产业组织、政策等问题的实证思考；前者可以为后者提供一定的理论和方法支持，后者是前者与实践结合的契合点。③

山东大学语言经济学研究团队黄少安教授认为语言经济学研究未来应关注三类问题：一是语言经济学的基本理论问题，用经济学方法研究语言起源和演变、语言人力资本问题等；二是具体的语言经济问题，包括中国人学习外语的经济效应评估、语言扶贫和少数民族地区经济社会发展；三是对语言产业的研究，包括语言产业的宏观政策、语言产业规划等。④ 从中可以看出，语言产业经济学是语言经济学发展的重要增长点。可以说，语言产业经济学研究是语言经济学与实践结合的产物，其从诞生之始就肩负着"从实践中来，到实践中去"的使命。语言产业所属各行业发展状况、运行方式

---

① 简新华.产业经济学发展的几个基本理论问题[J].经济评论,2000(3):41-42.
② 黄少安.经济学视野中的语言：几个基本问题[EB/OL].(2016-11-25)[2017-03-18].http://www.cssn.cn/yyx/yyx_tpxw/201611/t20161125_3289739.shtml.
③ 李艳.语言经济学和语言产业之间的关系[EB/OL].(2016-11-24)[2017-03-18].http://ex.cssn.cn/zt/zt_xkzt/xkzt_yyxzt/yyxzdjcxky/yycy/yyjjxyycydgx/201611/t20161124_3288949.shtml.
④ 孙美娟.拓宽语言经济学研究路径[N].中国社会科学报,2020-05-06(1).

不同,产业发展亟须将理论与实践相结合,微观、中观、宏观相结合进行专门、系统的研究,因此,构建语言产业经济学研究体系是十分必要的。

3.服务经济学:语言产业经济学的相关概念

服务经济学是以服务产业为对象的经济学研究,是研究服务产品生产和交换过程中的经济关系及其规律的科学,服务产品是服务经济学的主体经济范畴。① 英国经济学家、新西兰奥塔哥大学教授阿·费希尔(A. G. B. Fisher)被认为是服务经济理论的创始人,其提出的"三个产业"理论对产业经济学和国民经济核算理论产生了重大影响。该理论认为,社会经济的发展会依次从第一产业(农业)占优势的经济过渡到第二产业(工业)、第三产业(服务部门)占优势的经济。二战后,欧美国家国民经济中服务部门迅速发展,催生了服务经济学这一新学科。该学科代表性学者、美国经济学家维克托·R.富克斯(Victor R. Fuchs)认为,随着社会分工和专业化的深化,社会对服务业和服务产品的最终需求增长加快,推动了专门为生产企业服务的组织的产生,从而使得服务业就业人数急剧增加。当一个经济体中服务业的就业人数超过50%时,便可以认为该经济体进入了服务经济时代。② 美国经济学家丹尼尔·贝尔(Daniel Bell)将富克斯的理论发展成为"后工业社会"理论,认为在后工业社会,生产与消费都不再以物质产品为主,而是以服务为主。③

服务经济时代,知识、信息和智力要素的生产、扩散与应用成为经济增长的主要推动力,以科技和人力资本的投入为核心生产方式,经济社会发展主要建立在服务产品的生产和配置基础上。国民收入水平、社会分工深化、城市化进程、市场经济制度完善程度、人力资本积累和虚拟经济作用等是影响服务产业发展的主要因素。充分认识服务产业的功能,特别是大力发展以高知识性、高技术性、高创新性及高产业融合性等为特征的高端服务业,④对于推进我国现代产业体系建设具有重要意义。

语言产业中的核心产品与服务主要分布在第三产业,少部分隶属于第二产业的相关机器设备生产、加工。语言产业主要属于服务产业,且语言产业的多个行业属于高端服务行业,服务经济学的相关研究可以为语言产业经济学的发展提供参照。

二、2010年以来语言产业经济学的研究演进

(一)语言产业经济学产生的背景

2010年是我国语言产业研究的一个重要时间节点。十年来,国家经济与社会各

---

① 白仲尧.谈谈服务经济学的研究对象[J].财贸经济,1987(4):47-49.
② 王述英.西方第三产业理论演变述评[J].湖南社会科学,2003(5):85-88.
③ 邓雄才,陈洁.基于服务经济学的服务业发展探讨[J].经济论坛,2007(16):64-66.
④ 李文秀,夏杰长.促进高端服务业发展[N].人民日报,2012-06-04(9).

方面的发展、语言产业各业态的蓬勃势头、相关研究机构的成立,分别为语言产业研究和"语言产业经济学"的产生提供了宏观背景、产业背景和学术背景。

伴随着语言培训、语言出版、语言翻译、语言测试等相关经营活动的出现与发展,2000年之后,国内有学者开始关注美国的命名产业,以及围绕语言学习展开的语言消费活动,但在2010年之前未有对语言产业的内涵与外延、分类与特征等基本问题的系统研究,语言产业的研究相对滞后于产业的发展。同一时期,欧美与语言产业有关的报告多来自行业协会,并且较多地集中在语言翻译、语言培训等领域。2010年,"北京语言产业研究中心"(2018年更名为"中国语言产业研究院")的成立,标志着我国语言产业研究进入专门、系统的研究。我国正处在人口大流动时期,学习者、投资者、工作者在城乡间、国内外流动,使得语言教育、语言翻译等行业获得了强大活力。2011年,国家语委在"十二五"科研规划中开始将"语言经济与语言产业发展战略研究"列为重要科研方向。在这一大背景下,作为我国第一个以语言产业为专门研究对象的科研机构,北京语言产业研究中心所开展的一系列开创性研究,在我国语言规划史上有着重要的意义。[①] 从我国语言产业研究的现实需求出发,在2010年至2012年这一时间段,《认识语言的经济学属性》(李宇明,2012)、《发展语言产业,创造语言红利——语言产业研究与实践综述》(贺宏志,2012)、《语言产业的基本概念及要素分析》(陈鹏,2012)、《语言产业视角下的语言消费研究》(李艳,2012)等论文及《语言产业导论》(贺宏志,2012)一书对语言产业研究的背景与意义、语言产业的概念界定与行业分类、语言产业中的生产与消费等问题进行了系统论述,为语言产业经济学的产生奠定了基础。

(二)语言产业经济学十年的演进

十年来,语言产业经济学研究呈现出以下脉络:一是由对具体问题的研究进入对研究维度、研究框架的思考,如对语言消费基本理论问题与研究框架的思考等;二是由对产业特征与行业状况的研究到对语言产业发展战略的宏观思考,如对当代中国语言产业发展三次浪潮的梳理、对语言产业战略规划维度以及相关语言政策的思考等;三是语言产业研究不断实现与语言企业、地方经济发展的对接。

1. 语言产业的内涵与外延逐步清晰

随着我国建设服务型政府步伐的不断加快,学界对语言产业相关问题研究不断深入,并逐渐显现效果。2016年以后,语言产业研究者开始更多地思考公共语言服务与语言产业的关系问题,认为包括语言政策与规划、语言规范与标准、语言资源整理与保护、国家通用语言的推广、语言数据库建设和语言研究在内的非营利性的公共语言服

[①] 李宇明.认识语言的经济学属性[J].语言文字应用,2012(3):2-8.

务是语言产业发展的重要基础。因此,有必要观照语言产业的整体建设与发展环境,为其研究设立一个相对宏观的研究边界,将提供公益语言服务的政府机构、语言事业单位也纳入语言产业的调查与研究范畴。

这种界定可称为"大语言产业观",以区分于之前以语言企业为主要研究对象的语言产业界定方式。不过,需要明确的是,"大语言产业观"不是对语言产业边界的无限放大,而是基于对语言服务体系,特别是对公共语言服务与营利性语言服务(语言商品)相互间关系的认识不断深入而提出的一个研究概念。①

以对语言培训行业的研究为例,2010—2014年的相关研究,主要是以营利性质的语言培训机构作为主要的调查和研究对象,如2012年李艳等的北京语言培训业状况调查,2013年李艳、陆洁关于产品供给视角下美国语言教育培训行业的研究等。② 随着研究的逐步深入,在北京语言产业研究中心团队所承担的语言产业经济贡献度研究中,研究者认为应该将融合在公共教育体系中的公共语言教育作为语言产业的一部分,以尽可能全面地反映语言产品的经济效应,少付费或不付费的语言培训并非没有产生费用,而是主要由公共财政或社会捐助来负担,其实际上是费用的支付主体发生了转移。③ 将不以营利为主要目的的语言培训纳入研究范畴,有助于更好地进行语言产品需求与供给等方面的研究。

2.研究体系搭建及学科建设不断推进

语言产业经济学是一个涉及多个交叉学科的新兴研究领域,在完成了对研究对象的界定、分类、现状调查的基础上,需要对研究对象所关涉的问题、领域进行通盘考虑,理清其相互之间的逻辑关系,搭建研究体系。

在研究体系上,语言产业经济学分为宏观、中观、微观三个层面:(1)宏观研究主要是对语言产业与社会、文化、经济、国家安全等领域的相互关系、作用方式以及宏观发展策略的研究,如结合国家中长期发展战略,研究语言产业在国家宏观战略中的定位与发展规划;围绕国家语言文字事业发展的目标与任务,研究语言产业整体发展规划;对语言产业与其他相关产业的相互关系以及协调发展策略的研究等。(2)中观研究主要是研究语言产业中各语言行业的主体构成、投入产出等运行状况,行业间的相互关系以及协调发展的策略、语言行业与其他相关行业之间的互动关系与协调发展策略等。(3)微观研究主要包括对语言行业中不同类型语言企业的管理模式、运行方式的调查研究,对语言产品需求与供给、研发与生产等方面问题的探讨以及对消费者语言消费行为的具体分析等。

---

① 李艳.基于大语言产业观的语言培训业供给侧治理思考[J].语言战略研究,2017(5):40-47.
② 李艳,陆洁.产品供给视角下的美国语言教育培训行业分析[J].云南师范大学学报(哲学社会科学版),2013(5):41-47.
③ 陈鹏.语言产业经济贡献度研究的若干问题[J].语言文字应用,2016(3):86-93.

在学科建设方面,"中国语言产业论坛""中国语言经济学论坛"等学术论坛、《语言产业研究》等学术刊物为推动语言产业经济学的学术交流提供了平台;首都师范大学、山东大学等高校启动了语言产业研究、语言经济学等方向的硕士生、博士生培养工作,为语言产业经济学研究的可持续发展储备人才;"中国(北京)国际语言文化博览会"已成功举办三届,使"语言产业"不断为社会各界所关注、聚焦,进一步带动了学界对语言产业经济学相关问题的探讨。

三、语言产业经济学的基本范畴与研究内容

2010年以来,以语言产业实践与研究的发展为背景,经过十年积累,语言产业经济学的学科轮廓、理论脉络逐渐清晰。与"服务产品是服务经济学的主体经济范畴,服务经济领域中的各种经济关系都是围绕着服务产品的生产、流通和消费展开的"[①]一样,语言产品(服务)是语言产业经济学的主体范畴,以此为"圆心",连接起语言需求、语言消费、语言供给等基本范畴:在语言产业运行中,对市场语言需求的分析,是语言产品(服务)研发与生产的基础;对语言消费状况的研究,为语言产品(服务)的供给策略及后续研发提供支撑。

(一)基本范畴

在语言需求、语言产品、语言消费、语言供给所构成的链条上,基于对语言需求的认知与把握,语言产品的生产与供给者不断满足并引导语言消费;在语言消费中,消费者也不断产生新的、多元化的语言需求,对语言产品的生产与供给形成刺激,从而在四个基本范畴之间形成了一个相互影响的循环系统。[②]

1.语言需求

语言需求指对语言产品、语言服务的消费需求,包括个体的语言需求和群体的语言需求。语言需求是产生语言消费行为的动因与基础,也是语言产品生产与供给的前提。

语言需求可以细分为以下五种:(1)语言能力提升的需求,与此相关的有语言培训、语言出版、语言测试等方面的产品与服务;(2)语言转换需求,与此相关的有语言翻译方面的产品与服务;(3)语言技术需求,与此相关的有语言文字信息处理硬件、软件等产品与服务;(4)语言创意与艺术方面的需求,与此相关的有广告文案、命名服务、书法艺术、字体设计、语言文创设计、语言景观设计等;(5)公共语言产品与服务需求,包

---

① 白仲尧.服务产品是服务经济学的主体范畴[J].商业经济研究,1990(4):24-29.
② 李艳.语言产业视野下的语言消费研究[J].语言文字应用,2012(3):25-32.

括对语言学术研究、语言资源整理与保护、语言数据库、语言标准、语言政策等的需求。

2.语言产品

语言产品是语言产业概念的一个关键点,语言企业的经营目标就是生产出语言产品以满足客户的语言需求。客户因为有语言需求,就会消费语言产品,当语言消费行为达到一定的成熟度和规模时,就形成了语言产业。因此,是否能够满足某种语言需求,也可以作为判断某种产品(服务)是否属于语言产品(服务)的标准。相应地,能够满足前述语言需求的产品(服务)就可以归入语言产品(服务),提供这些产品(服务)的主体可以归入语言产业。

根据产品的性质,还可以将语言产品进一步划分为纯语言产品(如语言出版、语言翻译、语言艺术、语言创意)、语言技术产品(如语音处理设备、字库、输入法、语料库、机器翻译设备、语言测试设备、文字识别软件等)综合语言产品(如语言培训、语言康复、语言测试、语言会展)和公共语言产品(主要指由国家、政府部门、社会团体等提供的非营利性质的语言产品,如通用语言标准、语言数据库等)。①

3.语言消费

语言消费根据消费对象的不同,可以分为狭义、广义两大类:狭义的语言消费指对隶属于语言产业的各行业提供的所有语言产品与服务的消费,消费对象包括语言出版、语言培训、语言翻译、语言测试、语言技术、语言艺术、语言康复、语言会展等业态的产品;广义的语言消费包括以语言产业为供给主体的"典型性语言消费"和以窗口服务行业为供给主体的"伴随式语言消费"。

此外,对政府、非营利性质的科研院所及社会公益机构所提供的语言政策、语言文字规范标准、语言教育、语言数据、语言康复等产品(服务)的消费,也可归入"典型性语言消费",相对于以语言商品为对象的狭义语言消费,对这类具有语言福利性质的公共语言产品的消费属于广义的语言消费。语言消费的研究框架可以分为三个层次:第一层主要是回答"是什么";第二层主要是解决"为什么",即语言消费的动力机制问题;第三层主要是探讨"怎么样",即语言消费是怎样推动生产的、产生了怎样的效益。三个层面的研究既层层推进,又首尾相连,第三层直接为第一层所提出的供需问题做出宏观决策的回应,从而构建了一个循环往复的关联系统。②

4.语言供给

语言供给指对语言产品(服务)的供给,即语言产品(服务)的生产者、提供者在一定时期内,有意愿且有能力供应的产品(服务)数量、方式及相关状况。对语言供给的研究,可分为两个层面:一是对语言产业总供给问题的研究,即研究如何通过宏观经济

---

① 陈鹏.语言产业经济贡献度研究的若干问题[J].语言文字应用,2016(3):86-93.
② 李艳.语言消费:基本理论问题与亟待搭建的研究框架[J].语言文字应用,2017(4):132-141.

政策调整、语言产业结构优化促进总供给能力增长、总供给质量提高,还包括总供给与总需求规模、结构的匹配问题;二是对某一类语言产品(服务)供给问题的研究,如语言教育培训、语言翻译、语言技术产品(服务)的供给问题分析,其往往是针对语言产业中的具体行业所进行的研究。

语言产业所属各个行业的发展状况、运行方式不同,对各语言行业投入产出状况的研究以及在此基础上形成的对整个语言产业在国民经济中贡献度的研究,可以将微观、中观、宏观视角的研究连接起来,理清语言需求、语言消费⇆语言供给、产业结构、投入产出⇆产业政策、国民经济发展之间的逻辑关系,以语言产品(服务)的生产、消费为核心,形成一个相对完整的语言产业经济学研究体系。

(二)研究内容

综合产业经济学、语言经济学、服务经济学的研究内容与方法,结合语言产业经济学的研究目标,语言产业经济学的研究内容包括结构研究、政策研究两大板块(见表1)。

1.结构研究

一是对产业机体的构成分析。包括语言产业在国民经济各部门中的分布与发展状况,语言产业的内部结构与运行方式(产业组织、产业布局、技术结构、产业链等),语言产业中的行业构成(各语言行业的主体构成、行业规模、运行方式及其在语言产业整体发展中的作用等),语言产业在国内不同区域的发展状况及其原因分析,语言产业的供需与消费结构等。

二是对三组对象的关联分析。首先是语言产业的社会功能(语言产业与人、文化、经济、政治、教育、艺术等的关系);其次是语言产业与其他产业之间的关联度(如语言产业对其他产业的辐射作用、与其他产业的融合及相互影响状况等);最后是语言产业中各语言行业之间的关联度(如各语言行业在产业内部的辐射带动作用等)。

三是从两个比例看产业绩效。包括语言产业及其所属各语言行业的投入产出状况(语言产品、企业、行业、产业的成本投入与利润产出,产品质量及市场评价、社会影响等),语言产业在国民经济中的占比及发展趋势、在地方经济发展中的拉动作用及对特定区域发展的战略意义等。

2.政策研究

包括对国家发展战略中与语言产业经济发展相关的宏观政策的研究;研制推动语言产业经济发展的产业政策;结合区域发展战略,研究地方语言产业经济发展的思路对策等。

表 1 语言产业经济学的研究内容构成

研究板块		具体研究内容
结构研究	构成	语言产业的内外结构、行业构成、区域分布
		语言产品(服务)的需求、供给、消费结构
	关联	语言产业与文化、经济、政治等方面的关系
		语言产业与其他产业间的关联度及相互关系
		语言产业中各行业之间的关联度及相互关系
	比例	语言产业及其所属各语言行业的投入与产出状况
		语言产业在国民经济中所占比例
政策研究		语言产业经济发展的相关宏观政策
		语言产业经济发展的产业政策
		区域语言产业经济发展的思路对策

四、语言产业经济学研究的趋向

在新技术变革、经济与社会发展、国际交流进入新时期的大背景下,面向语言产业发展的新要求、国家战略发展的新布局以及人类命运共同体的构建,语言产业经济学研究呈现以下趋向:

(一)面向语言产业发展的新要求

语言产业发展的新要求,既包括国家发展对语言产业提出的新要求,也包括个体发展对语言产品(服务)提出的新要求,还包括语言产业自身在产业升级中需要面对的新要求等。为此,需要围绕着"理念""技术""人才"这三个关键词,以推动语言产业的发展、增强语言产业的服务能力为目标,拓展与深化语言产业经济学的研究内容。

当前,推进国家治理体系和治理能力现代化作为全面深化改革的总目标,从经济、政治、文化、社会等各个领域以及改革发展、内政外交等各个方面对治理体系和治理能力提出了建设要求。与此相适应,语言产业需着力探讨如何以科学的理念为基础、以先进的技术为支撑、以高端的人才为根本,建立有效机制,实现这三方面的相互促进、良性互动,有效增强服务意识与服务能力,更好地服务于国家治理体系和治理能力的现代化。

首先,通过语言培训、语言翻译、语言出版、语言测试、语言康复等行业的产品(服务)优化升级,满足语言需求,更好地提升国民语言素养与国家语言能力。其次,大力推动语言技术行业发展。当前,各国相继以国家力量抢占人工智能竞争制高点,争相制定国家发展战略和规划,以期在新一轮国际科技竞争中掌握主导权,语言智能被认为是人工智能皇冠上的明珠,语言智能的发展将直接推动人工智能体系的进步。因此,以语言智能为核心内容的语言技术行业的发展意义重大,包括在城市治理中运用语言智能技术,推进智慧城市建设;在开展与国内外、全方位文化交流与经济合作的过程中,研发语言智能产品以及语言服务的智能化解决方案;在语言培训、语言出版、语言康复等语言行业中开发、升级相关语言技术。最后,通过各种语言产品与服务,推进语言文化传播,增强不同群体之间的人文认同。

(二)面向国家战略发展的新布局

语言产业因其具有的文化、经济功能以及由此产生的对社会发展、意识形态等的影响,在国家战略发展中的重要性不言而喻。

以粤港澳大湾区建设为例,2019年2月18日,中共中央、国务院印发了《粤港澳大湾区发展规划纲要》,围绕国际竞争力、影响力和高水平互联互通等提出了一系列目标。在这些目标的实现中,经贸往来、沟通交流等都要以语言文字为基础,特别是粤港澳大湾区的语言使用具有多语言、多文字的特征,这些特征使粤港澳大湾区在城市建设、经济活动中产生了一些独特的语言需求,相应对语言产品和服务的供给提出了更多、更高的要求。① 语言产业经济学的研究需要通过对粤港澳语言产业整体状况的调查,结合港、澳及"珠三角"九市的特色资源及其在协同发展中的不同定位,为当地语言产业的发展提出对策建议,包括如何有效开展专门、深入的语言需求与语言消费调查;如何完成粤港澳大湾区建设所需要的语言产业人才储备;优先、重点发展哪些语言行业以及在不同城市如何实现错位发展;如何通过语言产业相关业态的发展,为深化语言文化认同、构建和谐语言生态服务等。

(三)面向人类命运共同体的构建

人类命运共同体是以合作共赢为目标,观照人类的共同命运以及与此相关的共同利益而构成的共同体。共同的意识与价值认同以及尊重文明的多样性、实现不同文明之间的交流,是构建人类命运共同体的基础。

包括不同文明间的交流在内的所有交流都是以语言沟通为基础的。以"一带一路"建设为例,"一带一路"建设的基本内涵是"互联互通",以政策沟通、设施联通、贸易畅通、资金融通、民心相通为主要内容,在每一"通"实现的过程中,都会有"语言"的参与,都离不开语言消费。可以说,语言产品(服务)的供给状况及满足需求的状况如何,将会对"互联互通"产生直接的影响。② 如何发挥语言产业的作用,通过促进互联互通

---

① 李艳,贺宏志.语言产业助力粤港澳大湾区建设[N].光明日报,2020-04-11(12).
② 李艳,高传智."一带一路"建设中的语言消费问题及其对策研究[J].语言文字应用,2016(3):94-103.

的顺畅实现,为"一带一路"建设提供有效服务,是语言产业经济学研究需持续跟进的研究内容。

同时,在全人类的共同命运遭遇重大突发灾难时,语言产业在信息传递、沟通交流等方面也责无旁贷。在抗击2020年新冠肺炎疫情的紧急动员阶段,标语、顺口溜等语言产品与疫情扩散抢速度,迅速、广泛地普及科学防疫信息与措施;在语言救援阶段,语言产品满足了多语种、多样化的信息接收需求,通过语言的力量凝心聚力,鼓舞人们共克时艰;此后,语言企业纷纷免费开放服务平台和内容资源,各语言行业都积极行动起来,尽责担当,为人们提供语言产品与服务。此次疫情引发了人们对于重大突发公共事件中语言产品供给问题的深层思考,这也是语言产业经济学研究需要重点关注的问题,包括建立应急语言产品供给保障机制、充分发挥新技术优化语言服务效果、提升全民语言文明意识与语言文化素养等。①

五、结语

马克思在《〈政治经济学批判〉导言》中指出,新的生产力的获得,会促使人们改变生产方式,而生产方式的改变,会相应改变与原有生产方式相匹配的经济关系。在这个过程中,劳动者的语言知识、语言技能以人力资本的形式参与到生产资本的运行中;语言资源在生产资料中,既可以作为生产工具,也可以作为生产对象(原料)。这里的"语言资源"既包括语言知识、语言技术等工具型资料,也包括生产加工后的各类语言产品(如语言出版物、语言翻译软件、语言培训服务、语言康复服务等)。我国的语言产业研究学者正是敏感地把握了语言的生产力特性,经过十年的学术积累,构建了我国语言产业研究的理论体系,为语言产业经济学学科建设奠定了坚实的基础。

《语言产业导论》首次提出建立"语言产业经济学"。② 本文尝试对"语言产业经济学"的概念进行系统的学科界定,在对语言产业经济学的相关概念、基本范畴进行梳理的基础上,搭建了语言产业经济学的研究框架。语言产业经济学是对语言产业这个新兴产业进行研究的新学科,是"语言产业"与"产业经济学"这两个概念的融合体,但又不仅仅是这两个概念的简单相加,研究框架、学科特性与使命、学科建设的目标与任务等问题仍需在后续研究中不断探索、逐步完善。

2020年全国研究生教育工作会议提出要"瞄准科技前沿和关键领域,深入推进学科专业调整,提升导师队伍水平,完善人才培养体系,加快培养国家急需的高层次人才",语言产业经济学的构建,不仅是语言产业研究、语言经济学研究深化的需要,也是这一领域高层次人才培养的迫切需要。基于新文科建设的语言产业经济交叉学科的

---

① 李艳.语言是生产力,也是战斗力:疫情防控中的语言产品与服务[N].光明日报,2020-02-22(12).
② 贺宏志.语言产业导论[M].北京:首都师范大学出版社,2012.

建设,有待多学科、多领域、产学研各界协同努力,根据国家发展需要不断探索、逐步完善,以"语言产业学科创新"来推动中国特色语言产业发展范式的构建,在新技术变革、经济与社会发展、国际交流进入新时期的大背景下,面向语言产业发展的新要求、国家战略发展的新布局以及人类命运共同体的构建,共同肩负起推动语言产业发展、服务国家语言战略的历史使命!

[本文原载《山东师范大学学报(社会科学版)》2020年第5期]

语言产业视野下的语言消费研究

一、语言消费概念界定

(一) 以"语言产品"特性分析为基础的"语言消费"概念界定

近年来,语言消费问题逐渐引起研究者的关注。后蕾提出:"我们把围绕语言学习展开的消费活动称为'语言消费',它包括参加语言学习强化班、购买相关学习资料、参加语言水平测试等,其消费收益可看成是一项投资的非货币回报,语言消费属于教育投资的范畴。"当时,研究者将语言产业界定为"制作和发行外语教科书、录音带、录像带等",将语言劳务界定为"由集体或个人提供翻译、培训等"。[①] 2007年,黄佩红将大学生"语言消费"划分为三类:"一是英语,有大学英语四级和六级、托福、雅思、商务英语、GMAT、IETLS等;二是其他外语:日语、德语、韩语等;三是汉语普通话:国家普通话水平测试、国家普通话语言能力测试等。"[②]

以上研究中,语言培训、语言出版、语言翻译都是以语言本体为最终产品的,因此,将对这些产品的消费归入语言消费的范畴是没有问题的。但是,语言产品并不仅限于以上产品。因此,"围绕语言学习所展开的消费活动称为'语言消费'"这一界定并不能涵盖所有的语言消费行为与活动。

徐大明将企业为消费者提供服务时所伴随的语言作为"语言服务"的内容,将消费者在餐馆、商场、银行、医院等场所购买产品或服务时所接受的语言作为"语言消费"的内容,"调查显示:消费者对服务业的语言服务并不满意,服务业对语言服务也不太重视;与此同时,部分消费者有为语言服务额外消费的意愿,而服务业并不了解这一商机。因此,要提升语言服务和促进语言消费,首先要提高语言意识,特别是语言服务意

[①] 后蕾.对当前"语言消费"现象的几点思考[J].南京社会科学,2003(8):83-87.
[②] 黄佩红.大学生"语言消费"现象分析:以广州为例[J].外语艺术教育研究,2007(4):27-31.

识和语言消费意识"①。

消费者在就餐、购物等过程中进行的"语言消费"属于一种"非典型性语言消费行为"。因为,消费者在这一过程中并非以消费语言产品为目的,在消费者就餐、购物等过程中,服务人员的语言能力虽然会对交易产生一定的影响,但语言只是一种辅助因素。所以,消费者在餐馆、商场、银行、医院等场所购买产品或服务时所接受的语言服务并不能作为典型的"语言消费",而只是消费者的一种伴随式"语言消费"。

在当前语言产业迅速发展的状况下,我们有必要从新的背景、现状和趋势出发,界定"语言消费"。在了解"语言消费"之前,应首先梳理"语言产业"与"语言产品"的概念。

由贺宏志主编的《语言产业导论》一书,将语言产业细分为语言能力产业、语言内容产业和语言处理产业,并对划分依据及产业范畴进行了解释:"语言能力产业是围绕语言能力的习得、维护和评测来展开的产业,包括语言培训、语言康复、语言能力测评等业态;语言内容产业是对语言内容进行整理、复制、组合、翻译、创新等的产业,包括语言出版、语言翻译、语言创意、语言艺术等业态;语言处理产业是利用各种软、硬件技术和设备对语言进行储存、书写、传递、显示、复制、翻译、识别、理解等的产业,包括字库、输入法、文字处理软件、字形识别、语音识别、机器翻译等业态。"②这一界定充分考虑了语言产业涵盖面广的特点,通过分类界定,对诸种业态实现了有效归类、清晰划分,并将语言产品相应划分为三类,即纯语言产品、语言科技产品和综合语言产品。纯语言产品的最终形态为语言,如语言出版、语言翻译、语言创意等;语言科技产品最终形态为运用、处理语言的软硬件设备和技术,如机器翻译、字库、输入法、语音处理设备等;综合语言产品最终形态为综合性语言服务,如语言培训、语言康复、语言测试等。

借鉴上述对语言产业和语言产品的界定,我们可以这样来界定"语言消费":语言消费是指人们消费语言产品的行为,那些以语言本体、语言运用和处理作为核心主导要素的产品可被认为是语言产品,包括语言出版、语言翻译、语言创意等语言内容产品的消费,使用字库、输入法、语音合成技术等语言科技产品的消费,接受语言培训、语言康复、语言测试服务以及参加语言会展、欣赏语言艺术等综合语言产品的消费。

这一界定是以明确"语言产品"的内涵和外延为基础的,可以在一定程度上避免定义狭窄和模糊的问题。其在内涵上明确了将"以语言本体、语言运用和处理作为核心主导要素"当作判断"语言产品"的标准,把握"语言产品"的这一性质,才能将语言产品与其他产品区隔开来;同时,据此对语言产品的外延进行清晰的划定,也避免了出现界定过窄或过宽的问题。

---

① 徐大明.语言服务与语言消费可扩大内需[N].中国社会科学报,2012-04-23(B06).
② 贺宏志.语言产业导论[M].北京:首都师范大学出版社,2012.

(二)语言消费与文化消费之间的关系

文化消费是指人们为了满足精神文化需求而采取不同的方式来消费精神文化产品和精神文化服务的行为。2004年4月1日国家统计局发布的《文化及相关产业分类》的通知将文化产业分为"文化服务"和"相关文化服务"两大部分。"文化服务"包括新闻业、出版发行和版权、广播电影电视、文化艺术、网络文化、文化休闲娱乐以及其他文化服务(如广告、会展等)七大类;"相关文化服务"包括"文化用品、设备及相关文化产品的生产"和"文化用品、设备及相关文化产品的销售"两大类。下面以"文化服务"为对象,从三个方面来分析语言消费与文化消费之间的关系。

第一,根据我们对语言产业和文化产业的理解,语言消费与文化消费在外延上既有交叉重合,也有区别差异。属于语言内容产业的语言出版、语言创意、语言艺术及语言会展与文化产业是重合的,这部分语言产品的消费属于文化消费,但语言翻译不属于文化产业;而语言培训、语言康复、语言测试等语言能力产品和输入法、屏幕书写、字形识别、语音识别、字库、文字处理软件、机器翻译等语言处理产品的消费则不属于文化产品消费,但搜索引擎属于文化产业。

第二,消费主体在语言消费与文化消费的需求上存在着一定的差异,个体进行文化消费的目的主要是满足精神生活方面的需要,如阅读书籍、欣赏影视节目、浏览网络新闻、参观博物馆以及旅游休闲等;而个体在进行语言消费时,除了精神需求之外,还有提升谋生能力和经济地位等方面的诉求,如参加语言培训、通过语言测试等。

第三,语言消费与文化消费有着千丝万缕的联系,二者之间相辅相成。语言是文化的载体,是文化传播的工具。语言在文化消费中,是作为工具和基础存在的,如个体在阅读书报、收看影视节目、浏览网络内容时,都离不开书面或口头语言解读能力,即便是在旅游、会展等文化消费中,也是如此。文化又对语言有着制约作用,如在语言翻译中,需要考虑不同文化背景中的文化差异,否则,将会直接影响翻译的准确性。

二、语言消费需求分析

消费者的语言消费行为与其消费需求密切相关,因此,探讨语言消费问题,要从对消费需求的分析入手。我们可以从个体需求和群体需求两个层面来对语言消费需求进行分析,其中群体需求又可进一步细分为某个集体的需求和整个社会的需求。

(一)语言消费需求产生动因

第一,内在动因。从人类自我需求来看,生存、安全、自我实现等方面的需求都是以信息、情感等需求的满足为支撑的。例如,通过人际交流的方式,一方面获取信息,另一方面实现情感沟通;通过对大众传播媒介产品的消费,如通过新闻节目满足信息需求,通过影视剧、相声小品等满足情感需求。无论是人际交流还是大众传播,作为表达者和接受者的个体的人,都需要具备一定的语言能力,才能够实现顺畅的人际交流和对大众传媒产品的有效解读。

第二,外在动因。从社会发展背景来看,经济、文化、科技的发展,也不断强化和拓展着语言需求。例如,随着经济全球化的发展,中国与其他国家的经济联系日益紧密,催生了政府、企业以及个体对于语言翻译的需求。人们认识到掌握一门甚至几门外语的重要性,相应产生了接受语言培训的需求,为语言培训提供辅助教材,又出现了对语言出版的需求;随着计算机技术及数字技术的发展,通过语言处理技术,输入法、屏幕书写、字形识别、语音识别、字库、文字处理软件、机器翻译的出现,可以满足人们对语言进行存储、复制、显示、识别的需求;随着社会、文化的发展,个体对于精神文化产品方面的需求不断增加,相应产生了对语言艺术、语言会展的需求。

第三,延伸动因。一是部分个体因为先天或后天原因导致语言表达和接受能力的缺失,为了能够进行正常的语言交流,语言康复的需求相应产生。语言康复是满足语言缺陷个体获得语言交流能力的需求,为各种语言障碍和交流障碍提供诊断、治疗服务。二是部分个体、群体在语言消费基本需求的基础上,产生了更高的消费需求,如在广告、命名、饰品及旅游产品设计等行业中对语言文字元素创造性运用的需求,我们可以称之为语言创意需求。在广告中,耐人寻味、令人拍案叫绝的广告语是决定广告传播效果、提升品牌影响力的重要因素;命名是以语言文字为主要符号,为各种机构、组织、产品以及个人取名,满足人们对名字易于识记、朗朗上口、独具意蕴等的需求;在饰品及旅游产品设计中,将汉字和少数民族语言文字作为设计元素,形成独特的语言创意,以满足人们审美和收藏的需求。

(二)语言消费需求分层

第一,个体需求。包括提升自身母语写作、阅读及口语交流能力的需求;提高自身外语水平,增强跨语言交际、跨文化交流能力的需求;语言类及综合类文化艺术产品的欣赏需求;语言存储、复制、传输、识别、显示等语言处理需求及由此产生的对语言处理技术和设备的需求;命名、广告等语言创意消费需求;语言翻译需求等。

第二,群体需求。指单位、团体、企业等各类组织的语言需求,可以有语言翻译需求,命名、广告需求,语言存储、复制、传输、识别、显示等语言处理需求及由此产生的对语言处理技术和设备的需求;语言会展需求等。

第三,国家需求。政府部门和相关研究机构着眼于国家和民族语言的长远发展,所产生的语言资源保护、开发利用需求,公民语言能力建设需求,语言法制建设需求,增强语言国际影响力的需求,提升语言文字标准化的需求等。①

语言需求是语言消费的基础,是产生语言消费行为的动因,也是语言产品生产与供给的前提。在语言需求、语言产品、语言消费所构成的链条上,三者之间的关系是:基于对语言需求的认知与把握,语言产品的生产与供给者不断推陈出新,满足并引导语言消费;同时,在语言消费中,消费者不断产生多元化的语言需求,从而刺激语言产品的生产与供给。三者之间形成一个相互影响的循环系统。

三、语言产品供给分析

语言产业各类产品的供给方式有所不同:有的语言产品需要消费者以直接购买的方式获取,如语言培训服务、语言康复服务、语言测试服务、语言出版产品;有的语言产品是作为其他商品或服务的组成部分存在的,消费者并不需要为这类语言产品直接付费,如一些语音合成产品、手写识别产品以及字幕翻译产品等;有的语言产品供给对象包括两个层级,第一个层级的消费者为其付费,再转而以免费的方式提供给第二个层级的消费者,如语言创意产品中的广告语言,广告主需要为广告语的创意向广告公司付费,然后再将广告语以免费的方式传播给目标受众,受众虽未直接为广告语的消费付费,但其支付的是自己的注意力资源和潜在的购买意愿。

在语言产业中,各个业态发展并不同步,产品在供给方面也存在着不均衡的问题。从语言培训、语言艺术、语言技术、语言会展、语言康复、语言翻译、语言出版、语言创意、语言测试九个业态来看:语言培训、语言翻译业态起步较早,规模较大,形成了一些有影响力和号召力的品牌企业;语言康复、语言会展处于刚起步阶段,规模较小;语言技术异军突起、发展迅速,已经出现了一批业务辐射广、上升势头强劲的领军企业;语言创意业态中出现的新产品,如命名产品等,当中还存在着一些亟待解决的问题。由于语言产品类型众多,受篇幅所限,本文选择新兴的语音技术产品和品牌命名产品为例来进行分析。

第一,语音技术产品。在众多类型的语言产品中,有一种产品消费者的范围非常广泛,几乎每一个人都是其消费者,虽然有人是在毫无意识的状态下完成消费的,这就是语音技术产品,其应用几乎是无处不在的。目前语音信息处理业正在将新技术延伸应用到更广阔的领域,不断扩展业务广度和深度,为人们的生活提供更多的便利。语音技术产品涉及电子通信、金融证券、公用事业、邮政物流、交通旅游、医疗卫生、商业贸易、国家机关等众多行业和领域。随着语音合成、语音识别等智能人机交互技术的不断完善,智能手机、平板电脑、导航仪、电子书、电子词典、学习机、电子书包等众多的

---

① 李宇明.提升国家语言能力的若干思考[J].南开语言学刊,2011(1):1-8.

智能终端设备开始融入语音技术,消费者的多元化需求将得到更好的满足。

在移动通信、车载服务等领域,除了语音导航外,车载无线上网、视频、音乐、电子书、收发邮件等功能不仅可以有效缓解驾驶员和乘客的疲劳,还可以让驾驶员和乘客在路途上了解最新资讯信息。目前,语音合成技术已可实现对各类信息以及电子书内容的语音播报。驾驶员只需提前做好设置,就可以在收到新邮件或者想听书时,使用语音合成技术将文字自动转换成声音播报出来。在医疗服务领域,语音合成技术应用于医院热线服务及排队叫号系统中,就医者在医院的热线服务、分诊排队以及划价、交费、取药的等候中,都可以获得及时的语音服务。在银行等金融领域、电力等公用事业领域、博物馆等公共文化领域以及机场、车站等交通领域,自助语音服务也得到了普遍的使用。如今,一种新的语音合成技术开始应用于电影院的LED公告栏中,使公告栏在显示文字信息的同时,还可以清晰播报出即将放映的电影名称、影厅号码及放映时间,这一技术的应用使观影信息服务更加人性化。

第二,品牌命名产品。命名是指以语言文字为主要符号,创意化地为各种机构、组织、产品以及个人取名。社会存在着大量的取名需求,取名行为的商业化、市场化便构成了命名业。

目前,北京、上海、天津等大城市都出现了一些命名公司。在收费标准上,各个命名公司的差别较大,缺乏统一的行业标准。以上海某命名公司为例,如果是企业命名,一般根据企业规模大小和注册资金多少来确定收费标准,其对注册资金30万元以下、50万元以上、100万元—500万元之间、500万元—1亿元之间的企业,收费分别为999元、1,999元、2,999元、3,999元,服务承诺在3个工作日内设计出5套名字。产品命名、网站命名、楼盘命名、品牌命名相应收费为999元、1,999元、2,999元、5,000元。

有的命名公司以网站的形式存在,而且采用连锁、加盟的方式。如某"取名网"在其"全球分站加盟公告"中表示,"欢迎有志于从事企业起名、产品命名、个人取名改名工作的人士申请加盟"。除了命名收入之外,命名公司比其他公司还多了加盟费这项收入。个人取名收费标准则是:"传统风格,五行调补"的吉祥型套餐为588元;"时尚艺术,气质非凡"的时尚型套餐为688元;"财富人生,财运亨通"的财富型套餐为888元;"智慧人生,才华横溢"的智慧型套餐为1,388元;"时代骄子,卓越非凡"的精英型套餐为1,888元;"富贵人生,稳健威仪"VIP富贵型套餐为5,888元。

整体来看,命名业在我国还处于起步发展阶段,行业理念尚不成熟,多以传统的阴阳五行等学说为营销卖点,没有对命名机理进行充分的科学解释。从收费标准来看,各个公司间相差较大,尚未形成统一的管理规范。在营销宣传上,粉饰、噱头性的内容较多,往往使受众对服务的可信程度打上问号。如何针对消费者的命名需求,严谨地表述服务内容、服务水准,是命名业需要思考的问题。

相比较而言,美国的命名公司在运作中融入了更多的理性与科学元素。美国命名公司是根据一定的规范化程序来运作的,其程序一般是:品牌名称定位—品牌命名—语言特征分析—商标域名检测—消费者测试。在此过程中,语言学专家全程参与;在候选名称的创制过程中,会运用词源学、形态学、构词法知识拟制出尽可能多的候选名称。众多候选名称被设计出来之后,再对这些原始材料进行语言特征分析,包括语音分析、语义分析,目的是删除不合格的名称,确保最终品牌名称能够适应多语言文化环境下的传播;通过消费者测试来检测品牌名称在消费者心目中会产生什么联想,是否易于记忆和阅读,以及哪些品牌名称更受到消费者的喜爱等。①

可见,中国的命名公司在定位、运作以及营销上需要更加科学、严谨的精神,多从语言文化本体来进行策划设计和宣传营销;同时,在命名流程上可以借鉴美国公司的做法,加入消费者测试等环节,使命名创意更符合市场需要。目前,我们还难以选择出一个具有领军气质的企业。客观地看,中国的命名企业还有很长的路要走。

对于整个语言产业来讲,品牌企业的形成至关重要。因为,品牌语言企业将对整个语言产业的发展起到示范和推动作用,只有通过语言企业质量的整体提升,才能够确保优质语言产品的生产与供给,满足和刺激市场的语言消费需求。而旺盛的语言消费需求,又将为语言产品的再生产提供资金保障,为语言企业提供生产动力,从而使语言产品从生产、供给到消费形成一个良性循环。

四、语言消费研究所面临的问题

"语言消费"概念还有待社会各界的认知和探讨。对语言消费的研究需要注意以下几个问题:

第一,产品间存在一定的交叉。消费者在消费语言出版产品时,可能同时也在消费语言翻译产品,如外语学习和考试用出版物;在消费语言翻译产品时,可能同时也在消费语言艺术产品,如译制片中的配音。

第二,消费者的数量难以确定。如广泛运用于银行、医院、机场、车站、会展场馆等场所的语音合成产品,虽然购买产品的企事业单位的数量可以基本测定,但产品消费者的数量却很难准确测算。尽管产品消费者并未为语音产品的消费直接付费,但是在统计中,却不应忽视这一庞大消费群体的存在。

第三,伴随消费价值难以测算。例如餐饮、旅游、商场等企业,服务人员语言服务能力的提升给企业销售带来的利润增加,还未引起关注。这种语言服务是作为其他商品和服务交易活动的伴随状态而存在的,良好的语言服务有助于优化交易氛围,促成交易,美化消费体验,刺激重复消费。但目前,分行业的语言服务规范和标准还有待制

---

① 贺川生.美国语言新产业调查报告:品牌命名[J].当代语言学,2003(1):41-53.

定。在消费者的购物、旅游、就医等活动过程中,导购、导游、导医的伴随语言服务到底在多大程度上影响消费者的消费体验和消费行为,还需要进行科学、有效的研究。

对于一个成熟的产业来说,必须关注终端的产品与服务消费状况,采用科学的方法对消费者的消费心理、消费行为、消费需求等进行有效的统计分析,并将数据反馈到产品与服务的设计、生产环节,提升产品与服务的质量,更好地实现供需之间的对接,满足消费需求,推动产业发展。语言产业的发展也应如此,因此,语言消费问题应成为语言产业研究的重要内容。

从目前来看,需要逐步解决如下问题:

第一,明确语言消费对于经济、文化发展及社会生活的重要意义。国外20世纪70年代的语言经济学研究,已经明确提出语言的人力资本属性,学习一种或多种语言所花费的金钱、时间是对人力资本特殊形式的投资,因此,这一过程同时具有消费和生产两种特征。弗兰索瓦·格瑞恩(François Grin)等通过实证研究证明了语言与收入之间确实存在着显著关联,语言的掌握程度和丰富与否都极大地影响着居民收入。[①] 2012年,李宇明教授在为《语言产业导论》一书所作序言中开宗明义地指出:"人类的经济活动一开始便与语言密不可分。"他认为:"首先,语言作为人的本质属性之一,与劳动力密切相关;没有语言能力的劳动力,是低水平的甚至是不合格的劳动力。其次,语言作为信息的最为重要的载体,与组织经济活动密切相关;没有语言,就无法组织经济活动。第三,随着语言教育、语言艺术和语言技术的发展,语言知识也成为重要的经济资源。语言与经济活动的密不可分的关系,是语言经济学能够建立的基础。"[②]语言消费直接关系到语言产业的发展,对于经济的拉动作用也早为西方一些国家所验证。今后,应以政府、高校和相关研究机构为主导,通过会展、论坛以及大众媒体传播等多种方式,增强社会各界对于"语言消费"这一概念及其内涵的认知,使语言消费步入理性、自觉的轨道。语言作为文化传播的工具,高质量的语言产品对于推动文化交流与发展、提升人们的竞争能力、优化人们的生活品质具有重要意义。

第二,政府主管部门与学术机构联合建立语言消费定期调查统计机制。语言消费影响、刺激着语言产品生产,推动着语言产业发展,因此,对语言消费的调查统计应作为产业发展链条上的一个重要环节。科学、有效的语言消费调查,是以对语言产业各个业态的清晰界定为前提的,以此为基础,还要解决对于产品交叉、包含以及伴随式存在的部分如何进行准确测算,对于社会个体与群体的消费行为、消费需求如何进行有效判断,对于语言产业发展中随时可能出现的新业态如何及时评定等问题。目前,一些企业和研究机构已经开始对语言产业中的某些业态进行定期或不定期的调查,如百

---

① 陈柳钦.语言经济学的国内外发展及其跨学科取向[EB/OL].(2011-02-23)[2012-04-05].http://www.chinavalue.net/Finance/Blog/2011-2-23/707892.aspx.
② 贺宏志.语言产业导论[M].北京:首都师范大学出版社,2012:1.

度数据研究中心、搜狐网发起的对语言培训行业的调查;教育部、国家语委每年定期发布的《中国语言生活状况报告》中已少量涉及对当前语言产业部分业态的调查,如2012年5月29日发布的《2011年中国语言生活状况报告》,在"国际化、市场化进程中的语言文字问题"一节中谈及"语言服务产业",简要叙述了语言翻译、语言培训、语言出版业态的年度发展状况。① 目前还未有针对语言产业整体的调查统计,而这对于语言产业发展来说却是亟待展开的重要工作,由于语言对于国家和社会发展的重要战略意义,应由政府主管部门与权威学术机构联合建立语言消费定期调查机制和统计指标体系。

第三,研究制定语言产品质量评价、语言市场监管及语言消费引导等相应规定。在产品特性上,语言产品不同于一般的商品,与文化产品也有区别。与一般商品相比,语言艺术、语言翻译、语言会展、语言创意等包含更多文化的元素与生产者的创造性工作;与文化产品相比,语言培训、语言翻译、语言康复等产品和服务具有更多的可测量性特征。因此,应以明确语言产品与服务的特性为基础,建立不同语言产品与服务的质量评价体系。质量评价是实现有效市场监管的前提,针对目前语言产品供给中存在的一些问题,需要建立相应的市场监管机制,以确保语言产业有序发展。在语言消费中,特别是在语言培训领域,存在着盲目消费、从众消费的问题;在语言科技产品消费及服务行业的语言消费方面,存在着消费无意识的问题,即消费者对其所消费的产品及自身的权利处于模糊状态。对此,应进行相应的消费引导,提高消费者的语言消费意识与语言消费能力,从而推动语言产业更好地发展,最终实现生产者与消费者之间的良性互动。

(本文原载《语言文字应用》2012年第3期)

---

① 2011年中国语言生活状况报告[R/OL].(2012-05-31)[2012-06-27].http://www.moe.gov.cn/s78/A19/A19_ztzl/baogao/201205/t20120531_136781.html.

"一带一路"建设中的语言消费问题及其对策研究

2013年,我国正式提出共建"丝绸之路经济带"和"21世纪海上丝绸之路"的倡议。2015年3月28日,国务院授权三部委发布《推动共建丝绸之路经济带和21世纪海上丝绸之路的愿景与行动》,标志着"一带一路"路线图正式问世。"一带一路"建设以共商、共建、共享为原则,旨在推动沿线国家实现发展战略的对接和优势互补,打造政治互信、经济融合、文化包容的利益共同体、命运共同体和责任共同体。

"一带一路"建设的基本内涵是"互联互通",以政策沟通、设施联通、贸易畅通、资金融通、民心相通为主要内容,在每一"通"实现的过程中,都会有"语言"的参与,都离不开语言消费。可以说,语言产品(服务)的供给状况及满足需求的状况如何,将会对"互联互通"产生直接的影响。

现有文献表明,关于"语言产品"和"语言服务"的生产、消费、交换等问题还没有成为语言经济学研究的重要组成部分。目前,国内外对于语言消费问题尚缺少系统的研究,"总体而言,政府、社会和个人的语言消费意识还不自觉,深入研究语言消费,培育开拓语言市场,全方位开展语言服务,提高全社会的语言生活质量,是重要的学术课题,更是重要的社会实践"[①]。"一带一路"建设中将会出现的一些语言消费新问题,也亟待语言经济、语言产业领域的研究者予以关注。

基于这一研究背景与现状,本文从消费需求入手,将"一带一路"建设中的语言需求与相应的语言产品(服务)供给主体对接,为进一步探讨如何满足消费需求奠定基础,并尝试建立一个行之有效的语言消费问题研究体系。

一、相关文献梳理

目前尚未搜索到对"一带一路"建设中的语言消费问题的专门研究,因此,文献梳理

---

① 李宇明.语言服务与语言消费[J].教育导刊,2014(7):93-94.

分两部分进行:一是"一带一路"建设相关的语言问题研究,二是"语言消费"相关研究。

(一)"一带一路"建设相关语言问题研究梳理

在中国知网数据库以"一带一路"和"语言"为关键词搜索,发现相关研究集中出现于 2015 年 6 月之后。2015 年 6 月 5 日,中国语情与社会发展研究中心等主办了"服务'一带一路'战略的语言资源建设与开发利用学术研讨会",与会学者认为在"一带一路"建设中有五大语言需求:语言文化融通需求、语言人才需求、语言产品需求、语言服务需求、"一带一路"语言文化历史资源的发掘与利用需求。《云南师范大学学报(哲学社会科学版)》选取了 6 篇会议论文相继刊发,其中的观点包括:"语言文化融通是'一带一路'建设的基础工程,应逐步构建语言使用、人才、资源与平台、技术、应急、咨询等语言服务体系"[①];"提升个体语言能力、发展机器语言能力是实现语言互通的重要途径"[②];"应加强语言资源保护、跨境语言与周边安全、丝路外语教学政策与规划、沿线国家和地区的汉语传播和华语教育、'一带一路'话语体系、语言智库建设等方面的研究"[③]。

2015 年 9 月和 11 月,《人民日报》先后刊发了两篇相关文章,提出"要培养能够'表情、通心'的语言人才;了解相关国家的语言政策及语言使用习惯;重视搭建语言技术平台及打造语言产业;做好社会语言服务工作,政府与民间双手推动,公益服务与有偿服务双腿行进,向各国政府、企业、社会机构及家庭、个人等提供各种语言服务,包括语言规划、语言咨询、语言教育、语言翻译、语言技术等"[④];"对于人才需求急迫,但需求量少的语种,设置专业进行培养的成本高或周期较长,可使用特殊教学法灵活培养急需的语言人才,建立人才培养的应急体系"[⑤]。

其他相关论文探讨的问题涉及汉语推广、外语及跨文化人才培养、少数民族语言使用、"互联网+"与语言服务等。

著作方面,主要有两部,内容涉及沿线国家的语言状况与语言政策问题。主要包括:"一带一路"沿线国家的官方语言、通用语言、民族语言、方言以及语言与民族、宗教的关系,语言状况的历史沿革,我国对沿线国家语言的人才培养情况、沿线各国关于汉语人才培养及汉语专业的开设情况等[⑥]亚、欧、非洲 12 个国家的语言状况与语言政策[⑦]。

---

① 赵世举."一带一路"建设的语言需求及服务对策[J].云南师范大学学报(哲学社会科学版),2015(4):36-42.
② 魏晖."一带一路"与语言互通[J].云南师范大学学报(哲学社会科学版),2015(4):43-47.
③ 张日培.服务于"一带一路"的语言规划构想[J].云南师范大学学报(哲学社会科学版),2015(4):48-53.
④ 李宇明."一带一路"需要语言铺路[N].人民日报,2015-09-22(2).
⑤ 杨亦鸣."一带一路"建设面临语言服务能力不足问题,提高国家语言能力迫在眉睫[N].人民日报,2015-11-24(7).
⑥ 杨亦鸣,赵晓群."一带一路"沿线国家语言国情手册[M].北京:商务印书馆,2016.
⑦ 王辉."一带一路"国家语言状况与语言政策:第一卷[M].北京:社会科学文献出版社,2015.

通过以上梳理发现：(1)已有研究中所论及的语言需求、语言服务等问题与"语言消费"相关，但尚未有研究专门提及"一带一路"建设中的"语言消费"问题。(2)已有论著提纲挈领地为语言研究如何服务于"一带一路"建设指明研究方向，不过，除《"一带一路"沿线国家语言国情手册》与《"一带一路"国家语言状况与语言政策（第一卷）》两本著作外，其他与"一带一路"建设相关的语言能力、政策、规划、服务等方面的研究还多处于思路层面，需要进一步跟进，深入调研，提出对策方案。

（二）"语言消费"相关研究梳理

国外方面，一是专门研究"语言消费""语言产业"的论文数量少；二是多为对某种语言本身的研究，并未拓展到对相关语言产品生产及消费状况的分析。

国内方面，2012年之前，"语言消费"的相关研究数量较少，为数不多的论文中把围绕语言学习展开的消费活动称为"语言消费"，包括参加语言学习强化班、购买相关学习资料、参加语言水平测试等。还有的研究认为大学生的"语言消费"包括英语、其他外语、汉语普通话三类。2012年出现的两篇关于"语言消费"的论文中，一篇认为语言消费除了针对语言产业所提供的产品与服务外，还包括消费者在餐馆、商场、银行、医院等场所购买产品或服务时所接受的"伴随式"语言服务[①]；另一篇认为"将围绕语言学习所展开的消费活动称为'语言消费'"的界定方式并不能涵盖所有的语言消费行为与活动，"伴随式"语言消费也不属于"典型的"语言消费，"在当前语言产业迅速发展的状况下，有必要从新的背景、现状和趋势出发，以'语言产品'特性分析为基础，对'语言消费'做出界定。……语言消费是指人们消费语言产品的行为"[②]。

通过以上梳理发现：(1)在国外，语言经济学界还尚未将"语言消费"作为研究的重要组成部分；(2)国内对"语言消费"的研究也处于起步阶段，但值得关注的是，以李宇明为代表的一些学者对"语言消费"研究的现实意义与价值给予了充分的肯定。

具体到"一带一路"建设中的语言消费问题，首先需要对研究对象进行明确界定。由于笔者2012对"语言消费"的界定是在"语言产业"视角之下提出的，"一带一路"建设中语言产品与服务的提供主体不仅包括语言产业涵盖的行业，也包括餐饮、交通、金融等窗口服务行业，甚至还包括与城市语言环境构建相关的政府机构以及每位居民。因此，对"一带一路"建设中语言消费问题的研究需要兼顾语言产业和服务行业两大领域，同时，还需考虑到城市语言环境对"互联互通"的影响。

---

① 徐大明.语言服务与语言消费可扩大内需[N].中国社会科学报，2012-04-23(B06).
② 李艳.语言产业视野下的语言消费研究[J].语言文字应用，2012(3):25-32.

二、"一带一路"建设中的语言消费主体分析

根据"一带一路"建设的目标和内容,我们先分析有哪些参与主体,再对参与主体的语言消费需求进行梳理,确定具体的语言消费主体。在此基础上,来探讨如何有效满足语言消费主体的需求。

"一带一路"建设以"互联互通"为基本内涵,以政策沟通、设施联通、贸易畅通、资金融通、民心相通为主要内容,参与主体包括政府、企业、民间团体及个体。在"政府主导"方面,既要确立国家总体目标,也要发挥地方积极性;在"民间促进"方面,民心相通是"一带一路"建设的重要内容,也是"一带一路"建设的人文基础,要坚持经济合作和人文交流共同推进,注重在人文领域精耕细作。

"一带一路"沿线国家和地区所使用的通用语有近50种,部族语超过200种,因此,在"一带一路"建设中,首先要解决的是语言沟通的问题。"一带一路"建设的各参与主体作为语言消费主体,在语言消费需求上既有差异也有交叉,需要分门别类地对语言消费主体的消费需求、对应的语言产品(服务)及供给主体以及供给对策进行梳理分析。比如,"五通"中各参与主体对"语言翻译"有不同的消费需求:政策沟通中主要是对"综合型"[①]专门"语言翻译"服务的需求;设施联通、贸易畅通、资金融通中主要是对"复合型"[②]专业"语言翻译"服务的需求;民心相通贯穿于经济合作和人文交流之中,语言消费需求侧重于文化、艺术、日常生活方面的跨文化语言交际能力培训、语言出版、语言翻译服务以及语言艺术等。

为了便于表述和阅读,我们将语言消费主体及其需求与对应的供给主体、相应的供给对策放置在同一表格中,见表1。

表1 "一带一路"建设中的语言消费供需关系一览表

	语言消费主体	语言消费需求	对应的语言产品与服务	供给主体	供给对策
政策沟通	国家和地区的各级政府机构以及有影响力的非官方组织	主要是为满足沟通所产生的"语言转换"需求	语言翻译	翻译机构、企业、个人	专门的外语人才培养;对外汉语教育

---

① 所谓"综合型"是指语言翻译服务的提供者既精通对方的语言,又熟悉对方国家(地区)的历史、文化、政治制度及法律等。
② 所谓"复合型"是指语言翻译服务的提供者既精通对方的语言,又熟悉经贸合作所涉及的特定专业,如道路、交通、通信、能源企业的相关设计、施工、监管、运营等。

续表

语言消费主体	语言消费需求	对应的语言产品与服务	供给主体	供给对策
设施联通	道路、交通、通信、能源企业的相关设计、施工、监管、运营方	专业技术方面的语言翻译需求；外派员工与当地员工日常语言交际需求	语言翻译；语言培训	翻译机构、企业、个人；高校、孔子学院（课堂）、语言培训企业	专门的外语人才培养；对外汉语教育；"以商带语"，走出去的企业及其员工负有汉语传播功能
贸易畅通	商贸企业及相关服务行业	商贸语言翻译；城市语言环境	语言翻译；城市窗口行业语言服务	翻译企业、个人；语言技术研发企业（在线翻译、机器翻译等）	发展"互联网＋语言服务"，基于云翻译技术的"语联网"；优化国际贸易支点城市及旅游城市窗口行业人员语言服务水平（如交通物流、餐饮住宿、金融通信等）
资金融通	货币、信贷、投融资、债券等相关管理部门、企业	业务洽谈、政策扶持、标准共建中的"语言转换"需求	语言翻译	翻译企业、个人；语言技术研发企业（在线翻译、机器翻译等）	专门的外语人才培养；对外汉语教育；推动中文成为中间语言
民心相通	民间团体与个人	跨文化交流中的语言消费需求	语言培训以及与此相关的语言出版；语言艺术以及与此相关的语言翻译；旅游行业语言服务	国家语言文字主管部门；语言培训、语言出版机构；语言文化传播机构；文化旅游主管部门及景区、旅行社等企业	"民心相通"是"一带一路"建设的社会根基，通过推动民间的人文交流，提升沿线国家对中国的了解与认同

三、"一带一路"建设中的语言消费客体分析

"一带一路"建设作为国家发展战略，在国内通过高校语言类学科、专业的设置，培养专门的语言人才；在国外通过设立孔子学院、孔子课堂等，为有需求者提供学习汉语的机会。除此之外，大部分的语言产品来自语言产业，如语言培训、语言翻译、语言技术、语言出版、语言艺术等行业。

如果我们把这类以语言产品消费为目的的语言消费称为"典型性"语言消费的话，还有一类语言消费不是或不完全是以语言产品消费为目的的，即对"伴随式"语言服务的消费。

民心相通是"一带一路"建设的重要内容,也是"一带一路"建设的人文基础。要真正建成"一带一路",必须在沿线国家民众中形成一个相互欣赏、相互理解、相互尊重的人文格局。加强同沿线国家人民的友好往来,为"一带一路"建设打下广泛社会基础。基于此,对于来华开展经贸合作、进行人文交流的"一带一路"沿线其他国家(地区)的政府、企业、民间团体以及游客来说,所到城市的窗口行业语言服务水平、居民的语言友好程度共同构成了城市的语言环境,我们可以将这一语言环境看作城市提供给外来者的"语言服务产品",该产品的质量无疑将直接关系到这座城市乃至整个国家是否能被外来者欣赏、理解和尊重。因此,根据语言产品(服务)的特性,"一带一路"建设中的语言消费可以分为两大类:

(一)对以语言产品消费为目的的"典型性"语言产品的消费

这一类的语言消费可细分为两种:一种是对语言转换产品及其衍生产品的消费,另一种是对语言艺术产品的消费。

前者指基于不同语言之间交际需求所产生的语言翻译消费,以及为满足跨语言、跨文化交际所衍生出的语言教育培训、语言出版(主要涉及语言辞书、语言教材等)、语言技术(如基于语音合成、语言识别技术的导航仪、电子书、电子词典、学习机、电子书包以及多语语音播报、电话语音查询服务)等方面的消费。在产品(服务)的生产与提供中,要注意不同主体对同一类客体的需求差异,如政府部门、商贸企业、道路施工企业、出境旅游者等对语言翻译服务有不同消费需求;高端翻译人才的专业素养教育、外派员工日常跨文化交际能力培养对语言培训服务有不同消费需求等。

后者指在中外人文交流中,基于文化审美消费需求所产生的对不同国家语言艺术产品的消费。狭义的语言艺术指纯粹的以语言为手段来创造审美形象的艺术形式,在我国,比较典型的语言艺术有相声、评书、二人转等说唱艺术(曲艺)及朗诵、演讲、配音、书法等。

(二)对并非或不完全以语言产品消费为目的的"伴随式"语言服务的消费

"一带一路"建设既包括中国企业、民众的"走出去",也包括国外企业、民众的"走进来"。城市中的政务服务及窗口服务行业(交通、旅游、餐饮、宾馆、金融等)从业人员"伴随式"语言服务关系到消费者的消费感受与评价,影响到该城市在"一带一路"建设中的国际吸引力。

所谓"并非以语言产品消费为目的",以餐饮消费为例,消费者主要购买、消费的是餐饮产品,但服务人员在此过程中所提供的语言服务会对消费者的消费感受与评价产生一定程度的影响,服务人员得体的语言表达、与消费者之间有效的语言沟通,能够提升消费者的满意度、增加后续消费的意愿。其他如行政、法律、医疗、交通、银行等非语言行业的从业者在提供具体的行业产品的过程中,辅助性、伴随性地为消费者提供的语言服务都属于这一类"并非以语言产品消费为目的"的语言消费。

所谓"不完全以语言产品消费为目的",可以导游服务消费为例,导游是通过语言的传递来完成服务过程的,语言是服务内容的主要组成部分,而非像交通、金融、餐饮等行业语言是作为辅助方式来提升服务质量。"导游语言是指导游人员与旅游者交流思想、指导游览、进行讲解、传播知识等与旅游活动密切相关的一种口头语言"[①],但消费者主要消费的是借由导游语言所传递的旅游目的地的历史、文化等知识、信息,导游语言又不完全属于"典型性"的语言产品消费。所以,我们将对导游语言及与其相类似的教师语言、媒体语言的消费归为"不完全以语言产品消费为目的"的语言消费。当然,在这一类语言服务中,对语言类内容的介绍、传播,可以归为"典型性"语言产品,如导游对当地语言特点与用法的介绍、对汉语成语典故的讲解等。

如果我们将一座城市的整体语言生态作为提供给外来者的"语言服务产品"的话,那么影响这一产品质量的除了政府部门工作人员、窗口服务行业从业者的语言能力及提供语言服务的能力之外,还有城市中居民的语言能力与语言素养。可以说,在实现"民心相通"的过程中,每个人都是自己所在城市、自己国家的"形象代言人"。

四、满足"一带一路"建设中语言消费需求的供给对策分析

在对"一带一路"建设中的语言消费主体与客体进行梳理分析的基础上,可以推导出相应的供给主体:"典型性"语言产品(服务)的供给主体包括国家、语言产业所属的各类企业、提供语言服务的个体;"伴随式"语言服务的供给主体包括政府部门工作人员、窗口服务行业从业者、居民个体等。

(一)"典型性"语言产品(服务)的供给对策

受篇幅所限,本文仅就语言翻译、语言教育培训这两类供给主体进行分析,语言出版、语言艺术、语言技术等与语言翻译、语言教育培训有关联或交叉,对语言翻译、语言教育培训产品(服务)的分析有助于后续对语言出版、语言艺术、语言技术产品(服务)供给问题的研究。

1.语言翻译产品(服务)的供给

目前,在传统的口译、笔译、机器翻译的基础上,语言翻译日益与互联网、大数据相结合,为消费者提供更加便捷、优质、多样化的服务。

中国对外翻译出版公司 2011 年转企改制,据其官网介绍,其翻译业务由为联合国

---

① 谢新暎.导游语言的规范化与口语化[J].时代文学,2008(11):85-86.

总部及各有关机构提供翻译服务逐渐拓展到为我国政府部门、外国驻华使馆及社会各界提供语言服务;翻译领域涉及金融、法律、科技、机械、化工、医药、文化等各行各业;翻译形式由文字翻译发展到交替传译、同声传译和会展语言服务等,并实现了驻外翻译和远程翻译。现在该公司主推的"译云",旨在面向所有对外语有需求的人群提供服务。2015年7月,"译云"发布了覆盖互联网、移动互联网及电话网络三大入口的语言服务,目标是"基于语义搜索、智能语音识别与合成、动态影像识别、专业机器翻译技术、深度学习和人工智能等领域进一步拓展,让用户获得更加智能、便捷与高效的语言服务体验"[①]。

中译语通科技(北京)有限公司,是中国对外翻译出版有限公司的控股子公司,也是"译云"平台的主要搭建者和服务提供者。2016年4月8日,该公司与全国翻译专业学位研究生教育指导委员会及20余所重点高校共同发起成立了"语言大数据联盟",并表示将向联盟成员单位开放语料库、机器翻译、计算机辅助翻译、翻译项目管理、语言资产管理和语音识别等技术与平台资源,为高校、科研机构、企事业单位语言服务方面的教学、实践、科研、业务等提供支持。

中国翻译协会,成立于1982年,是全国与翻译工作相关的机关、企事业单位、社会团体及个人自愿结成的学术性、行业性非营利组织。据其官网介绍,中国翻译协会作为全国语言翻译服务供给主体组成的行业协会,为更好地服务我国党政外宣主管部门、驻外使领馆、对外出版机构及国外媒体、政党、政要、智库和相关研究机构等,组建了中国外文局高端翻译人才库网站,该网站于2016年3月29日正式开通,具备面向全社会的专家身份查验、人才入库申请、人才检索等基本服务功能,还可为组织实施国家翻译项目的机关、企事业单位和高端翻译人才双方提供项目人才匹配B2C第三方平台。

传神联合(北京)信息技术有限公司,作为多语信息处理服务商,已经在跨境电商、国际工程、装备制造、影视传媒、文化旅游、服务外包等十个方向形成嵌入式应用,该公司利用"互联网+语言处理"首创了"语联网"模式。据其官网介绍,语联网通过类电网模式,已聚集全球60万多名译员、1,000多家翻译公司,在30多个语种形成了独特的竞争优势,日均产能达1,000万字。2016年4月26日,传神语联网发布了"语联网+行业"战略,将为致力于"一带一路"发展的企业提供"一站式"语言整体解决方案。

上述供给主体除了提供面向政府机构、大型企业和专业客户的翻译服务外,还为日常工作、生活中有语言需求的普通消费人群设计开发了一系列产品。如传神公司的"微语言服务",以语言服务类App为主要载体,推出全球畅邮、拍拍易、旅行真人译、公证语言一体化方案、云游、小尾巴、火云译客、译客传说等多个微语言服务示范应用。

---

① 译云,构建创新语言服务的互联网生态系统[EB/OL].(2015-07-31)[2015-11-01].https://www.gtcom.cn/? c=news&a=view&id=170.

其中,旅行真人译 App,为出国旅行者提供景点介绍、购物、问路等多个场景中的微翻译、即时译服务,消费者通过拍照、语音、文字等方式输入,即可获得对应翻译。

2.语言教育培训产品(服务)的供给

"一带一路"沿线国家和地区所使用的通用语有近 50 种,"语种需求与参与'一带一路'建设的密切程度、项目建设内容等有关,参与'一带一路'建设越多的国家,其语种人才需求越大;劳动密集型建设项目越多,对能用外语进行基本沟通的人才需求越大;智力密集型建设项目越多,对精通和熟练使用外语的人才需求越大"[①]。

语言教育培训产品(服务)的供给主体包括国家、高校以及语言培训、语言翻译、语言出版企业等。与语言消费主体的不同需求相对应,在供给方面,既要通过专业院校培养综合型、复合型的高端语言翻译人才,又要通过语言培训机构,对大量的中外企业员工进行能够满足日常工作、生活中交流需要的跨文化语言交际培训。

在语言教育培训产品(服务)的供给中,需要协调好以下几对关系:

(1)满足当前急需和建立长远规划。

"一带一路"沿线国家和地区所使用的 50 种通用语中有 18 种语言在我国高校教学中还未开设,语言人才储备存在较明显的不足。而"一带一路"建设对语言人才的需求量大,且需求迫切,为了解决这一问题,"需要迅速构建相关语言服务和语言人才培养应急体系。应急体系与建立在学科、专业建设基础上的高校外语人才培养体系都是国家语言能力体系的一部分,两者相互补充,但不能相互替代"[②]。

研究者认为,根据国家发展战略,高校外语专业新增设非通用语语种,从长远看,有利于增强我国的外语人才储备、提升国家语言能力,但其人才培养周期较长,难以解决"一带一路"建设当前所面临的语言人才紧缺问题。因此,需要建立语言教育培训的"应急体系",即围绕消费需求,多主体合作,灵活采用教育培养方式。如企业可与高校、语言培训机构、语言翻译公司合作,选派专业技术人员参加外语强化培训,或是选派外语人才参加专业技术强化培训,以在短时间内培养出能够满足急需的高端"复合型"语言人才;针对企业外派的大量员工,可以采用简捷、有效的培训方法,使外派人员更好地适应在国外的工作与生活。

(2)单纯语言教育与"语言+"教育。

"一带一路"建设对语言人才的迫切需要,"对我国外语教育提出了学科转型的重大挑战。加强外语教育中的国别和区域知识教学,开展和促进跨文化、跨学科外语教学与研究,培养具有人文素养、学贯中外的国际化人才","培育精通沿线某一国家或地区语言,熟谙当地文化,甚至专攻于某一问题领域的专家学者已成当务之急。为此,要

---

① 魏晖."一带一路"与语言互通[J].云南师范大学学报(哲学社会科学版),2015(4):43-47.
② 杨亦鸣."一带一路"建设面临语言服务能力不足问题,提高国家语言能力迫在眉睫[N].人民日报,2015-11-24(7).

研究语言能力与其他专业能力的组合问题,使不同领域的专业人才能够获得必要的语言技能和跨文化沟通能力"①。

所谓"语言+"教育,就是在原有语言教育培训关注语言知识、技能技巧培养的基础上,拓展加强人文知识、专业知识培养,以满足"一带一路"建设对"既精通沿线国家的主体语言和相关地区语言乃至部族语言,又熟悉当地文化、制度、风土人情和地理,具有国际视野和跨文化交际能力"②的高端语言人才的需求。

(3)国内与国外两个语言教育培训市场。

在国内所提供的语言教育培训中,既有对我国学生、在职人员所进行的外语教育培训,也有对外国留学生、企业所聘的外国员工所进行的汉语教育培训;在国外,有我国留学生、企业外派员工在当地接受的外语教育培训,也有我国的孔子学院、孔子课堂和企业对当地员工所进行的汉语教育培训。

"一带一路"沿线国家众多,地缘复杂,各国历史、文化、宗教、民族、政治差异较大,给"民心相通"带来一定困难。因此,在国内,要重视来华留学生,特别是来自紧缺语种国家的留学生的"语言火种"作用,帮助其在学好汉语的基础上,既能帮助我国学生、企业员工较快掌握其母语,又能使其在回国后,成为汉语传播的使者。在国外,一方面,通过孔子学院、孔子课堂对汉语及中国文化的传播,增进当地民众对中国及"一带一路"的了解,减少中国企业在当地投资、参与建设遇到的交流障碍;另一方面,要重视"走出去"企业及其员工的语言与文化传播作用,"以商带语",对企业所聘用的当地员工进行汉语培训,同时中方员工在当地要展现出良好的语言文化素养,不仅为企业,也为国家做好"形象代言人",与当地民众建立融洽的沟通关系,以实现"民心相通"。

(二)"伴随式"语言服务的供给对策

城市语言生态的构建,取决于这里的"人",不管是生活状态中的人还是作为职业角色的人,每个人的言谈举止、文明程度、人文素养等都是构成整个城市人文形象的重要细胞,不仅直接影响到外部者对这座城市的感受与评价,也会影响到内部者的自我认知与相互评价,继而又间接对外部者的评价产生影响。窗口行业从业者语言能力以及提供语言服务的能力,将对该行业产品与服务的消费满意度产生直接的影响,继而影响人们对一座城市人口素质与人文形象的评价。

1.根据服务对象语言消费需求对语言服务内容进行设定

清晰、准确传递产品及服务信息,包括公交报站信息、医院导医服务、餐厅菜品介绍、银行张贴的储户须知、旅游景区印制的导览图册等口头或者书面的与产品、服务配

---

① 沈骑."一带一路"倡议下国家外语能力建设的战略转型[J].云南师范大学学报(哲学社会科学版),2015(5):9-13.
② 赵世举."一带一路"建设的语言需求及服务对策[J].云南师范大学学报(哲学社会科学版),2015(4):36-42.

套的语言服务。

满足消费者情感需求的语言信息,需要窗口行业的从业人员根据消费者的年龄、性别、民族、种族、宗教信仰等,礼貌、得体地提供具有对象感、符合特定语境的语言服务。

2.在窗口行业内部及各行业间就语言服务进行统一设计

可以考虑由城市语言文字主管部门负责协调,对城市交通、旅游景区、医疗机构、金融机构、宾馆饭店等场所的导引、介绍类标牌以及手册等进行统一设计,包括整体形象设计及多语翻译等,既体现不同行业的自身特点,又能够显示出该城市的整体风格。

在规范书面语言服务的基础上,还需要围绕城市语言生态构建的整体要求,不断调整、完善各行业的从业人员口头语言服务规范,并开展相应的行业语言服务能力要求与技巧训练方面的培训。

五、结语

消费者行为是一个整体,是一个过程,对消费问题的研究,不仅包括对消费需求、消费动机的研究,也包括对获取(购买)产品(服务)的行为以及获取(购买)后对产品的使用及后续影响的研究等。

我们对"一带一路"建设中的语言消费问题研究,既要分析现有和潜在的消费需求,也要进行消费者动机和决策行为研究,还要尽可能对消费者购买产品、获取服务后的使用情况进行调查,从而实现对特定对象消费行为的整体把握。

语言消费研究的意义在于,通过对消费者行为的把握,为语言产品(服务)的供给者满足并引导语言消费提供决策依据。"一带一路"建设中出现的语言消费新问题,也为我们提出了新的研究课题。随着"一带一路"建设的推进,关于语言消费问题的研究也将逐步深入。

(本文原载《语言文字应用》2016 年第 3 期,第二作者为高传智)

语言消费:基本理论问题与亟待搭建的研究框架

目前,国内外对"语言消费"问题尚未有系统的研究,究其原因,一是随着语言生活与经济行为的互动发展,学界对语言产品(服务)的界定、特性的认识处在不断完善之中,相应影响到"语言消费"问题的研究进程;二是"语言消费"行为有较强的渗透性,难以切分、剥离,给测量与分析带来了困难;三是"语言消费"作为其他消费的基础,其消费动机、行为较之物质产品及其他文化产品的消费更为复杂,西方经济学中的消费理论、西方社会学家关于文化消费的一些经典论述不能简单地用于"语言消费"问题的研究中。在多种因素的作用下,国外语言经济学界尚未将"语言消费"作为研究的重要组成部分,国内对"语言消费"的研究也处于起步阶段。

尽管研究的难度客观存在,但是,"语言消费"不仅关系着整个社会的语言生活质量,也直接影响着文化的传承与传播,并直接或间接地对经济发展产生影响,因此,"语言消费"研究的意义与迫切性不言而喻。

一、何谓"语言消费"——"语言消费"的内涵与外延

研究者对"语言消费"的界定在近十年间呈现出一个明显的变化过程,这一变化与国内"语言产业"研究的开展以及学界对语言产品(服务)特性认识的不断完善有关。国内"语言产业"研究的系统开展始于2010年,这一年也成为"语言消费"研究发展的一个重要时间点。

(一)随着对"语言产品"界定的清晰,"语言消费"的外延也相应从窄到宽

2010年之前,研究者将"语言产品"界定为语言类教科书和音像制品,将"语言服务"界定为语言培训、语言翻译服务,并在此基础上,将围绕"语言学习"展开的消费活动称为"语言消费",包括购买语言学习资料、参加语言培训和测试等。也就是说,在这一时间段,受"语言产品"和"语言服务"的界定较为狭窄的影响,研究者将"语言消费"

的范围仅划定为"语言学习"方面的消费。在今天看来,这一界定具有明显的局限性,但这与当时业界、学界对"语言产品(服务)"的认知或许是吻合的。

2010年以后,随着国内学者对"语言产业"研究的关注,"语言产品"的概念也逐渐清晰,即以语言为核心要素或主导要素,以满足某种语言需求为目标的产品形态,包括语言培训、语言出版、语言翻译、语言测试、语言技术、语言艺术、语言创意、语言康复、语言会展等业态的产品,都被归入"语言产品(服务)",对这些语言产品(服务)的消费,都属于"语言消费"。[①]

在语言产业所提供的商业化语言产品(服务)的基础上,由政府、高校、科研院所以及语言事业机构提供的非商业性或者具有"语言福利"性质的语言产品(服务)也都可以作为"语言消费"的对象,如语言标准、语言数据等;除了个体的消费者外,政府部门也可以作为"语言消费"的主体,如对来自科研机构的语言决策咨询方面研究的消费等。

(二)根据研究视域的不同,"语言服务"的主体从语言行业拓展到非语言行业,在一定范围内拓宽了"语言消费"的边界

在语言产业或语言事业的研究视域下,"语言消费"的对象都需是以语言为核心要素或主导要素、以满足某种语言需求为目标的语言产品(服务)。但是如果将"语言消费"研究拓展到传播学、社会学、经济学等人文社会科学领域,"语言服务"的主体就随之相应扩大,可以从语言行业拓展到非语言行业,因为,语言存在于一切交流之中,任何消费活动都离不开对语言的使用,包括产品说明等书面语言、服务人员的口头语言等。这些伴随在其他消费活动中的语言行为,虽然不同于以语言为核心要素或主导要素的语言产品(服务),但其对于文化的传播、经济活动的运行、社会的有序发展等都有着直接或间接的影响。

需要明确的是,消费者在就餐、购物等过程中是以餐饮、购物为消费目的的,尽管从业人员的"语言服务"会影响消费者的消费体验,但并非其最主要的消费内容。所以,需要将这种伴随式的"语言消费"与前一种以消费语言产品(服务)为目的的"典型性语言消费"进行区分,并明确其特定的含义与适用的研究范围,避免将"语言消费"概念泛化。

综上所述,"语言消费"包括了以语言产业为供给主体的"典型性语言消费"和以窗口服务行业为供给主体的"伴随式语言消费"。此外,还涵盖了对以政府、非营利性质的科研院所、社会公益机构为供给主体的语言政策、语言文字规范标准、语言教育、语言数据、语言康复等服务的消费,这一类消费可归入"典型性语言消费"。

---

① 李艳.语言产业视野下的语言消费研究[J].语言文字应用,2012(3):25-32.

二、为何研究"语言消费"——"语言消费"的功能

综合语言消费主体的消费需求与客体的产品特性,可以将语言消费的功能分为直接功能与延伸功能,其中,"语言消费"的直接功能包括提升语言能力、感受语言魅力、优化消费体验三个主要部分;直接功能的三个部分又各自具有一定的延伸功能。

(一)直接功能

1. 提升语言能力

"提升语言能力"是"语言消费"最为重要的功能,也是"语言消费"的首要动因,其主要来自对语言教育培训、语言翻译、语言出版、语言测试、语言康复等产品与服务的消费。"提升语言能力"既包括提升母语能力,也包括提升外语能力。如果根据消费主体的状况和需求进行细分,对于语言康复服务的消费旨在使需求者获得、恢复正常的语言交流能力;而以拥有正常语言交流能力者为消费主体的语言培训、语言翻译、语言出版、语言测试产品(服务)的功能在于使需求者拥有更好的语言素质、更高的语言技能,并能够通过成功的语言转换实现良好的跨语言、跨文化交流。如果以"基本的语言交流能力"为坐标原点的话,位于原点以左的"语言康复服务"和位于原点以右的"其他语言产品(服务)"则分别旨在实现"由无到有""由有到优"的语言能力提升目标。

2. 感受语言魅力

"感受语言魅力"来自对相声、朗诵、书法、文字创意设计等语言艺术和语言创意产品(服务)的消费。"一部分个体、群体在语言消费基本需求的基础上,产生了更高的消费需求,如在广告、命名、饰品及旅游产品设计等行业中对语言文字元素创造性运用的需求,我们可以称之为语言创意需求"[①]。例如,对"命名服务"的消费,旨在为机构、组织、产品或者个人取一个意蕴深远、朗朗上口的名字,这类语言消费以语言文字所具有的发音、字形、意境的美感为前提,通过自我感受、展示分享因语言的独特魅力而令人称道的名字,提升自身的可识别度,形成富有个性的品牌,从而获得社会评价、经济效益方面的回报;此外,在服饰及旅游产品设计中,将汉语古文字和少数民族语言文字作为核心创意元素也属于一种语言艺术产品,对这类产品的消费,具有审美功能,其中具有较高收藏价值的产品还将给购买者带来一定的经济回报。

3. 优化消费体验

"优化消费体验"主要针对来自窗口服务行业的"伴随式语言消费",以城市公交为

---

① 李艳.语言产业视野下的语言消费研究[J].语言文字应用,2012(3):25-32.

例,清晰的标识、贴心的提示、得体的答复等有效的语言服务,可以使乘客获得良好的搭乘体验。就餐、就医等其他场景亦是如此。

语言消费活动具有一定复杂性,在某一个语言消费行为、语言消费过程中,可能同时涉及对多种语言产品(服务)的消费;某一种语言产品(服务)也可能兼具了不同的功能。因此,对某一语言消费行为及其功能的分析需要结合具体情况来进行判断。以语言技术产品和语言翻译产品为例,前者多作为"嵌入式"产品,存在于其他语言产品与服务之中,如输入法、电子词典、语音翻译、语音导航以及医院、银行的智能对话系统等,因而也兼具了多种功能;后者既可以单独存在,也可以融合于语言教育培训、语言出版、语言艺术、语言技术等其他产品或服务之中,因而在功能上也不尽相同。

(二)延伸功能

"语言消费"的延伸功能包括经济功能、文化功能和社会功能。

1.经济功能

包括母语和外语在内的语言能力的提升有助于提高人力资本,"语言消费者"个体的语言技能与工资收入有较强的正相关性。对于一个国家而言,亦是如此。"包括母语水平和使用外语的人数、熟练程度"在内的国民总体的语言能力,"是该国人力资本的一个重要组成部分"[①];同时,语言能力的提升能够增强不同语言群体之间的经贸往来,降低经济活动协调、管理、信息交流的成本[②]。

"典型性语言消费"拉动语言产业发展,可以为国民经济创造可观产值,如"世界上每年有1,800万母语非西班牙语的人学习西班牙语,与该语言学习相关联的产业产值每年可达1,500亿欧元"[③];我国语言产业中语言翻译、语言培训等六个行业2016年产值合计超过5,000亿元,在国民生产总值中占比接近1%[④]。

窗口服务行业从业者良好的语言服务能力,可以优化顾客的消费体验、增强顾客购买商品的意愿,带动商品销售。同时,包含语言服务在内的良好的服务能力,也会优化当地的人文形象与环境,有助于促进旅游业的发展。研究表明,有相当比例的消费者愿意为"伴随式语言消费"付费,其中,"77.1%的消费者能够接受占总服务价格5%及以下的语言服务价格,40%的消费者能够接受占总服务价格6%—10%的语言服务价格"[⑤]。

---

① 黄少安.经济学视野中的语言:几个基本问题[EB/OL].(2016-11-25)[2017-03-08].http://www.cssn.cn/yyx/yyx_tpxw/201611/t20161125_3289739.shtml.
② 张卫国.语言的经济学分析:一个基本框架[M].北京:中国社会科学出版社,2016.
③ 贺宏志.发展语言产业,创造语言红利:语言产业研究与实践综述[J].语言文字应用,2012(3):9-15.
④ 语言产业所属六个行业2016年度的总产值为作者按照一定的计算方法所做的估算。
⑤ 李现乐.语言消费的个体差异:基于南京服务行业的语言调查[J].语言政策与规划研究,2014(2):32-44.

2. 文化功能

语言消费与文化消费、语言传播与文化传播是一个互相促动、循环往复的过程。

语言消费有助于拓展文化传播的受众范围。掌握一种语言就是掌握了通往一国文化的钥匙,文化的传播必然是借助某一种语言来抵达其受众的,受众的语言能力影响着文化传播的范围与效果,而语言消费正是受众语言能力得以提升的重要途径,包括对母语和其他民族、国家语言的学习及使用。

文化传播有助于增强受众的语言消费意愿。对一个国家的文化或者某一种文化产品感兴趣而开始学习这个国家的语言,在外语学习者中是一个较为常见的现象。如中国功夫电影、日本动画片、韩国电视剧是一些青少年学习汉语、日语、韩语的动因之一。不仅这一由跨文化传播而引发的外语学习属于语言消费,实际上,在跨文化消费中也包含着直接的语言消费,例如,对影视剧片名、字幕等语言翻译产品的消费等。

受众语言消费意愿的增强,又是以文化传播的拓展与深化为目的的。可以说,不论受众是以文化消费为起点,还是以语言消费为起点,在消费过程中,必然都会经过消费包含语言产品的文化产品(如译制片)或是本身就属于文化产品的语言产品(如外语教材等语言出版物),继而产生对与该文化相关的语言或是该语言相关的文化的兴趣及消费意愿,从而形成新的消费循环,如此往复,最终达到文化传播的目的。

因此,语言消费所具有的文化功能不言而喻。简而言之,在"典型性语言消费"中,语言艺术产品的消费本身就属于文化消费,语言技术产品、语言翻译服务等为文化产品的生产与传播提供着技术与语言支持,语言教育培训能够潜移默化地影响学习者对于这一语言所属文化的整体认知;在"伴随式语言消费"中,窗口行业的语言服务水平对于一城、一地乃至一国文化的建构与传播也起着不容忽视的作用。

3. 社会功能

一些必需的"语言消费"关乎国计民生、关乎社会发展。以语言康复产品与服务的消费为例,据残疾人口普查数据,目前,我国言语听觉障碍患者数量超过3500万,[①]如果每位患者的家庭按3人计算,关涉人群就超过了1亿人,因此,语言康复服务能否及时跟上和满足需求,不仅是医学问题、语言学问题,更是一个社会问题。同时,政府作为语言服务的提供者之一,通过普及国家通用语言文字、保护各民族语言文字、完善语言文字规范标准、规范和推广国家通用手语及盲文、推进语言康复治疗技术开发利用等来提升国民语言能力、构建和谐语言生活,而这也正是和谐社会建设的基础。

---

① 徐瑞哲.言语康复师缺口逾10万[N].解放日报,2013-06-17(2).

三、如何研究"语言消费"——亟待搭建的"语言消费"研究框架

西方的消费理论、行为消费理论、消费社会学研究以及国内外关于文化消费、语言经济学的研究可以为"语言消费"研究提供一定的理论基础和方法借鉴。在此基础上,还需要把握语言消费相对于其他消费的差异性、独特性,从而搭建适用于语言消费研究的基本框架。

(一)来自经济学、社会学领域的消费理论——"语言消费"研究的理论基础

1. 西方经济学者提出的消费理论

20 世纪 30 年代,约翰·凯恩斯(John Keynes)的"绝对收入假说理论"认为消费水平取决于绝对收入水平。在该理论问世 10 余年后,杜森伯里(James Stemble Duesenberry)提出了"相对收入假说",认为消费者的消费支出除了受自身目前收入的影响外,还受到其他人消费支出及自身以往"高峰时期"收入的影响,这说明消费行为具有一定的效仿性,消费习惯一旦形成就会产生一定的惯性。这两种"假说"都是关注现期收入对当前消费的影响,不考虑未来的预期收入,也未涉及不确定性问题。此后,莫迪利亚尼(Franco Modigliani)等人提出的"生命周期假说"和弗里德曼(Milton Friedman)的"持久收入假说"在消费函数计算中加入了对"预期收入"的分析。其中,"生命周期假说"认为,个人现期消费取决于个人现期收入、预期收入、开始时的资产和个人年龄大小,一个家庭的消费支出与家庭中每个人在其生命周期内消费的理想分布有关;"持久收入假说"认为,消费者的消费支出是由其可以预计到的未来收入决定的,消费者即便在现期收入走低的情况下,也可能会采用预支未来收入的方式来保持过去"高峰收入"时期的消费水平与消费习惯。这两种"假说"相对于前两种"假说"的进步意义在于纳入了对"预期收入"因素的分析,不足在于仍旧未考虑到不确定性因素对消费的影响,由于未来的收入具有不确定性,因此,有必要将该因素加入对消费行为的分析中。针对以上"假说"中存在的缺陷,此后的"预防性储蓄假说"涉及对未来不确定性因素的分析,认为不确定性越高,人们就会越多地选择储蓄而非消费以降低可能发生的风险。[①]

我国一些研究者认为,西方消费理论对中国消费者消费行为的解释有限,无法完全说明中国消费者的行为特征;同时,消费函数并不是一成不变的,时代变迁、经济发展、制度差异等因素都会对人们的消费心理与行为产生影响,因此,消费函数也应随之调整。

---

① 赵斌,孙丽丽.消费行为理论述评[J].经济学动态,2009(7):86-89.

2. 西方社会学者对消费问题的研究

西方社会学领域对于消费问题的集中研究较早可见于20世纪六七十年代,在20世纪80年代末、90年代初得到快速发展,消费社会学逐渐成为社会学研究的一个分支。其特点是把消费作为一种社会现象,而不是一种单纯的经济现象,关注影响消费的社会因素,从社会阶层、社会结构的角度去分析消费动机与行为。

韦伯(Maximilian Weber)认为消费与生活方式相关,具有不同生活方式的人有着不同的消费模式与习惯,并且消费方式与生活方式是判定阶层地位的重要标志;鲍德里亚(Jean Baudrillard)认为人们正是通过消费特定类型的物品来对自己的身份进行界定的;齐美尔(Georg Simmel)认为时尚消费与不同社会群体间客观存在的风格差异有关,上层人士不断以新的时尚来与其他阶层进行区隔,而其他阶层的人士则不断通过时尚消费来模仿上层人士的生活与风格;凡勃伦(Thorstein B. Veblen)系统研究了消费的社会结构意义,认为社会成员的生活水准取决于他所隶属的那个阶级所公认的消费水准,为显示和维持自身的社会地位,进行炫耀性消费是必需的,否则就有可能被本阶层的其他成员轻视或排斥;布尔迪厄(Pierre Bourdieu)在韦伯的基础上进一步阐释了消费对于阶层分化的作用,对文化资本的意义与作用进行了强调,认为文化知识的等级体系与消费者的社会等级体系是一致的,在资本、场域、惯习的理论框架中,分析了消费的社会区分功能以及不同阶层存在消费差异的原因。[①]

消费社会学研究的积极意义在于弥补了经济学领域主流消费理论的研究局限,后者在消费研究中所运用的"代表性消费者"假设忽略了不同社会阶层的消费行为差异,这种差异是客观存在的,不能简单地将微观变量加总为宏观变量,而是需要加入对社会收入分配、社会阶层地位等因素的分析,因此,将社会阶层地位因素纳入消费函数对于经济学领域的消费研究具有借鉴意义。不过,消费社会学研究还有一些尚待解决的问题,如为描述社会阶层地位建立可量化的指标、确定不同阶层消费行为的微观基础等。

3. 国内外关于文化消费的研究

国外学者关于文化消费的研究同样也主要来自社会学、经济学两大阵营。社会学界对文化消费的研究,从法兰克福学派将文化消费视为一种社会控制的手段,到布尔迪厄将文化消费与宏观社会结构的特征、社会阶层的区分关联起来,再到丹尼尔·米勒(Daniel Miller)将文化消费作为文化创制的一种过程,呈现出从否定到肯定的发展脉络。[②] 经济学界对于文化消费的研究多采用微观经济学的视角和实证研究的方法,在理论运用上,从新古典消费理论到新消费理论,再到提出"理性致瘾"理论和"消费中

---

① 杨天宇.西方社会学消费理论的经济学评析[J].消费经济,2006(1):89-92.
② 杨晓光.关于文化消费的理论探讨[J].山东社会科学,2006(3):156-159.

学习"模型。

其中,运用新古典消费理论研究文化消费的问题在于将文化产品等同于普通消费品,仅运用收入、价格、偏好这三要素来解释文化消费行为,且由于经济学在分析偏好这一要素的形成与影响时,不能像对收入、价格的分析那样驾轻就熟,只好将消费者的偏好假定为是固定不变的。在新古典消费理论之后,新消费理论的进步意义在于把文化产品(服务)的特性纳入效用函数中,新消费理论认为在收入、价格因素相同的情况下,影响消费者选择的主要因素是其对文化产品特性的感知。但是,新消费理论在对消费者偏好的分析上并未能超越新古典消费理论。此后,文化消费"理性致瘾"理论认为,消费者在以往文化消费体验的基础上形成一定的文化消费品位,并不断积累成为消费者的文化资本,文化资本外化为一定的文化消费能力对文化消费意愿与行为产生影响。"消费中学习"模型认为,消费者的偏好、品位和文化资本是在不断的学习中形成的,因此,在对文化消费行为的考察中,需要采用动态研究与过程分析的方式。"理性致瘾"理论和"消费中学习"模型对当前文化消费和语言消费的研究有一定的借鉴意义。[1]

国内学者对文化消费的研究集中开始于20世纪80年代中后期,近30年间,研究涉及文化消费的含义、特点、功能、分类以及影响因素等。尽管研究者对文化消费的定义日趋达成共识,但对于文化消费所涵盖的范围、所包含的内容仍存有较大差异。

4. 语言经济学领域的相关研究

根据舒尔茨(Theodore W. Schultz)1962年出版的《教育的经济价值》一书,语言学习是教育投资的构成部分之一,也是一种人力资本投资。20世纪七八十年代,语言经济研究者开始关注语言的人力资本属性,认为人们主动获取语言技能的投资有助于经济优势的形成。语言技能可以为人们带来很大的利益回报,语言作为交流工具,可以在消费与生产活动中最大化个人的经济福利。有些研究发现,双语者或多语者能够更容易地学习其他语言和技能,一些雇主甚至将是否学习过另一种语言作为评价求职者学习新事物能力的标准之一。国内研究者分析语言(技能)投资的过程,得出这样的结论:从人力资本理论角度来看,"纯粹的经济激励"是人们学习另一门语言的主要动机。[2]

虽然语言经济学者的研究没有直接关注或提及语言消费,但是他们所探讨的语言学习、语言技能投资问题,实际上就是对语言教育培训产品(服务)的消费,这里的"投资"可以理解为在语言消费上所投入的资金成本。因此,语言经济学研究中的人力资本理论以及一些模型、方法可以为语言消费研究提供参考。

---

[1] 资树荣.国外文化消费研究述评[J].消费经济,2013(1):30-33,55.
[2] 张卫国.语言的经济学分析:一个基本框架[M].北京:中国社会科学出版社,2016.

(二)"语言消费"研究的要素与方法

在"语言消费"研究中,需要根据语言产品(服务)的特性进行分类,在统一分析的基础上,探讨不同类型语言产品(服务)的消费动因、需求、方式以及所适用的研究方法。

国家统计局《文化及相关产业分类(2012)》[①]中对文化产品(服务)的界定为我们判断文化消费所涵盖的范围、所包含的内容提供了依据,同时,也有助于我们划定语言消费与文化消费的交叉部分以及语言消费中相对独立、不属于文化消费的部分:第一,不包含在文化消费中的语言消费部分,如语言教育培训产品(服务)是语言消费的重要内容,但在国家统计局2012年对文化及相关产业的分类中,删除了"国民教育"部分,因此,与教育相关的这部分语言产品(服务)是语言消费中相对独立存在的部分。第二,语言消费与文化消费的交叉部分,语言消费的对象有一部分包含在文化消费的范围之中,如"语言出版"隶属于《文化及相关产业的分类(2012)》中的"新闻出版发行服务","语言艺术"隶属于"文化艺术服务","语言创意"隶属于"文化创意和设计服务","语言会展"隶属于"会展服务"。第三,某些种类的语言产品(服务)中,部分属于文化产业的统计范畴,如"语言技术"产品与服务中,"搜索引擎"属于文化信息传输服务中的"互联网信息服务",还有一部分属于"文化软件服务"和电子快译通、电子记事本、电子词典等"文化用品的生产"。第四,某些种类的语言产品(服务)是直接为文化产品生产提供服务的,如"语言翻译"对于"影视节目的制作与发行"。

对于语言消费中相对独立、不属于文化消费的部分,需要根据产品(服务)的特性来确定适当的研究方法。以语言教育培训产品(服务)为例,根据国内社会学者的研究,消费分层受职业分层的影响较小,但与受教育程度、家庭人均收入、家庭类型等相关性较高,特别是其中的受教育程度这一指标,不仅对消费分层具有显著的恒定影响,而且日益成为普遍公认的合理社会分层体系的参照标准。[②] 因此,在"语言消费"研究中,可以结合语言经济学"人力资本"与社会学"消费分层"的研究视角,分析语言教育培训消费对个人收入、人力资本的影响,继而产生的对其他消费以及消费分层的影响;作为一个循环,消费分层又在一定程度上对包括语言教育在内的语言消费需求、行为产生影响。在语言教育培训消费行为的具体分析中,可以借鉴行为经济学、行为消费理论的一些观点和研究方法,行为经济学相比主流经济学来说,更为重视社会心理因素的影响,如认为带有估测偏见的人在预测其未来偏好时,会给予当前偏好过大的权重,夸大自己未来的偏好与当前偏好的相似性;行为消费理论所建构的心理消费模型有助于分

---

① 文化及相关产业分类(2012)[EB/OL].(2012-07-31)[2015-03-16].http://www.stats.gov.cn/sj/tjbz/202302/t20230213_1902737672.html.
② 李培林,张翼.消费分层:启动经济的一个重要视点[J].中国社会科学,2000(1):52-61,205.

析影响和决定消费决策的社会心理动机,其主要采用的是内省和心理实验的方法。[①]

对于语言消费中与文化消费有交叉或隶属于文化消费的部分,可以借鉴以往文化消费研究中的要素设定及研究发现。所涉及的要素包括收入、年龄、性别、家庭成员结构、教育水平、职业身份、替代品价格以及消费所投入的时间成本等。这些变量对文化消费都有显著的影响,但在具体的消费行为中又呈现出一定的差异性和复杂性:收入对文化消费的影响根据所消费产品(服务)的类型不同会呈现出一定的差异;教育水平和职业身份对文化消费有显著的积极影响,特别是对于表演艺术的消费,教育水平是最重要的影响因素;此外,文化消费还呈现出较为显著的地区差异。[②] 也有研究通过实证调查,对以上变量在人们文化消费中所起的作用进行了排序,由强到弱为:收入(X=0.16)、职业(X=0.124)、婚姻状况(X=0.12)、年龄(X=0.11)、文化程度(X=0.106)、性别(X=0.09)。[③]

综上所述,对于语言消费中与文化消费有交叉的部分,可以借鉴文化消费研究的分析方法;对于语言消费中相对独立、不属于文化消费的部分,需要对产品(服务)特性以及消费者的消费动因、需要等进行分析,确定其适用的分析方法。同时,借鉴西方经济学、社会学中对影响消费、文化消费的宏观环境、收入、社会阶层、文化资本、偏好、消费惯性等要素的研究及其具体的测量方法,结合当前语言产品(服务)消费的特性,确定适当的研究方法。

(三)"语言消费"研究的基本思路与框架

语言消费可以根据消费主体的需求划分为不同的层次。对于个体消费者来说,可以分为三个层次:基本的语言消费,对应的是消费主体获得基本语言能力的需求;中端语言消费,对应的是获得具有一定竞争力的语言技能和相匹配的人力资本;高端语言消费,对应的是差异化消费需求,具有此类需求的主要是强调阶层属性的小众群体。

语言消费研究也可以根据研究纵深度的开掘,划分为三个层次,如表1所示。

表1 语言消费研究的三个层次

第一层	语言消费主体、消费对象、消费需求、消费方式、供给主体、供需状况、供给对策等
第二层	语言消费需求的形成机制、影响语言消费行为的内部与外部因素、语言消费习惯的稳定程度及其动态变化过程、"理性致瘾"和"消费中学习"在语言消费中是否存在及其作用模式
第三层	语言消费的现有总体规模及潜在规模、语言消费对于语言产业发展和国民经济发展的推动作用(主要计算来自"典型性语言消费"的直接经济效益,在此基础上,对"伴随式语言消费"带来的间接经济效益进行推算)、国家相关语言规划与语言政策

[①] 刘凤良,李彬.消费理论的行为化趋向[J].国家行政学院学报,2004(6):85-88.
[②] 资树荣.国外文化消费研究述评[J].消费经济,2013(1):30-33,55.
[③] 雷五明.九十年代城市文化消费的特点及其影响因素的调查[J].消费经济,1993(3):24-25.

在语言消费研究的三个层次中,第一层是最为基础的研究,是第二层和第三层研究得以进行的前提。

例如,对"一带一路"建设中的语言消费研究,可以从对语言消费主体的研究切入,运用相应的消费理论与消费者分析方法,对消费者消费心理、动机、行为进行调查研究。"一带一路"涉及国家多、语言消费主体多、语言消费需求复杂多样,选取具有代表性、典型性、辐射力的调查对象尤为重要,比如可以将参与对外经贸合作的中国企业作为研究的突破口,"牵引"出其他的语言消费主体,由点到面,逻辑线索清晰地描绘出国内外市场中语言消费的整体图景。

在语言消费研究的框架中,三个层面的研究既层层推进,又首尾相连,第三层直接为第一层所提出的供需问题做出宏观决策的回应,通过国家语言规划与语言政策研究,回应前两个层面研究所发现的问题,探讨语言消费与国家战略的关系,并思考如何从宏观规划与政策层面解决语言消费中存在的问题,从而在柱形框架的基础上构建一个循环往复的关联系统,如图1所示。

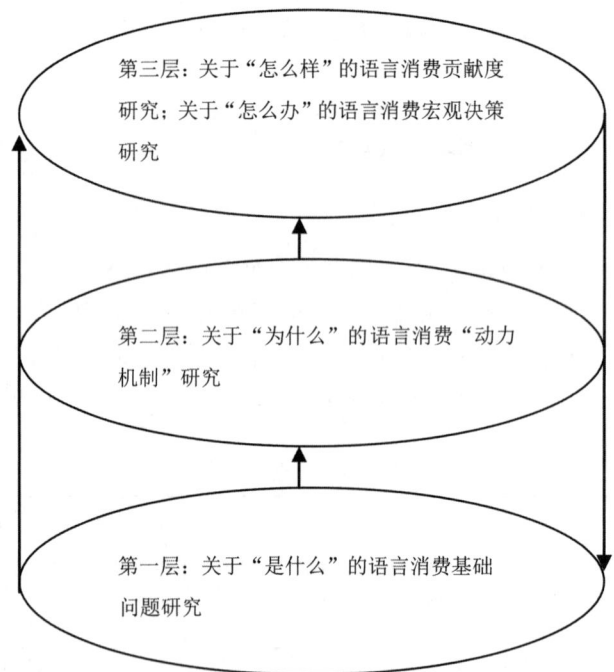

图1 语言消费研究框架中各部分之间作用关系示意图

四、结语

目前,国家统计部门尚未有专门针对语言产业的统计办法和数据,但在语言消费需求旺盛、语言产业发展迅速的大趋势下,对语言消费规模、语言产业经济贡献度进行测算是非常必要的。由于语言产业所属各个业态的构成、盈利渠道、经营方式等都不尽相同,我们对各业态采用了不同的测算方法,估算出语言翻译、语言培训、语言出版、语言技术、语言测试、语言康复等六个行业 2016 年的整体数据超过 5000 亿元(该统计未包含语言艺术、语言创意、语言会展等三个语言产业业态),2016 年我国国内生产总值为 744,127 亿元,语言产业在国内生产总值中的占比保守估算接近 1%。语言产业不仅对国民经济具有可观的贡献率,同时也与文化、社会的发展有着双向互动的关系。

国内经济、文化以及社会发展,不仅会推动语言产业的发展、拉动语言消费的需求,而且还将促使语言消费需求与行为的多元化、高端化。特别是"一带一路"建设的不断深入,相应也亟待语言消费研究的跟进。本文尝试提出的语言消费研究基本框架,需要在语言产品(服务)生产、消费的发展中得到检验并不断调整完善,以期实现对消费者行为的有效把握、为语言产品(服务)的供给者提供科学决策的依据。

(本文原载《语言文字应用》2017 年第 4 期)

从"产业观"到"大产业观":
对语言产业研究演进的梳理与理论思考

语言产业,简而言之,是由提供各种语言产品、语言服务的行业构成的产业形态。在解决了我们为什么要研究语言产业这一根本问题的基础上,需要进一步回答的是怎样研究的问题,包括怎样进一步清晰界定语言产品(服务)、确定语言产业的边界、对语言行业进行准确的分类;测算与思考语言产业在国民经济中所占的比重以及对经济、文化、社会发展的拉动作用;着眼于服务国家语言文字事业发展规划和国家中长期发展战略的要求,拓展语言产业研究的视角,不断完善语言产业研究的框架等。在世界范围内,语言产业研究是一个新兴的研究领域,国内对于语言产业问题专门、系统的研究发端于2010年左右。在2010年至今的8年多时间内,围绕语言产业"是什么"、"为什么"研究语言产业以及"怎么样"研究语言产业等问题,研究者们不断探索,逐步推进着对这一新兴领域的认知与思考。

本文旨在从研究进程参与者的角度,对国内语言产业研究的演进进行梳理与分析,同时,与欧美等国语言产业研究的状况进行横向比较;在历时性纵向分析与国内外横向比较的基础上,聚焦于服务国家语言政策与规划,思考我国语言产业研究的任务与未来趋势。

一、我国语言产业研究的发端及对基本理论问题的界定

(一)我国语言产业研究的发端

在我国,伴随着语言培训、语言出版、语言翻译、语言测试等相关的经营活动的出现与发展,2000年之后,国内有学者开始关注美国的命名产业以及围绕语言学习展开的语言消费活动,但是从宏观视角,对于语言产业的内涵与外延、分类与特征等基本问题在2010年之前尚未有系统的研究。同一时期,欧美学者对语言产业的相关问题进行了探讨,一些语言企业联盟、语言行业协会开始发布年度报告。整体来看,2010年

之前,国内语言产业的研究相对滞后于产业的发展,语言产品与服务的升级、语言产业更好的发展也对相关研究的深入开展提出了要求;欧美与语言产业有关的报告多来自行业协会,并且较多地集中在语言翻译、语言培训等领域。例如在欧盟的报告中,以语言翻译及本地化语言服务为核心,将语言产业的业态分为语言翻译(包括笔译、口译、字幕翻译和配音)和相关服务(如网站全球化、会议组织及咨询)、语言教学、语言技术(包括语言技术工具、软件本地化等)。

从我国语言产业研究的现实需求出发,借鉴国外语言产业、语言行业、语言服务相关研究的成果,在2010—2012年这一时间段,《语言的经济学属性》《发展语言产业,创造语言红利——语言产业研究综述》《语言产业的概念界定及要素分析》《语言产业视角下的语言消费研究》等论文以及《语言产业导论》一书对语言产业研究的背景与意义、语言产业的概念界定与行业分类、语言产业中的生产与消费等问题进行了系统论述。作为我国第一个以语言产业为专门研究对象的科研机构,2010年"北京语言产业研究中心"的成立及其所开展的一系列具有开创性的研究,在我国语言规划史上有着重要的意义,标志着我国语言产业研究进入专门、系统研究时期。

(二)语言产业基本理论问题的界定

1."语言产业"概念界定

由生产、提供同类或相关语言产品/语言服务的组织聚集形成语言行业,不同类型、相互关联的若干语言行业构成了语言产业。"语言产业"是以语言为内容、材料或是以语言为加工、处理对象,生产出各种语言产品以满足各种语言需求的产业形态。

对"语言产品"进行清晰界定,是确定"语言产业"边界的前提。语言产品是以语言为核心要素或主导要素的产品形态,以提供某种语言服务或以满足某种语言需求为目标。是否能够满足某种语言需求,也可以作为判断某种产品是否属于语言产品的标准。语言需求可以细分为以下五种:(1)语言能力提升的需求,与此相关的有语言培训、语言出版、语言测试、语言康复等方面的产品;(2)语言转换需求,与此相关的有语言翻译方面的产品;(3)语言技术需求,与此相关的有语言文字信息处理硬件、软件等产品;(4)语言创意与艺术方面的需求,与此相关的有广告文案、命名服务、书法艺术、字体设计、语言文创设计、语言景观设计等;(5)公共语言产品需求,包括对语言学术研究、语言资源整理与保护、语言数据库、语言标准、语言政策等的需求。相应地,能够满足以上需求的产品就可以归入语言产品,提供这些产品的主体可以归入语言产业范畴。

2."语言产业"业态分类

语言产业的九个业态及各业态的特点如下:

(1)语言培训行业。

语言培训是指通过一段时间的学习和训练,使受训人获得某种语言能力的过程。从培训内容来看,有外语、母语、少数民族语言、方言,有手语、盲文,还有语言障碍康复;从培训的供给主体来看,有民营教育培训机构、各层次公办学校、政府部门、企事业单位和社会团体等。语言培训行业是指提供语言培训产品或服务的所有单位的集合。较之其他语言行业,语言培训业具有辐射性强、起步较早、体系成熟、体量较大、发展迅速等特点。①

(2)语言翻译行业。

翻译是以实现相互沟通为目的的语言转换活动,根据翻译的形态,可以分为口语翻译、文字翻译、手语翻译等;从翻译服务直接提供者的角度,可以分为人工翻译和机器翻译。语言翻译行业是指为有需求的消费者提供语言翻译产品(服务)的所有单位的集合。语言翻译产品(服务)的供给主体,包括各类翻译机构、个人;消费主体包括所有对翻译产品(服务)有需求的政府部门、企事业单位、社会团体以及个人等。在传统的口译、笔译、机器翻译的基础上,语言翻译日益与互联网大数据相结合,从而为消费者提供更加便捷、优质、多样化的服务。

(3)语言出版行业。

语言出版行业是指以语言出版物为生产、经营对象的行业。语言出版物指以语言知识、语言教育、语言研究等为主要传播内容的出版物。在形态上,语言出版物可以是文字的,也可以是音像的;可以是纸质出版物,也可以是电子出版物和数字化的网络出版物。在类型上,语言出版物可以分为四大类:一是语言辞书;二是语言教材、教辅;三是语言学术著作及学术期刊;四是语言普及读物。

(4)语言技术行业。

语言技术即运用计算机对自然语言进行信息化处理,涉及的学科领域包括语言学、计算机科学、声学、数学、信息学等。目前,市场上的中文信息处理产品主要涉及语音识别、语音合成、搜索引擎、输入法、字库、文字识别、语料库等。以语音合成技术产品为例,我国语音合成技术产品的研发起步于20世纪80年代初,目前语音合成技术产品广泛运用于银行等金融机构、医院、政府办事大厅、学校、各类交通工具及站点、手机等通信设备、车载导航系统、移动学习及娱乐设备等。

(5)语言康复行业。

语言康复服务可以分为软件服务和硬件服务两大部分,前者主要包括针对语言障碍问题所进行的诊断、治疗、研究等类型的服务,是语言康复服务的核心内容;后者主要是指语言障碍诊疗、康复所需的硬件设备的设计、生产、销售等,属于语言康复服务

---

① 李艳.基于大语言产业观的语言培训业供给侧治理思考[J].语言战略研究,2017(5):40-47.

的相关内容。语言康复服务的供给主体可以是政府部门、事业机构,也可以是语言康复企业或其他相关企业、社会团体。语言康复行业是一个面向语言弱势特殊人群提供产品与服务的行业。

(6)语言测试行业。

语言测试行业是提供语言能力测试与评定及其他相关服务的机构的集合。目前,在我国,汉语测试包括针对母语为汉语者的普通话水平测试(PSC)、汉字应用水平测试(HZC)、汉语综合能力测试(HNC)、职业汉语能力测试(ZHC)等;针对母语为非汉语人士的测试有汉语水平考试(HSK)、商务汉语考试(BCT)、中小学生汉语考试(YCT)、汉语口语水平测试(HKC)、少数民族汉语水平考试(MHK)等。针对母语为汉语者的汉语测试主要由国家语委组织,针对母语为非汉语者的汉语测试主要由国家汉办组织。除汉语测试外,我国教育主管部门组织进行外语水平测试,包括大学英语四、六级考试及专业英语四、八级考试,全国英语等级考试(PETS),全国外语水平考试(WSK),全国翻译专业资格考试(CATTI)等,此外,在我国开展的外语水平测试还有TOEFL、GRE、IELTS等。

(7)语言创意行业。

语言创意是将语言文字作为一种文化资源,以具有创意的方式来对语言文字进行组合、设计,形成具有差异性的、独特性的呈现或表达,并因此产生一定的价值。语言创意行业是指提供语言创意产品(服务)的各类企业或其他类型的机构的集合。典型的语言创意活动有命名服务(含互联网域名命名)、广告文案设计、语言景观设计、语言文创产品研发等。命名服务是指以语言文字为主要符号,创意化地为各种机构、组织、产品以及个人取名。所取名称既要符合国家法律的有关规定,又要能够在众多选择中脱颖而出;既要朗朗上口、便于记忆,又要有良好的寓意,且符合审美标准。当社会存在着大量的取名需求,取名行为的商业化、市场化便构成了命名业。广告文案设计,通过创意化的语言文字运用,言简意赅并令人耳目一新、印象深刻地介绍产品品牌、定位与特色,使得产品在众多竞争者中能够脱颖而出,获得目标受众的青睐。

(8)语言艺术行业。

语言艺术产品与语言创意产品的不同在于,语言艺术产品对语言文字的艺术性呈现,最终的产品是语言文字,如书法篆刻艺术、朗诵艺术、相声等说唱艺术(曲艺)、播音主持艺术、影视配音艺术;语言创意产品的最终形态不一定是语言文字,语言文字的创意运用是最终产品的构成元素、组成部分,如以文字的创意设计为核心元素的工艺品、语言景观等。提供语言艺术产品的机构与个体及围绕语言艺术品的收藏、销售、传播所衍生出的一系列环节构成了语言艺术行业。

(9)语言会展行业。

语言会展是指为实现语言产品、语言服务领域的物质交换、精神交流、信息传递等目的,将语言产业所涵盖的相关业态的人与物聚集在一起进行展示与交流的一种社会经济活动,其形态有语言展会/博览会、语言会议/论坛、语言博物馆/主题公园。巴黎、柏林、伦敦等国际性大都市都会举办一年一度的国际语言文化展会(博览会),语言文化、语言产业的发达已成为世界城市的标志之一。我国于2017年9月11日在北京举办了"首届中国北京国际语言文化博览会",改写了世界华语区无语言主题博览会的历史。

二、语言产业对经济、文化、社会发展的拉动作用

分析语言产业对经济、文化、社会发展的拉动作用,需要从对语言产品功能的分析入手。语言产品的功能可以从直接功能和延伸功能两个层面来看,其中,直接功能主要包括提升语言能力、展现语言魅力等;延伸功能包括拉动经济、文化、社会发展的作用。

(一)直接功能

1.提升语言能力

"提升语言能力"是语言教育培训、语言翻译、语言出版、语言测试、语言康复等产品与服务的主要功能,既包括提升母语能力,也包括提升外语能力。如果根据消费主体的状况和需求进行细分,对于语言康复服务的消费旨在使需求者获得、恢复正常的语言交流能力;而以拥有正常语言交流能力为消费主体的语言培训、语言翻译、语言出版、语言测试产品的功能在于使需求者拥有更好的语言素质、更高的语言技能及通过成功的语言转换实现良好的跨语言、跨文化交流。

2.展现语言魅力

"展现语言魅力"是相声、朗诵、书法、文字创意设计等语言艺术和语言创意产品的主要功能。例如,将汉语或少数民族语言文字作为核心创意元素的饰品、旅游产品、工艺品等,与书法作品一样,也具有展现与传播语言魅力的功能。

某一种语言产品可能兼具不同的功能,在某一个语言消费行为、语言消费过程中,也可能同时涉及对多种语言产品的消费。以语言技术产品和语言翻译产品为例,前者多作为"嵌入式"产品,存在于其他语言产品与服务之中,如输入法、电子词典、语音翻译、语音导航以及医院、银行的智能对话系统等,因而也兼具了多种功能;后者既可以单独存在,也可以融合于语言教育培训、语言出版、语言艺术、语言技术等其他产品或服务之中,因而在功能上也不尽相同。

(二)延伸功能

语言产品的延伸功能包括经济功能、文化功能和社会功能。

1.经济功能

首先,包括母语和外语在内的语言能力的提升有助于提高人力资本,"语言消费者"个体的语言技能与工资收入有较强的正相关性,对于一个国家而言,亦是如此,语言能力的提升能够增强群体间的经贸往来,降低经济活动的成本。

其次,语言产业可以为国民经济创造可观产值。根据笔者估算,我国语言产业中的语言翻译、语言培训、语言出版、语言技术、语言测试、语言康复等六个行业2016年产值合计超过5000亿元,在国民生产总值中的占比接近1%。

2.文化功能

在语言产品中,语言出版、语言艺术、语言创意产品本身就属于文化产品,语言技术产品、语言翻译服务等为文化产品的生产与传播提供技术与语言支持,语言教育培训能够潜移默化地影响学习者对这一语言所属文化的整体认知。因此,语言产品所具有的文化功能不言而喻。

语言消费(对语言产品与服务的消费)与文化消费、语言传播与文化传播是一个互相促动、循环往复的过程。第一,对语言产品的消费有助于拓展文化传播的受众范围。第二,文化传播有助于增强受众的语言消费意愿。第三,受众语言消费意愿的增强,又是以文化传播的拓展与深化为结果的。

3.社会功能

一些语言产品(服务)关系到国计民生与社会发展。以语言康复产品与服务为例,据残疾人口普查数据,目前,我国言语听觉障碍患者数量超过3500万,如果每位患者的家庭按3口人计算,那么,关涉人群超过了1亿人,因此,语言康复服务能否及时跟上和满足需求,不仅是医学问题、语言学问题,更是一个社会问题。

同时,政府作为语言服务的提供者之一,通过普及国家通用语言文字、保护各民族语言文字、完善语言文字规范标准、规范并推广国家通用手语及盲文、推进语言康复治疗技术开发利用等项工作来着力提升国民语言能力,构建和谐语言生活,而这也正是和谐社会建设的基础。

三、语言产业研究与语言经济、语言服务、语言政策等研究的关联

(一)语言产业研究与语言经济学的关系

语言经济学主要采用经济学的理论范式,把经济学理论和方法应用到语言变量的

研究中,同时也研究语言与传统经济变量之间的关系。语言经济学自产生以来,其研究内容和范畴随着研究的深入而不断丰富和发展变化,从单纯地以经济学的角度研究语言现象和问题,到研究语言与经济的关系以及由语言产业等引发的经济现象,比如,语言能力对收入的影响、语言经济的形成等。经济学作为一门学科,侧重研究相关变量之间的关系,重点在分析方法,语言经济学同样着眼于经济学分析方法的运用。

语言产业是以语言为内容、材料,或是以语言为加工、处理对象,生产出各种语言产品以满足各种语言需求的产业形态。语言产业概念的一个关键点是语言产品,语言企业的经营目标就是生产出语言产品以满足消费者的语言需求。从另一个角度讲,消费者因为有语言需求,就会消费语言产品,从而产生语言经济行为,而语言经济行为达到一定的成熟度和规模就形成了语言产业。

产业是一种经济行为或者经济活动。如果说语言经济学侧重于对语言的经济属性及相关理论问题进行研究阐释的话,那么,语言产业则侧重于在明晰概念与边界的基础上,对国民经济中已经具有一定规模或者具有一定发展空间的语言行业进行分类研究。在此基础上,通过统计分析,掌握其对于国民经济的贡献度、在发展中面临的问题,并对语言产业的发展对策进行探究。

语言经济学理论可以为语言产业研究提供一定的理论支撑和研究方法支持,语言产业研究是语言经济学与实践结合的契合点。

(二)语言产业研究与语言服务研究的关系

根据我们前面对语言产业的界定,语言产业研究与语言服务研究的对象有重叠、有交叉,也有差异。广义的语言服务既包括具有营利性质的"语言商品",也包括具有"语言福利"性质的公共语言服务,还包括窗口服务行业所提供的"伴随式"语言服务。

具有营利性质的"语言商品"部分,是以语言产业所属各行业为主要供给者的,也是语言产业研究的主要内容,如消费者需要付费购买的语言培训服务、语言翻译服务、语言出版产品、语言技术产品等。在针对"语言商品"的研究方面,语言产业研究与语言服务研究是重叠的。由于对"语言商品"研究是广义语言服务研究的构成部分,所以,也可以说,语言产业研究是广义语言服务研究的一部分。

具有"语言福利"性质的公共语言服务,包括国家义务教育中的语言教育、特殊教育中的盲文及手语教育、语言康复服务、国家语言政策与语言规划服务等,供给主体可以是政府部门、事业机构,也可以是语言产业所属企业或是其他相关企业、社会团体。由于语言产业所属的行业、企业也参与了这部分语言产品(服务)的研发与供给,从这个角度来说,语言产业研究与语言服务研究存在交叉关系。以对语言康复服务的研究为例,语言康复服务不同于一般的公共语言服务,因其关系到语言弱势人群的平等发展和社会的整体进步,所以,与语言规划服务、语言政策服务一样,属于国家语言服务。

提供语言康复服务的语言康复行业是融公共语言服务、语言产业服务于一体,既提供"语言福利"性质的公共语言产品,又生产、销售"语言商品"的行业。因此,由于一些语言行业、语言企业直接或间接地参与了公共语言服务的供给,使得以语言行业、语言企业为研究对象的语言产业研究与语言服务研究中的公共语言服务部分形成了交叉关系。

"伴随式"语言服务是指产品(服务)的核心元素并非语言,供给主体以非语言类服务行业为主,如医疗、交通、餐饮、金融、商贸等行业以及工商、税务、公安等提供公共服务的政府部门等。例如,医护人员在为患者提供诊疗服务时所伴随的语言,就属于"伴随式"语言服务,包括与患者、患者家属交流时的口头语言以及病历、处方单、导医标识牌等书面语言。尽管由窗口服务行业从业人员所提供的"伴随式"语言服务属于广义的语言服务,但需要明确的是,消费者在就医、就餐、购物等过程中,并不是以满足某种语言需求为目标,而是以看病、餐饮、购物为消费目的的,尽管从业人员的语言服务会影响消费者的消费体验,但并非其主要的消费内容。所以,需要将这种"伴随式"语言服务与以语言为核心要素的语言产品(服务)进行区分。这部分窗口行业的语言服务问题,可以属于广义语言服务的研究范畴,但不属于语言产业的研究范畴。不过,如果涉及对窗口行业从业人员的语言服务意识、语言服务能力的培训问题,因其属于语言能力培训的一种,则属于语言产业的研究范畴。

(三)语言产业研究与语言政策研究的关系

两者是相互包含的关系:语言产业研究在研究内容方面,包括对相关语言政策、语言规划的研究;在研究目的方面,包括为国家语言政策、规划的制定提供决策服务。同时,因为语言产业日益成为国家语言文字事业发展的重要参与力量与重点建设内容,语言产业研究也相应成为语言政策研究需要关注的重要领域。

以《国家语言文字事业"十三五"发展规划》为例,在"主要任务""重点工程"等部分,或是明确指出要"增强语言经济意识,启动语言产业调查,大力支持语言产业发展,推动生成新的经济增长点";或是对语言产业所属的各类语言企业参与国家语言文字事业发展的主体地位做了进一步强调,指出要整合包括企业在内的社会多方力量"开展语言文字信息化关键技术攻关"等,其中,在"'互联网+'语言文字服务工程"部分就打造全球中文学习网络平台,明确提出要"建立政府引导、市场运营、互联共享、在线学习评价相融合的全球中文推广普及机制"。

目前,包括语言技术、语言康复、语言出版、语言翻译、语言教育等行业在内的语言产业主体已经参与到了该规划所提出的语言文字信息化技术创新发展、语言资源建设、建设语言文字信息化平台、创新语言文字服务方式、服务特殊人群语言文字需求等目标任务的实现过程中,因此,对这些语言产业主体发展状况的研究也属于语言政策研究的一部分。

四、当前语言产业研究视角的拓展与研究内容的纵深

(一)"大语言产业观"的提出及适用范围

随着学界对语言服务、语言产品相关问题研究的不断深入,以及我国建设服务型政府的步伐不断加快且逐渐显现效果,语言产业研究者也开始更多地思考公共语言服务与语言产业的关系问题,认为包括语言政策与规划、语言规范与标准、语言资源整理与保护、国家通用语言的推广、语言数据库建设和语言研究在内的非营利性的公共语言服务是语言产业发展的重要基础。因此,有必要观照语言产业的整体建设与发展环境,为其研究设立一个相对宏观的研究边界,将提供公益语言服务的政府机构、语言事业单位也纳入语言产业的调查与研究范畴。这种界定可称为"大语言产业观",以区别于之前以语言企业为主要研究对象的语言产业界定方式。不过,需要明确的是,"大语言产业观"不是对语言产业边界的无限放大,也并不是对语言产业基本界定方式的否定,而是基于对语言服务体系,特别是对公共语言服务与营利性语言服务(语言商品)相互间关系的认识不断深入而提出的一个研究概念,或者说是统计意义上的概念。[1]

以语言康复行业为例,语言产业研究者将其列为语言产业的分支行业之一,是基于对该行业中提供"语言商品"的那一部分主体及其经济活动的性质界定。该行业所提供的产品与服务中,有相当一部分并非以营利为目的,其供给主体可以是政府部门、事业机构,也可以是语言康复企业或其他相关企业、社会团体。因此,对这样一个具有特殊性的行业现状与发展的研究要兼顾经济价值与社会价值,并且要厘清其经济价值与社会价值的关系,认识到经济价值的创造与提升对于实现社会价值的重要性。

再以语言培训行业为例,在北京语言产业研究中心的系列研究中,其对研究对象的界定有一个由窄到宽的变化过程:在 2010—2014 年的研究中,主要是以营利性质的语言培训机构作为调查和研究对象,如北京语言培训业状况[2]、产品供给视角下的美国语言教育培训行业[3]。随着研究的逐步深入,在语言产业经济贡献度研究中,有学者提出应该将融合在公共教育体系之中的公共语言教育作为语言产业的一部分,以尽可能全面地反映语言产品的经济效应。[4]少付费或不付费的语言培训并非没有产生费用,而是费用的支付主体发生了转移,主要由公共财政或社会捐助来负担,将不以营利为

---

[1] 李艳.基于大语言产业观的语言培训业供给侧治理思考[J].语言战略研究,2017(5):40-47.
[2] 李艳,等.北京语言培训业状况[M]//周庆生.中国语言生活状况报告(2012).北京:商务印书馆,2012:118-124.
[3] 李艳,陆洁.产品供给视角下的美国语言教育培训行业分析[J].云南师范大学学报(哲学社会科学版),2013(5):41-47.
[4] 陈鹏.语言产业经济贡献度研究的若干问题[J].语言文字应用,2016(3):86-93.

主要目的的语言培训纳入研究范畴内,有助于更好地进行需求与供给等方面的研究。

(二)对研究框架的理论探索

语言产业研究是一个涉及应用语言学、产业经济学等学科的新兴研究领域,在完成了对研究对象的科学界定、分类、现状调查的基础上,需要对研究对象所关涉的问题、领域进行通盘考虑,厘清相互之间的逻辑关系,搭建理论研究框架。

以对"语言消费"问题的研究为例,什么是"语言消费"? 为什么要研究"语言消费"? 应如何研究"语言消费"? 可以搭建一个怎样的"语言消费"研究框架? 这些问题是语言产业、语言服务研究领域亟待关注与思考的,同时也是与语言规划、语言战略、语言政策等领域的研究密切相关的。

广义的语言消费包括以语言产业为供给主体的"典型性语言消费"和以窗口服务行业为供给主体的"伴随式语言消费"。对以政府、非营利性质的科研院所、社会公益机构为供给主体的语言政策、语言文字规范标准、语言教育、语言数据、语言康复等服务的消费,可归入"典型性语言消费"。

西方的消费理论、行为消费理论、消费社会学研究以及国内外关于文化消费、语言经济学的研究可以为语言消费研究提供一定的理论基础和方法借鉴。在此基础上,还需要把握语言消费相对于其他消费的差异性、独特性,从而搭建适用于语言消费研究的基本框架。对于语言消费中与文化消费有交叉的部分,可以借鉴文化消费研究的分析方法;对于语言消费中相对独立、不属于文化消费的部分,需要对产品特性以及消费者的消费动因、消费方式等进行分析,确定其适用的分析方法。同时,借鉴西方经济学、社会学中对影响消费、文化消费的宏观环境、收入、社会阶层、文化资本、偏好和消费惯性等要素的研究及其具体的测量方法,结合当前语言产品(服务)消费的特性,确定适当的研究方法。

语言消费研究可以根据研究纵深度的开掘,划分为三个层面:第一层面的研究内容包括语言消费主体、消费对象、消费需求、消费方式、供给主体、供需状况、供给对策等;第二层面的研究内容包括语言消费需求的形成机制、影响语言消费行为的内部与外部因素、语言消费习惯的稳定程度及其动态变化过程等;第三层面的研究内容包括语言消费的现有总体规模及潜在规模、语言消费对于语言产业发展和国民经济发展的推动作用,主要计算来自"典型性语言消费"所带来的直接经济效益,在此基础上,对"伴随式语言消费"带来的间接经济效益进行推算。

在语言消费研究的框架中,如果说第一层面的语言消费研究主要是回答"是什么",那么,第二层面的语言消费研究主要是解决"为什么",主要研究的是语言消费的动力机制问题;第三层面的语言消费研究主要是探讨"怎么样",即语言消费是怎样推动生产的、产生了怎样的效益,同时,第三层面的研究还包含一项重要的内容,即国家语言规划与语言政策研究,回应前两个层面研究所发现的问题,探讨语言消费与国家战略的关系,并思考如何从宏观规划与政策层面解决语言消费中存在的问题。

三个层面的研究既层层推进,又首尾相连,第三层面直接为第一层面所提出的供需问题做出宏观决策的回应,从而在柱形框架的基础上,构建了一个循环往复的关联系统。

五、欧美等国语言产业研究状况

语言翻译、语言培训类服务及提供这些服务(产品)的行业所构成的语言产业,在英国、美国起步较早。20 世纪 80 年代末 90 年代初,随着全球化进程的发展,欧美等国从产业角度来关注语言技术、语言翻译问题的论述逐渐增多。以"language industry"为关键词进行搜索,较早的文献有 *Natural Language Processing Technologies in Artificial Intelligence: the Science and Industry Perspective*（Klause K. Obermeier, Prentice-Hall, USA, 1989）；Colin Brace 主编的 *Language Industry Monitor* 是一份文摘性质的刊物,其对 1991—1995 年间多个国家语言软件、机器翻译、多语言全文数据库、语音技术、电子词典、本地化服务发展情况进行了摘编,内容包括对新近问世的一些翻译软件所提供的服务及其收费标准的介绍(*Low-cost Automatic Translation—an American Dream*? Language Industry Monitor 2,March-April 1991),对欧洲机器翻译辅助工具研发进展的介绍(*The European Translation Tools*,Language Industry Monitor 8,March-April 1992)以及文本转语音技术在翻译中的运用(*Globalink to Use L&H Text-to-Speech to Check Translations*,Language Industry Monitor 26,March-April 1995)等。

1999 年 1 月,美国语言学学会将第 73 届年会的主题定为"语言事业:未预料到的机会"(Linguistic Enterprises: Unexpected Opportunities),斯坦福大学语言学教授、语音学家威廉·勒本(William Leben)在此次会议上作了题为"命名产业"(*The Naming Industry*)的学术报告;美国语言行业协会(the Association of Language Companies,ALC)于 2004 年起发布年度语言服务行业调查报告;美国 Common Sense Advisory(CSA)公司于 2005 年起发布语言服务全球市场年度报告(*Annual Survey on the Global Language Services and Technology Market*);2009 年,位于伦敦的"语言技术中心有限公司"(LTC)经过 6 个月的调查,完成了一份《欧盟语言产业规模研究报告》(*Study on the Size of the Language Industry in the EU*),该报告是以欧盟委员会翻译总局的名义开展并实施的,主要是对 2008 年欧盟范围内的翻译和多语服务所做的调查,该报告估算 2008 年欧盟各成员国的语言行业产值达 84 亿欧元,这个数据包含了翻译(口、笔译)、软件本地化和网站国际化、语言技术工具开发、语言教学、语言学问题咨询以及为国际会议提供多语言服务等各领域获得的产值,此外,还包括在各种合作环境下开展的与语言相关的业务所获得的产值。在此基础上,该报告对语言产业的发展前景进行了预测。

从以上梳理来看,语言产业的研究主体以行业协会、语言公司居多,来自学界的、从学理层面出发的相关研究还不多见。根据对相关文献的搜索以及对美国、英国语言学者的访谈,欧美等国对于"语言产业"的学术研究数量还比较少,尤其是专门的、系统的理论研究尚不多见。

六、我国语言产业研究的任务与趋势

政治经济学是对不同历史形态下的"生产关系和交往关系"的研究,马克思在《〈政治经济学批判〉导言》中指出,新的生产力的获得,会促使人们改变生产方式,而生产方式的改变,会相应改变与原有生产方式相匹配的经济关系。在这个过程中,劳动者的语言知识、语言技能以人力资本的形式参与到生产资本的运行中;而语言资源在生产资料中,既可以作为生产工具,也可以作生产对象(原料)。

具体而言,这里的"语言资料"既包括语言知识、语言技术等工具型资料,也包括生产加工后的各类语言产品(如语言出版物、语言翻译软件、语言培训服务、语言康复服务等)。在新技术变革、经济与社会发展、国际交流进入新时期的大背景下,语言产品的生产、消费、分配、交换,语言行业的发展状况,语言产业对于社会文化发展的推动作用与方式、对于国民经济的拉动作用及贡献度等都是语言产业研究需要持续关注的内容。

(一)任务

语言产业研究的任务可以分为宏观、中观、微观三个层面:

宏观研究主要是对语言产业与社会、文化、经济、国家安全、国际关系等相互间的关联度、作用方式以及宏观发展策略的研究。如结合国家中长期发展战略,研究语言产业在国家宏观战略中的定位与发展规划;进一步深入研究语言产业的经济贡献度,搭建科学的测量框架,推动语言产业进入国民经济统计体系;围绕国家语言文字事业发展的目标与任务,研究语言产业在语言教育培训、语言文字信息化建设、创新语言文字服务方式、语言文化的对外传播,以及为特殊人群提供语言服务等方面的整体规划;研究语言产业与其他相关产业的相互关系及协调发展的策略等。

中观研究主要是通过对语言产业所属各行业现状的深入调查,如探讨语言培训、语言翻译、语言出版、语言技术、语言艺术、语言创意、语言测试、语言康复、语言会展等行业如何更为有效地服务国家发展战略;各语言行业之间的相互关系及协调发展的策略;语言行业与其他相关行业之间的互动关系与协调发展策略等。

微观研究主要是具体到对语言产品需求与供给、研发与生产等方面问题的探讨。例如,着眼于服务《国家语言文字事业"十三五"发展规划》,围绕"'互联网+'语言文字服务工程",涉及的语言产品(服务)包括涵盖语言教育、语言翻译、语言学术研究、语言政策法规等内容的"语言基础数据库群"以及由政府引导、市场运营的"全球中文学习网络平台"等;围绕"服务特殊人群语言文字需求",涉及的语言产品(服务)包括国家通用手语和盲文的规范标准、国家通用手语和盲文信息技术产品、手语和盲文人才培养与测试、语言康复服务等。

《文化部"十三五"时期文化发展改革规划》中所提出的"推动公共文化服务均衡协调发展""推动公共数字文化建设""加强边境地区文化建设""加强国际汉学交流和中外智库合作""积极开展文化外交"等直接与语言教育培训、语言康复、语言技术、语言翻译、语言传播等语言业态及语言产品(服务)相关,具体如何推动语言产业的相关业态更好地服务国家文化发展总体目标,需要根据产品与服务的类型进行有针对性的研究。

(二)趋势

2010年"北京语言产业研究中心"的成立,可以看作国内专门、系统语言产业研究的起始点,经过近些年的研究积累,在技术进步、政策推动、社会需求的大背景下,语言产业研究将进入一个新的阶段。

今后的研究将围绕着"深耕""细作""拓展"等三个关键词进行。

"深耕"是指继续深化对语言产业、语言服务相关问题的理论思考,搭建理论研究框架,推动理论研究的不断深入。

"细作"是指深入开展对语言培训、语言翻译、语言出版、语言技术、语言测试、语言创意、语言艺术、语言会展、语言康复等不同行业的调查,从不同行业的特点、研究现状、发展趋势出发,进一步厘清各个行业的主体构成、产品(服务)的供需状况、整体经济规模、存在的问题等,在搭建分行业的研究框架的基础上,使整体语言产业经济贡献度的调查更具可操作性。

"拓展"是指在对提供语言产品、语言服务的相关行业进行研究的基础上,将研究视角拓展到非语言行业乃至并非提供语言服务的行业中,对其中涉及语言产品与服务的相关问题进行研究。

[本文原载《语言产业研究(2018年卷)》,首都师范大学出版社2018年版]

语言产业与语言生活

当前,人类经济发展史已经从农业经济、工业经济时代进入数字经济时代,在这一新经济时代,科技作为生产力成为推动经济发展的关键杠杆。

变革过程中,一个特别值得关注的问题是:语言产品已经成为个体和社会生活中的"必需品"。从供给角度看,劳动者的语言知识、语言技能作为人力资本以多种形式参与生产资本的运行,语言资源同时作为加工对象和生产资料发挥作用。从需求角度看,在个体的人生体验中,习得语言、获得语言能力是社会生存的必要条件。不断提升语言能力,表达的是对更美好的物质生活和精神生活的内在追求。

随着以语言资源为基础的语言产品供需关系的逐步形成,语言产业应运而生。语言产业在不断满足消费主体语言能力提升、语言转换、语言技术、语言创意与艺术及公共语言产品需求的过程中,实现着自身的创新发展,并在国家内政外交、经济、社会、文化的发展中发挥着日益重要的作用。

可以说,语言产品的设计、生产、销售、消费,是为了满足个体、群体和国家的语言需求而进行的,是为个体、群体的语言生活服务的。同时,该过程本身也是国家语言生活的一部分。

在这一社会背景下,如何更准确地把握语言产业与语言生活之间的关系,如何推动语言产业更好地服务语言生活需求、提升语言生活品质、丰富语言生活内涵,是亟待深入探讨的课题。

一、语言产业的概念界定、业态构成与发展特征

(一)概念界定

语言产业是由提供语言产品与服务的若干行业所构成的,以满足消费者的语言需求为供给目标的产业。

在 2010 年之前未有对"语言产业"内涵与外延、分类与特征等基本问题的系统研究,语言产业的研究相对滞后于产业的发展。2010 年,"北京语言产业研究中心"(2018 年更名为"中国语言产业研究院")的成立,标志着我国语言产业研究进入专门、系统研究时期。目前,语言产业研究的学科轮廓、理论脉络逐渐清晰。

对语言需求、语言产品、语言供给、语言消费四个基本范畴的分析,是界定语言产业内涵与外延的基础。

语言需求指对语言产品的消费需求,是语言消费行为产生的动因与基础,也是语言产品生产与供给的前提,包括个体的语言需求和群体的语言需求,具体可细分为:(1)语言能力提升需求。与此相关的有语言培训、语言出版、语言测试等产品(服务)。(2)语言转换需求。与此相关的有语言翻译产品(服务)。(3)语言技术需求。与此相关的有语言文字信息处理硬件、软件等产品(服务)。(4)语言创意与艺术方面的需求。与此相关的有广告文案、命名服务、书法艺术、字体设计、语言景观设计等产品(服务)。(5)公共语言产品(服务)需求。包括对语言学术研究、语言资源整理与保护、语言数据库、语言标准、语言政策等产品(服务)的需求。

语言产品是语言产业概念的一个关键点,能否满足某种语言需求,可以作为判断某种产品是否属于语言产品的标准。

语言供给指对语言产品(服务)的供给,即语言产品(服务)的生产者、提供者在一定时期内,有意愿且有能力供应的产品(服务)数量、方式及相关状况。

语言消费首先是指对隶属于语言产业的各行业提供的所有语言产品与服务的消费,同时也包括对非营利性质的机构所提供的公共语言产品、对窗口服务行业所提供的"伴随式语言服务"的消费。我们可以将由营利性语言企业所提供的语言产品称为"语言商品",对这部分产品的消费属于"狭义的语言消费",狭义的语言消费与对公共语言产品、伴随式语言服务的消费共同构成了"广义的语言消费"。

在语言需求、语言产品、语言供给、语言消费所构成的链条上,基于对语言需求的认知与把握,语言产品的生产与供给者不断满足并引导语言消费;在语言消费中,消费者也不断产生新的、多元化的语言需求,对语言产品的生产与供给产生刺激,从而在这四个基本范畴之间形成了一个相互影响的循环系统。[①]

(二)业态构成[②③]

在我国,语言产业各行业的起步在时间上有先后,构成与规模不均衡,各自面临的

[①] 李艳.语言产业经济学:学科构建与发展趋向[J].山东师范大学学报(社会科学版),2020(5):76-86.
[②] 李艳.从"产业观"到"大产业观":对语言产业研究演进的梳理与理论思考[M]//李艳.语言产业研究:第 3 卷.北京:首都师范大学出版社,2021:8-23.
[③] 李艳.北京语言产业调查报告[M].北京:首都师范大学出版社,2022.

问题也不同。改革开放后,语言培训、语言翻译等行业率先萌芽并得到迅速发展。此后,语言出版、语言技术、语言测试、语言艺术、语言创意、语言康复、语言会展等行业也相继形成。

1.语言培训业

语言培训业是语言培训产品与服务供需、产销活动的集合。语言培训是指通过一段时间的学习和训练,使受训人获得某种语言能力的过程。从培训的内容来看,有国家通用语言、少数民族语言、外语、方言、手语、盲文,还有语言障碍康复;从培训的供给主体来看,有民营教育培训机构、各层次公办学校、政府部门、企事业单位和社会团体等。

2.语言翻译业

语言翻译业是语言翻译产品与服务供需、产销活动的集合。翻译是以实现相互沟通为目的的一种语言转换活动。根据翻译的形态,翻译可以分为口语翻译、文字翻译、手语翻译等;从翻译服务直接提供者的角度,可以分为人工翻译和机器翻译。供给主体包括各类翻译机构、个人,消费主体包括政府部门、企事业单位、社会团体以及个人等。在传统的口译、笔译、机器翻译的基础上,语言翻译日益与互联网大数据相结合,为消费者提供更加便捷、优质、多样化的服务。

3.语言出版业

语言出版业是语言出版产品与服务供需、产销活动的集合。语言出版产品即语言出版物是以语言知识、语言教育、语言研究等为主要传播内容的出版物。在形态上,有纸质出版物、音像制品、电子出版物、数字出版物。在类型上,可以分为四大类:一是语言辞书/工具书;二是语言教育出版物,包括语文教材、教辅用书等;三是语言学术著作及学术期刊;四是语言普及读物。

4.语言技术业

语言技术业是语言技术产品与服务供需、产销活动的集合。现代语言技术业即语言文字信息处理业,是指运用计算机对自然语言进行信息化处理并运用互联网进行传输的行业。语言文字信息处理产品主要涉及语音识别、语音合成、搜索引擎、输入法、字库、文字识别、语料库等,如语音合成技术产品已广泛运用于金融机构、医院、政府办事大厅、学校、交通工具及站点、手机等通信设备、车载导航系统、移动学习及娱乐设备等。

5.语言测试业

语言测试业是语言测试产品与服务供需、产销活动的集合。目前我国的汉语测试有普通话水平测试(PSC)、职业汉语能力测试(ZHC)、少数民族汉语水平考试(MHK)等,还有服务外籍人士的汉语水平考试(HSK)、商务汉语考试(BCT)、中小学生汉语考试(YCT)等。外语测试有大学英语考试(CET)、专业英语考试(TEM)、全国英语等级考试(PETS)、全国外语水平考试(WSK)、全国翻译专业资格考试(CATTI)等,以及在我国开展的 TOEFL、GRE、IELTS 等。

6.语言艺术业

语言艺术业是语言艺术产品与服务供需、产销活动的集合。语言艺术是运用语言的手段创造审美形象的一种艺术形式,典型的有相声、评书、二人转、脱口秀等说唱艺术(曲艺)、朗诵、播音主持、影视配音、书法篆刻等。

7.语言创意业

语言创意业是语言创意产品与服务供需、产销活动的集合。语言创意是以创意方式对语言文字进行设计,形成具有差异性的、独特性的呈现或表达。典型的语言创意活动有命名服务(含互联网域名命名)、广告文案设计、语言景观设计、语言文创产品研发等。

8.语言康复业

语言康复业是语言康复产品与服务供需、产销活动的集合。语言康复业可以分为软件服务和硬件服务,前者是指针对语言障碍问题所进行的诊断、治疗、研究等服务;后者是指语言障碍诊疗、康复所需的硬件设备的设计、生产、销售等。供给主体包括政府部门、事业机构和企业、社会团体。语言康复业是一个面向特殊人群提供产品与服务的行业,既提供"语言福利"性质的语言产品与服务,又提供"语言商品"。

9.语言会展业

语言会展业是语言会展产品与服务供需、产销活动的集合。语言会展是为实现语言产业领域的物质交换、精神交流、信息传递等目的,将语言产业所涵盖的相关业态的人与物聚集在一起进行展示与交流的一种社会经济活动。语言会展形态包括语言文化展会/博览会、语言文化领域大型会议/主题活动、语言文化博物馆/主题公园。我国于 2017、2018、2019 年连续举办了三届"中国北京国际语言文化博览会",填补了世界华语区语言文化主题博览会的空白。

(三)发展特征[①]

语言培训、语言翻译行业起步较早,企业数量及整体规模较为庞大。语言培训业体系成熟、体量较大、发展迅速,对其他语言行业辐射性强,如英语培训于 20 世纪 80 年代初在我国开始兴起,由于市场庞大、利润丰厚,吸引了众多创业者,目前注册经营的各类语言培训机构达数十万家。语言翻译业具有成熟的行业建制,中国翻译协会对

[①] 李艳.北京语言产业调查报告[M].北京:首都师范大学出版社,2022.

推动行业规范发展起到了积极作用。根据《2022中国翻译及语言服务行业发展报告》,2021年,我国翻译企业达423,547家,其中以翻译服务为主营业务的企业9,656家,为主营业务的企业全年总产值为554.48亿元,相较2019年年均增长11.1%。①

语言技术业后来居上,呈高速发展态势,注册资本量巨大。以语言智能为代表的语言技术业为其他新技术、新经济、新业态发展提供关键的技术支持,成为新旧动能转换的"助推器",促使语言培训、语言翻译、语言出版、语言测试等传统语言业态现代化。

语言出版、语言测试行业亟待实现自我突破。语言出版业当务之急是积极应对互联网及数字技术带来的挑战与机遇,实现媒体融合发展的转型升级,改变原有发展模式中对语言教辅图书出版的高依赖。语言测试业面临如何在现有"水平测试"的基础上,研发"职业(岗位)语言能力测试"及如何使我国实现由"测试大国"到"测试强国"的转变等问题。

语言康复业在功能、性质上具有一定的特殊性,国家公共语言服务占比相对较大。语言康复是一种关怀服务,目前我国仅言语听觉障碍患者数量就达3,500万之多,按家庭人口计算,关涉人群规模超过1亿人。特别是在老龄化进程中,语言康复服务能否有效满足需求,已经成为一个需要关注的社会问题。专业人才缺口巨大,在岗语言康复师数量不足需求量的十分之一,语言康复服务供需不平衡问题较为严重。②

语言创意与语言艺术行业与其他行业融合度较高,语言会展业尚处于起步阶段。

二、语言生活的概念界定

语言生活是运用、学习和研究语言文字、语言知识和语言技术的各种活动。③ 语言生活是社会生活的重要组成部分,语言生活的文明、健康程度,不仅反映着而且决定着社会生活的文明程度。健康、文明的语言生活,是以社会的语言文化水平为基础的。④ 李宇明教授认为,语言生活的质量,影响、决定着个人的生活质量;语言生活的和谐,关乎社会和谐和国家的稳定与发展;处理好母语与外语的关系、普通话与方言的关系、民族语言之间的关系,社会语言生活才可能和谐。⑤

以2005年首部《中国语言生活报告》的出版为发端,此后逐渐汇聚了一批关注语言生活现象、研究语言生活问题的学者,这一学术群体被称为"语言生活派"。"语言生活派的理念是'就语言生活为语言生活而研究语言和语言生活'。'就语言生活'是指

---

① 中国发布 | 翻译界权威报告发布 我国翻译行业发展现状如何?[EB/OL].(2022-04-01)[2022-08-15]. https://baijiahao.baidu.com/s?id=1728881065026257814&wfr=spider&for=pc.
② 李艳.基于语言服务视角的语言康复行业状况及对策研究[J].语言政策与规划研究,2017(1):44-55.
③ 李宇明.语言生活与语言生活研究[J].语言战略研究,2016(3):15-23.
④ 李宇明.语言生活与精神文明[J].语文建设,1997(1):39-42.
⑤ 李宇明.当今人类三大语言话题[J].云南师范大学学报(哲学社会科学版),2008(4):21-26.

学术的关注点是语言生活,研究的问题和材料来自语言生活;'为语言生活'是指研究的目的是为了语言生活,为了提升公民和国家的语言能力,构建和谐的语言生活;研究的对象是'语言和语言生活'。'语言生活派'的学术视野,超越了语言结构,超越了语言个人应用,放大到了社会生活。"①

2016年,在时任北京市语委办主任贺宏志研究员的组织和推动下,首部《北京语言生活状况报告》出版,这是我国首部省域版、首部城市版的语言生活状况报告,"丰富了《中国语言生活状况报告》的内涵,壮大了'语言生活派'的阵容"②。2018年之后,《广州语言生活状况报告》《上海语言生活状况报告》《粤港澳大湾区语言生活状况报告》相继出版。

2017年,笔者开始承担第二部《北京语言生活状况报告》的主编工作,在策划选题的过程中,逐渐明晰了这一思路:语言使用者的行为方式、特征及其面临的新问题、提出的新需求、创造的新现象都是语言生活的组成部分。

"语言使用者"即语言的使用主体,涵盖所有人,每个人都是某种或某几种语言的使用者。除了个体,"语言使用者"还包括政府机构、企事业单位、社会团体及各类社会机构、社区。不仅如此,国家也属于"语言使用者"。

语言的使用主体可以从不同角度进行分类,根据各主体的核心需求,"顺藤摸瓜",就会发现亟待关注的语言生活相关问题:

根据年龄,语言的使用主体可分为学龄前儿童、青少年、中年和老年群体,不同年龄的语言使用者有着差异化的语言需求,在语言产品供给方面亟待关注与解决的问题也各不相同。比如,青少年群体主要是语言能力提升的需求,与之相关的问题如"北京市小学生口语交际能力现状调查";因衰老或疾病导致不同程度语言障碍的老年群体主要是语言能力恢复的需求,与之相关的问题如"老年语言康复服务的供给与需求调查"等。

根据行业,语言的使用主体可分为提供语言产品的行业和提供窗口服务的行业,前者如北京语言技术行业状况调查、北京语言创意人才培养状况调查、北京雅思考试用书的出版状况调查、北京语言文化数字博物馆概览等;后者如"首都之窗"的"政民互动"频道语言使用调查、北京地铁语言服务现状调查、北京银行业语言服务状况调查等。

根据母语,语言的使用主体可分为母语为汉语(包括普通话、方言)和母语为中国少数民族语言的主体,以及母语为其他语种的主体,相关研究选题如"国家通用语言文字在边疆地区推广普及的理论与实践研究——以'京疆情'推普帮扶公益活动为例""在京留学生课外语言生活调查"等。③

---

①② 李宇明.首善之区,必有首善之举——序《北京语言生活状况报告(2016)》[M]//王立军.北京语言生活状况报告(2016).北京:商务印书馆,2016.
③ 所列举为《北京语言生活状况报告(2018)》的部分选题。

这里仅以以上分类视角为例,实际上,观察的视角不止于此。简而言之:语言生活包括国家的语言生活和个体的语言生活,与语言相关的生活行为基本上都可以归入语言生活;与国家、与个体的语言使用相关的问题基本上都属于语言生活问题。

社会生活在不断的发展变化当中,围绕"语言使用"所产生的新问题、新现象与新需求也层出不穷,因此,"语言生活"如江河之水,始终在奔腾前行之中。语言生活是鲜活的、变动不息的,这也相应决定了语言产品与服务的基本走向。

三、语言产业与语言生活的互动关系

语言产业既是语言生活的组成部分,又是为满足国家和个体语言生活需求提供产品服务的支撑系统。

(一)语言产业是满足语言生活需求、提升语言生活品质的重要支撑

按照李宇明教授的定义,"语言生活是运用、学习和研究语言文字、语言知识和语言技术的各种活动"①。如果说"语言文字、语言知识、语言技术"可以看作是语言生活的内容,"学习、运用、研究"是语言生活的行为方式,那么,这每一种生活方式都需要借助特定的语言产品来实现。

因此,我们可以这样对语言产业进行表述:语言产业是对语言文字、语言知识、语言技术等进行开发,生成各类语言产品,以满足各种语言生活需求的行业集合。

关于语言学习:语言文字、语言知识、语言技术的学习,需要以语言培训、语言翻译、语言出版等语言产品为基础。

关于语言运用:在"学习"的基础上,形成支撑"运用"的语言能力。

关于语言研究:"研究"既可以被视为更高层级的"运用",也可以作为推动"学习""运用"不断实现"螺旋式上升"的动力来源。

语言产品参与"学习、运用、研究"的全过程,确保这一过程的顺利进行,并推动语言生活行为的升级发展。我们可以结合"'京疆情'推普帮扶公益活动"这一案例对语言产品参与"学习、运用、研究"的全过程进行具体分析。

阿克陶隶属于新疆维吾尔自治区克孜勒苏柯尔克孜自治州,地处帕米尔高原东麓、塔里木盆地西部边缘,与吉尔吉斯斯坦共和国和塔吉克斯坦共和国接壤,是我国最西端的县级行政区。作为"三区三州"中的深度贫困县,这里的少数民族教师占比高、基础比较薄弱,有相当数量教师的普通话水平尚未达到与所授学科相匹配的水准,这直接制约了教育教学质量的提高。

---

① 李宇明.语言生活与语言生活研究[J].语言战略研究,2016(3):15-23.

2020年,脱贫攻坚进入决战决胜的关键阶段,扶贫先扶智、扶智先通语,北京语言文字工作协会作为首批国家语言文字推广基地,在教育部语用司的指导下,在中国语言产业研究院的学术支持下,积极与新疆阿克陶县教育局对接,动员多方力量,整合多种资源,制订详细计划,组织开展了"'京疆情'推普帮扶公益活动",具体由北京50所小学的1,400多名教师通过学校结对、网络在线辅导的方式,帮助阿克陶县全部66所小学中2,200多名尚不能胜任国家通用语言文字教育、教学的教师学习国家通用语言文字,提高普通话应用能力。

　　手拉手进行帮扶,不仅使教师资源更丰富、师生比更优化,而且使得京疆之间的学习交流更深入、帮扶更加精准。除普通话学习辅导之外,"'京疆情'推普帮扶公益活动"还有语文课教学交流、语言文化专题讲座等;同时,中国语言产业研究院、北京语言文字工作协会还向阿克陶县教育局和66所小学捐赠了20余万元的语言文化图书读本。

　　首先,从语言学习来看。在语言学习方式上,为了将"'京疆情'推普帮扶公益活动"落到实处,北京语言文字工作协会制订详细的教学计划,包括"周周学""半月谈""月末赛""双月展""季度结"等环节,各教学环节层层推进,明确周、月、季的具体要求,开展连续性学习、名家讲座、学习成果展示等活动,环环相扣、注重细节,在交流中学习、在学习中提高、在实践中应用。

　　科大讯飞提供的在线平台及资源、北京语言文字工作协会微信公众号发布的学习资源,促进了大家学习过程中的实时交流、激发了学习热情、优化了活动效果。其中,科大讯飞的技术支持具体包括三个方面:一是提供在线学习平台,该平台在2020年抗击疫情中发挥了积极作用,为1,000万师生停课不停学提供了支持;二是提供普通话水平测试系统,可自动评价考生普通话水平并提供语音诊断报告,指出学习者普通话存在的一些问题,有助于增强其学习的针对性;三是根据每位学习者的情况,系统自动生成个性化学习资源,运用人工智能技术,使每位学习者拥有一位AI老师,实时帮助其纠正发音,使学习更加高效。

　　在活动的开展过程中,"'京疆情'推普帮扶手拉手"微信群始终保持着高频交流的热度,北京的老师分享学习材料、新疆的老师表达学习体会,京疆两地老师相互之间的感情不断加深,大家都被彼此的热情、真诚、认真所感动着。

　　两地的老师们还通过教学手记的方式,记录下了交流过程中的难忘点滴。李爱利老师在手记中写道:"别克老师的普通话不是很标准,用'畅言普通话'测试是三级,是我要重点关注的老师。但我能感受到别克老师学习普通话和对北京老师们的热情,他在交流之初就把他的家人介绍给我认识,给我看了新疆的很多照片,还邀请我到他家去做客,令我特别感动。"

　　北京师范大学(以下简称"北师大")大兴附小张宁老师写道:"在本周五的视频交

流中,我发现艾尔喀伊老师穿着一件厚外套,炎炎夏日,我问'是你们那里温度很低吗?'她说刚做了一个小手术,还在住院。我说'您还是休息吧,今天的视频就不用参加了。'但是艾尔喀伊老师说没有关系的,她可以参加。这次视频交流,我安排的内容是练习朗读古诗《小池》。艾尔喀伊老师是教数学的,但是她朗读得非常认真,在我对她的声调问题给出一些建议后,她又反复练习,每次都有进步。她还向我提出了在平时练习中经常遇到的前后鼻音问题。"

在一对一、手拉手的教学过程中,老师们还结合学习者的特点,积极探索个性化的教学方式。北师大大兴附小赵超男老师分享道:"我们采用了三种方式学习普通话。第一种是跟读法。我会把指定的文章读一遍,祖丽皮耶老师可以反复听我的录音。为了确保效果,我是一句一句发语音的,而且语速放慢,这样听起来更方便。第二种是反馈法。祖丽皮耶老师一句一句读文章,我听后记录下发音不准确的词语,再为她纠正和范读。第三种是每周两次的聊天。我们先从自己感兴趣的轻松愉快的话题聊起,循序渐进、不断加深。"

其次,从语言运用来看。通过参与该项帮扶活动,阿克陶县教师的语言运用能力得到了不同程度的提升。在参加"'京疆情'推普帮扶公益活动"的2,200多名教师中,有1,523人使用过畅言普通话App,在项目启动初期和后期都测试过的有1,084人,测试时间集中在7月和12月,从两次测试成绩的对比可以看出以下变化:一是不入级的人数明显减少。帮扶活动前期不入级的有155人,占14.3%;后期降为23人,占2.1%。不入级人数减少了132人,占比下降了12.2个百分点。二是三级乙等人数略有减少。帮扶活动前期三级乙等有256人,占23.6%;后期三级乙等减少了64人,为192人,占17.7%。三是二级甲等人数显著增加,帮扶活动前期二级甲等人数为92人,占8.5%;后期二级甲等人数增加了166人,为258人,占23.8%,占比上升了15.3个百分点。四是一级乙等人数实现突破,帮扶活动前期一级乙等人数为0,后期有8人。

表1 "京疆情"推普帮扶公益活动新疆教师普通话水平测试成绩提升情况

	前测		后测		人数变化	占比变化(%)
	人数	占比(%)	人数	占比(%)		
不入级	155	14.3	23	2.1	−132	−12.2
三级乙等	256	23.6	192	17.7	−64	−5.9
三级甲等	279	25.7	284	26.2	+5	+0.5
二级乙等	302	27.9	319	29.4	+17	+1.6
二级甲等	92	8.5	258	23.8	+166	+15.3
一级乙等	0	0.0	8	0.8	+8	+0.7
一级甲等	0	0.0	0	0.0	0	0.0
合计	1084		1084			

最后,从语言研究来看。从语言产品的视角来看国家通用语言文字的普及传播,有助于把握受众需求、评价传播效果,更好地服务于国家语言政策与规划。中国语言产业研究院作为"'京疆情'推普帮扶公益活动"的学术支持单位,在该项活动开展过程中,深入到阿克陶县进行调研,了解老师们在国家通用语言文字学习以及语言文化教学方面的具体需求。

小胡杨小学阿卜杜拉副校长说:"老师们增强了说普通话的信心,同时,也促进了学生语言能力的提升。"阿克陶县教育局袁勇义副局长认为:"'推普'要有氛围,其中,情感氛围很重要,'京疆情'活动让师生们感受到了这种浓浓的氛围。"

巴兹乡小学郑永红校长说:"学校共有老师32人,其中,少数民族26人、汉族6人,'推普'工作难度大。所以,对我们来说,这项活动意义巨大,在学校营造了说好普通话的氛围,老师们会互相提醒发音、会拿群里的教学案例与自己的教学相结合,不仅学习普通话,还学习了先进的教育理念、教育方法,普通话授课能力得到了很大提升。"

如果我们将国家通用语言文字的普及传播作为一种语言产品,可以采用新政治经济学的方法来进行产品的供需分析。从国家语言战略出发所制定的语言教育培训相关政策、所提供的公共语言教育服务,是以国家利益、社会利益为目标的公共抉择,主要是一种政治考量;个体的语言消费决策与行为,是以自身利益、家庭利益为目标的,主要是一种经济考量,语言学习也是一种人力资本投资。前者在以政治为主要诉求的前提下,也会带来经济方面利益的回报;后者在以经济为主要诉求的前提下,也会通过自身人力资本的提升,为家庭积累更多的社会资本,从而实现向上的社会流动。只有各方诉求相互融合,才能实现预期成效。

语言经济学的研究也证明了经济激励是人们学习另一门语言的主要动机,社会学等领域的研究也表明了语言学习动机与获得、巩固一定的象征资本(文化资本、社会资本)之间存在密切关系。在语言培训产品消费背后的个体利益诉求中,语言能力的提升是表层诉求,经济资本、文化资本、社会资本的提升是深层诉求。

通过该公益活动,我们可以归纳出脱贫攻坚中语言产品的供给策略:一是一对一帮扶,制定个性化语言能力提升方案;二是利用新技术,实时反馈效果,增强学习者的信心;三是选择最佳传播者,与学习者建立情感上的互动交流、工作上的有效分享,最终达到超乎预期的学习效果;四是深化语言文化认同,铸牢中华民族共同体意识。

"'京疆情'推普帮扶公益活动"是语言产品服务语言生活的一个典型案例。需要说明的是,在该活动中,北京的教师都是义务进行语言教学,多家语言企业都是免费提供语言产品,中国语言产业研究院提供学术服务和图书捐赠,这是在推普脱贫攻坚的大背景下,多方合力完成的富有长远意义的、不以营利为目的的语言产品组合。

由此,引发的思考是:无论是在脱贫攻坚还是在乡村振兴中,都需要将国家语言战略与个体语言生活需求有机结合起来,使个体在理解国家政策的基础上,将国家的语言政策与规划内化为自身的语言生活需求与消费行为；同时，语言产品的供给者需要深入调查、科学分析消费者的消费动机、需求变化等，相应有效地进行产品的研发与供给。

（二）语言产业是社会语言生活的重要构成部分

语言产业是为语言生活提供支撑的服务系统，涉及为满足语言生活需求所进行的语言产品生产、流通及消费。在形式上，语言产业主要体现为语言经济生活，但同时，又与语言文化生活、语言政治生活根脉相通。因此，可以说，语言产业是社会语言生活的重要构成部分。

随着对语言资源经济属性认识的不断深入，语言产业在语言资源保护、传承以及相关产品研发、传播中的重要功能日益显现。如现代的语言艺术可以将古老的甲骨文设计成网络流行的表情包；运用语言智能技术不仅可以搭建便捷高效的在线语言培训平台，还可以使每位学习者拥有一位 AI 老师，实时帮助其纠正发音；通过融媒体语言出版、保存珍贵的语言文字音像资料，包括语言博物馆、语言博览会在内的语言会展更是对各类语言产品的综合展示，唤起社会各界对语言文字问题的再认识与再思考。无论是在推普脱贫攻坚还是在助力乡村振兴中，抑或是在推动中国语言文化国际传播中，语言产业都在发挥着重要功能。[①]

语言产业连接着传统与现代，在开发中保护、在传承中传播，使古老的语言文字焕发出历久弥新的生机与活力。语言产业在满足人们日益增强的语言需求、提高国民语言能力的同时，也不断提升着自身在国民经济发展中的贡献率。根据中国语言产业研究院的研究，北京语言产业在地区国民生产总值中的贡献率达到了 5.5%。

（三）语言生活的消费升级是语言产业创新发展的内在动力

新经济催生了新的消费需求和消费对象，推动了新型消费主体的形成，也带来了生产力和生产关系的变革；同时，新经济还促使消费需求趋于个性化、多元化，人们对产品和服务质量的要求不断提高，供给端满足"个人定制"式消费需求的意识与能力也不断增强；新经济改变了供需双方之间的关系结构，新技术的发展与应用，使劳动者可以拥有更多从事消费活动的自主时间，互联网、搜索引擎等产品与服务使消费者可以更为便捷地获取到丰富的信息，削弱了产品生产者、销售者原有的信息优势，改变了消费者在购买过程中信息相对弱势的地位。

在这一背景下，语言生活消费升级的内在需求也不容忽视。这种来自消费终端的推动力，促使语言企业不断在产品创新方面加大投入。生产技术的创新有助于供需关

---

① 李艳,贺宏志.大力发展语言产业 服务国家语言战略[N].中国教育报,2020-10-10(3).

系实现良性循环：供给能力的增强（如教科文卫产品满足需求能力的增强），推动了国民综合能力的提升，更多有着高要求的语言消费者进入市场，刺激了新消费需求的产生，升级了原有的消费需求；消费需求的增强、消费结构的高级化，又会增强供给者进行技术创新的动力，增加新技术研发的投入；高质量的新产品不断推出，进一步推动了消费结构升级。

例如，根据京东电商平台官方公布的数据，2020年电教及配件产品类目成交额同比增长251%，其中，词典笔产品销售额同比增长近19倍。外语教学与研究出版社（简称"外研社"）和科大讯飞合作，面向"幼儿早教、学生伴侣、成人自学、外贸交流、旅行者沟通"等需求，设计推出了"外研通扫描翻译笔"，内置外研社出版的《现代英汉词典》《现代汉英词典》，总内容量超过400万字。此外还搭载了科大讯飞评测引擎，与中高考听说考试接轨，可以从完整度、流利度、准确度3个维度为学生的口语录音打分，并支持中文和英语、德语、西班牙语3种外语实时互译，能够满足用户拓展第二外语学习领域、商务办公和出国旅行的使用需求。

四、结语

《国务院办公厅关于全面加强新时代语言文字工作的意见》（国办发〔2020〕30号）（以下简称国办《意见》）强调："语言文字事业具有基础性、全局性、社会性和全民性特点，事关国民素质提高和人的全面发展，事关历史文化传承和经济社会发展，事关国家统一和民族团结，是国家综合实力的重要支撑，在党和国家工作大局中具有重要地位和作用。"语言文字事业的以上特征与使命，是通过包括公共语言服务在内的语言产品与服务来体现和实现的，而这正是国家和社会发展对语言产业提出的具体需求。

国办《意见》在"研究制定国家语言发展规划"部分明确提出要"加强语言产业规划研究。坚持政府引导与市场运营相结合，发展语言智能、语言教育、语言翻译、语言创意等语言产业"。

如何做好国家和各区域、各地市语言产业发展规划，如何通过将语言产业发展与经济、文化、社会发展有效对接，使语言产品更好地服务国家和国民语言生活需求，更好地满足人民对更美好的语言生活的追求，更好地助力和谐语言生活的构建，是产学研各界需要不断深入思考的问题。

（本文原载《昭通学院学报》2022年第3期）

中国语言产业研究文献计量分析（2010—2021 年）

语言产业是"以语言为内容、材料，或是以语言为加工、处理对象，生产出各种语言产品以满足各种语言需求的产业形态"[①]。《语言产业导论》首次对语言产业的定义进行了系统的论述，界定了语言产业的业态，即语言培训、语言翻译、语言出版、语言文字信息处理、语言创意、语言艺术、语言康复、语言会展、语言测试 9 个语言行业，并对各业态的现状进行了实证研究与案例分析，初步形成了语言产业研究的理论框架。

2010 年以来，语言产业研究交叉学科逐渐形成，产学研各界对语言产业的理论探讨和实践探索不断深入。随着研究者和研究文献的增多，一些亟待厘清的问题也浮现出来。如一篇对语言产业研究进行文献计量分析的期刊论文中，由于作者对"什么是语言产业"概念认识不清晰，导致其文献检索的边界模糊，将大量属于语言本体研究的文献也涵盖进来进行统计分析。因此该论文不仅不能客观真实地反映我国语言产业的研究现状及研究资源分布状况，无助于读者对"语言产业"和"语言产业文献"形成正确的认知，而且还会引起认识上的混乱。此外，有的研究者对语言产业与语言经济、语言服务、语言资源相关范畴之间的逻辑关联理解不当、认识模糊，在进行文献梳理时难以清晰把握边界；有的研究者在语言产业九业态的基础上，尝试提出的新业态欠缺合理性，既不符合语言产品、语言行业和语言产业之间的逻辑关系，又有违分类学的基本原则，如提出将"速记"列为语言产业第十个业态，或是认为需增加"语言学历教育"作为语言产业的一个行业等。

因此，准确清晰地展现我国语言产业研究的现状与成果是十分必要的。首先，需要明确界定什么是语言产业，避免研究对象泛化。其次，还要合理设定检索关键词，避免遗漏语言产业研究的重要文献。最后，需要在此基础上，对语言产业研究与相关研究领域的关联予以说明，帮助读者对语言产业研究的文献、研究者、研究主题和整体趋势形成完整的、清晰的认知。

---

① 贺宏志.语言产业导论[M].北京:首都师范大学出版社,2012.

为此,本文基于2010—2021年CNKI数据库数据,对我国语言产业研究的文献增长趋势、作者群体、期刊分布、发文机构、研究热点等方面进行统计分析,系统梳理我国语言产业研究的脉络。

一、研究方法

本文采用文献计量学的方法,基于CNKI数据库语言产业相关文献数据,使用CiteSpace与Science Evolution软件进行文献统计与分析,文献检索区间为2010年1月1日至2021年12月31日。

在数据检索方面,关键词的合理设置尤为重要。关键词如设置不当,可能会出现相关文献遗漏,或者检索范围过于宽泛的问题。"窄化""泛化"都会影响对语言产业研究真实状况的客观呈现和聚焦反映。语言产业研究关键词的确定,需要明晰语言产业的边界,紧紧围绕"语言产业"这一核心概念,对各个研究层面进行细致梳理,在此基础上,合理设定文献检索的关键词。

生产与消费、供给与需求是社会经济活动的基本范畴。"语言产业"作为核心概念,衍生出两组二级关键词,其中一组为"语言产品""语言消费""语言供给""语言需求"4个关键词;另一组的二级关键词为"语言行业"。"语言行业"之下为三级关键词,即"语言培训行业""语言翻译行业"等9个语言业态。语言业态之下为四级关键词,即各个业态中的具体语言产品,如"语言出版行业"中的"辞书出版""外语教材出版""汉语教材出版"等。

综合考量以上因素,并通过对文献中出现频率较高的关键词进行梳理,本文共选取30个检索关键词:语言产业、语言产品、语言消费、语言需求、语言供给、语言培训、语言翻译、本地化行业、翻译产品、机器翻译、翻译管理系统、语言服务行业、语言出版、辞书出版、外语教材、汉语教材、语言技术、语料库、字库、语音识别、语音合成、文字识别、自然语言处理、语言康复、语言测试、语言创意、语言景观、命名行业、语言艺术、语言会展。如图1"关键词导图"所示。

使用CNKI数据库,对这30个关键词分别进行主题、篇名、关键词3个选项的检索。对语言产业、语言产品、语言消费、语言需求、语言供给、语言行业等6个关键词下的文献剔除征文、会议通知、新闻报道,并做去重处理。对其他24个关键词所检索出的文献,保留与行业状况或行业研究相关的论文,确保所选取文献与语言产业研究内涵和外延的契合度。通过检索,共得到718篇文献,其中,期刊、辑刊论文699篇,学位论文19篇,该统计未包含发表在报纸上的文献。

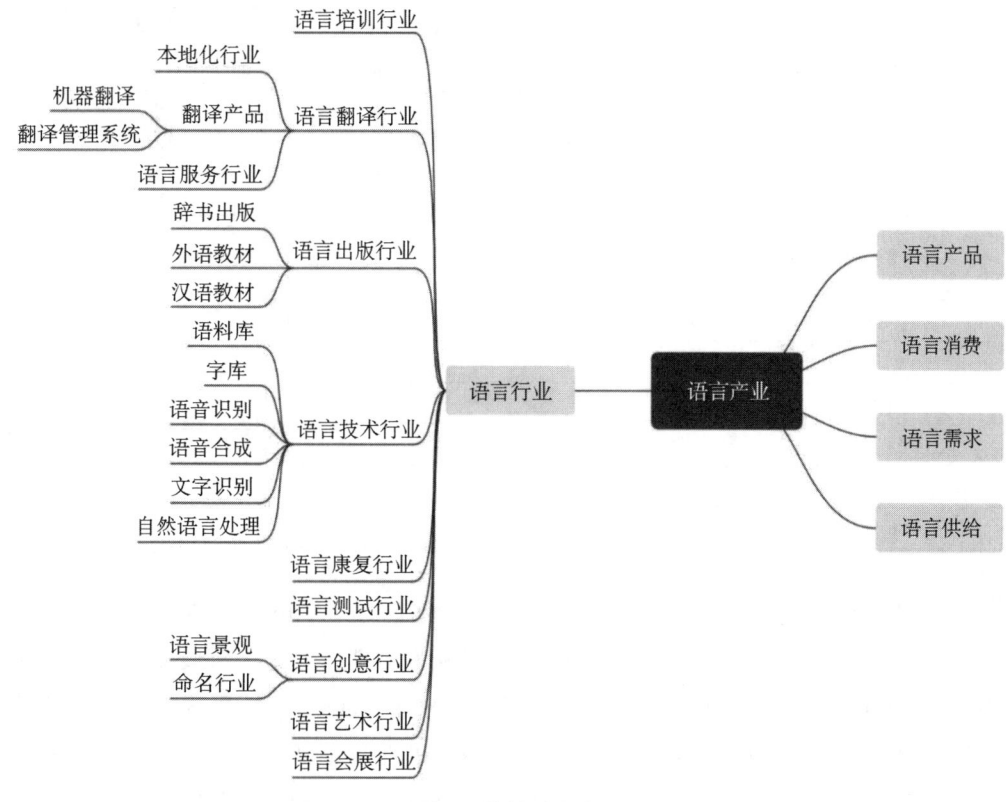

图 1　关键词导图

二、数据分析

通过对 718 篇语言产业研究相关论文的文献计量分析,从文献数量变化曲线可以看出:语言产业研究文献数量总体呈上升趋势;文献的来源期刊较为分散;文献作者主要来自高校,所属的研究机构分布于全国 28 个省域。通过对文献作者及其发文数量的进一步分析,还可以发现专注于语言产业研究的学者数量尚较为有限。

(一)文献数量增长与发展阶段

发文量、文献累计数、文献累计率是衡量文献整体趋势的重要指标。本文统计了 2010—2021 各年度语言产业研究的发文数,将各年份的文献累加得到文献累计数,以衡量语言产业研究的整体状况。文献累计率是当年发文数量与上年度文献累计数的比率,以反映文献增长状况。

表 1 2010—2021 年语言产业研究文献累计数和累计率

年份	发文数量	文献累计数	文献累计率
2010	6	6	—
2011	5	11	83.3%
2012	26	37	236.4%
2013	22	59	59.5%
2014	32	91	54.2%
2015	24	115	26.4%
2016	38	153	33.0%
2017	63	216	41.2%
2018	72	288	33.3%
2019	109	397	37.8%
2020	120	517	30.2%
2021	182	699	35.2%

美国情报学家德里克·约翰·德索拉·普赖斯（Derek John deSolla Price）认为文献增长分为四个阶段，其中第二个阶段为"学科发展期"，在这一阶段专业理论迅速发展，论文绝对数量急剧增长，严格服从指数增长规律；第三、四阶段，随着学科理论的逐渐成熟，论文数量增长会趋缓。[①] 从表 1 来看，语言产业研究文献量总体呈上升趋势，且保持一定增速。此外，语言产业研究文献从 2012 年开始大幅增长，此后的三年中浮动不大；2016 年是一个值得关注的时间点，这一年，文献数量开始持续增长，并且在 2019、2020、2021 年出现大幅攀升，这说明语言产业研究处在"学科发展期"，专业理论与研究范式在持续发展中。

(二)文献的期刊分布与研究机构分析

1.期刊分布

英国文献学家塞缪尔·克莱门特·布拉德福（Samuel Clement Bradford）为便于阅读者便捷地了解某一学科的发展状况，采用对该学科领域期刊论文数量排序的方法，划分出核心区、相关区、外围区三个区域。[②] 检索发现，语言产业研究论文共有 699 篇（不含学位论文），分布于 375 种刊物（包括期刊、辑刊）。我们可以使用比利时情报学家埃格黑（L.Egghe）提出的公式 $r_0=2Ln(e^E \times Y)$ 来进行计算，[③] 其中 e 为自然常数（e≈2.71828），E 为欧拉系数（E≈0.5772），Y 为刊物所刊发的相关文献总量。计算可

[①] 普赖斯.小科学 大科学[M].宋剑耕，戴振飞，译.北京：世界科学社，1982.
[②] BRADFORD S C.Sources of information on specific subjects[J]. Engineering,1934:173-175.
[③] 侯剑华，胡志刚.CiteSpace软件应用研究的回顾与展望[J].现代情报,2013(4):99-103.

得出,发文量前9位的刊物为核心区刊物,发文量均在8篇及以上,共发文170篇,占比24.3%;发文量在3篇及以上的刊物有43种,共发文307篇,占比43.9%;发文量在3篇以下的刊物332种,共发文392篇,占比56.1%。这说明,语言产业研究文献的期刊分布比较分散。

发文3篇及以上的核心期刊共有13种(指北大核心/CSSCI/AMI核心),如表2所示:

表2 发表语言产业论文的主要核心期刊

刊名	载文量
《语言文字应用》	23
《中国翻译》	19
《语言战略研究》	14
《北京第二外国语学院学报》	8
《出版广角》	8
《云南师范大学学报(哲学社会科学版)》	7
《上海翻译》	6
《山东师范大学学报(社会科学版)》	4
《外语电化教学》	4
《中国科技翻译》	4
《外语教学》	3
《学术月刊》	3
《中国出版》	3

检索还发现,有21种经济学刊物发表了语言产业研究文献,其中,核心刊物有《华东经济管理》《经济问题》《经济学动态》《经济纵横》《商业经济研究》《税务与经济》《制度经济学研究(辑刊)》。

2.研究机构

根据普赖斯对核心机构的定义,作为一个学科的核心研究机构,其发文数量的下限为 $N=0.749\sqrt{nmax}$,nmax为最多发文机构所发的论文数量。[①] 699篇刊物论文共来自363家研究机构(只列入论文第一作者的来源机构)。在这些机构中,首都师范大学(中国语言产业研究院的依托单位)为发文量最多的机构,共29篇。据公式计算得出,发文量在4篇及以上的37家机构为语言产业研究的核心机构。

37家核心机构总发文量267篇,其中36家为高等学校,类型包括师范、语言、经济、理工、高职及综合类院校。发文前3位的是首都师范大学(29篇)、北京语言大学(28篇)、武汉大学(15篇)。37家核心机构分布在16省域。699篇刊物论文作者所在

---

① 普赖斯.小科学 大科学[M].宋剑耕,戴振飞,译.北京:世界科学社,1982.

的363家研究机构分布于全国28个省域。可见,语言产业研究已呈现星火燎原之势。

(三)文献作者分析

根据普赖斯提出的核心作者群计算公式 $M=(0.749Nmax)^{1/2}$,可以得出核心作者发文数量的最低限度。其中,M为核心作者的论文数,$Nmax$ 为发文量最高作者的发文数量。据此统计,语言产业研究核心作者发文量应在4篇及以上。发文数量在4篇及以上的作者有13人,共发文86篇,占总数的12.3%。按照普赖斯对核心作者群体的定义,核心作者群发文数量占比应不低于50%。据此判断,当前专注于语言产业研究的学者数量还较为有限。同时,还可以看出目前研究者主要分布在高等院校,来自产业界的研究者还很少。

考察核心作者要看发文量,更要看文献被引量。CNKI数据库中的语言产业研究文献总被引次数最高的6位作者为李宇明、赵世举、李艳、李现乐、黄少安、张卫国。对作者做进一步分析,可以发现,"首都师范大学中国语言产业研究院"和"山东大学语言经济研究中心"在语言产业研究领域已形成了稳定的学术团队,并且两个团队间学术交流密切。中国语言产业研究院团队的研究呈现出一个比较清晰的演进路径,即从"确定语言产业边界与行业类型"到"理清语言产业研究基本范畴",从搭建"语言消费研究框架"到"语言产业学科研究框架"。

李宇明主要围绕"语言的经济属性"(如《语言也是"硬实力"》《认识语言的经济学属性》)、"语言产业研究的相关问题"(如《语言服务与语言消费》《语言服务与语言产业》)等主题展开探讨。赵世举的研究成果主要有《语言观的演进与国家语言战略的调适》《"一带一路"建设的语言需求及服务对策》《语言经济学的维度及视角》等。李艳的研究包括"语言消费研究"(如《语言产业视野下的语言消费研究》《"一带一路"建设中的语言消费问题及其对策研究》《语言消费:基本理论问题与亟待搭建的研究框架》)、"语言行业研究"(如《基于大语言产业观的语言培训业供给侧治理思考》)、"语言产业学科研究"(如《语言产业经济学:学科构建与发展趋向》)等。李现乐侧重于语言服务视角的研究,如《语言服务的价值与效益——以南京语言服务调查为例》《语言服务的显性价值与隐性价值——兼及语言经济贡献度研究的思考》等。黄少安主要探讨了《语言经济学及其在中国的发展》《语言产业的含义与我国语言产业发展战略》等。张卫国的研究主要涉及《中国语言经济学研究述略》《遮蔽与澄明:语言经济学的几个基本问题》《语言经济与语言经济学:差异与互补》等。

(四)研究热点分析

通过对期刊文献中的关键词进行统计分析,可以了解目前语言产业研究领域的热点问题。关键词的出现次数与中心性是重要的判断指标,其中,"中心性"是体现某一关键词在总体的关键词中是否处于"媒介"地位的指标,又称"中介中心性"①。表3为语言产业研究文献中词频排在前10位的关键词。

表3 文献高频关键词

关键词	词频	中心性
语言产业	86	0.67
语言服务	56	0.38
语言景观	37	0.13
语言经济学	23	0.14
一带一路	16	0.11
人工智能	16	0.10
语言消费	11	0.01
翻译产业	9	0.04
翻译	8	0.02
翻译行业	8	0.01
语言服务行业	7	0.06

统计分析发现,"语言产业"这一关键词频次最高,中心性最强,在研究中处于中心地位;"语言服务""语言景观""语言经济学""人工智能""语言消费"作为与语言产业密切相关的研究问题,反映了高度的关联性;关于"一带一路"区域语言产业的研究成果也占了一定数量;"翻译产业""翻译""翻译行业""语言服务行业"等关键词所对应的研究对象均为语言翻译行业,表明语言翻译作为语言产业中的典型业态,得到了较多研究者的关注,同时也反映出来自不同学科、不同领域的研究者在表述方式上存在差异。

基于词频与中心性的统计,使用CiteSpace软件生成词频图(见图2),可以更加直观地描述研究热点。

我们对共现图谱进行分析发现:理论研究方面,作者们更多关注"语言产业""语言经济学""语言消费""语言服务"研究,这符合十年来语言产业研究的实际情形,高频词的出现与关键性文献所出现的时间节点一致;"翻译行业""翻译产业""翻译服务""翻译技术""翻译人才""语言培训""外语培训""本地化行业""人工智能""互联网+"等关键词的出现,说明近年来语言行业研究方面较多侧重于"语言翻译""语言培训""语言技术"三个领域,这可与行业研究的文献数量相互佐证;在区域语言产业的研究中,"一带一路""东盟""广西"三个关键词显示出近年来区域研究的主要关注点。

此外,值得一提的是,在对高被引文献(被引20次以上的文献,共51篇,占文献总数的7.3%)的分析中,我们发现近年来"语言景观"受到研究者关注,这在一定程度上表明语言创意行业在发展进程之中。

---

① 宋秀芳,迟培娟.Vosviewer与Citespace应用比较研究[J].情报科学,2016(7):108-112,146.

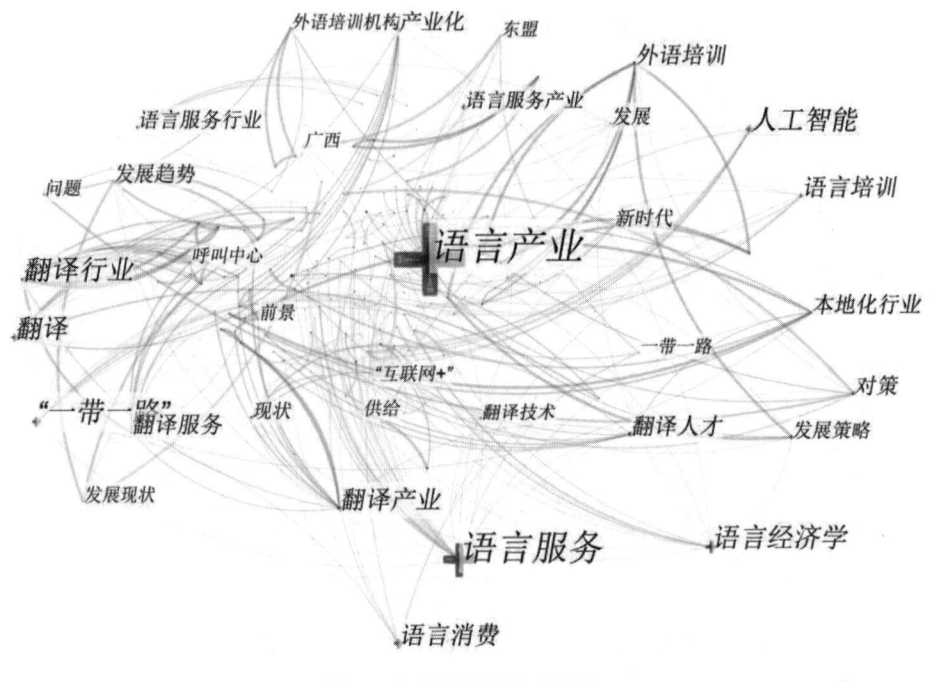

图 2　高频关键词共现图谱

三、相关领域的研究

语言的资源属性（文化资源、经济资源、战略资源、安全资源）是语言产业得以产生的逻辑前提；语言经济学是语言产业研究的亲缘领域；语言产业主要属于服务产业，在学术研究层面，语言产业研究与语言服务研究有着"盘根错节"的关联。因此，对语言产业研究进行文献计量分析，有必要观照语言资源研究、语言经济研究、语言服务研究这三个相关领域，厘清语言产业研究与这三个领域之间的逻辑关联，有助于全面、准确地认识语言产业，更科学地进行语言产业研究。语言资源、语言经济、语言服务相关文献在 CNKI 数据库中的检索时间截至 2021 年 12 月 31 日。

（一）语言资源研究

语言资源是语言产业研究的逻辑起点，语言资源观的树立以及对语言资源进行保护、开发和利用，使得语言产业研究应运而生。初期的语言资源研究关注的是语言资源本身，继而开始探讨语言资源的开发利用，后来才有了语言产业的视角。所以，相当数量的语言资源研究文献，特别是早期文献，不能视为语言产业研究。

以"语言资源"为关键词在 CNKI 数据库进行检索，共得到中文文献 323 篇，其中学术期刊文献 207 篇,学位论文 66 篇。高被引代表性文献有《论语言资源》(陈章太,2008)、《语言资源与语言问题》(陈章太,2009)、《当今人类三大语言话题》(李宇明,2008)、《全球竞争中的国家语言能力》(赵世举,2015)、《语言资源管理规划及语言资源议题》(徐大明,2008)、《国家语言能力有关问题探讨》(魏晖,2015)、《语言资源论纲》(范俊军,2008)等。

(二)语言经济研究

语言经济研究在我国的兴起稍早于语言产业研究,初期的话题集中在语言的经济原则、经济学语言,继而聚焦于探讨人力资本中的语言问题、语言能力与收入的关系以及语言制度的成本收益问题。产业问题终归是经济问题,语言产业研究的兴起是语言经济研究深入发展的必然。

以"语言经济""语言经济学"为关键词在 CNKI 数据库进行检索,共得到中文文献 595 篇,其中学术期刊文献 462 篇,学位论文 42 篇。高被引代表性文献有《作为人力资本、公共产品和制度的语言:语言经济学的一个基本分析框架》(张卫国,2008)、《语言的经济学分析:一个综述》(张卫国,2011)、《语言经济学:一门新兴的边缘学科》(许其潮,1999)、《有关语言经济的七个问题》(徐大明,2010)、《语言经济学的几个基本命题》(黄少安,2011)等。

(三)语言服务研究

目前我国学者讨论"语言服务",有以下三个不同意义:一是中国翻译协会和翻译界、外语界所表述的"语言服务",基本上等同于"翻译服务","语言服务产业"等同于"翻译产业"。二是中国语言产业研究院团队所表述的"语言服务",与"语言产品"相对应。"语言产品"往往用来指有形的、硬件的语言产品;"语言服务"则用来指无形的、软性的语言产品。如在语言康复行业中,论及助听器、人工耳蜗时,用"语言康复产品";论及语言康复训练时,用"语言康复服务"。三是广州大学语言服务研究中心团队所表述的"语言服务",包括语言服务"基业""职业""行业""产业",可以理解为包括语言事业在内的广义语言产业。

以"语言服务"为关键词在 CNKI 数据库进行检索,共得到中文文献 545 篇,其中学术期刊文献 347 篇,学位论文 83 篇。高被引代表性文献有《语言服务研究论纲》(屈哨兵,2007)、《语言服务的概念系统》(屈哨兵,2012)、《语言服务:中国翻译行业的全新定位》(袁军,2012)、《面向国际语言服务业的翻译人才能力特征研究——基于全球语言服务供应商 100 强的调研分析》(穆雷,2017)、《语言资源和语言问题视角下的语言服务研究》(李现乐,2010)、《国内语言服务研究的现状、问题和未来》(仲伟合,2016)等。

四、结语

2010—2021年语言产业研究及相关领域研究的文献计量分析,较为全面地展现了当前学术界对语言产业实践与理论的认识程度、研究的深度与广度,以及具有代表性的学者群体和学术资源分布状态。

从中可以发现语言产业研究已经在理论研究、行业研究、区域研究三个方面取得进展,发文量逐年上升,可以预见学科发展的趋势仍将持续。同时,还可以发现语言产业研究具有较强的多向度和交叉性,语言产业、语言资源、语言经济、语言服务这一组研究领域高度关联,学者们的研究志趣各有关注的方向,同时又能通过语言产业论坛、语言经济论坛、语言服务论坛等形成大的学术共同体,密切交流,促进学术的繁荣。可以说,每个聚焦点,就是学术创新的增长点,语言产业研究院(北京)、语言经济研究中心(山东)、语言服务研究中心(广东),还有以外语界、翻译界学者为主形成的语言服务研究团队,或许就是"语言生活"学术共同体内不同学派的雏形。

"语言生活派"推动了21世纪特别是近十年我国语言学研究的转型,从语言本体研究转向本体研究和语言生活研究并行发展的语言学学术生态,壮大了我国语言学学科群的阵容。

语言经济生活无疑是社会语言生活面貌的重要方面,与语言政治生活、语言文化生活等共同构成社会语言生活的整体图景。语言产业、语言资源、语言经济、语言服务这四个研究方向或研究领域在反映、揭示语言经济生活的问题、规律方面,形成了交集。

我国语言产业学术研究与实践发展的互动,一是体现为"语言产业意识"的树立与传播,有越来越多的企业界人士参与语言产业的学术研讨与交流,语言产业逐步从自发、分散发展走向自觉、聚合发展;二是对语言行业发展的推动,如语言会展业的兴起;三是从语言产品的供需视角,探讨大型国际活动语言服务、应急语言服务、语言扶贫、国际中文教育等现实课题,促进了相关实践领域的发展。

语言产业研究以语言资源和语言能力为逻辑起点,语言资源研究构成语言经济活动的"物论",语言能力研究构成语言经济活动的"人论"。[①] 语言资源的开发利用,语言人力资本的生成积累必然引发对语言经济、语言产业的思考与讨论。

令人可喜的是,语言经济、语言产业、语言智能、语言服务、语言资源、语言康复、语言政策与规划等语言生活命题已经开启学科建设之路,或创立了二级学科、交叉学科,或开设了研究方向,专门人才培养方兴未艾。

---

① 贺宏志.我国语言产业研究的现状与应然[R].第七届中国语言产业论坛主旨报告,2021-10-23.

从文献计量结果看，语言产业研究吸引了语言学、外语、经济学、管理学、传播学、教育学、计算机等多学科领域的学者以及企业界专家跨学科、跨行业参与，显示了丰富的学科交叉性。

《关于全面加强新时代语言文字工作的意见》（国办发〔2020〕30号）要求"加强语言产业规划研究。坚持政府引导与市场运营相结合，发展语言智能、语言教育、语言翻译、语言创意等语言产业"。语言产业研究未来的趋势，一是突出"新文科""交叉学科"的特质，逐步确立起趋于成熟的概念体系和研究范式，建立语言产业学或语言产业经济学[①]；二是扎实开展语言产业调查，掌握语言产业国情和各地区域情况，建设语言产业全行业数据库，夯实学科建设基础；三是突出语言产业研究的实践品格，推进产学研结合，吸引更多企业界专家参与，重视实证研究、案例研究和问题导向研究；四是开展语言产业政策研究和语言产业国别研究，发挥智库作用，服务国家发展战略。

［本文原载《文化产业研究(32)》2023年第2期，第二作者为董潇逸］

---

① 李艳.语言产业经济学:学科构建与发展趋向[J].山东师范大学学报(社会科学版),2020(5):76-86.

基于大语言产业观的语言培训业供给侧治理思考

一、引论

(一) 研究对象的界定

语言培训是指通过一段时间的学习和训练,使受训人获得某种语言能力的过程。从培训内容来看,有外语、母语、少数民族语言、方言,有手语、盲文,还有语言障碍康复训练。从培训的供给主体来看,有民营教育培训机构、各层次公办学校、政府部门、企事业单位和社会团体等。其中,营利性质的语言培训,属于"语言商品";不以营利为目的的语言培训,可以称为"语言产品",学习者不仅不需要付费,还会获得不同形式资助的"语言福利"。①

以往的语言培训研究,以营利性质的民营语言培训机构为研究对象、以外语培训为研究内容的居多,对其他供给主体、培训内容的相关研究较少;对语言培训服务(产品)及具体供给机构的微观研究较多,对整个业态的中观研究相对较少,结合国家战略对语言培训行业进行的宏观研究则更少。

其中,针对具体案例的微观研究有上海新东方语言培训(英语)市场营销策略②、美国星谈语言教师培训项目③、语言培训中的文化策略④等;对语言培训业态产品类型、竞争环境与发展对策的中观研究有中国语言培训产业的产业组织分析⑤、欧盟及

---

① 陈鹏.语言产业经济贡献度研究的若干问题[J].语言文字应用,2016(3):86-93.李宇明.语言服务与语言消费[J].教育导刊,2014(7):93-94.
② 杭国栋.上海新东方语言培训(英语)市场营销策略研究[D].上海:复旦大学,2009.
③ 丁安琪.美国星谈语言教师培训项目论析[J].云南师范大学学报(对外汉语教学与研究版),2010(1):35-38.
④ 钟慧.语言培训中的文化策略:以杭州法语联盟为例[J].佳木斯教育学院学报,2014(5):35,37.
⑤ 李瑞盟,杨高灿,陈洁源.我国语言培训产业的产业组织分析[J].大众商务,2010(7):192-193.

其主要成员国语言培训服务标准化与认证现状①以及北京语言产业研究中心关于"语言培训行业"的一系列研究。

在北京语言产业研究中心的系列研究中,将语言培训行业(指提供语言培训产品或服务的所有单位的集合)作为语言产业的九个业态之一,进行梳理可以发现,这些论述中对研究对象的界定有一个由窄到宽的变化过程:在2010—2014年的研究中,主要是以"母语之外的第二语言培训"作为语言培训的主要内容,并从产业研究的角度出发,将营利性质的语言培训机构作为主要的调查和研究对象,如北京语言培训业状况②、产品供给视角下的美国语言教育培训行业③。随着研究的逐步深入,语言产业经济贡献度研究认为应该将融合在公共教育体系之中的公共语言教育作为语言产业的一部分,以尽可能全面地反映语言产品的经济效应④,将不以营利为主要目的的语言培训纳入研究范畴,主要是考虑到少付费或不付费的语言培训,并非没有产生费用,而是费用的支付主体发生了转移,转而主要由公共财政或社会捐助来负担。

(二)研究背景与研究目的

近两年,随着学界对语言服务、语言产品相关问题研究的不断深入,随着中国建设服务型政府的步伐不断加快并逐渐显现效果,语言产业研究者也开始更多地思考公共语言服务与语言产业的关系问题,认为语言政策与规划、语言规范与标准、语言资源整理与保护、国家通用语言的推广、语言数据库建设和语言研究在内的非营利性的公共语言服务是语言产业发展的重要基础。因此,有必要观照语言产业的整体建设与发展环境,为其研究设立一个相对宏观的研究边界,将提供公益语言服务的政府机构、语言事业单位也纳入语言产业的调查与研究范畴。这种界定可称为"大语言产业观",以区别于之前的"语言产业"。不过,需要明确的是,"大语言产业观"不是对语言产业边界的无限放大,也不是对语言产业基本界定方式的否定,而是基于对语言服务体系,特别是对公共语言服务与营利性语言服务(语言商品)相互间关系的认识不断深入而提出的一个研究概念,或者说是统计意义上的概念。国家统计局颁布的《文化及相关产业分类(2012)》明确了中国文化产业的统计范围、层次、内涵和外延,为开展文化产业统计工作奠定了基础。根据该标准,在国民经济统计中,将提供文化产品与服务的公益性单位和经营性单位合在一起,统称为"文化及相关产业"。其中,经营性质的属于"文化产业",公益性质的属于"文化事业"。

---

① 侯非.欧盟及其主要成员国语言培训服务标准化与认证现状[J].标准科学,2011(8):93-96.
② 李艳,等.北京语言培训业状况[M]//周庆生.中国语言生活状况报告(2012).北京:商务印书馆,2012.
③ 李艳,陆洁.产品供给视角下的美国语言教育培训行业分析[J].云南师范大学学报(哲学社会科学版),2013(5):41-47.
④ 陈鹏.语言产业经济贡献度研究的若干问题[J].语言文字应用,2016(3):86-93.

在国际政治、经济形势不断发展变化的大背景下,许多国家纷纷调整语言战略,推出以语言培训为主要内容的语言政策、规划。如美国政府 2015 年发起的面向全国的"百万强"计划、哥伦比亚的"2004—2019 年国家双语能力计划"等。在中国,随着经济和社会的发展,特别是"一带一路"倡议的提出,对国民的语言能力和语言人才的培养都提出了新的要求,因此,有必要整合企事业单位和社会团体等不同性质的供给主体和教育资源共同服务于这一新的要求。本文提出"大语言产业观"的研究视角,就是要打通"产业"与"事业"的界限,探讨语言培训产品(服务)供给侧多元主体整合的可行性及产业化运行的相关策略。

二、中国语言培训业态特点概述

较之其他语言行业,语言培训业主要具有以下特点。

(一)对其他语言行业的辐射性较强

辐射性强是指语言培训行业与语言产业所属的其他业态具有较强的关联性,且对其他相关业态的发展具有一定的拉动作用,比如为语言培训提供教材服务的语言出版和语言翻译行业;提供电子词典、电子快易通、便携式翻译机、在线(语音)翻译、语言学习 App 等产品(服务)的语言技术和语言翻译行业;同时,语言测试与语言培训这两个业态关联度较高,在语言消费行为方面互为因果。

语言培训行业对语言出版行业的辐射方面,以英语类的学习资料为例,"俞敏洪词汇红宝书"系列培训教材涉及中高考、英语四六级、英语专业四八级、考研、考博,以及 TOEFL、IELTS、SAT、GRE、GMAT 等考试,其中,《GRE 词汇精选》已经再版了多次。对语言技术行业的辐射方面,以科大讯飞为例,科大讯飞专门面向中小学生开发出一款英语听说读写学习软件,该软件基于先进的智能语音技术,采用互动练习的方式,提供了英语阅读强化练习、听力练习测试、口语学习、单词学习等一系列的英语学习项目,有助于提高使用者的英语学习效率。

(二)起步较早,体系成熟

20 世纪 80 年代初,英语培训班兴起。20 世纪 90 年代末到 21 世纪初,由于市场庞大、利润丰厚、进入门槛相对较低,语言培训行业吸引了众多的创业者。到 2006 年左右,中国英语培训的市场总额已经超过 150 亿元人民币,全国注册经营的英语培训机构超过 5 万家。[①] 语言培训产品、机构的定位已经较为成熟:从产品看,主要包括留

---

① 2006 中国培训教育业连锁经营发展调查报告[R/OL].(2016-12-31)[2017-03-03].http://doc.mbalib.com/view/f6ad31d3e9f62e8d5de2177cd776510e.html.

学语言培训、升学和升职类语言培训、商务语言培训、少儿语言培训等,语种涉及英语、汉语、日语、法语、德语等;从机构看,大型的领军机构主要定位于出国留学培训、商务语言培训,中小型培训机构主要定位于中小学生的汉语及外语培训。

如果将非营利性质的语言培训产品包含在内,中国面向来华留学生的汉语培训可以追溯到1950年,清华大学筹建东欧交换生中国语文专修班。2016年,来华留学生为442,773名,其中,学习汉语的人数为169,140人,占38.2%。截至2016年年底,孔子学院、孔子课堂的数量分别达到513所和1,073个,在学的各类学员达到214.7万人。[1]

根据《中国语言文字事业发展报告(2017)》,2016年,全国27个省(区、市)对13.32万农村青壮年和18.41万农村教师开展了普通话培训,20个省(区、市)对4.47万少数民族教师开展了普通话培训。在少数民族地区开展国家通用语和民族语双语教育,已建有双语学校1.2万多所,在校生800多万名;国民基础教育、高等院校中开设的外语课程、外语专业涉及72个语种,外国语言文学类专业在校本科生人数为81万,其中,除303所独立学院外,全国现有1,145所普通本科院校中,有994所设有英语专业。此外,面向全国1,700多万听障者、2,000多万视障者的通用手语、盲文正在制订和试行中。[2]

(三)体量较大,发展迅速

在线语言培训发展迅速。据艾瑞咨询推算,2016年中国在线少儿英语行业市场规模达到19.7亿元,增幅为45.4%。随着用户规模的不断扩大,在线少儿英语教育的市场规模还将有更大发展,预计到2019年将超过50亿元。[3] 根据北商研究院、北京大学孕婴童产业课题组、互联网教育研究院、未来工场联合发布的《2016在线教育趋势报告》,2017年在线语言培训市场可达355亿元。[4] 如果按照整体语言培训市场中,线上、线下(除校外培训机构外,还包括校内语言教学部分)各占50%的比例推算,那么,语言培训市场规模整体可达到约700亿元。

融资规模显示出语言培训企业的投资者对发展前景的良好预期。根据艾瑞咨询的分析,2016年度前三季度国内移动教育企业细分领域融资的分布中,"语言学习"类企业占比为17.9%,仅次于K12教育(23.2%)和兴趣/职业技能教育(21.1%)。2016

---

[1] 孔子学院年度发展报告(2016)[R/OL].(2016-12-30)[2017-01-01].http://www.hanban.edu.cn/report/2016.pdf.
[2] 国家语言文字工作委员会.中国语言文字事业发展报告(2017)[M].北京:商务印书馆,2017.
[3] 艾瑞咨询.直播互动类在线少儿英语受热捧,国际化步伐加快[EB/OL].(2016-03-04)[2017-02-02].http://www.iresearch.com.cn/view/267304.html.
[4] 八成在线教育企业将死去[EB/OL].(2016-08-29)[2017-02-01].https://www.sohu.com/a/112661540_249333.

年前三季度国内移动教育企业融资过亿的13个案例中,"语言学习"类的占了四席。①

在公共语言教育方面,随着"一带一路"建设的推进,高校纷纷增设非通用语言专业。其中,北京外国语大学新增了茨瓦纳语、恩德贝莱语、科摩罗语等11个非通用语言,专业总量达到了84种,非通用语种有77个。

三、语言培训产品供给与需求的内在动因

以往的语言培训行业研究,采用产业组织、产业链等产业经济学的分析方法较多。"大语言产业观"的研究视角,拓展了语言培训供给主体的研究范畴,增加了对经济因素之外的国家安全、政治、社会发展动因的分析。实际上,在语言培训产品(服务)的供给与需求中,国家、市场和个体消费者之间存在着盘根错节的互动关系,我们可以尝试用新政治经济学的观点对此进行分析。

新政治经济学的研究主要围绕"政治与经济""国家与市场""社会与个人"这三组关系展开。其中,政治主要研究公共决策与社会利益,经济主要研究财富分配与个人利益,个人利益与社会利益是对立统一的关系;国家范畴内的集体行动以国家利益、社会利益为目标,市场范畴内的个人行动以谋求自身利益、家庭利益为目标,国家与市场之间的关系可以看作是社会与个人之间的关系。②

从国家语言战略出发所制定的语言培训相关政策,所提供的公共语言服务,是以国家利益、社会利益为目标的公共抉择,主要是一种政治考量;个体的语言培训产品(服务)消费决策与行为,以自身利益、家庭利益为目标,主要是一种经济考量。当然,前者在以政治为主要诉求的前提下,也会带来经济利益的回报;后者在以经济为主要诉求的前提下,也会通过自身人力资本的提升,为家庭积累更多的社会资本,从而实现向上的社会流动。从国内外语言培训产品(服务)的供需状况来看,国家语言战略或是直接对个体的语言消费行为形成影响,或是通过市场这只"看不见的手"来影响后者;同时,众多个体的语言学习需求凝聚到一定程度后,也会通过市场将信号传递给国家,从而对国家语言政策的制定产生影响。

不论是语言培训产品(服务)供给行为背后的国家利益、社会利益诉求,还是个体利益诉求,都是语言培训行业发展的重要影响因素,不同主体的利益诉求构成了行业发展的内在动力机制。

---

① 艾瑞:资本寒冬与教育热土:移动教育的前路还要摸索多久?[EB/OL].(2016-09-29)[2017-03-01].https://report.iresearch.cn/content/2016/09/264177.shtml.
② 方福前.西方新政治经济学述评[J].教学与研究,1999(3):32-38,78.

(一)语言培训产品(服务)供给侧的社会利益诉求

从世界各国近年来推出的与语言培训相关的规划、政策、项目来看,出发点涉及维护国家安全、促进经济发展、维持社会稳定、增强国际影响等方面。

1. 维护国家安全

2003 年,美国众议员霍尔特(Rush Holt)向议会提交了一份《国家安全语言法案》,将语言提升到"影响国家安全"的高度。目前,美国政府正在运行的"百万强"计划启动于 2015 年,目标是到 2020 年让一百万名美国学生学习中文,覆盖 5—18 岁的学生群体。截至 2017 年 4 月,已经有 40 万名学生接受了该计划提供的汉语培训。[①] 2017 年,美国将启动前所未有的"语言优先"项目,旨在使每个儿童都有学习第二语言的机会,以确保美国在经济、安全、国际地位等方面保持领先地位。[②] 美国在"9·11"之后推出的"关键语言"计划及随后的一系列语言政策,是以确保国家安全为主要意图,谋求美国在全球政治、经济、文化发展中实现利益最大化。

2. 促进经济发展

英国近年来围绕语言培训所制定的政策、规划主要是为了应对语言技能短缺给经济发展带来的巨大挑战。由于英语的强势地位,英国人长期以来并未给予外语学习足够的关注。近年来,语言对经济的影响逐步显现,英国政府数据显示,英国每年会因员工缺乏语言文化技能而损失 3.5% 的 GDP。为改变英国企业在海外新市场拓展中的乏力局面,同时也为了长远的经济利益,英国政府开始加大对语言培训的投资,制订长期的外语教育计划。英国教育部 2016 年 9 月发起了语言学习项目"汉语卓越计划",目标是到 2020 年培养出 5,000 名精通汉语的学生。英国政府希望借该计划提升社会重视汉语的程度。[③] 目前,汉语成为英国人希望子女学习的除欧洲语言之外的第一外语,主要也是考虑到其经济回报。[④]

鉴于中国游客日益增多,南非旅游部从 2016 年 9 月起为其旅游从业人员提供汉语普通话培训课程,旅游部负责交通、住宿、饮食及其他费用;泰国旅游局为了扭转导游市场外语导游短缺的局面,计划在全国展开 10 种外语的培训。[⑤]

3. 维持社会稳定

目前,入境德国的百万难民被要求学习德语,否则就将剥夺其居留权。德国政府此举旨在使难民能更快、更好地融入德国社会,以减少因语言文化差异带来的冲突。

---

① 濮实.美国:到 2020 年让一百万名美国学生学习中文[J].世界语言战略资讯,2017(5):a.
② 张虹.美国:紧急呼吁语言能力应成为国家优先[J].世界语言战略资讯,2017(4).
③ 濮实.英国:脱欧后的最大挑战可能是语言障碍[J].世界语言战略资讯,2017(5):b.
④ 禹岩.英国:学生家长认为汉语最重要[J].世界语言战略资讯,2017(1-2):a.
⑤ 开亚.泰国:培训 10 门外语促旅游[J].世界语言战略资讯,2016(1):a.

2016年7月1日,德国联邦政府为移民开设职场相关的语言培训课程正式启动。根据国家就业研究所提供的数据,16万人参加了官方举办的语言课程。德国移民署的语言课程得到了欧洲社会基金的资助,2007—2014年获得资助3亿欧元,培训移民14.7万人;2015—2017获得资助2.13亿欧元,截至2015年已培训2.2万移民。①

4.增强国际影响

2016年12月,俄国普希金学院在美国乃至美洲大陆开设首家国际合作机构,培养专职俄语教师,提供硕士课程和专题研讨班等。② 土耳其海外侨胞及社区管理署、尤努斯·埃姆雷学院,以及负责难民事务的灾害及应急管理署等机构都开设有语言课程班。③

随着综合国力的增强、国际竞争力的提升,中国从"本土型"国家转向"国际型"国家,也体现出越来越多的国际担当。④ 其中包括推动孔子学院、孔子课堂的发展,不断增加面向外国留学生的政府奖学金投入,为海外华校培训华文教师,为海外华校和华校组织提供"互联网+"教学设备支持等。2016年7月,中国教育部发布《推进共建"一带一路"教育行动》,其中涉及语言教育培训的内容有:共同开发语言互通开放课程,逐步将沿线国家语言课程纳入各国学校教育课程体系。拓展政府间语言学习交换项目,联合培养高层次语言人才。发挥外国语院校人才培养优势,推进基础教育多语种师资队伍建设和外语教育教学工作。扩大语言学习国家公派留学人员规模,倡导沿线各国与中国院校合作,在华开办本国语言专业。支持更多社会力量助力孔子学院和孔子课堂建设,加强汉语教师和汉语教学志愿者队伍建设,全力满足沿线国家汉语学习需求。⑤

(二)语言培训产品(服务)需求背后的个体利益诉求

国家语言战略在较大程度上成为语言培训企业调整产品(服务)类型、内容的"风向标"。语言培训市场的供给状况,会对语言学习者的选择产生影响;同时,当个体消费者对某种语言的学习需求达到一定量值时,也会对供给方形成反作用力,促使语言培训供给侧加大该类产品(服务)的供给量。语言培训产品(服务)需求背后的个体利益诉求可以分两个层次来分析:语言能力的提升是表层诉求,经济资本、文化资本、社

---

① 开亚.德国:难民不学德语就要剥夺居留权[J].世界语言战略资讯,2016(4):b;开亚.德国:为难民找工作开设的语言课程[J].世界语言战略资讯,2016(8):c;开亚.德国:难民整合有困难[J].世界语言战略资讯,2016(11):d.
② 禹岩.美国:美洲大陆首家普希金学院成立[J].世界语言战略资讯,2017(1-2):b.
③ 苏岗.土耳其:政府致力于向外推广土耳其语[J].世界语言战略资讯,2016(8):b.
④ 李宇明.中国外语规划的若干思考[J].外国语(上海外国语大学学报),2010(1):2-8.
⑤ 教育部关于印发《推进共建"一带一路"教育行动》的通知[EB/OL].(2016-07-15)[2017-04-26].http://www.moe.gov.cn/srcsite/A20/s7068/201608/t20160811_274679.html.

会资本的提升是深层诉求。语言经济学认为,语言学习是一种人力资本投资,并且,纯粹的经济激励是人们学习另一门语言的主要动机;同时,社会学等领域的研究也表明了语言学习动机与获得、巩固一定的象征资本(文化资本、社会资本)之间存在密切关系。

1. 提升人力资本

目前,国外汉语学习者是以提升自身的人力资本为主要诉求的,也有一些汉语学习者是出于对中国文化的热爱。从相关报道来看,"一带一路"倡议激发了沿线国家年轻人学习汉语的热情。

在阿拉木图有很多人到语言培训机构去学汉语,语言学校的墙上贴着"中国是你未来的关键"的标语,或是"要找好的工作,那就学汉语吧"之类的招生宣传语。哈萨克斯坦学汉语的人数过去十年增长了5倍,已达1.2万人。看到汉语学习需求不断增加,哈萨克斯坦的一些语言培训机构开始把培训重点从英语转向汉语。① 在阿联酋,对汉语的学习需求也日益增加。人们认为它将成为下一个时代的主要语言,普遍将其作为第三语言来学习,很多父母希望子女能够学习汉语,为未来的职业发展做好准备。②

2. 获得象征资本

西方社会学家对于消费与社会分层的关系有一些经典的论述,认为人们是通过消费特定类型的物品来对自己的身份进行界定的。当前,在中国少儿外语培训市场上,因为英语已经成为普及度较高的外语,一些父母为了让子女能够从小接受精英教育,会为子女选择拉丁语等小众语言进行学习。即便是学习英语,也要选择高端的外语培训机构,对外教是否来自母语为英语的欧美发达国家及其资质等都会有严格的要求。

四、当前语言培训供给侧的多元主体及其参与供给的方式

(一)非营利性质的供给主体

第一,国家教育主管部门在语言人才的培养中担负着战略规划、统一协调、质量监管等方面的职责。既要建立语言人才培养的长远规划,在高校新增设非通用语语种,开展学历教育;也要根据国家发展战略,及时构建所需语言人才的应急培养体系,为相关建设提供急需的外语人才。

第二,高校是非营利性语言产品(服务)的研发者和直接提供者,需根据国家战略

---

① 禹岩.哈萨克斯坦:语言学校从英语转向汉语[J].世界语言战略资讯,2017(6):c.
② 苏岗.阿联酋:迪拜儿童受汉语影响[J].世界语言战略资讯,2016(8):b.

的要求,探索人才培养的新理念、新模式。例如,开展"语言+"教育,加强外语专业学生的人文知识、跨学科专业知识的教育,满足国家发展对具有国际视野、跨文化交际能力的高端语言人才的需求;在对交通、通信、能源、商贸、金融等专业人才的培养中,加强专业外语的教育,使不同领域的专业人才掌握必要的语言技能和跨文化沟通能力。一些高校与企业正在探索合作办学、多方共赢的模式,如青岛科技大学、泰国宋卡王子大学、青岛橡胶谷集团三方共建的"泰中国际橡胶学院"就是以向橡胶谷集团在泰国设立的橡胶企业输送复合型人才为办学目的之一的。

第三,其他行业的相关主体。如国家新闻出版广电总局开办"泰语翻译人才培训班",培养精通小语种的出版人才,提升翻译出版能力。也有一些大型企业集团建立了内部语言培训机制,包括新员工的入职培训和日常的应急培训等。如中铁十四局成立了专门的海外公司工程翻译中心来承担海外公司全体翻译人员的培养任务,对新入职翻译的专业培训包括项目所在国的情况介绍、国际商务礼仪、专业笔译、专业口译、现场分场景模拟、工程类专业词汇、合同条款翻译等。

(二)营利性质的供给主体

数量众多、规模不等的语言培训企业是营利性语言培训产品(服务)的供给主体,在市场竞争中,这些企业,特别是一些大型语言培训集团擅长根据国家战略和学习者需求来调整自身的发展策略。

以新东方集团为例,近两年参加小语种培训的人数增速超过英语培训,在受训者中,想要报考国内高校中"一带一路"沿线国家小语种专业、计划到沿线国家留学的高中生占了一定比例。因此,2016年2月新东方集团将新东方学校的小语种培训业务与旗下从事出国留学服务的专职机构"前途出国"的小语种留学业务合并,整合为新的"欧亚事业部",并以"欧亚教育"为品牌,集中提供德、日、法、韩、西、意等语种的语言培训和留学申请业务。除针对个体学习者的语言培训服务外,"欧亚教育"还为一些企业提供面向员工的语言培训服务。

在语言培训产品(服务)的供给中,可以根据培训目标的要求,实现对不同性质供给主体的有效整合,最大限度地满足培训消费需求、实现培训效果的最大化。在国家教育主管部门的统一协调下,高校、语言培训企业和一些翻译公司都可以作为短期语言培训服务的提供主体,多主体合作,灵活设置培训模式。

五、语言培训供给侧多元主体整合策略

第一,定期调查与发布语言培训行业报告,及时关注、合理引导语言培训产品(服务)的消费行为。

首先,从国家语言战略出发,科学制定语言政策,并通过多种途径,有效传播中国关于国家通用语、民族语、方言、外语、特殊语言文字的相关政策。帮助学习者认识到学习国家通用语、母语和保护少数民族语言、方言的重要意义,特别是通过政策引导,平衡国家通用语学习与外语学习之间的关系。

其次,结合国家中长期发展战略,对语言人才的需求状况、高校语言类专业毕业生的招生及就业情况进行定期统计、发布;定期进行语言培训行业现状调查并发布调查报告,便于学习者知晓信息,合理选择。

最后,对国民语言能力、各行业的专业语言能力、窗口行业从业人员的语言服务能力应达到的标准制定相应的指导意见。从消费群体的需求入手,对语言培训行业提出对应的供给要求。

第二,由国家语言文字主管部门牵头,对语言培训产品(服务)的"大产业链"进行统筹分析,提高供给效能。

不管是由营利性质的语言培训企业提供的语言培训商品,还是由非营利性质的政府机构、事业单位、社会团体提供的公共语言教育产品,在符合国家语言战略的前提下,都需要考虑供给效能问题,以实现投入产出比的最优化。

可以考虑将语言培训产品的各类供给主体、相关主体整合到一个"大产业链"中进行统筹分析。这里所说的"统筹",并非是以行政力量干预企业合法的自主经营权,而是基于对整体供需状况的科学调查,合理进行资源配置,避免出现资源的闲置、浪费,使语言培训"产业链"上的各个要素都能发挥最大效用,更好地满足需求,并在引导需求的基础上,使产品能够覆盖更多的区域和受众。

第三,建立行业准入和自律机制,对语言培训市场进行有效监管,推动语言培训服务规范化、标准化。

近年来,中小型机构与大型机构之间的差距进一步拉大,行业固有的一些问题依然有待解决,其中,制定服务标准、进行有效监管是解决问题的关键。

英国及欧盟关于语言培训服务的认证制度值得我们借鉴。英国面向对外英语教学机构执行"UK 认证"(Accreditation UK),认证范围不仅包括提供对外英语服务的语言学校、国际学习中心,还包括家教辅导机构。"UK 认证"包括管理、资源与环境、教学、福利与学生服务和针对家教等方面的标准,由认证方对培训机构进行材料审定和实地调查,通过认证的培训机构每四年复审一次;此外,英国文化委员会的"在英国学习英语鉴定计划"也会对私立语言学校的英语作为外语的教学质量进行认证。"欧洲优质语言培训服务委员会"是目前欧盟最权威的语言培训服务认证机构,认证涉及的内容包括课程设计与大纲、质量保证、教学资源、学员服务、员工资质、信息与宣传、场地与设施、监管内容等,采用语言培训机构自我评估和该委员会实地考察相结合的认证方式,培训机构获得认证后,有效期为3年,到期后需要复审。①

　　借鉴国外在加强语言培训服务监管方面的经验做法,结合中国语言培训行业现状,推动语言培训市场的规范、有序发展,应做到:(1)建立严格的准入机制,对从事语言培训的机构应达到的软硬件条件做出详细、明确的规定;(2)建立有效的监管机制,推动语言培训行业建立自律规范;(3)建立科学的服务标准,对于违反规范、不能达标的培训机构,或是限期整改,或是取消其从事培训的资格。

（本文原载《语言战略研究》2017年第5期）

---

① 侯非.欧盟及其主要成员国语言培训服务标准化与认证现状[J].标准科学,2011(8):93-96.

基于语言服务视角的语言康复行业状况及对策研究

一、引言

"语言康复"是对各种语言障碍和交流障碍进行诊断、治疗和研究,集临床医学、听力学、言语病理学、语言学、教育学、心理学等多学科为一体的综合性学科。其中,"语言障碍"是指由于各种原因导致不能进行正常语言交往活动的现象。目前具有代表性的语言障碍主要是失语症和语言发育迟缓,此外,还包括由听力障碍所致的构音障碍、发音障碍、口吃以及认知功能障碍、精神心理障碍、孤独症等所引起的语言障碍。

语言康复服务可以分为软件服务和硬件服务两大部分。前者主要包括针对语言障碍问题所进行的诊断、治疗、研究等类型的服务,是语言康复服务的核心内容;后者主要是指语言障碍诊疗、康复所需的硬件设备的设计、生产、销售等,属于语言康复服务的相关内容。

二、语言康复行业状况

语言康复行业是一个面向特殊人群提供产品与服务的行业,这也决定了其较为复杂的行业性质。语言产业研究者将其列为与语言培训、语言翻译、语言技术等行业并列的一个语言产业分支行业,这是基于对该行业中提供"语言商品"的那一部分主体及其经济活动的性质界定;但同时,该行业所提供的部分产品与服务并非是以营利为目的的,属于"语言福利",其供给主体可以是政府部门、事业机构,也可以是语言康复企业或其他相关企业、社会团体。因此,语言康复行业是融公共语言服务、语言产业服务于一体,既提供"语言福利"性质的语言产品,又生产、销售"语言商品"的行业。"语言福利"性质的语言康复服务不同于一般的公共语言服务,其关系到语言弱势人群的平等发展和社会的整体进步,与语言规划服务、语言政策服务一样,属于国家语言服务。

因此,对这样一个具有特殊性的行业的现状与发展进行考量要兼顾经济价值与社会价值,并且要厘清其经济价值与社会价值的关系,认识到经济价值的创造与提升对于实现社会价值的重要性。本文的研究正是基于语言康复行业的特殊性,旨在通过对制约该行业发展的主要因素的探究,思考推动语言康复行业发展的可行之策。

(一)语言康复服务的功能、性质与其他业态、种类的语言服务不尽相同

语言产品与服务的功能可以概括为两点:一是提升语言能力,二是感受语言魅力。前者主要来自语言教育培训、语言翻译、语言出版、语言测试、语言康复等产品与服务;后者主要来自语言艺术、语言创意产品。但是,在"提升语言能力"这一功能下,语言康复服务的目标是达到基本的语言交流能力,即通过相应的语言服务,使需求者获得、恢复正常的语言交流能力,其主要涉及的是语言机能问题。语言机能是人类语言能力的基本方面,是语言的初始状态、语言习得与发展的基础。[①] 而以拥有正常语言交流能力者为目标受众的语言培训、语言翻译、语言出版、语言测试产品与服务的目标在于使需求者拥有更好的语言素质、更高的语言技能以及通过成功的语言转换实现良好的跨语言、跨文化交流,其主要涉及语言素质与语言技能问题。如果以"基本的语言交流能力"为坐标原点的话,那么,位于原点以左的"语言康复服务"和位于原点以右的"其他业态、种类语言服务"则分别旨在实现"由无到有""由有到优"的目标。

语言康复服务较之其他业态、种类的语言服务,具有较为明显的公共服务性质,或者说其在较大程度上属于一种"语言福利","政府或企业由于某种原因,让语言消费者获得语言产品时少付费,或者不付费,那么语言消费者就是享受了'语言福利'"[②]。

《国家语言文字事业"十三五"发展规划》中,将"服务特殊人群语言文字需求"作为"提高国家语言文字服务能力"的三项主要任务之一,提出要进一步"加强各类语言障碍研究和语言康复治疗技术开发利用"。因此,为语言障碍等特殊人群提供语言服务与国家语言规划服务、国家语言政策服务一样,都属于国家语言服务。

(二)语言康复服务人才、经费、设备的供给尚不能满足需求

据残疾人口普查数据,目前,我国语言障碍患者数量达3542万,其中,儿童为329万,占9.3%。根据现有患者数量测算,语言康复师的需求量为14.2万人。[③] 但是,根据中国残联公布的数据,截至2015年年底,全国在岗听力语言康复师仅有1.02万人。语言康复行业巨大的人才缺口,是导致我国语言康复服务供需不平衡的重要因素。

---

① 张强,杨亦鸣.语言能力及其提升问题[J].语言科学,2013(6):566-578.
② 李宇明.语言规划与经济规划的照应关系[C]."第七届中国语言经济学论坛暨第二届中国语言产业论坛"主题报告,2016-10-22.
③ 徐瑞哲.言语康复师缺口逾10万[N].解放日报,2013-06-17(2).

2008年,中共中央、国务院发布了《关于促进残疾人事业发展的意见》,中国残联在贯彻该《意见》的过程中,将"听力语言康复工作"作为重点,提出"当前,推动听力语言康复工作,特别是聋儿听力语言康复工作最大的一个目标,就是尽可能早地实现聋儿的全免费康复,即通过政府补贴和社会支持等办法向聋儿免费提供康复服务"①。"'十二五'时期,中央财政进一步加大了聋儿康复的扶持力度,经费投入增加到19.7亿元,聋儿康复救助资金在中央财政残疾儿童抢救性康复资金中占60%。政府投入之外,社会各界力量也加入听障儿童救助事业中。然而困难依然显著,目前,仅有20%的听障儿童可以享受国家、省救助项目。要实现0—6岁残疾儿童健康全覆盖,还有一定距离。"②

在人工耳蜗设备供给方面,国产耳蜗进入市场仅有6年左右的时间,虽然相对于进口耳蜗具有价格优势,但直接关系用户体验的处理器加工工艺、软件开发水平等还有待提升。

(三)基于语言服务视角所做的语言康复相关研究数量还比较少

在中国知网数据库中,以"语言康复"为关键词进行搜索,其中95%的论文是从医学角度所进行的研究。如果对研究者做进一步分析的话,可以发现医院与康复机构是论文作者的主要来源。究其原因,"我国听力语言康复研究是由一批医学背景的专家首先推动,并在以医学背景为主体的支持下建立起来的,因此听障儿童语言康复的成果,主要集中在听力学和医学领域中,据统计,《中国听力语言康复科学杂志》自2003年创刊到2006年的4年间共发表论文373篇,其中,80%以上是围绕听觉矫治与病理分析等领域,其余分散在教育学、心理学等方面,语言学领域的稿件仅占总发稿数的3%。1995—2007年《中国康复理论与实践》发表2678篇文章,与听力语言相关的仅有10篇"③。上海交通大学医学院附属新华医院康复医学科通过对2000—2009年间"语言康复""语言治疗""语言障碍"相关文献作者来源的分析,发现:有关成人语言康复的研究,其作者多为医院工作人员,研究侧重对语言康复方法或技术的介绍;关于儿童康复的研究,作者多为康复机构工作人员和特殊教育工作者,文章以综述类和基础研究类为主。④

近两年,有少量关于语言康复的论文来自高校特殊教育以及新增的语言治疗类专业的师生,主题多为优化课程教学效果方面的对策探讨。但整体而言,从语言服务的视角所进行的语言康复相关研究数量十分有限,特别是将语言康复作为一个自成体系

---

① 程凯.推动听力语言康复工作在新的起点上加快发展[J].中国听力语言康复科学杂志,2008(4):15-17.
② 陈实.听障儿童概述:中国有听力残疾儿童13.7万人[N].南方周末,2014-10-23.
③ 程凯.听障儿童语言康复对策研究[D].济南:山东大学,2007.
④ 李孝洁,杜青,杨晓颜,等.我国言语语言治疗研究的文献计量学分析[J].中国听力语言康复科学杂志,2011(6):45-48.

的业态,从行业管理以及发展对策等角度来对其进行的专门研究则更少。基于此,本研究旨在从语言服务的视角,通过对语言康复服务的业态构成、供需状况、现存问题的分析,进行对策探讨。

三、语言康复业态构成

较之语言翻译、语言培训、语言出版、语言测试等业态相对成熟或成型的行业体系,语言康复业态还有待进一步整合。语言康复服务的供给主体分散在多个行业,其业态构成也相对更为复杂一些。语言康复业态由技术与业务的指导机构、诊断与治疗机构、研究与人才培养机构以及语言障碍诊疗、康复所需的硬件设备的设计、生产与销售机构组成。

(一)语言康复技术与业务指导机构

各省级听力语言康复中心承担着本省听力语言康复工作的技术资源中心和业务指导中心的职能,其需要接受中国残联及其下属各省、自治区、直辖市残疾人康复工作办公室的考核。考核依据主要来自中国残联和中国聋儿康复研究中心的相关文件。从2013年的《关于开展省级听力语言康复中心业务建设量化考核工作的通知》可以看出,考核内容具体包括机构资质、制度建设、设施配备、队伍建设、专业服务、社会服务、指导基层等方面。

(二)语言康复诊断与治疗服务机构

根据中国残联公布的数据,截至2015年年底,全国共有听力语言康复机构993家,其中,省级31家,地市级350家,县级611家。残联所属的聋儿康复机构约占全国聋儿康复机构总数的30%,其他聋儿康复机构则隶属于教育部门、卫生部门或是某些民办机构。以陕西省为例,截至2014年,该省"有各级各类聋儿康复机构36家,其中隶属残联系统的有3家,隶属教育部门16家,民办公助17家"[①]。从事语言康复的机构可分为公办和民办两大类,其中,民办机构又包括工商登记的企业、民政登记的社团、民办非营利机构等。

(三)语言康复研究与人才培养机构

语言康复研究与人才培养的主体包括高校相关专业和研究机构、高校附属医院等。在人才培养方面,我国全日制的听力学教育始于20世纪90年代。目前,有30余

[①] 宋蕾.陕西省听障儿童听力语言康复机制运行问题[J].陕西广播电视大学学报,2014(2):74-77.

所高校开办了听力学、听力与言语康复、言语听觉科学、语言病理学等专业的大专、本科或研究生教育。其中,首都医科大学是最早开设听力学教育的高校,该校于1998年开办4年制听力学本科专业,后于2000年在生物医学工程专业中设立5年制听力学本科和研究生专业;2001年,南京医科大学成为国内首家招收康复治疗专业本科生的院校,并设有言语治疗实验室;2004年,浙江中医学院开设4年制言语听力本科专业;2008年,华东师范大学正式成立言语听觉科学教育部重点实验室,从事听觉、言语与认知障碍等方面的研究;2014年,中山大学新华学院开设听力与言语康复学专业;2014年,北京语言大学设立了我国第一个语言病理学硕士专业,标志着我国已经能够按照国际语言病理学课程标准,培养国际化的语言治疗师,2015年,该校新增设的特殊教育(言语听觉科学)本科专业方向开始招生,旨在培养能够从事听力、言语与语言障碍康复、教育及研究的特教教师和言语治疗师。

除了全日制人才培养之外,针对语言康复服务从业人员的短期培训在缓解人才不足方面起到了重要的作用。其中,产生较大影响的有中国康复研究中心的听力语言康复培训班,该培训以语言治疗为主,自1991年起,每年举办1期,并分主题举办语言障碍专题研讨班、言语康复进修班,学员来自全国31个省域。除了参加短期培训外,学员还有机会到该中心进行为期半年的进修,这些学员学成返回后,大多在单位建立了语言治疗室。中国听力语言康复研究中心也有面向从业人员的"听障儿童言语矫治培训班",授课内容为听障儿童言语障碍的评估、诊断和治疗;在面授之外,该中心还有面向全国听力语言康复专业技术人员的网络轮训等。北京语言大学于2016年设立于东戴河的康复科学学院值得关注,该学院采取与美国言语听力协会、日本语言治疗师协会、中国残疾人康复协会、广东省残疾人联合会等合作办学的形式,除了进行从业人员的在职培训、继续教育外,还将康复产品研发作为一项重要内容,从而成为国内康复领域首家集教学、科研、产业于一体的综合机构。

(四)语言障碍诊疗、康复相关硬件设备的设计、生产与销售机构

与语言障碍诊疗、康复相关的硬件设备有语言障碍诊治仪、吞咽言语诊治仪、人工耳蜗、助听器等。目前的"语言障碍诊治仪"能够对汉语21种语言障碍进行诊断并给出相应的康复处方,包括听力康复、语音康复、口语表达、发音器官、学习平台等若干项内容,在康复训练中还通过人机互动技术的运用来增加趣味性,优化训练效果。用于诊治吞咽困难及构音障碍、言语障碍的"吞咽言语诊治仪",设计有言语训练和评估系统,根据诊断结果,仪器会生成针对不同患者、不同功能状况的言语训练程序。"助听器"根据常用语言频率进行不同程度的扩增,起到声音的增益作用。"人工耳蜗"由体内的植入体和体外的言语处理器构成,用以提高或重建耳聋者的听觉功能,被认为是目前得到成功运用的生物医学工程装置。

这些硬件设备的生产、销售机构主要是一些医疗器械生产和销售企业。设计的主体除了医疗器械生产企业自身的研发团队外，包括高校附属医院在内的一些医疗机构、科研院所也是技术研发的重要主体。以"人工耳蜗"为例，资料显示，上海力声特医学科技有限公司是国内最早开发出拥有完全自主知识产权人工耳蜗的机构，2004年其与复旦大学附属眼耳鼻喉科医院签订了技术转让合同，向后者购买了人工耳蜗技术，2011年该公司取得了"我国首个国产耳蜗产品注册证"。[①] 北京协和医院早在1980年就开始研究单导人工耳蜗，后来进入这一研发领域的还有解放军总医院、北京同仁医院等。[②] 目前，我国人工耳蜗市场的70%—80%被美国、奥地利、澳大利亚的进口产品所占据，本土生产企业除了上海力声特外，形成一定规模的还有浙江诺尔康神经电子科技股份有限公司，诺尔康被认为是"世界第四家、中国第一家实现了各年龄阶段全覆盖且全面产业化销售的人工耳蜗公司"[③]。

四、语言康复服务的需求与供给状况

国家公布的残疾人调查数据是我们了解语言康复服务需求的一个重要途径，"据残疾人口普查数据，目前，我国言语听觉障碍患者数量达3542万，其中，儿童为329万，占9.3%"[④]，他们当中既有聋儿，也有脑瘫、智力障碍、孤独症以及唇腭裂儿童；成年人中，脑损伤、中风等神经疾病是导致语言障碍的常见因素，例如，患急性脑血管病者，有至少1/3会出现语言障碍。聋儿数量每年新增3万人左右，急性脑血管病等病症也成为威胁中老年人健康的常见病症，导致语言障碍患者数量呈上升趋势。

2011年4月，中国残联在全国范围内开展的残疾人康复需求实名制调查的统计数据有助于我们了解康复医疗、功能训练、辅助器具需求的具体状况。此次调查的对象为持证残疾人和功能障碍者。截至2013年3月，共计2138万有康复需求的残疾人录入信息系统。调查结果显示，31.9%的残疾人有康复医疗方面的需求，30.9%有功能训练方面的需求，91.9%的残疾人有辅助器具需求，本次辅助器具的需求调查涵盖了视力、听力、言语、肢体、智力残疾人。[⑤]

语言障碍的高康复率是语言康复服务得到认可与欢迎的重要因素之一。语言障碍的治疗有其自身的特点，言语听觉科学实验以及康复机构的实践表明，经过科学的

---

① 参见上海力声特医学科技有限公司官网。
② 杨仕明,刘军,李佳楠.方兴未艾的国产人工耳蜗：诺尔康人工耳蜗[J].中国医学文摘(耳鼻咽喉科学),2013(5):237-239.
③ 朱萍.诺尔康：挖掘6000亿人工耳蜗市场　计划年底上市或启动资金募集[N].21世纪经济报道,2015-10-27(24).
④ 徐瑞哲.言语康复师缺口逾10万[N].解放日报,2013-06-17(2).
⑤ 孙先德.在全国听力语言康复工作会议上的讲话[EB/OL].(2011-04-29)[2017-03-05].http://www.cdpf.org.cn/yw/ldjh/20110429_35764.shtml.

诊断、治疗和训练，语言障碍的康复率可以达到90%。以中国聋儿康复研究中心语言训练部2009—2013年的数据为例，这5年间在该机构接受康复治疗的听障儿童顺利进入普通幼儿园、普通小学的比例超过了90%，最高时为97%，并且，没有一个孩子重返聋校。①

但目前从全国来看，不同省份之间、城乡之间在语言康复服务的供给能力上还存在着明显的差距。不仅如此，根据中国残联的调查，2012年，全国还有59个地市连一所聋儿康复机构都没有。这也导致了我国平均只有50%的听力残疾儿童有机会进入机构康复，机构康复后的孩子只有50%能够进入普幼或普小。②并且，由于缺乏融合教育，还有很多孩子在普校上学后不适应，不得不又重返聋校。

陕西省的统计数字较直观地显示了语音康复服务"供求"的悬殊状况。"据陕西省第二次残疾人抽样调查显示，陕西省有听力残疾者79.8万人，其中0—6岁有4560余人，80%的听障儿童急需康复，但全省目前从事听障儿童听力语言康复的专业技术人员仅201人，其中，接受过听力语言康复知识培训的仅占30%，缺乏听力语言康复专业系统理论知识。"③

除了语言康复服务机构、语言康复服务人才在全国分布不均衡之外，患儿家长对语言障碍问题的了解程度、认识水平以及患者家庭的经济状况也成为影响语言康复服务供给的一个因素。目前我国东部发达地区的新生儿听力筛查率约为80%，中部和西部地区仅为33%和21%。④已检出儿童中有相当数量未能及时接受服务，0—6岁听力残疾儿童已配戴助听器、进入康复机构接受服务的比例不足50%。⑤这些因为技术原因、经济原因或观念原因，未能得到及时治疗的"语前聋"患儿，一旦错过了最佳治疗期，之后即便能够得到系统治疗，也很难达到理想的康复效果。

因此，语言康复服务能否及时跟上、满足需求，不仅是医学问题、语言学问题，更是一个社会问题。"十二五"时期，中央财政进一步加大了聋儿康复的扶持力度，经费投入增加到19.7亿元，聋儿康复救助资金在中央财政残疾儿童抢救性康复资金中占60%。⑥各地残联虽相继出台了"关于听力语言康复的救助方案"，但不是每位需要救助者都可以得到免费治疗。

如汕头市残联在2014年8月发布的《汕头市残联财政局卫计局关于听力语言康

---

① 陈曦,张稚.致青春:记2014年"全国三八红旗集体"中国聋儿康复研究中心语言训练部[J].中国残疾人,2014(5):24-27.
② 孙先德.在全国听力语言康复工作会议上的讲话[EB/OL].(2011-04-29)[2017-03-05].http://www.cdpf.org.cn/yw/ldjh/20110429_35764.shtml.
③ 宋蕾.陕西省听障儿童听力语言康复机制运行问题[J].陕西广播电视大学学报,2014(2):74-77.
④ 新生儿听力筛查还有问题待解[J].中国社区医师:医学专业,2011(9):242.
⑤ 孙先德.在全国听力语言康复工作会议上的讲话[EB/OL].(2011-04-29)[2017-03-05].http://www.cdpf.org.cn/yw/ldjh/20110429_35764.shtml.
⑥ 陈实.听障儿童概述:中国有听力残疾儿童13.7万人[N].南方周末,2014-10-23.

复救助实施意见》中,对"有医疗、康复需求的疑似听障儿童及听力残障人士"进行救助,包括免费听力检查诊断、免费或资助适配指定型号助听器、免费或资助聋儿听说康复训练、免费或资助人工耳蜗植入手术、资助人工耳蜗后期配件。① 在此基础上,又规定"对 10 周岁以下在公办康复机构接受康复训练的听障儿童实施免费训练;对在民办康复机构接受康复训练的听障儿童,0—6 周岁每人每年资助 1.2 万元,7—14 周岁每人每年资助 7,500 元"。公办康复机构的数量有限,相当一部分患者需要到民办康复机构接受治疗,对于贫困家庭来说,1.2 万元或 7,500 元之外的那部分治疗费也是一个难题。另如规定"为符合条件的聋儿免费申请植入人工耳蜗,并免费提供术后一年康复训练;对 2014 年 1 月以后自费接受人工耳蜗植入手术的中低收入聋儿家庭,每例资助 2 万元",但因为能够申请到免费植入人工耳蜗的患者数量有限,所以对于不得已自费的低收入家庭来说,2 万元的资助相对于 10—20 万元的植入费用,也只是杯水车薪而已。

政府的投入在不断加大,但依然难以满足当前的康复需求。除了政府的投入之外,社会各界力量也加入听障儿童救助事业中。然而,困难依然显著,目前,仅有 20% 的听障儿童可以享受国家、省救助项目。要实现 0—6 岁残疾儿童健康全覆盖,还有一定距离。②

五、实现语言康复服务供需平衡的对策思考

对导致语言康复供给难以满足需求的制约因素进行有效分析,探寻对策,科学制定行业的发展规划,是语言康复行业实现健康、快速发展的重要前提。

(一)作为国家语言服务的重要内容,语言康复服务需要语言学界的有效参与

语言康复作为一个交叉学科,是以医学、语言学、教育学、心理学等多学科为支撑的,构音、词汇、语法、会话训练以及语言理解能力评估等,都需结合汉语或其他特定语言的特点来进行方案设计。语言康复服务不仅是一种医疗服务,也是一种语言服务。作为一种有着特殊功能、性质的语言服务,语言康复服务亟待得到更多语言研究者、教育者的关注。

从语言康复服务的供给来看,根据中国残联数据,2015 年在机构接受康复训练的患儿数量为 16,434 人,在家庭中接受训练的患儿数量为 2793 人,两者的比例约为 6∶1。由此可见,目前,机构康复是听力语言康复的主战场,特别是聋儿,大部分都是

---

① 汕头市残联财政局卫计局关于听力语言康复救助实施意见[N].汕头日报,2014-09-03(5).
② 陈实.听障儿童概述:中国有听力残疾儿童 13.7 万人[N].南方周末,2014-10-23.

在各级听力语言康复服务机构接受康复训练,[①]而缓解当前语言康复服务供需不平衡问题,无疑要先从语言康复机构的科学化管理、有效的康复训练、各种技术设备的普遍使用、教材体系的建设和稳定的经费支持等规范化建设入手,其中,"教材体系的建设"和以合格的语言康复人才培养为前提的"有效的康复训练"都需要语言学界的参与。不仅人才培养是这样,语言障碍诊疗、康复相关硬件、软件的研发与效能评估亦是如此。以往,在语言康复人才的培养、语言康复具体服务的提供主体中,来自医疗领域的供给主体占比显著,来自特教领域的供给主体也占了一定比例。近三年来,以北京语言大学为代表的语言学专业院校从设置本科、硕士研究生专业到成立专门的学院,开始有步骤、成建制地进入语言康复服务领域。

在这一过程中,需要引起重视的是,语言学界对语言康复服务的有效介入离不开与其他供给主体的深入合作。以人才培养为例,语言治疗专业需开设医学、语言学、心理学、社会学等多学科的课程,"在美国310所开办了语言病理专业的大学中,有232所大学设有语言病理硕士研究生专业。根据法律规定,学生在取得硕士学位后,必须通过一年学习取得临床资格证书,才能从事语言治疗临床工作"[②]。我国虽然尚未有类似的法律规定,但为了使毕业生能够学以致用,更好地为语言障碍患者提供康复服务,与医疗机构、康复机构以及硬件生产企业合作办学是非常必要的。在这方面,北京语言大学康复科学学院的联合办学以及产学研一体化发展的做法值得关注。

(二)创造性解决资金问题,提高语言康复服务的覆盖率

目前,不同省份之间、城乡之间在语言康复机构、在岗教师、专业人才培训的数量上都存在着较为明显的差距。而确保相应的资金投入,是缩小这一差距的重要条件之一。从语言康复业整体发展来看,语言康复人才的培养、服务水平的提升以及康复治疗所需的设备购置等,都需要一定的资金作为支撑。与此相关的问题包括资金从哪儿来、如何使用、谁来监管、如何实现资金使用效益最大化等。

以往在资金筹措上,有一种说法是"国家投一点、残联筹一点、社会捐一点、家庭缴一点",这种说法表达了一种良好的愿望,在实际操作中存在诸多问题。好的愿望需要好的配套机制来保障。因此,应建立专门的机构来对资金的使用进行管理,如通过建立基金会的形式,形成一个成熟有效的资金运转及管理模式,并要有专门机构对资金使用进行监管,保证资金使用安全,帮助尽可能多的语言障碍患者实现康复。

---

① 程凯.推动听力语言康复工作在新的起点上加快发展[J].中国听力语言康复科学杂志,2008(4):15-17.
② 李胜利.我国语言治疗发展现状与前景[C].第三届中日康复医学学术研讨会暨中国康复专业人才培养项目成果报告会,2006:182-185.

(三)多途径解决机构和人才问题,更好地满足语言康复服务需求

所有提供"语言康复"服务与产品的主体,只有实现了有效的整合,不仅在事实上,而且在建制上形成一个有生命力的"行业",才能够理顺关系,形成多米诺骨牌效应,使相关的一系列问题——找到解决的办法。

不同隶属关系或者没有直接隶属关系的语言康复机构"在成立时没有统一的审批与审核,机构性质不同、职责不明确、收训能力与师生配比没有明确规定,在开展听力语言康复工作时带来许多问题"①,对这些机构如何进行协调和有效管理,关系到整个语言康复行业的健康发展。我国的香港和台湾地区在民办残疾人康复服务机构管理方面采用由某一个部门统一协调的方式。一些西方国家也采用类似的协调方式,如美国是由卫生部总负责,澳大利亚是由家庭、社区与原住民部负责,挪威是由劳动与社会融合部负责。②

对此,可以通过论证,成立语言康复行业管理委员会或者语言康复行业协会,一方面整合跨学科、跨领域、跨地区的提供语言康复服务与产品的各类主体;另一方面协调语言康复行业与政府部门以及其他相关行业之间的关系。有了行业管理委员会或者行业协会的协调,才有可能实现跨领域、跨学科之间的有效沟通,从而解决语言康复行业发展的理念与规划问题、学科建设和人才培养问题、行业管理规范与标准问题、行业的科学管理模式问题等。以对语言康复行业发展的共识为基础,整合政府部门、医院、研究机构、特教学校以及社区相关各领域的力量,建立科学的管理模式,以学科联动和人才培养为核心,实现语言康复行业的高效、可持续发展。

在人才培养方面,要根据当前的客观情况,将全日制教育与继续教育、在职培训相结合,不仅实现跨领域的合作办学,也可以进行跨地域的人才培养合作。特别是对于那些尚无机构、没有专职人员的地区,一方面应该作为人才培养机构在组织培训时重点关注的对象,另一方面还可以通过自发或是由中国残联、卫生、教育部门协调组织的方式,由具备良好语言康复服务能力的机构进行巡回"上门服务",使这些地区的患者能够得到及时的筛查、诊疗和康复服务。

(四)推进融合教育,为语言康复营造良好的社会氛围

"融合教育,是指在平等和不受歧视的前提下,尽可能将残疾儿童安排在所在社区的普通学校就读,并提供最适合其需要的支持和帮助,使不同学习风格、不同能力和背景的残疾儿童能够得到尽可能好的公共教育。"融合教育是患有言语听力障碍的儿童

---

① 宋蕾.陕西省听障儿童听力语言康复机制运行问题[J].陕西广播电视大学学报,2014(2):74-77.
② 北京市民办残疾人康复服务机构调研报告[R/OL].(2008-01-06)[2017-03-05].http://www.bdpf.org.cn/zwpd/llyj/zys/c15894/content.html.

在接受语言康复服务后巩固康复成效的必要途径,也是他们平等参与社会生活的重要基础。为此,康复机构在设计训练内容时要考虑到患者进入普通学校的需要;同时,"普通学校应当根据残疾学生需求,开设康复课程和服务项目,不断深化融合教育的内涵,实现教育与康复手段的有机整合"。[①]

除了康复机构与普通教育机构之间的融合,实现康复机构与家庭、社区之间的融合,推进家庭康复、社区康复也十分重要。例如中国聋儿康复研究中心语言训练部在对聋儿的治疗中,开办了"家长课堂",让家长意识到他们在孩子康复过程中的主导作用,一方面以积极的心态引导孩子,另一方面通过学习掌握基本的康复技术,来为孩子提供有效的帮助。

医疗机构、康复机构、教育机构、社会团体、企业、家庭等主体之间的衔接与配合,需要以良好的制度为其提供保障。由于涉及面广,且不断有新生患儿出现,应建立一整套筛查、治疗、康复、教育的流程管理制度,提高医疗机构、社会与家庭对语言康复问题的关注程度,明确各方的职责、权利与义务,相应提高语言障碍的筛查率、就诊率和康复率,保障每个人"听"与"说"的权利。

语言康复行业涉及对语言弱势人群的关怀,语言康复服务是一种帮助语言障碍者进入或回归语言社会交际的关怀服务,因此,不仅需要行业内各主体之间的有效协调,还需要更多的人来关注这一领域,参与到关爱语言弱势人群的行列中来,为语言康复营造健康、和谐的社会氛围。

六、结语

语言康复服务能否有效跟进、满足需求,不仅是医疗行业、特教行业、语言行业要面对的问题,也是需要全社会共同关注的一个社会问题,因为随着我国成为世界上人口老龄化发展速度最快的国家之一,每个家庭都有可能成为语言康复服务的潜在需求者,语言康复服务的有效供给、供需平衡将关系到社会的和谐发展。

现阶段,语言康复行业的发展还面临着理念、技术、人才、资金、机构、管理等一系列问题,这些亟待解决的问题需要语言学、社会学、管理学、产业经济学等领域研究者的关注,以改变当前语言康复相关研究整体数量少,且仅局限于医学和特教领域的状况。

(本文原载《语言政策与规划研究》2017 年第 1 期)

[①] 厉才茂.关于融合教育的阐释与思考[J].残疾人研究,2013(1):53-58.

北京语言产业发展的背景、现状与任务

语言产业是由提供语言产品与服务的行业所构成的,以满足消费者的语言需求为供给目标的产业。改革开放后,随着以语言资源为基础的语言产品的供需关系逐步形成,语言培训、语言翻译、语言出版等行业率先萌芽并得到迅速发展。此后,语言技术、语言测评、语言艺术、语言创意、语言康复、语言会展等行业也相继产生,这些语言行业共同构成了语言产业。① 语言产业因其具有的文化、经济功能及由此产生的对社会发展的影响,可以使国家的软实力、硬实力相互结合与转化,在国家发展中意义重大。语言产业基本属于高端服务业和高新技术产业。

一、北京语言产业发展的宏观背景分析

(一)人口因素分析

人口既是语言产品的消费者,同时也为语言产业的发展提供人力资本和人才基础。人口的数量与质量、性别与年龄结构以及受教育程度等都与消费行为具有一定的相关性,继而影响到消费结构及消费总量。"人口结构的变动、人口素质的提高等因素对我国居民消费倾向的影响是长期的、显著的",并且有研究发现,"少儿人口比重与消费水平之间的相关性要大于其他变量"。②

根据北京市第七次全国人口普查数据,截至 2020 年 11 月 1 日零时,北京市常住人口占全国人口的 1.55%,为 2,189.3 万人。从受教育程度看,北京每 10 万人口中拥有大学(大专及以上)文化程度的人数为 41,980 人,占比达 41.98%,居全国首位(全国平均水平为 15,467 人/10 万人)。此外,北京市 15 岁及以上常住人口的平均受教育

---

① 贺宏志.语言产业引论[M].北京:语文出版社,2013.
② 石贝贝,王金营.人口发展变化对区域消费影响的实证研究:基于中国省级区域的数据[J].人口研究,2014(1):77-89.

年限为12.64年,位居全国第一。①

对北京人口结构进行分析,可以看出:

一是整体受教育程度高、平均受教育年限长,北京这两项指标均居全国首位。根据《中国人力资本报告2021》,1985—2019年,全国劳动力人口平均受教育年限最高的前五个省份是北京、上海、天津、江苏、辽宁。② 从统计数据来看,北京拥有大学教育的人口比重比全国平均水平高出26.51%;15岁及以上常住人口平均受教育年限比全国平均水平高出2.14年。高质量的人口也意味着对语言产品的供给提出了较高的要求,相应会从需求侧拉动语言产业的发展。

二是20—39岁人口占比较大,合计为36.1%。这部分人口正处于事业上升期,接受新事物的能力较强,相对较善于并乐于运用新技术,这为除语言康复之外的其他语言产品与服务提供了大量的潜在消费者。占比为21.2%的30—39岁人口作为家长,也是幼儿及少儿语言学习产品的主要付费者。

三是人口老龄化程度趋于加深。根据《北京市"十四五"时期老龄事业发展规划》,预计到2025年,北京人口老龄化水平将达到24%,迈入中度老龄化社会;到2035年,将超过30%,进入重度老龄化社会。③ 因此,需要应对老年人的消费需求与供给,深入研究包括语言康复在内的语言产品与服务需求供给问题。

四是城市对人才的吸引力强。"中国城市人才吸引力排名"报告显示,在2020年最具人才吸引力城市100强中,北京的人才吸引力居全国第一。根据北京市第四次经济普查数据,北京数字经济人才需求和平均年薪均位于全国之首,该行业相关从业人员达138.9万人,在全国排名第一,相当于沪深之和。④ 城市对新技术人才的吸引力确保了语言产品研发有旺盛的创造力。并且,北京在全国城市中高校拥有量居于首位,也使得语言产业等新经济、新业态的发展有源源不断的内生动力。

(二)经济基础分析

截至2020年底,北京地区生产总值36,102.6亿元;第一、二、三产业占地区生产总值比重分别为0.4%、15.8%、83.8%;新经济、战略性新兴产业、高技术产业的增加值分别为13,654.0亿元、8,965.4亿元、9,242.3亿元,占地区生产总值比重分别为

---

① 北京市第七次全国人口普查主要数据情况[EB/OL].(2021-05-19)[2022-05-22].https://www.beijing.gov.cn/gongkai/shuju/sjjd/202105/t20210519_2392877.html.
② 2021中国人力资本报告发布,这三个城市人口受教育年限最高[EB/OL].(2021-12-13)[2022-05-22].https://news.sina.com.cn/o/2022-01-20/doc-ikyakumx3945837.shtml.
③ 北京发布"十四五"时期老龄事业发展规划[EB/OL].(2021-11-26)[2022-05-22].https://baijiahao.baidu.com/s?id=1717488515678869817&wfr=spider&for=pc.
④ 31省份人口学历盘点:京津沪人口受教育程度高[EB/OL].(2021-05-16)[2022-05-22].https://baijiahao.baidu.com/s?id=1699913525922172258&wfr=spider&for=pc.

37.8%、24.8%、25.6%。①

第一，北京第三产业在地区生产总值中占比高。"北京是国内服务业最发达的城市之一，服务贸易规模位居全国前列。2019年，北京服务业进出口总额1.1万亿元，约为全国总额的20%"②，"占GDP的比重达83.5%，比全国平均水平(53.9%)高29.6个百分点"③。语言产业是一个以新技术为重要特征，以高端服务经济为主要内容的产业，其核心产品与服务主要分布在第三产业，少部分隶属于第二产业的相关机器设备生产、加工。在服务经济时代，知识、信息和智力要素的生产、扩散与应用成为经济增长的主要推动力，以科技和人力资本的投入为核心生产方式。④语言产业既是北京服务业的构成部分，也是推动北京服务业发展的重要力量，同时，北京服务业的高速发展，也加大了人们对语言产品与服务的需求，带动了语言产业的发展。

第二，北京新经济、战略性新兴产业、高技术产业占比呈上升趋势。"2019年，北京新经济增加值12,765.8亿元，占地区生产总值比重38.9%；知识密集型服务业规模稳步增长，2019年北京IT岗位比例从2014年的7.3%增长至9.96%，年均增长率达到7.29%；高新技术从业人员占比由2014年的13.36%增长至2019年20.87%，年均增长率11.24%；新经济企业数从2014年的8,733家，增加到2019年的15,529家；截至2019年，全国47.83%的全球独角兽企业位于北京。"⑤语言产业中的语言技术行业，一方面促进了语言产业中传统业态的现代化，另一方面也为其他新技术、新经济、新业态发展提供了必不可少的技术支持，是新旧动能转换的"助推器"。

第三，数字生态和营商环境评价均名列全国首位，为语言产业发展营造了良好的环境。根据北京大学大数据分析与应用技术国家工程实验室发布的《数字生态指数2020》，北京数字生态总指数85分，位居全国第一。其中，数字基础、数字能力和数字应用三项一级指标均表现突出。分省份数字生态二级指标中，北京的基础设施、技术创新均为100分；数字社会为94分；数字安全、数字经济、数字人才得分均超过80分。⑥《2019中国城市营商环境报告》围绕与市场主体密切相关的指标维度构建起中国城市营商环境的评价体系，评价指标包括基础设施、人力资源、金融服务、政务环境、普惠创新，覆盖了制度、市场、资源、技术、人才、资金等影响企业经营发展的关键环节，

---

① 北京市统计局,国家统计局北京调查总队.北京统计年鉴(2021)[M].北京:中国统计出版社,2021.
② 《北京对外开放发展报告(2021)》蓝皮书发布 北京防疫物资出口显著增长[EB/OL].(2022-01-17)[2022-05-22].https://www.beijing.gov.cn/gongkai/shuju/sjjd/202201/t20220117_2592152.html.
③ 2020北京市服务业发展环境评价报告[R/OL].(2020-09-10)[2022-05-22].https://sw.beijing.gov.cn/sy/nsjg/wzfzhch/zwxx/202009/p020200908589429211508.pdf.
④ 李艳.语言产业经济学:学科构建与发展趋向[J].山东师范大学学报(社会科学版),2020(5):76-86.
⑤ 四年翻了一番多！首个北京新经济指数报告发布[EB/OL].(2020-12-20)[2022-05-22].https://www.beijing.gov.cn/gongkai/shuju/sjjd/202012/t20201220_2168756.html.
⑥ 北京数字生态总指数全国第一[EB/OL].(2020-10-11)[2022-05-22].https://www.beijing.gov.cn/gongkai/shuju/sjjd/202010/t20201011_2108087.html.

全方位评价了各城市营商环境状态水平。根据该报告,北京的综合评价排名首位。①

(三)产业政策分析

产业政策是对市场协调不足的必要补充,特别是在新兴产业领域,激励创新的产业政策更为普遍。北京围绕城市功能定位、文化产业、科技产业、高精尖产业以及具体到人工智能领域所制定的一系列规划,实际上也为语言产业发展提供了政策基础。

《北京城市总体规划(2016年—2035年)》明确要求注重依靠科技、文化创意等服务业及高技术产业、新兴产业支撑引领经济社会发展。为此,发布了《北京市推进全国文化中心建设中长期规划(2019年—2035年)》《北京市文化产业发展引领区建设中长期规划(2019年—2035年)》。繁荣语言事业、发展语言产业是语言文化建设的"一体两翼",语言文化建设是全国文化中心建设的重要内容。语言产业部分交叉于文化产业,文化产业的发展离不开语言产业的发展。

北京以"创新"为关键词优化科技产业布局,人工智能、智能制造与机器人、大健康与医疗、大数据与智慧城市等的研发都离不开包括语言智能、语言数据在内的语言技术行业的参与。

北京对"十四五"时期高精尖产业发展做出明确规划,主要涉及软件和信息服务业、科技服务业。《北京市"十四五"时期高精尖产业发展规划》提出,要"培育形成新一代信息技术(含软件和信息服务业)、科技服务业两个万亿级产业集群以及智能装备、医药健康、节能环保、人工智能四个千亿级产业集群","在北京全域打造智慧城市应用场景,鼓励全域场景创新,吸引各行业、各领域新技术在京孵化、开展应用,加速形成创新生态,带动相关产业在京落地发展。力争到2025年,智慧城市产业实现营业收入3,500亿元,带动上下游产业接近万亿,打造30个以上可复制、可推广的标杆工程,培育多家千亿市值企业","着力推动本市龙头企业进入国内互联网行业第一梯队,力争到2025年信息内容消费产业实现营业收入超过5,000亿元",②这将进一步推动包括各类机器人在内的对话式人工智能产品的研发和应用,智能语音技术在互联网、教育、医疗、司法、金融、养老服务等各场景中的应用也将不断扩展。

---

① 2019中国城市营商环境报告发布,北京综合排名全国第一[EB/OL].(2020-06-18)[2022-05-22].https://baijiahao.baidu.com/s?id=1669799362489333926&wfr=spider&for=pc.
② 北京市人民政府关于印发《北京市"十四五"时期高精尖产业发展规划》的通知[EB/OL].(2021-08-18)[2022-05-22].http://www.beijing.gov.cn/zhengce/zfwj/202108/t20210818_2471375.html.

二、北京语言产业的现状分析

(一)各业态现状分析

1.语言培训行业

语言培训是指通过一段时间的学习和训练,使受训人获得某种语言能力的过程。培训内容有国家通用语言、少数民族语言、外语、方言、手语、盲文等。语言培训产品贯穿个人成长的全过程,包括早幼教产品、K12教育产品、高等教育产品、职业培训产品等。语言培训业受众覆盖面广,对其他业态的辐射性较强。

在北京地区语言培训企业所提供的产品中,留学语言培训和以提升学历、获得文凭、考取资格证书为目的英语考试辅导培训居榜首,其次为商务英语培训,再次为少儿英语培训、对外汉语培训。从语种需求来看,除英语之外,法语和西班牙语是最受欢迎的第二外语。

2019年,我国成人英语市场规模953亿元,其中应试英语规模293亿元、实用英语规模598亿元、机构业务62亿元。应试英语培训中,托福、雅思等海外考试培训市场份额最大,占比近50%;考研英语培训成为继海外英语考试外的第二大成人应试英语培训市场。[①]

2019年,青少儿英语培训市场规模达1,250亿元。[②] 2018年全国在线幼儿启蒙英语的用户中,北京用户占全国用户的比例为6.7%;人均年支出为3699.5元,在启蒙教育总支出中占比达75.6%。[③]

汉语语言能力的提升是人文素养培养的重要基础,2019年,我国大语文行业市场规模达395.8亿元,同比增长22.1%;大语文培训主要包括汉语教育和文学教育两大部分。[④]

北京人口数量占我国东部10省域(不含港澳台)人口总量的比例为4.6%。[⑤] 考

---

① 2020年中国成人英语市场研究报告[EB/OL].(2020-08-11)[2022-05-22].https://baijiahao.baidu.com/s?id=16746870190850778948&wfr=spider&for=pc.
② 2020年中国在线青少儿英语教育市场报告[EB/OL].(2020-06-04)[2022-05-23].https://bdk.ucas.ac.cn/index.php/kycg/fxbg/2791-2020.
③ 2018中国在线幼儿启蒙英语行业白皮书[EB/OL].(2019-07-29)[2022-05-22].https://www.sohu.com/a/330128323_141154.
④ 2020年中国大语文行业研究报告[EB/OL].(2022-08-04)[2022-05-22].https://baijiahao.baidu.com/s?id=16741476639901303144&wfr=spider&for=pc.
⑤ 说明:根据第七次全国人口普查数据,北京人口数为21,893,095人,占全国人口的1.55%;占东部省份(北京、天津、河北、上海、江苏、浙江、福建、山东、广东、海南10省市人口数占全国比例为33.65%,人口总量为4.7506亿)人口比例为4.6%。

虑到北京人口整体特征和消费需求特征,按照北京地区参加语言培训者占全国的比例为5%来进行估算,北京成人英语培训市场规模约为50亿元。若再考虑其他语种的培训,则将超过50亿元。青少儿英语培训市场规模约为62.5亿元,青少儿大语文培训市场规模约为20亿元。

对外汉语培训方面,2019年北京地区高校在校外国留学生数为50,760人,中小学在校外籍学生数为5,780人,合计为56,540人。[1] 对外汉语培训年均学费在30,000元左右,考虑汉语专业学历教育和非学历培训的学生占比,按人均支出学费15,000元/学年计算,总计约为8.5亿元。关于中国国际学校和外籍人员子女学校行业现状的分析报告基本上可以支持这一结论。[2]

综上,近年来,北京语言培训行业年度市场规模在140亿元以上。

2.语言翻译行业

语言翻译是以实现相互沟通为目的的一种语言转换活动。对北京市语言翻译企业的调查发现,从企业名称看,早期成立的翻译企业名词多突出"翻译"二字。近年来,越来越多的企业则倾向于命名为"商务服务公司""商务咨询公司"。这在一定程度上说明,语言翻译企业业务拓展的一种趋势。

语言翻译业具有成熟的行业枢纽组织,中国翻译协会对推动行业规范发展起到了积极作用。2021年,我国翻译企业达423,547家,其中以翻译服务为主营业务的企业9,656家,为主营业务的企业全年总产值为554.48亿元,相较2019年年均增长11.1%。[3] 北京是语言翻译企业数量最多的地区,经营翻译业务的企业有119,877家,较为典型的语言翻译企业有1,650家。[4] 综合语言翻译企业数量在全国的占比及企业规模等因素,北京地区语言翻译企业对于全国语言翻译行业的产值贡献率不低于18%,据此估算,近年来北京地区语言翻译行业的产值在100亿元左右。

3.语言出版行业

语言出版是以语言知识、语言教育、语言研究等为主要传播内容的出版活动。在形态上,有纸质出版物、音像制品和电子出版物、数字出版物。在类型上,可分为四大类:一是语言辞书出版物,包括语言辞书、工具书;二是语言教材出版物,指学习中外语言文字所使用的教科书、教辅用书;三是语言学术出版物,即语言学理论及应用研究出版物的统称,包括著作、刊物及研究报告等;四是语言普及出版物,指语言文化普及读

---

[1] 北京市统计局,国家统计局北京调查总队.北京统计年鉴(2020)[M].北京:中国统计出版社,2020.
[2] 2022年中国国际学校行业分类及行业发展规模分析[EB/OL].(2022-10-17)[2022-11-10].https://m.163.com/dy/article/HT8450PD0553ST8Q.html;外籍人员子女学校行业现状[EB/OL].(2022-04-11)[2022-05-22].https://www.sohu.com/a/537046175_380485.
[3] 中国翻译协会发布《2022中国翻译及语言服务行业发展报告》[EB/OL].(2022-04-01)[2022-05-23].http://www.tac-online.org.cn/index.php?m=content&c=index&a=show&catid=395&id=4164.
[4] 柳雨.北京语言翻译行业状况调查[M]//李艳.北京语言产业调查报告.北京:首都师范大学出版社,2022.

物,包括图书、报刊。

(1)语言图书。根据《中国出版年鉴(2020)》,2019年北京地区"H语言、文字"图书出版11,933种,定价总额70亿元,主要包括语言辞书、语言学术和大学语言教育出版。初等和中等语言教育出版包含在"G文化、科学、教育、体育"类别中,定价总额250亿元,取保守估计,语言教育出版占比20%①,则为50亿元。两者合计为120亿元。根据《2019年新闻出版产业分析报告》,全国图书定价总额为2178.96亿元,图书出版营业收入989.65亿元,占图书定价总额的45%。以此比例估算,2019年北京地区语言图书出版营业收入为54亿元。

(2)语言期刊。根据《邮政报刊大收订简明目录(2022)》,北京地区出版发行语言期刊60种。② 根据《中国出版年鉴(2020)》,语言期刊主要包含在文化、教育类期刊中,该类期刊出版392种,定价总额12亿元,平均每种300万元。据此测算,语言期刊定价总额为1.8亿元。根据《2019年新闻出版产业分析报告》,全国期刊定价总额为219.83亿元,期刊出版营业收入199.76亿元,占期刊定价总额的91%。以此比例估算,2019年北京地区语言期刊出版营业收入为1.6亿元。

(3)语言类音像出版物。根据《中国出版年鉴(2020)》关于音像制品和电子出版物的分类统计,2019年北京地区语言类音像出版总数为349.17万盒(张)。根据《2019年新闻出版产业分析报告》,2019年全国共出版音像制品10,712种,出版数量23,171万盒(张),音像制品出版营业收入29.43亿元。③ 由出版数量和营业收入可计算得出音像制品平均单价为12.7元每盒(张),从而,估算出北京地区语言类音像出版物的年产值约为0.5亿元,加上语言类电子出版物和数字出版物,④估计产值在1亿元以上。

综上,近年来北京地区语言出版行业年产值在58亿元左右。

4.语言技术行业

语言技术是指运用计算机对自然语言进行信息化处理并运用互联网进行传输的技术门类。语言技术产品主要涉及语音识别、语音合成、搜索引擎、输入法、字库、文字识别、语料库等。

2021年,我国人工智能核心产业规模约为1,998亿元,预计2026年将超过6,000亿元。目前,智能语音技术在教育、医疗、司法、公安、互联网等垂直行业应用的核心产

---

① 说明:在"中宣部出版物数据中心"图书CIP数据库中进行检索,"G文化、科学、教育、体育"类书目共有1,556,798种,在"G4教育"小类中以"语文""汉语""英语""语言""文字""外语"为主题词进行检索,得到语言教育书目为409,061种,占比26.3%。取保守估计,语言教育出版物印数占G类图书印数的20%。
② 说明:北京地区出版的主要语言报纸有《语言文字报》《语文导报》《中国少年英语报》《21世纪学生英文报》《英语学习辅导报》《中国书法报》,与语言期刊合并测算。
③ 2019年新闻出版产业分析报告[N].中国新闻出版广电报,2020-11-04(5).
④ 说明:根据国家新闻出版署发布的年度新闻出版产业分析报告,近年来电子出版物营业收入约为音像出版物营业收入的70%。笔者另一项研究报告显示,近年来我国语言数字出版年营业收入接近10亿元。

品规模达到 79 亿元,带动相关产业经济规模达 448 亿元。对话式 AI 产品的市场规模达到 83 亿元,带动相关产业经济规模达 728 亿元。① 2021 年,北京地区有人工智能企业约 1,500 家,占全国人工智能企业的 28%。②

智能语音技术的核心产品规模加上对话式 AI 产品的市场规模约为 162 亿元,带动相关产业经济规模约为 1,176 亿元。按照占比 28% 估算,北京地区智能语音产品的市场规模约为 45.36 亿元,产业拉动 329.28 亿元。

搜索引擎产品方面,搜索引擎产品以语义检索、语音识别等技术为基础,营利模式包括竞价排名和技术授权等,目前进入稳定发展时期。在信息传输、软件和信息技术服务业中,搜索引擎属于其中的互联网及相关服务,占有较大的比重。2020 年我国搜索引擎用户规模达到 7.9 亿人,市场规模超过 1,200 亿元,并且保持年均 10% 左右的增长率。③ 截至 2020 年 12 月,国内搜索引擎市场份额方面,百度搜索居于第一位,百度与搜狗的市场份额合计超过 90%,④ 加上同样位于北京的中国搜索和 360 搜索,北京地区搜索引擎产品对搜索引擎市场的贡献超过 1,080 亿元。

输入法产品方面,根据艾瑞咨询发布的《2020 年秋季中国第三方手机输入法市场监测报告》,我国输入法用户规模为 7.48 亿人,百度输入法、搜狗输入法、讯飞输入法的市场份额分别为 43.6%、43.5% 和 8.8%,其他产品的市场份额为 4.1%。⑤ 根据搜狗公司财报,2019 年营收超 80 亿元,其输入法产品营收约占 10%,约为 8 亿元。以此推算,北京地区输入法产品的营收不少于 16 亿元。

字库产品方面,营利来源包括字库软件授权业务、专用字体服务、嵌入式应用、云字库、互联网平台授权业务、视觉设计服务等。目前国内较为知名的字库企业有方正、汉仪、华康、文鼎、华文等,其中,方正、汉仪占国内字库市场的大部分份额。2019 年我国字库行业市场规模达 8 亿元左右,2023 年将超过 16 亿元。⑥ 方正、汉仪位于北京,两家企业在国内字库市场份额中的占比远超 50%,营收在 5 亿元以上,其中,汉仪公

---

① 2021 年中国人工智能产业研究报告(Ⅳ)[EB/OL].(2022-01-21)[2022-05-22].https://report.iresearch.cn/report/202201/3925.shtml.
② 北京加快服贸首创政策落地(走进服贸会)[N].人民日报,2021-08-31(2).
③ 国内搜索引擎产品市场发展报告 2020(简版)[EB/OL].(2021-01-20)[2022-05-22].https://baijiahao.baidu.com/s? id=1689385301602566889&wfr=spider&for=pc.
④ 2022 年中国搜索引擎广告市场现状及竞争格局分析 搜索引擎营销依然就是当今最热的媒体主流之一[EB/OL].(2022-02-25)[2022-05-22]. https://baijiahao. baidu. com/s? id = 1725722305924602610&wfr = spider&for=pc.
⑤ 手机输入法市场报告:搜狗份额第二,后起之秀拿下 3 个"第一"[EB/OL].(2020-11-17)[2022-05-22]. https://baijiahao.baidu.com/s? id=1683569823805696515&wfr=spider&for=pc.
⑥ 2020 年中国字库行业市场现状及发展前景分析 预计全年市场规模将近 10 亿元[EB/OL].(2020-07-23)[2022-05-22].https://bg.qianzhan.com/report/detail/300/200723-be6c84c3.html.

司2020年营收为1.97亿元。①

此外还有文字识别、语料库等产品。

综上,近年来,北京地区语言技术行业年度市场规模应在1150亿元以上。

5.语言康复行业

语言康复是指针对语言障碍问题所进行的诊断、治疗活动,以恢复受损的语言能力。语言康复是一种关怀服务,目前我国仅言语听觉障碍患者数量就达3,500万之多,按家庭人口计算,关涉人群规模超过1亿人。特别是在老龄化进程中,语言康复服务能否有效满足需求,已经成为一个需要关注的社会问题。专业人才缺口巨大,在岗语言康复师数量不足需求量的十分之一,语言康复服务供需不平衡问题较为严重。②

2020年,北京地区拥有听力言语残疾康复机构27家,有29,070名听力残疾人士、1,277名言语残疾人士接受康复服务,16,661人接受人工耳蜗及助听器适配服务,在全国接受人工耳蜗及助听器适配服务的323,737人中占比为5.15%。③

人工耳蜗包含着极为复杂的电子线路、语言处理器、植入电极和语言数字编码器等元件,是目前治疗重度或极重度感音神经性听力下降疗效最为确切和稳定的治疗方法。进口人工耳蜗产品占我国市场份额的90%以上,价格大致分为15万元以下、15万元以上至20万元、20万元以上至25万元、25万元以上4个区间;国产人工耳蜗主要是上海力声特、杭州诺尔康两个品牌,价格在15万元以下。2019年中国人工耳蜗行业市场规模为71.6亿元。④

目前,国内助听器的价格主要分布在1000元以下、0.5—1.5万元、2万元以上3个区间。2019年我国助听器市场规模约52.72亿元,2020年达58.21亿元。⑤

2019年我国人工耳蜗和助听器的市场规模合计为124.32亿元,按北京占比5.15%计算,人工耳蜗和助听器在北京地区实现销售收入6.4亿元。

2020年北京地区有30,347人接受语言康复服务。每个语言康复训练机构收费标准不同,大致分为每次100—200元、每次200—400元、每次500元3个区间。一般训练周期为3个月,患者费用平均在3万元左右,总营收在9亿元以上。

综上,近年来,北京地区语言康复行业年产值超过15亿元。

---

① 汉仪股份冲击"中国字库第一股":字体虽小,版权事大[EB/OL].(2022-02-16)[2022-05-22].https://baijiahao.baidu.com/s?id=17249117352199691 17&wfr=spider&for=pc.
② 李艳.基于语言服务视角的语言康复行业状况及对策研究[J].语言政策与规划研究,2017(1):44-55.
③ 中国残疾人联合会.2021中国残疾人事业统计年鉴[M].北京:中国统计出版社,2021.
④ 2019年人工耳蜗行业市场规模及发展趋势分析[EB/OL].(2020-11-28)[2022-05-22].https://www.chyxx.com/industry/202011/912899.html.
⑤ 2020年中国助听器产销情况、市场规模及竞争格局分析[EB/OL].(2021-04-08)[2022-05-22].https://www.chyxx.com/industry/202104/943930.html.

6.语言艺术行业

语言艺术是运用语言的手段创造审美形象的一种艺术形式,典型的有相声、评书、二人转、脱口秀、朗诵、播音主持、影视配音、书法篆刻等。目前,我国书画市场,主要由拍卖行、文物商店、古玩城三部分组成。其中,拍卖行的交易额在全国艺术品(特别是书画领域)的交易额中占到90%。[1]

根据"2020年度北京地区文物艺术品拍卖数据",拍卖成交量占比61%,成交额占比49%,均居全国首位。拍卖总额173亿元,其中,书画板块成交额占比最高,达53%,即91.69亿元。[2] 对"2019年国内书画拍品成交TOP100"进行分析,书法艺术品在其中占比近20%,可估算得出书法艺术品总成交额约为18亿元。按照拍卖行之外的书法艺术品市场交易额占比10%计算,为2亿元。2020年北京书法艺术市场规模为20亿元。

除书法艺术品外,还有相声、评书等曲艺以及演讲口才、播音主持、影视配音等有声语言艺术。其中,可以单独计算产值的有小剧场相声、脱口秀等语言艺术表演。影视配音、播音主持等在舞台演出、电视综艺中,多与其他艺术形式融合在一起,产值难以单独计算。

根据北京市文化局的统计,2016年,相声、脱口秀、马戏等其他类演出场次共10,639场,吸引观众约333.9万人次,票房总收入约2.60亿元。[3] 在相声市场方面,2018年左右,德云社每年的票务收入约为1.2亿元[4],加上德云社相声衍生产品收入以及其他相声演出团体的收入,北京相声市场规模不低于2亿元。

综上,近年来,北京地区语言艺术行业的收入规模在22亿元以上。

7.语言创意行业

语言创意是以创意方式对语言文字进行设计,旨在形成具有差异性的、独特性的呈现或表达。典型的语言创意活动有命名服务(含互联网域名命名)、广告文案设计、语言景观设计、语言文创产品研发等。

(1)广告文案设计服务。2020年我国广告市场规模达9,143.9亿元。[5] 2018年北

---

[1] 易苏昊.拍卖行占书画交易90% 书画市场现状与展望[N].中国文化报,2014-09-12.
[2] 雅昌指数|2020年北京地区拍卖市场报告发布[EB/OL].(2020-12-18)[2022-05-22].https://m.thepaper.cn/baijiahao_10432588.
[3] 2016年北京演出市场规模再次扩大 票房突破17亿[EB/OL].(2017-01-03)[2022-05-22].https://www.mct.gov.cn/whzx/qgwhxxlb/bj/201701/t20170103_778519.htm.
[4] 郭德纲说相声卖票年收入至少一个亿!现在学相声还来得及[EB/OL].(2018-11-29)[2022-05-22].https://www.sohu.com/a/277429907_100279111.
[5] 2020年中国广告行业市场规模及市场竞争格局分析[EB/OL].(2021-05-11)[2022-05-22].https://www.chyxx.com/industry/202105/950262.html.

京的广告经营额为2,407.8亿元,占当年全国广告市场规模的30.1%。① 广告中的语言创意主要通过文案设计来实现,以社交媒体广告为例,"据了解,一个成功的Facebook广告,其广告文案和素材的重要性占比高达80%,精准投放的实现占比20%"②。由于难以将广告文案所创造的价值单独剥离计算,如果我们采用20%的比例进行保守估算,那么,近年北京地区广告文案所创造的产值在500亿元左右。

(2)命名服务。命名企业大致分为三类:一是主要为个人取名以及为企业、产品名称提供创意服务的命名企业;二是为互联网域名命名提供创意服务的企业;三是为命名服务提供技术支持的科技类企业,如研发命名软件,辅助或替代人工命名服务,其中,有的直接进入终端命名服务市场,有的只研发软件产品,不直接参与向用户提供命名服务。

传统命名服务的市场规模,目前尚难以统计。随着互联网域名服务的兴起,为命名业注入了新的内涵。"域名市场主要包括两部分:一是以域名应用和保护为目的的域名注册市场;二是以投资为目的的域名投资和交易市场。"③作为互联网的关键基础资源,域名的商业价值为越来越多的企业所重视,域名命名服务随之产生;同时,抢注具有鲜明特色、独特内涵且易于记忆的域名也成为一种具有超高回报率的投资行为。域名命名服务主要指域名投资和交易业务,而非域名注册业务。"在域名注册管理机构和服务机构的数量中,北京都居首位,分别占78.1%和32.78%。"④有关资料显示,2015—2017年,我国域名投资和交易市场在线营收分别为20.2亿元、33.7亿元、10.7亿元;⑤按北京市场占32.78%计算,则分别为6.6亿元、11.1亿元、3.5亿元。"由于域名首次注册和保有的费用相对较低,因此交易额可大体反映用于域名投资的资金规模。"⑥

语言创意业还有语言景观设计、语言文创产品等项。综上,取保守估算,近年来,北京地区语言创意行业直接年产值应在500亿元以上。

8.语言测试行业

语言测试是指对语言能力水平进行的测定、评价活动,语种上包括汉语测试、外语测试、少数民族语言测试。汉语测试服务主要包括:普通话水平测试(PSC)、少数民族

---

① 2018年统计数据显示,中国广告市场同比增幅达15.88%,年经营额接近8000亿元[EB/OL].(2019-04-25)[2022-05-22].https://baijiahao.baidu.com/s?id=1631786636778224762&wfr=spider&for=pc.

② 社交媒体广告2019年或增至500亿美元,将与报纸广告收入持平[EB/OL].(2016-12-05)[2022-05-22].https://www.lanjinger.com/d/25800.

③ 李昭涵,唐嘉求,嵇叶楠.中国域名投资和交易市场发展现状与思考[J].电信网技术,2018(2):48-51.

④ 2020年中国互联网域名产业竞争格局分析 市场集中度较高[EB/OL].(2020-09-29)[2022-05-22].https://www.qianzhan.com/analyst/detail/220/200929-5faaff82.html.

⑤ 域名交易市场热度渐褪 问题逐一显现[EB/OL].(2018-11-21)[2022-05-22].https://www.qianzhan.com/analyst/detail/220/181120-df2c584b.html.

⑥ 李昭涵,唐嘉求,嵇叶楠.中国域名投资和交易市场发展现状与思考[J].电信网技术,2018(2):48-51.

汉语水平等级考试(MHK)、汉语水平考试(HSK)、汉字应用水平测试(HZC)和职业汉语能力测试(ZHC)。中国主导的外语测试服务包括全国英语等级考试(PETS),全国外语水平考试(WSK),全国大学英语四、六级考试(CET4/6),全国高等学校英语专业四、八级考试(TEM4/8),全国翻译专业资格考试(CATTI)。外国主导的语言测试服务,据不完全统计,至2021年末,已形成包含15个测试项目、9个语种的外语测试产品群。

普通话水平测试,2020年北京市测试人次为61,838[①],在校学生测试费25元/人,其他人员测试费50元/人,按照平均37.5元/人计算,共计约232万元。

大学英语四、六级考试,2021上半年北京市有31万余人参加[②],按照下半年持平计算,为62万余人,报名费分别为15元/人和17元/人,按照平均16元/人计算,全年收费共计992万元。

英语专业四级、八级考试,根据参试对象要求及北京市各类高等学校数,特别是拥有综合性大学、语言院校、师范院校近20所,取保守估计,参试量每年不少于20,000人次。报名费分别为40元/人和45元/人,则合计在100万元左右。

职业汉语能力测试(ZHC),根据有关资料介绍[③],由在京机构负责每年组织6次测试,收费标准380元/人。从2003年到2017年,平均每年参试人数为1.4万人,年收费532万元。

汉语水平考试(HSK),2019年北京地区高校在校外国留学生数为50,760人,中小学在校外籍学生数为5,780人[④],合计为56,540人。HSK1—6级的收费分别为150元、250元、350元、450元、550元、650元,平均按照400元/人次计算,2019年北京地区HSK收费超过2,000万元。

此外,还有全国英语等级考试(PETS)、全国外语水平考试(WSK)、全国翻译专业资格考试(CATTI)等。

托福考试(TOEFL)、雅思考试(IELTS)、GRE考试当前报名费分别为2,100元/人次、2,170元—2,220元/人次(前者为普通学术类,后者为签证及移民类)、1,665元/人次。根据相关资料综合分析[⑤]以及《2019年北京地区高校毕业生就业质量年度报告》,2019届北京地区毕业生(含高校和科研院所)总数共234,986人,其中,本科生

---

① 数据来源为北京市语言文字测试中心。
② 蔡文玲.31万考生今考大学英语四六级[N].北京考试报,2021-06-12(15).
③ 李艳.北京语言产业调查报告[M].北京:首都师范大学出版社,2022.
④ 北京市统计局,国家统计局北京调查总队.北京统计年鉴(2020)[M].北京:中国统计出版社,2020.
⑤ 2019年中国出国留学生人数、留学回国人数及国际教育发展趋势分析[EB/OL].(2020-03-25)[2022-05-22].https://www.chyxx.com/industry/202003/846042.html;九成留学生选择回国发展,2018—2021年我国留学大数据发布![EB/OL].(2021-08-16)[2022-05-22].https://www.sohu.com/a/483787896_120863305.

119,801人,本科生出国(境)率为13.87%。① 据此可知,2019年,北京本科毕业生出国人数为16,616人。本科毕业生占出国留学人数的60%,40%为应届毕业研究生、社会人员等其他来源,在12,000人左右。按照每人参加1次托福(或雅思,或GRE)考试,报名费按平均2,000元/人次计算,总计为5,600万元。实际上大多数考生报考次数会大于1次,如果按人均2次计算,北京地区参加托福、雅思、GRE考试的费用超过1亿元。此外,还有剑桥英语系列、日语、韩语、葡萄牙语、法语、德语、俄语等语种的等级证书考试。

综上,北京地区语言测试行业年产值在2亿元左右。

9.语言会展行业

语言会展是为实现语言产业领域的物质交换、精神交流、信息传递等目的,将语言产业所涵盖的相关业态的人与物聚集在一起进行展示与交流的一种社会经济活动。语言会展形态包括语言文化展会、大型会议、主题活动以及语言文化博物馆、主题公园。我国于2017、2018、2019年连续举办了三届"中国北京国际语言文化博览会",填补了世界华语区语言文化主题博览会的空白。

受新冠疫情的影响,2020年,北京市会展行业收入为143.9亿元,为2019年的50.6%。② 正常情况下,北京会展行业的年收入应该在285亿元左右。

总的来说,北京乃至全国的语言会展业尚在发育之中,故语言会展在北京会展业的统计中还难以体现。

(二)整体现状分析

由表1可知目前北京地区语言产业规模发展的大致情况。以搜索引擎、智能语音为代表的语言技术业超千亿产值,一枝独大,反映了语言技术、语言数据在网络时代、数字经济中的基础地位和枢纽作用,是"新技术、新产业、新业态"构成的新经济的重要内容。语言创意业、语言培训业、语言翻译业拥有百亿级产值,已具备相当的发育程度。语言出版业、语言艺术业、语言康复业尚在十亿级规模,语言测试业、语言会展业还未成规模,我国处于从"出版大国""测试大国""会展大国"向"出版强国""测试强国""会展强国"转型的进程中。未来,这些业态在语言技术、人工智能的加持与赋能下,将拥有巨大的发展空间和潜力。

---

① 《2019年北京地区高校毕业生就业质量年度报告》发布 附报告全文[EB/OL].(2019-12-27)[2022-05-22]. https://www.eol.cn/news/dongtai/201912/t20191227_1702168.shtml.
② 北京市统计局,国家统计局北京调查总队.北京统计年鉴(2020)[M].北京:中国统计出版社,2020.

表 1 近年来北京地区语言产业年产值

语言产业各行业	市场规模年产值(亿元)
语言培训	140.0
语言翻译	100.0
语言出版	58.0
语言技术	1150.0
语言创意	500.0
语言康复	15.0
语言艺术	22.0
语言测试	2.0
语言会展	—
合计	1987.0

2020年,北京市GDP为36,102.6亿元,其中,第三产业占地区生产总值比重为83.8%,为30,253.98亿元。语言产业主要分布在第三产业。如果按照近2,000亿元的产值来计算,北京语言产业在地区国民生产总值中的贡献率约为5.5%。

三、北京语言产业发展面临的任务

《国务院办公厅关于全面加强新时代语言文字工作的意见》(国办发〔2020〕30号)强调:"语言文字事业具有基础性、全局性、社会性和全民性特点,事关国民素质提高和人的全面发展,事关历史文化传承和经济社会发展,事关国家统一和民族团结,是国家综合实力的重要支撑,在党和国家工作大局中具有重要地位和作用。"语言文字事业的以上特征与使命,是通过包括公共语言服务在内的语言产品与服务来体现和实现的,而这正是国家和社会发展对语言产业提出的具体需求。

北京在城市发展中需要考虑如何将语言产业发展与城市建设规划有效对接,使语言产品更好地服务于城市建设各项需求、更好地助力城市和谐语言生活构建。从当前看,北京语言产业发展面临以下任务:

(一)供给主体的语言产业意识和相关运行管理能力有待增强

"对语言供给的研究,可分为两个层面:一是对语言产业总供给问题的研究,即研究如何通过宏观经济政策调整、语言产业结构优化促进总供给能力增长、总供给质量提高,还包括总供给与总需求规模、结构的匹配问题;二是对某一类语言产品(服务)供给问题的研究。"①

语言产品与服务的供给主体包括经济政策的制定与具体运行者、语言产业各行业的相关对口部门、各类语言企业等。《国务院办公厅关于全面加强新时代语言文字工作的意见》要求"加强语言产业规划研究。坚持政府引导与市场运营相结合,发展语言智能、语言教育、语言翻译、语言创意等语言产业"。从对北京语言产业发展现状的分析来看,由于大量领军语言企业位于北京,如出版机构、语言技术企业、翻译公司等,相关语言产品的供给在全国有较高占比。因此,北京更有责任在区域和城市语言产业规划方面做出引领。

目前,对供给主体来说,首先是要明确树立语言产业意识,意识到语言资源是重要的生产要素、语言产品是关系城市发展和人民生活的必需品,如语言标识、语言景观等城市语言环境建设、大型国际活动和城市应急工作中的语言服务等;其次是要按照"一盘棋"发展的思路,将生产各类语言产品、处于"散在"发展状态的企业聚拢到相关语言行业中,如语言艺术行业、语言创意行业等,鼓励发展行业枢纽组织;最后是制定北京语言产业发展规划,整合各语言行业,实现各行业之间、各行业内部的协同发展,从而推动语言产业提质增效发展,实现整体供给能力的增强,更好地满足人们日益增长的对高质量语言产品与服务的需求。

(二)语言产业持续高效能与高质量发展的内在动力有待增强

围绕"挖潜增效",要做好对北京语言产业相关资源的"盘点",列出资源清单,掌握语言"市情"。相关资源包括:可供利用、开发为语言产品的语言资源;研发、设计、加工、生产语言产品的人力资源;消费、使用各类语言产品的用户资源等。

北京的特色语言资源有哪些?各类资源的保护、传承、开发、传播状况如何?不同的语言资源如何创造性地实现产品化?各语言行业的从业人员数量与质量如何?对语言产品的消费需求是否做到了精准把握、同步跟进和合理引导?这些问题直接关系到北京语言产业发展的内在动力是否充足,是否可以满足产业持续发展的需要。

为此,需要着手开展北京语言产业全行业数据库建设,在全面掌握语言资源、消费需求的基础上,汇总分析北京语言产业整体数据,呈现企业总量、总体投入和产出状况、在国民经济中占比,语言产业各行业的企业数量、注册资本额、主营产品与服务、年营业收入、年均变化幅度等。

(三)语言产业发展的智力支持和各方协调联动有待增强

我国语言产业的学术研究始于 2010 年。十多年来,已经开展了一系列富有成效

---

① 李艳.语言产业经济学:学科构建与发展趋向[J].山东师范大学学报(社会科学版),2020(5):76-86.

的理论研究、产业调查、学科建设、人才培养工作。目前,中国语言产业研究院(依托首都师范大学)受国家语委委托,正在研编首部《中国语言产业发展报告》,该团队承担北京市社会科学基金项目"北京语言产业的经济贡献度及其发展策略研究",已完成并出版了《北京语言产业调查报告》。

对于新兴的语言产业来说,尤其要做好以下工作:一是支持高校语言产业研究交叉学科建设和人才培养,使其更好地发挥智库功能;二是围绕语言产业发展,建立政产学研协调联动机制,可以由政府部门牵头,定期组织联席会议,各语言行业协会和企业代表、语言产业学术研究机构、消费者代表等参加,及时汇总城市建设中凸显的语言需求、语言产品供需面临的新问题、语言企业发展遇到的新困难、语言行业内部和行业之间协同发展存在的制约因素等。

四、结语

目前,开展语言产业调查,编制语言产业调查报告颇为不易。本文的数据,一部分属于直接数据,也有大量的数据为间接数据,如根据公开发表的一种或多种研究报告或相关资料进行计算,同时核验其合理性,并尽量采取保守估算。因此,亟待将语言产业纳入国民经济统计体系。国家语委公布的"2022年度科研项目立项名单"中,"中国语言产业数据库建设及应用研究"列入重点项目,这对于加快建设语言产业全行业数据库、掌握语言产业国情、科学制定语言产业发展政策和规划必将发挥积极作用。

衡量一个地区的支柱产业,通常要看其在GDP中的占比是否达到5%以上,以及是否具有较高的产业关联度和影响系数,并兼顾高附加值、扩大就业、节约能源和资源等指标。语言产业如何在北京市经济发展中发挥支柱作用,值得各界进一步共同探讨。

(本文原载《语言政策与规划研究》2023年第1期)

语言产业助力粤港澳大湾区建设

2019年2月18日,中共中央、国务院印发了《粤港澳大湾区发展规划纲要》,提出到2022年,粤港澳大湾区国际一流湾区和世界级城市群框架基本形成;到2035年,国际竞争力、影响力进一步增强,高水平互联互通基本实现,对周边地区的引领带动能力进一步提升,中华文化影响更加广泛深入、多元文化进一步交流融合,宜居宜业宜游的国际一流湾区全面建成。

在以上目标的实现过程中,经贸往来、沟通交流都要以语言文字为基础。《纲要》发布以来,笔者持续关注粤港澳大湾区的语言使用情况,发现其呈现出多语言、多文字特征。语言包含汉语的普通话和粤方言、客家方言、闽方言以及英语、葡萄牙语;文字包括规范汉字、繁体字、英文、葡文。这些特征使粤港澳大湾区在城市建设、经济活动中产生一些独特的语言需求,相应对语言产品和服务的供给提出了更多更高要求。

语言产业助力粤港澳大湾区建设的三大重要功能,可以归纳为:以满足语言需求、提升语言能力为内容的核心功能,以创造直接经济价值为内容的经济功能,以构建人文价值认同为内容的文化功能。

核心功能:满足与人口红利相伴生的庞大语言需求。语言产业通过提升个体及群体语言能力、优化城市群整体语言环境,满足粤港澳大湾区的经济、社会、文化发展提出的宏观语言需求。2020年1月,广东宣布放宽除广州、深圳之外的城市落户限制。以青壮年为主、规模庞大的跨省流动人口以及新兴产业的发展,给大湾区建设带来了巨大的人口和人才红利,也带来了包括语言消费在内的消费新趋向和新需求。为这部分消费者提供有针对性的语言培训、语言翻译、语言技术、语言艺术等语言产品与服务,不断推动企业、城市、社会语言能力的提升,才能更好地服务于粤港澳大湾区整体建设目标的实现。

经济功能:直接为粤港澳大湾区发展创造经济价值。在语言产业九大业态中,语言会展、语言康复、语言技术、语言创意、语言测评等行业等都属于新业态、新经济,以语言智能为代表的语言技术又属于高新技术。语言产业作为以绿色经济、知识经济为属性的新兴产业,为新动能的壮大贡献着力量,并直接为粤港澳大湾区的发展创造着经济价值。

文化功能:服务于粤港澳大湾区人文价值认同构建。粤港澳大湾区城市群的建设,既要突出、形成各城市的优势,实现错位、协同发展,还要重视三地的人文交流和价值认同。语言产业可以通过各种语言产品与服务,提升与科技创新要求相匹配的语言能力、增强跨文化交际能力,推进城市语言环境建设、语言智慧城市建设,通过语言文化的传播,凝聚粤港澳三地的发展共识,增强人文价值认同。

通过对广州、深圳、珠海三地语言企业数量、注册资本量等的统计梳理,笔者发现珠三角地区的语言产业具有如下特征:

语言培训"一枝独秀"。这与多语言、多文字的语言特征及人口规模大、外来劳动力多、人口结构趋于年轻化等因素有关;也与广东重视外语教育的历史传统有关,为语言培训企业的枝繁叶茂提供了丰厚土壤。比如,广州的语言培训企业在该市语言企业中的占比达90.4%。

语言翻译"后来居上"。这与珠三角作为改革开放前沿的角色高度吻合。在珠海,语言翻译企业的数量占该市语言企业的42.9%,居于首位。

语言技术"势头强劲"。在信息时代的大背景下,珠三角信息技术、人工智能的发展及语言智能、语言技术等被广泛应用。比如,深圳语言技术企业的注册资本量是该市语言培训企业的将近5倍。

港澳呈现出两个突出特点:一是与高端旅游、会展相配套的语言翻译服务比较成熟与发达;二是与智慧城市发展相配套的语言智能服务以及语言技术产品的研发日趋得到重视。

此外,粤港澳大湾区的语言产业发展也面临着一些问题。

一方面,尚未形成专门、清晰的城市群语言产业发展规划,各城市语言业态基本是自发式发展,且存在同质化问题。另一方面,对城市经济、社会、文化发展所带来的庞大语言需求,仍缺乏充分认识。大湾区在开展与国内外全方位的文化交流、经济合作过程中,语言服务可能涉及的语言(含方言)多达200种,需要具备强大的语言服务能力和语言服务的智能化技术方案。如研发语言智能服务机器人,在机场、车站、景区、政务、医院等场所,为用户提供语言翻译、语音检索、语音向导等便捷服务。同时,大湾区政府部门、公共机构、企业管理人员、窗口行业人员的外语服务意识与能力达到较高水平。

如何让语言产业更好地助力粤港澳大湾区建设,笔者建议:

建立专门机构。建立粤港澳大湾区语言产业研究机构,支持开展专门、深入的语言产业研究,包括语言需求调查、语言消费状况调查等,推动建立有效的语言产业调查机制。

培养专业人才。从粤港澳大湾区的建设要求出发,结合国际、科技、创新这三个关键词,培养专业翻译人才、复合型外语人才、语言智能技术人才等语言产业专门人才。

实现错位发展。结合港、澳、珠三角九市的特色资源及其在协同发展中的不同定位,错位发展语言产业不同业态,如广州、深圳可重点发展语言技术、语言培训、语言出版等业态;珠海、澳门可重点发展语言会展、语言创意、语言康复等业态。语言技术行业为语言产业整体发展提供支撑,因此,应将语言技术行业作为重点发展的业态。一是对接粤港澳大湾区在经济建设、城市发展、人文交流等方面的需求,研发多语种语言智能产品、语言服务的智能化解决方案;二是在语言培训、语言出版、语言康复等语言产业业态中开发及升级相关语言技术。

促进语言传播。通过语言产业相关业态的发展,构建和谐语言生态,深化语言文化认同。开展普通话、葡萄牙语、英语培训及测试研究,在现有培训和测试基础上,开展面向海外特别是葡语系国家的普通话水平测试;围绕城市语言环境建设,开展面向窗口行业从业人员的语言服务意识、语言服务能力培训;开展面向公务人员的语言文化建设业务培训,研编出版面向市民群体的粤港澳语言文化系列读本等。

(本文原载《光明日报》2020 年 4 月 11 日)

产品供给视角下的美国语言教育培训行业分析

美国作为一个移民国家，语言教育培训相对较为复杂。为了便于对其进行梳理，本文以语言教育培训的供给主体作为切入点，对美国语言教育培训产品与服务的供给状况及其政策背景加以分析，勾勒出美国语言教育培训行业的基本图景。在此基础上，对我国语言培训的发展进行相关思考。

一、美国语言教育培训产品或服务的供给主体

美国语言教育培训产品或服务以英语为主，供给主体包括社区的成人学校、社区学院、语言学校、大学的语言学校或语言院系。需要过英语关的新移民、赴美留学生构成了美国本土英语培训产品的消费主体。近年来，美国的一些语言培训机构也开始"抢滩"国外市场，通过与其他国家的大学、教育机构合作的方式，对外输出英语培训产品。美国语言教育培训产业链如表1所示。

表1 美国语言教育培训产业链示意表

供给者	非营利组织 （社区学校等）	商业机构（语言学校、 语言培训企业等）	各类高校中的语言专业
培训目的	能力培训	能力培训	学历教育
消费者	以新移民为主	以需过语言关的赴美留学生为主	语言专业的学生
目标市场	以美国本土市场为主	美国本土市场及美国以外市场	美国本土及美国以外市场
产品类型	以英语为主	以英语为主	除英语外，还包括西班牙语、德语、法语、汉语、日语、阿拉伯语等语种

(一)提供免费语言培训的社区成人学校

美国人口调查数据显示,2000年,全美18岁以上的居民当中,有2,750万人不是在美国出生的;2005年,该数字上升为3,260万人;2010年,这一数字已经增长为3,708万人,较之十年前的2000年,增长率为34.8%。因此,在美国的许多社区,都会有免费为新移民提供语言、文化、职业技能培训的成人学校,成人学校在美国的"移民消化体系"中发挥着重要作用。

以加州洛杉矶规模最大的埃尔蒙—罗丝密成人学校为例,这里的2万多名学生中有95%以上都是刚到美国的新移民,学校免收学费,学生只需要支付课本费。学校的办学经费以州财政拨款为主,除此之外,也会有一些基金会和个人的捐款。成人学校需要每年向州政府教育主管部门汇报办学情况;州政府不定期地对成人学校进行检查,在确认成人学校办学成效的基础上,州政府会根据学生数量来进行拨款。[①] 美国其他各州政府也都有专门的成人基础英语教育经费,如纽约州2005年投入的经费为4,300万美元,为近8万人提供了免费英语培训。2006年,美国联邦政府投入了5.8亿美元用于成人教育,其中开设基础英语课程的费用超过了2.7亿。[②]

但是问题也随之而来,由于社区成人学校向所有人开放,不需要学习者出示合法的居留证明,因此,一些美国人认为政府有可能用纳税人的钱来为非法移民提供免费语言培训,并对此提出批评,亚利桑那州的选民还曾投票意图禁止非法移民参加州政府资助的英语课程。

同时,受金融危机的影响,近几年,美国政府逐渐减少了对社区成人学校的拨款。但是,随着移民数量的迅速增长,一减一增之下,越发使得免费的英语培训课程供不应求。如纽约州2005年至2009年英语不熟练的成人数量增加了6%,但由州政府特别资助的语言课程数量却在不断减少;同一时期,长岛的英语不熟练人口增加12%,免费的英语课程培训名额却减少了25%。[③] 目前,免费英语课程供给不足的状况仍未得到明显改变。在这种情况下,教会、图书馆及社区中心提供的一些收费低廉的基础英语课程(通常3个月的课程收费在100美元到300美元之间),一定程度上缓解了免费英语培训的供需矛盾。

除了针对本土市场的语言培训之外,一些非营利教育机构也开始面向国外市场,致力于通过包括语言培训在内的教育项目来推动民间的文化交流。如美国INTRAX全球文化交流机构旗下的AYUSA(Academic Year in the U.S.A,爱优生)交换学生

---

① 传授知识技能帮助融入社会:美国加州社区成人学校受新移民青睐[N].新民晚报,2004-10-13.
②③ 新移民暴增 美国免费英语课程供不应求[EB/OL].(2007-02-28)[2013-03-16].http://www.stnn.cc/society_focus/200702/t20070228_477401.html.

计划,每年从 60 个国家选拔 14—18 岁的高中生,到美国进行为期一年的交换学习。①这一国际交换学生方案是由美国国会通过立法确定的,希望这些学生作为"文化小大使",能够通过在美国公立高中的学习,迅速提升英语能力,同时,可以了解美国的教育理念、体验美国社会与文化。

(二)收取学费的语言学校

收费语言学校,又可以进一步细分为收费较低的社区大学的语言培训和收费较高的语言学校。

美国的社区大学一般由州政府资助,学费比四年制大学要低许多,入学门槛也较低,外国学生不需要提供托福成绩,入学后在 ELS(英语作为第二语言)英语培训中心学习,修满相应学分,达到 GPA 的指定要求后,可以带着学分转入四年制大学。这样,国际学生在过语言关的同时,也节省了读大学的时间和学费。以旧金山市立学院为例,这所二年制的公立学院设有语言班,为国际学生提供密集的英语训练以及托福的相关课程,每学分的费用为 179 美元,仅为私立学校学分费用的 1/3。

社区大学除了语言类课程外,还设有其他多个专业和相应系列的课程。与此不同的是,专门的语言学校基本只是提供语言类的课程,并且大多为英语培训。语言学校不仅针对需要过语言关的国际学生,也为需要提升英语能力的新移民提供各类培训,例如,有的语言学校在其招生宣传中写道:"学校为希望在美国就读大学或研究生院,提高职业英语水平或实现自我提高的学生提供 8 个级别的 ESL(英语作为第二语言)课程。"

近年来,美国的一些语言培训机构、语言学校加快了开拓国外市场的步伐。其中,开设针对跨国公司员工的英语培训成为语言培训企业的一个新的业务增长点。在中国,随着国际大型企业进入中国市场以及中国企业走向海外,相应地产生了对员工进行英语培训的需求。美国的语言培训企业敏感地把握这一商机,将中国作为其商务英语培训的重要目标市场。

此外,与国外高校开展语言培训方面的合作,也成为美国语言培训机构拓展市场的一种重要方式,例如,作为全球三大教育集团之一、全球最大的英语考试培训机构之一的美国卡普兰(Kaplan)教育集团于 2010 年 11 月借助与浙江大学的合作进入中国市场,由卡普兰教育集团旗下的卡普兰大学与浙江大学继续教育学院合作开展语言培训、托福模考等教学培训项目,成为中国留学英语培训市场上一个重量级的产品提供商。②

---

① 去美国做一年交换生 值不值[EB/OL].(2019-12-04)[2013-03-16].https://www.hqwx.com/legacy_news/html/2009-12/200912041004388259.html.
② 张凯,罗卫平.全球最大教育集团进军浙江培训市场[N].每日商报,2010-11-03.

(三)各类高校中的语言专业

与语言学校多将英语培训作为主要教学内容不同,美国四年制大学的语言系中,除英语外,一般会设有外语系,如德语、法语、西班牙语、日语、韩语、汉语等,对学生进行较为系统的外语教育。

外语教育是美国高校中人文教育的重要组成部分,很多高校的语言专业都会要求学生到国外学习一个学期,美国政府为此提供了可观的奖学金。20世纪90年代以来,随着国际形势、国内需求的变化,美国高校重新调整外语教学。与此同时,由于金融危机带来的政府拨款以及社会捐助的减少,一些大学开始着手削减、撤销一些外语专业。美国著名经济学家、第71任财政部部长、哈佛大学前校长劳伦斯·萨默斯(Lawrence Summers)于2012年1月在《纽约时报》撰文称:"英语现在是全球语言,随着机器翻译的迅速发展,很难判断是否有必要处处学外语。掌握外语并不意味着能提高洞察力,无论是在亚洲做生意,还是在非洲治疗病人,或是帮忙解决中东地区的冲突,学外语都没有那么必要。"[①]这一想法在当前的美国社会或许具有一定的代表性。或许是在"外语无用论"观点的推波助澜下,纽约州立大学关停了法语、俄语、意大利语的学位教育,即便是经费宽裕的南加州大学也关掉了德语系。

国家的语言政策、主流社会的观点以及学习者的实用主义倾向、美国及英语在全球的主导地位等,都对美国高校的外语教育产生着积极或消极的影响,使其处于一种不断变化的状态之中。这也正是本文接下来将要梳理的,即美国语言教育产品的供给背景与动因。

二、美国语言教育培训产品或服务的供给背景与动因

(一)各种诉求角逐下的语言政策

美国语言政策变化调整反映出的一个核心主题——对英语这一"准官方"语言地位的强调,同时,也不可避免地涉及对其他语言的态度问题,因为英语强势地位的取得,是以对外来语言、土著语言及少数民族语言的限制为条件的。下面,本文将按照时间线索,对美国一个世纪以来的语言政策做一简要回顾:

1."双语教育"之争

20世纪初,受移民数量迅速增加的影响,美国主流社会希望通过语言的同化来避免有可能产生的文化冲突和社会动荡。因此,在1906年颁布的《国民法》中,明确要

---

① 萨默斯.你真正需要知道的[N].纽约时报,2012-01-20.

求:移民只有在具备英语语言能力后,才能加入美国国籍。此后,逐步形成了"从儿童教育入手,确立英语强势地位"的思路,到 1923 年,美国有 3/4 的州以法令的形式要求所有的小学一律以英语作为唯一的课堂教学用语。

20 世纪 60 年代,美国迎来又一个移民骤增期,移民力量的壮大也增强了他们在语言教育方面的话语权。在移民要求教育平等的呼声下,双语教育的禁令出现松动,1967 年,得克萨斯州《双语教育提案》提出要向母语为西班牙语的学生提供帮助,避免其因语言问题影响学习成绩;1968 年,这一提案被正式确立为《双语教育法》(又名《中小学教育法第七条》),以法律的形式强制中小学校向母语为非英语的学生提供双语教育。1978 年美国国会对《双语教育法》进行了修正,强调双语教育要以提高英语语言能力为目标,实际上,双语教育成了一种"过渡式"的语言教育,即为了不影响母语为非英语的学生的学习效果和成绩,适当采用其母语授课,但同时也帮助其尽快学会、学好英语。[①]

尽管 1978 年的双语教育修正案明确了双语教育是以提高英语语言能力为最终目标的,但这并没有减弱美国社会对双语教育的批评。到里根政府时期,一些人认为双语教育影响了英语语言能力的习得,建议废止双语教育。此后,政府放松了对双语教育的强制要求,允许各州自己决定双语教育的具体实施问题,于是,一些州开始仅用英语授课。

20 世纪末,以保守派、共和党人为主要力量的反双语教育运动到达顶峰。1996 年,洛杉矶第九街小学 60 多名西班牙裔学生的家长在反双语教育者的鼓动下,抗议学校由于采用双语教育,导致他们的孩子没有学会英语。抗议持续了两个星期,当地报纸对整个事件进行了详细报道。这一事件成了硅谷富翁朗·翁兹游说全州、发动请愿的由头。1998 年,加州政府通过了《227 提案》,宣告在加州双语教育违法[②],这也为美国联邦政府废除《双语教育法》打下了基础。2002 年,小布什总统签署文件,将 2001 年两院起草并通过的《不让一个孩子掉队》(*No Child Is Left Behind*)正式确定为美国联邦政府的法律,标志着自 1968 年开始实施的《双语教育法》被废止。

最近,在新移民法改革问题上,一些议员又提出对所有申请绿卡者进行英语水平考试,这无疑旨在强调英语的地位,对移民提高了英语水平的要求。[③] 因此,从某种意义上来说,英语成了讨论移民法的一个核心问题。

2."英语官方化"之争

如果说从掀起双语教育之争到废止实施了 34 年的《双语教育法》,目的是在中小学中确立英语作为唯一语言的地位,那么,"唯英语(English Only)"运动以及"英语官

[①] 刘艳芬,周玉忠.美国 20 世纪语言政策述评[J].山东外语教学,2007(5):42-45.
[②] 蔡永良.谁不需要双语教育[J].读书,2003(11):62-69.
[③] Debate over immigrant gets down to language:English[EB/OL].(2013-06-21)[2013-08-16].http://jacksonville.com/news/2013-06-21/story/debate-over-immigrant-gets-down-language-english.

方化"运动,则是旨在全国范围内确立英语的"独尊"地位。

截止到 2011 年,美国已有 31 个州将英语确立为官方语言。围绕着"英语官方化"的纷争、对抗由来已久。语言教育研究者詹姆斯·克拉夫德(James Crawford)指出"唯英语"运动的实质,不是促进英语,而是禁用其他语言,是限制少数民族语言权利的使用。他认为,支持与反对双语教育是两种全然不同的态度和立场:第一种立场是为移民提供就业、教育、英语培训等机会,为他们提供必要的生存工具,使他们自愿融入美国社会,保障他们的基本权利和他们自身的文化遗产;反之,第二种态度是把移民视为财政负担、另类文化的携带者以及有分裂倾向的因素。这两种截然不同立场,将对移民政策和教育政策产生至关重要的影响。[①]

3. 力推"关键语言"教育

除了通过"双语教育"之争使英语成为中小学唯一的教学语言,并通过"英语官方化"运动在全国范围内限制移民和少数民族的语言之外,美国政府还会根据国家安全、国家利益的要求,对外语教育政策进行调整。"整体上看,美国的外语教育经历了精英主义、实用主义、进步主义和以国家安全为中心的发展历程,其中维系美国外语教育政策的核心就是美国的国家利益,美国语言政策的终极目标就是国家利益。"[②]

例如,20 世纪 60 年代,美国与苏联之间的冷战以及由此带来的国家防御的需求,使俄语、汉语等语言的教育相应得到了更多的资金保障,包括对教师进行外语技能的培训、对学校语言课程教学计划的重新设置等。2001 年"9·11"之后,美国政府开始对因外语人才匮乏导致与一些非英语国家之间的信息不对称,以及这一状况给美国国家安全带来的巨大威胁进行反思。在这一背景下,美国政府于 2006 年推出了"关键语言计划",鼓励国民学习国家需要的"关键语言",包括阿拉伯语、汉语、朝鲜语、俄语、印地语、日语、波斯语、土耳其语等在内的 13 种语言,并在 2007 年拨款 1.14 亿美元用于实施这项"关键语言计划"。这一计划涵盖面非常宽,包括学校和社区教育资助,以及师资培养资助两大块。学校的关键语言教育从幼儿园开始,直至大学阶段,社区也得到政府的资助来进行各个年龄段学生的语言培训;师资培养方面,美国政府一方面资助教育机构为关键语言教学培养新的师资,另一方面资助教师到关键语言区域的国家去学习,资助对象不仅包括在职教师,也包括中学生、大学生、研究生。[③] 截至目前,美国有 20 多所大学设立了"语言旗舰中心"或相关项目对本科生进行"关键语言"培训。

"关键语言"教育是政府基于国家安全、国家战略考虑所主导的外语教育,打上了明显的国家意志的印记。

[①] 郑新蓉.美国的语言教育政策:学校内外的争辩[J].西北师大学报(社会科学版),2005(1):28-31.
[②] 潘海英,张凌坤.美国语言政策的国家利益观透析[J].东北师大学报(哲学社会科学版),2011(5):97-100.
[③] 王建勤.美国"关键语言"战略与我国国家安全语言战略[J].云南师范大学学报(哲学社会科学版),2010(2):7-11.

(二)经贸文化发展中的语言需求

相比"双语教育"存废、"英语官方化"之争及"关键语言计划"等被贴上"国家利益"标签的语言行动而言,在经贸文化发展中所形成的语言需求,更多显示的是市场的力量。在这一力量的推动下,产生了相关的语言教育培训产品或服务。

例如,根据华盛顿应用语言学中心的调查,美国2.75万所至少提供一门外语的中学中,汉语课的比例由1997年的1%上升至2008年的4%。同时,参与大学预修科目汉语项目的学生数量也增长迅速。《纽约时报》援引专家的分析认为,之所以出现汉语教育培训热,是因为"父母、学生和教育人士都意识到中国作为一个重要国家的崛起,他们相信掌握流利汉语可增加机会"[1]。美国人自认为缺少学习外语的传统,那么,目前出现的学习汉语的热潮是否也会很快"冷却"下去?《纽约时报》在2010年3月1日组织专家对这一问题进行了专题讨论。加州大学伯克利分校教育与公共政策学教授布鲁斯·富勒(Bruce Fuller)认为,中文是美国人了解中国文化资产和合作技能的窗口,"至少从经济上讲,我们已经与中国人紧密地联系在一起了。想象有那么一天,当你的按揭账单送达时,你突然发现账单是用简体汉字写成的"。纽约大学移民研究所联合主任马塞洛·卡罗拉·罗斯科(Marcelo Caro Roscoe)借用一位社会学家的话"美国是语言的公墓"来形容美国社会对语言多样性的排斥,但即便如此,经济全球化的发展还是使美国人日益意识到多语能力的培养对于自身社会资本构建的意义,因此,这也"催迫中产阶级孩子寻求机会到海外留学,认为这有助于他们在新的全球市场上做好语言和文化方面的准备"。[2]

对未来职业的预期,促使一些人开始选择接受外语培训,或是在就读大学时选择外语专业,这也相应地为语言教育和培训提供了市场空间。不过,需要关注的是,在市场的选择之下,外语培训的种类以及大学中外语专业、课程的开设,都在很大程度上受到需求因素变化的影响,学习者需求的变化又受到对未来回报预期的影响。这些处于不断变化之中的因素,都使得美国的外语教育呈现出一种并不十分稳定的状态。国内外形势的变化,敏感地控制着美国外语教育的起伏状态,美国近几十年的外语教育实践充分说明了这一点。

三、美国语言教育培训带给我们的思考

通过对美国语言教育培训现状及背景的梳理,可以看出,在美国本土市场,英语培训产品一直处于强势地位,其他语言的培训受政策环境、消费者预期以及经费状况等

---

[1] 外语课式微,汉语是例外[N].纽约时报,2010-01-21.
[2] 美国人有学习中文的必要吗[N].纽约时报,2010-03-01.

因素的影响较大。目前,在服务国家战略利益和整体目标的同时,美国的语言培训企业已经开始了对国外市场的大举扩张。

虽然,美国的语言教育培训业有不同于其他国家的一些特点和复杂性,在一定程度上影响了国家间语言培训业的可比性,但是,从产品供给角度对美国语言教育培训行业的分析,仍能引发我们对中国语言培训行业的一些思考。

(一)本土企业如何应对美国大型语言培训企业进入中国所带来的冲击

在我国的语言教育中,对英语学习的强调可谓到了无以复加的程度,由于考学、求职、职称评聘等都对英语水平有着明确的要求,所以,即便那些没有出国留学、到外企工作等规划的中国人,在其受教育阶段,基本上要"强制性"地接受英语教育。围绕着"英语考试"这一指挥棒,在巨大的市场需求作用下,催生了大量的语言培训机构和各类培训服务,包括留学语言培训、升学升职培训、少儿英语培训、商务语言培训等。截至 2010 年,我国的语言培训企业数量达到了 50,000 家以上,除了新东方等少数知名企业外,多数是中小型培训企业。2011 年下半年,北京语言产业研究中心曾经对北京的语言培训市场进行了调查,发现员工在 99 人以下的企业占 40% 左右,100—499 人之间的企业占 35%,500—999 人的企业占 15%,1,000 人以上的企业占 10% 左右。从数据统计可以看出,语言培训企业由 100—499 人发展到 500—999 人规模时,数量急剧下降,一些企业在此阶段即退出语言培训市场。由此,我们不得不思考的是,当美国的大型语言培训企业(如本文前面提到的美国卡普兰教育集团等)进入中国市场后,将会给中国本土语言培训业带来的冲击,以及本土语言培训企业在寻求与美国企业合作的同时,如何保持自身的独立性与话语权等。

(二)中国教育机构如何更好地开发汉语培训产品并建立有效的培训模式

在中国本土语言培训市场上,英语类培训产品占据市场份额的绝对优势。根据搜狐网 2011 年发布的《中国教育行业白皮书》,中国中小学生的课外辅导项目首推英语,64% 的家长都为孩子报了英语班,其次是奥数、语文和文艺体育科技项目,但比例只有 10% 左右,培训市场份额远远小于英语。另根据北京语言产业研究中心对北京高校学生的调查,41% 的受访者参加过英语四、六级考试辅导,26% 的受访者参加过中、高考英语辅导,15% 的受访者参加过考研英语辅导,参加过出国类英语考试辅导的比例为 10%。汉语培训所占的市场份额较之英语培训,比例相差悬殊。因此,无论从保护与发展汉语言的角度来看,还是从语言文化的国际传播角度而言,建立有效的汉语培训模式,并相应配套开发针对不同消费群体的汉语培训产品,是中国语言教育机构、语言培训企业亟须解决的问题。

一是针对本土市场的汉语培训,包括加强对在校学生的汉语教育培训和对不同行业从业者的专业汉语培训等,特别是要重视中小学生的母语教育,一方面培养他们对母语的感情与兴趣,另一方面采用行之有效的教学和评价方式,提升中小学生的整体汉语水平。

二是针对海外市场的汉语培训,包括对在中国学习、工作和旅居的外国人的汉语培训以及在其他国家开展的汉语培训等。在美国语言培训体系中发挥着重要作用的社区学校模式值得中国教育者借鉴。在中国的直辖市、省会城市等外籍人士较为集中的区域,可以建立社区汉语培训学校,根据实际情况,灵活采取免费或部分收费的方式来进行汉语教育培训。在其他国家所进行的汉语培训,要结合所在国的历史和语言政策,制定相应的语言培训策略。

以美国为例,基于美国政府对于外语教育的矛盾心态和掌控心理、一些保守人士对外语教育培训的提防和排斥,加之民众对外语学习的实用主义心态,在这一有着特殊的语言教育发展背景的国家,应该进一步思考如何更好地掌握目标市场、目标人群的需求和心理,相应地进行汉语教育培训方式的规划和设计。特别值得关注的是,通过对美国加州部分地区的调研发现,中国移民子女不同程度地存在不会说、不愿学中文的现象。甚至一些父母在20世纪90年代初到美国的二代移民也是如此,究其不学中文的原因,是觉得将来用不到。这一现象值得我们关注和思考。在美国的华人是进行汉语传播的重要主体,他们已经在一定程度上融入了当地社会,具有更多的语言传播优势,他们的子女在未来可以继续作为汉语传播、文化交流的桥梁。而且,华人子女对待汉语学习的态度和行为,无疑也将影响周围的非华裔青少年。因此,在海外市场上进行的汉语教育培训,应将华裔子女作为一个重要的目标群体。

四、结语

由于美国目前尚没有"语言产业"这一提法,美国学界和业界对语言培训业的相关研究数量较少,同时,提供语言教育培训的主体又相对较为复杂,这些因素都给获取语言培训行业的整体数据带来了困难。为了较为清晰地把握当前美国语言教育培训行业的基本状况,本文选择了从产业链分析的角度,来探寻美国语言教育培训产品供给的主体、背景和动因,并在此基础上,对我国当前的语言培训行业进行了对比思考。从宏观的语言产业比较研究来看,本文只是一个初步的探讨,以期能够从不同的角度丰富正在进行中的语言产业研究。

[本文原载《云南师范大学学报(哲学社会科学版)》2013年第5期,第二作者为陆洁]

对当前英国语言产业及语言服务状况的调查与思考

2017年10月6日至2017年12月30日,笔者由国家语委、国家留学基金委选派,与其他29名学员一起参加了在英国谢菲尔德大学举办的"语言文字优秀中青年学者国外研修项目"。在三个月的访学过程中,课堂所学内容涉及语言产业、公共语言服务、语言教育、语言测试、家庭语言规划、语言政策、语言能力标准等方面;除此之外,还到当地中学进行了语言教育调研,到威尔士进行双语考察,与谢菲尔德大学孔子学院教师座谈并观察和体验了日常生活中的英国语言景观、语言服务。这次访学不仅丰富了我们对当前英国语言产业与语言服务状况的认知,也促使我们就一些相关问题进行深入思考。

本文是在此次访学总结报告的基础上整理而成的,将从语言教育、语言服务、语言政策、语言研究方法等方面来进行"勾勒",以期描绘出英国语言产业与语言服务的基本状况。

一、语言教育

语言教育培训行业属于语言产业的分支行业,语言教育培训也是语言产业研究关注的重要内容。在此次访学中,课堂教学和实地走访所涉及的语言教育问题包括中小学的母语教育、外语教育以及汉语在英国的传播等。

(一)威尔士语教育

来自威尔士三一圣大卫大学的孔子学院(Confucius Institute at University of Wales Trinity Saint David)的露西·休斯(Lucy Huws)女士为我们做了题为《威尔士中学教育的发展与威尔士语政策的变化》的讲座,其中讲到英国政府曾一度禁止威尔士学生在学校说威尔士语,后来由于意识到本土语言的流失会带来一系列严重的社会问题,如导致人们失去民族文化与身份认同,继而产生自卑、自杀、家庭破裂、吸毒、酗酒、暴力以及不信任政府、犯罪率上升等问题,这些问题无疑会危及社会稳定、国家发展。同时,对澳大利亚毛利人和美国土著的调查也表明,政府要解决这些社会问题,需付出高昂的代价。权衡利弊后,英国政府意识到保护土著语言的重要性,在幼儿园、小学、中学、大学等各个阶段都为威尔士语教育打开了"绿灯"。幼儿园中,有提供沉浸式威尔士语教育的幼儿园;威尔士有 Welsh Medium School 和 English Medium School 这两类中学,其中,Welsh Medium School 提供英语、威尔士语双语教育,其小学和中学都开设有威尔士语课程,目前,进入 Welsh Medium School 中学的学生人数虽然比小学的人数要少,但也呈现出逐年增长的趋势;高等教育阶段也有部分课程全部或部分使用威尔士语讲授,学生所在学校如果没有威尔士语教育,可以跨校选课;继续教育阶段,零售和商业、农业、园艺、兽医、贸易、管理和法律等学科也均可提供威尔士语教学。

(二)双语教育与外语教育

伦敦大学教育学院应用语言学系李嵬教授在讲座中谈到国内有时会将双语教育与外语教育相混淆。在北美,如果学生被称为"双语人",会被认为英语不好、读写有障碍、家庭较为贫穷等;在英国,也会避免使用"双语人"这一表达,如果学校中有"EAL"(英语作为附加语)学生,可以得到政府相应的拨款。

李嵬教授认为我们在开设双语课程、进行双语教育时,需要认识到用外语教学可能带来的潜在危险,并且需要明确双语教育的目的是什么。在教学中只有使用两种语言,才是真正的双语教育,但是用外语教学生会有一种危险,即有可能把本国的知识体系丢掉。双语教育的最终目的是教育,是知识结构(体系)的建立。

在语言经济学的研究中,语言学习与人力资本的构建是研究的主要内容之一。李嵬教授认为"语言学习不能简单从人力资本考虑,要让学习者认识到语言本身的价值,语言学习有助于养成新的思维方式",在激发语言消费者的学习需求时,这一观点非常值得关注。

在访学期间,我们走访了位于谢菲尔德市内的爱德华七世中学(King Edward VII School),这是一所以语言教育见长的中学,在校生使用的语言达 50 种,除了英语外,最为常用的语言是阿拉伯语,其次是乌尔都语,再次是索马里语,有许多语言只有一位使用者。该校的学生除了来自当地原有居民家庭外,还有相当部分来自难民家庭、经济移民家庭以及少量的国际学生、大学教工及访问学者家庭。在这里的学校,学生从 7 岁开始学习语言,如法语、德语、西班牙语或者其他任何一种语言。政府建议小学教授学生同一种语言至少持续 3 年。11—14 岁的学生通常要学习一门现代外语,学习时间为每周 3 小时。14 岁之后学生可以自愿选择是否学习第二门语言。16 岁之后学生可以申请参加 GCSE 考试,可供选择的语言种类超过 17 种。

在对爱德华七世中学的走访中,最大的感受是该校对多语生态的保护。该校在努力获得政府支持的基础上,最大限度地为说不同语言的学生提供教学服务,关注每位学生个体的特点、需求,进行有针对性的教学,注重对学生语言学习兴趣的激发和鼓励。该校并不以营利为主要目的,甚至为了维持多语教学,其还需要投入较高的成本,因此,作为一个较为成功的案例,其存在与可持续发展是以多个条件为前提的。

(三)汉语在英国的传播

1.汉语在英国的传播状况

摄政大学的李明芳博士在讲座中介绍了英国中文学校的发展历程、中文教学(包括孔子学院与孔子课堂)在英国中学和高校中的发展状况。英国第一所华侨学校建于1935年;到20世纪七八十年代,英国的中文学校发展到120余所;目前,约有400所,学生人数在两万左右。其中,英国中文教育促进会以普通话、简体字教学为主;英国华文学校联会更注重繁体字和粤语教学。在英国的高校中,中文教学的历史也较为悠久,从1837年的伦敦大学国王学院到19世纪后期的牛津大学、剑桥大学,再到1916年的伦敦大学亚非学院、20世纪60年代一些大学的东亚研究系、20世纪90年代汉语双学位课程、2000年以后的大学公共语言课程,中文教学逐渐进入英国高等教育体系之中。目前,中国教育部认可的180余所英国高等教育机构,有130余所提供汉语教学。并且,英国已将汉语纳入国民教育体系,中文教育已经成为英国初、中等教育中的重要内容之一。

英国是欧洲建立孔子学院和孔子课堂数量最多的国家之一,孔院的学生包括非学历、非学分、文化课程、短期培训的学生,累计注册学习中文的学生16万余人。国家汉办驻英代表处市场拓展负责人李婷介绍说,近年来,学习汉语的英国学生数量呈不断上升趋势,报考参加汉语水平考试的英国学生数量也在不断增长。英国政府对汉语推广也表现出积极的态度,2016年9月,英国教育部启动"卓越汉语教学"项目,投资1,000万英镑(约合8,762万元人民币),计划4年内培养至少5,000名能流利使用汉语的中学生,同时培养100名中文教师。截至2017年9月,已有30多所学校参与该项目,学生、家长和校方反馈都相当积极。越来越多的英国人认识到,学习中文,不再仅仅是兴趣,而是增加一项重要技能,乃至提升自身竞争力的重要途径之一。

在访学期间,我们走访了位于谢菲尔德市郊的埃克金顿中学(Eckington School),该校是一所面向12—18岁学生的完全公立学校,有教师512人,学生10,400多人,语言类课程是学生整个学习阶段的必选课程。该校非常重视中文教学,是整个英格兰为数不多的在低年级教授中文的中学之一,也是谢菲尔德唯一一所与谢菲尔德大学孔子学院联合开办中文课程的中学。

埃克金顿中学从2007年开始引入中文课程,经过几年的努力,取得了较为明显的效果,并于2013年与谢菲尔德大学孔子学院合作,将孔子课堂引入学校,由孔子学院派遣任课教师。学校也定期组织学生到北京、上海等地进行学习交流和游学。几年下来,学生对中文、对中国文化越来越感兴趣。

在调研中了解到,该校开设的中文课程,成为其在与其他中学的生源竞争中的优势资源,不少小学生的家长对此表示很感兴趣。在参观过程中,学生们正在上课,他们透过教室玻璃窗看到我们时,一张张小脸上露出欣喜和兴奋的表情,向我们挥手致意,经过每一个窗外都是如此。我们在午饭后准备离开时,校园里有很多学生,所有人都满脸笑容地挥手和我们说"你好""你好吗",可以看出他们对中文的喜爱和对我们的热情。学习一门语言,帮助学习者了解和喜欢上一种文化、一个国家和来自这个国家的人,这就是语言的力量。

不过,中文教学尽管在这里很受重视,但还是作为选修课,每周仅有一次50分钟的课。与作为主要外语的法语、德语的教学还有一定的差距。并且,由于每周课时较少,也限制了学生对中文的深入学习,这也是今后有待进一步发展的地方。

2.孔子学院在英国发展亟待解决的问题

对于孔子学院在英国发展所面临的问题,李明芳博士在讲座中对此进行了归纳,包括:(1)国家汉办要求与一流学校合作开办孔子学院推广汉语及中国文化,但是牛津、剑桥这样的一流大学因担心受到制约,一般并不愿意参与。合作积极性较高的主要是一些实力相对较弱的高校,原因一是为了减轻资金压力(汉办会资助10万美元),二是发展同中国的关系有利于招生。(2)资源配给方面,国家汉办要求外方学校给孔子学院安排独立的办公用房,但是一般学校达不到这个要求,尤其是位于伦敦的高校达到这个要求具有一定的难度,需要当地政府和学校的支持。(3)孔子学院在承办大学的地位有待提高,目前有的大学官网上很难找到孔子学院的相关信息。孔子学院课程还多属于非学位课、非学分课,课程开发一般通过夜校和短期师资培训实现。(4)在师资方面,英国签证有效期最多两年,孔子学院核心教师常常是刚熟悉了情况就要回国了,新来的教师又需要重新熟悉教学、管理等相关工作;此外,有的本土汉语教师认为孔子学院公派教师的到来,抢走了他们的部分工作量,影响了他们的收入,因此对公派教师产生不满情绪,甚至敌意(注:为了解决这一问题,国家汉办资助孔子学院所在大学招收本土教师长期授课,属于该大学的雇员,前五年由汉办出资,付给教师的薪酬为每年3.5万英镑;第二个五年由汉办提供一半资助)。(5)孔子学院之间应避免相互竞争,实现资源的合理配置。目前存在教材重复开发、类似培训重复举办等问题。此外,国内编写的部分教材在国外教学的适用性有待提高。(6)孔子学院作为海外汉语教学的一部分,需要考虑与其他汉语教学主体的有效合作问题,同时,也要考虑如何更好地运用民间主体的身份,以便于被国外民众接受。

3.欧洲汉语能力标准

英国启蒙大学张新生教授主持了"欧洲汉语能力标准项目"的申报和研究,在讲座中具体介绍了该标准的情况。"欧洲汉语能力标准"项目是欧洲唯一得到欧盟资助的以"欧洲语言共同参考框架"(European Framework of Reference for Languages,简称CEFR)为基础的非欧洲语言能力标准项目。该框架是以欧洲本土语言及其使用为基础,欧洲语言标准所具有的国际性是因为这些语言标准的欧洲区域性和其国际性之高度统一,欧洲语言共同参考框架和欧洲语言的上述特点都不适于用于汉语。该项目旨在建立一个欧洲汉语能力描述框架,其对于在欧洲主流外语教学界建立汉语教学的地位具有重要意义。但是,目前"欧洲汉语能力标准"在使用和影响上都还有很大的局限,需尽早加以完成并逐步完善。

张新生教授认为目前与欧洲语言相比,学习汉语的学生数量仍然较少。在大学中,全职汉语教师少并且专业水平参差不齐,汉语选修课课时很少,教学效果评测与教学目标之间差距较大,有针对性的汉语教学研究还很有限,相关机构合作有待加强;在中小学,中学开设汉语课的数量逐渐增加,但小学开设汉语课的数量仍然比较少,适用的教学和相关资料较少,教师专业化程度和教学经验存在较大差异。对此,张新生教授认为,在汉语传播中,需要做好长期和短期发展规划,做好实证研究,重视对汉语学习者的分析,对应需求培养汉语教师,处理好语言教学与文化教学的关系,加强语言教学各主体的交流合作。

汉语在国外的传播,首先要了解国外受众对于包括汉语在内的外语学习的态度,才能有针对性地制定相应的传播策略。根据李嵬教授的观察,英国白人劳动阶层有相当一部分人种族意识很强,对外国人有一些歧视,并且排斥外语。英国政府拨专款在中小学开展外语教育,但是依然有不少人认为学习外语没有什么用。英美等国的人对于通过语言教学传播文化很敏感,也很排斥。这是我们在语言传播中需要关注的问题。

二、语言服务

语言产业研究与语言服务研究的对象有重叠、交叉,也有差异。广义的"语言服务"既包括具有营利性质的"语言商品",也包括具有"语言福利"性质的公共语言服务,还包括窗口服务行业所提供的"伴随式"语言服务。

(一)公共语言服务

为了明确威尔士语的社会地位,英国政府于2010年出台了《威尔士语言规划》(*The Welsh Language Measure*),确认了威尔士语和英语的官方地位,明确了在公共服务领域提供威尔士语言服务的合法性,拓展了威尔士语言服务的范围,相应使企业、服务行业对威尔士语人才的需求量增大。作为连锁反应,也促使威尔士语的学习需求增加。露西·休斯女士在讲座中也谈到了在威尔士,双语(威尔士语和英语)能力意味着更多的就业机会、更高的薪酬,并且,双语人才还被认为有更强的认知能力和创新能力。

伦敦大学教育学院应用语言学系李嵬教授在讲座中也谈到英国通过教育政策来发挥语言调控功能的问题,他讲道:"英国没有语言政策,但有教育政策,比如,考试要用英语,威尔士的官方考试也必须用英语。"尽管英国没有专门的语言政策,但是在英国有不少学者做语言政策方面的研究,其中相当一部分是语言教育政策研究,他们对各国语言教育政策的关注与英国作为语言输出大国的角色有关。除了英语教育产品、服务、师资的输出外,雅思等语言测试也给英国带来了巨大的经济收入。

在公共语言服务方面,李嵬教授谈到目前在英国,医疗、安全等领域会提供必要的翻译服务,但不是所有的语言都会有翻译服务,显示了不同语言在社会地位上的差异,说不同语言的人的社会地位也不尽相同。

(二)手语教育及针对语言障碍人群的服务

手语是英国官方承认的语言,手语的普及率很高,苏格兰、英格兰的中小学都会开设手语课程。

有研究表明,监狱中70%的犯人有阅读障碍,阅读障碍与语言障碍有关,由此可以推断,为语言障碍患者提供及时、有效的康复服务,关系到社会的稳定。

(三)语言能力评估

李嵬教授在讲座中谈到英国目前并没有真正的语言评估机构,内务部、国防部对语言能力非常重视。因为企业员工的语言能力水平对其营利能力有着重要影响,所以有些企业会花钱请人去进行语言评估。

三、语言政策

语言产业研究与语言政策研究是相互包含的关系:语言产业研究在研究内容方面,包括对相关语言政策、语言规划的研究;在研究目的方面,包括为国家语言政策、规划的制定提供决策服务。同时,因为语言产业日益成为国家语言文字事业发展的重要参与力量与重点建设内容,语言产业研究也相应成为语言政策研究需要关注的重要领域。

此次访学的课堂教学部分,谢菲尔德大学的吉布森·R. 弗格森(Gibson R. Ferguson)、马克·I. 佩恩(Mark I. Payne)、克里斯汀·霍纳(Kristine Horner)三位教授为我们做了语言政策与规划主题的讲座。

其中,弗格森教授在梳理了自20世纪五六十年代至今的语言规划和政策研究情况的基础上,总结了现代语言规划研究的主要特征,将语言规划分为政策规划、本体规划和习得规划。在谈到"现代语言政策和规划的相关问题"时,弗格森教授认为"移民语言政策""国家或官方语言的确定""濒危的少数民族语言保护和复兴""学校教学语言的选定"等是近年来学者集中关注的问题。

佩恩教授在讲座中介绍了费什曼(Fishman)关于语言规划的定义、豪根(Haugen)对于语言规划四种类型的界定、哈尔曼(Harrmann)的语言声望规划、库珀(Cooper)的八问框架、卡普兰和巴尔道夫(Kaplan & Baldauf)1997年语言教育规划六个维度(之后发展为"生态范式"),也介绍了学界对语言规划的反思,并讨论了如何在超多样性的学校和社区中做语言政策研究。

目前,世界上有7,000多种语言,但是只有121种官方语言、104种官方的区域语言。语言的使用者分布极不平衡,7,000多种语言中,大部分语言的使用者不到10万人,只有389种语言的使用者超过100万人。这样的语言生态(language ecology)导致了语言数量的减少。世界上有2,508种文字,但是只有80种是主要的、日常使用的文字。近14亿人所说的语言在正规教育系统里面没有,不能用母语接受教育。沃特维克(Vertovec)提出超多样性(superdiversity)的概念,在全球化背景下的移民来自全球各地,英国中学中出现了更多的移民语言,这和传统的多语环境差别很大,也对国家层面的语言政策与规划提出了新的要求。

霍纳教授认为语言政策有明确的(explicit)与模糊的(implicit)、显性的(overt)与隐性的(covert)、成文的(de jure)与事实上的(de facto)等方面的差异,她认为当前语言政策研究的发展趋势是关注语言政策过程中人们的抵制、行动以及定位。

四、语言研究方法

李嵬教授在"家庭语言规划"的讲座中,结合一个朝鲜族家庭的案例,着重介绍了民族志的研究方法。犹太、以色列研究者最早开始关注家庭语言规划问题的研究,他们结合语言习得、语言管理理论,研究孩子与家长之间相互的语言学习过程,重点关注的问题包括孩子何时接受教育、开始识字训练,使用何种方言与父母交流,聘请何种方言的保姆等。

在家庭语言规划研究中,民族志方法是一种非常适用的研究方法。民族志研究最重要的不是客观呈现数据,而是要有独立的思考和个人的观点。民族志研究视角相对全面,包括语言景观、嗅觉景观、色彩景观和声音景观,这些景观之间可以互动。语言民族志的研究者多认为语言就是社会生活,他们将语言作为一种社会实践去研究。

语言民族志的特点包括:(1)人是研究工具;(2)在特定的场景下操作;(3)研究者要用自己的经验去做研究,强调主观性;(4)重视细节;(5)理论是在数据分析的过程中逐渐产生的;(6)主要目的是从研究对象的角度来看他们是怎样看问题的;(7)在很大程度上取决于所选择的研究对象。

家庭民族志聚焦于家庭驱动系统,具体指家庭成员之间的关系和互动类型,重点研究的问题包括:语言与识字能力实践、语言或识字能力的社会化、语言选择和移民经验、相互竞争的规范和期待、诠释性交际和学习、单亲父母效应、祖父母效应等。

五、延伸思考

以"语言产业"为关键词进行搜索,发现欧美等国语言产业的研究主体以行业协会、语言公司居多,通过对剑桥大学、伦敦大学学院以及谢菲尔德大学的语言学专家学者的访谈,也进一步了解到英国学界关于"语言产业"专门的、系统的理论研究尚不多见。

在英国为期3个月的学习,结合笔者自身的研究领域,通过访谈专家学者、实地走访观察、文献搜集分析,笔者对目前所从事的"语言产业"及"语言服务"研究在国际上所处的位置有了更为明确的认识,并对如何更为深入地开展今后的研究有了较为清晰的思路:

一是要"深耕",继续加强研究的理论深入。

二是要"细作",精细化对语言培训、语言翻译、语言出版、语言技术、语言测试、语言创意、语言艺术、语言会展、语言康复等不同行业的调查,从不同行业的特点、发展状况、研究现状出发,进一步理清各个行业的主体构成、产品(服务)的供需状况、整体经济规模、存在的问题等,在搭建分行业的研究框架的基础上,使整体语言产业经济贡献度的调查更具可操作性。

三是要"拓展",如对语言能力作为人力资本在其他类型企业发展中的具体体现进行调查研究,对如何通过科学、有效的语言服务促进跨文化交流进行反思等。

[本文原载《云南师范大学学报(对外汉语教学与研究版)》2018年第3期;
被收录于《英国语言生活见闻录》(商务印书馆2018年版)]

北京2022年冬奥会语言服务对策思考

第24届冬奥会于2022年2月在我国北京和张家口举办,这是我国首次承办冬季奥运会,语言服务状况将直接影响到冬奥会的举办质量。虽有2008年夏季奥运会的经验可以借鉴,但较之十多年前,国际环境、科技水平等都发生了新的变化,互联网技术、语言技术、人工智能技术的发展为提供更高效、更优质的语言服务带来了新的契机,但也为满足语言服务的新需求带来了挑战。同时,因冬奥会与夏奥会赛事特点不同,也将产生一些全新的语言服务问题。

如何把握技术的新发展和受众的新需求,探讨对应语言服务目标的整体对策,是当前亟待研究的问题。

一、2022年冬奥会语言服务的主要功能及其研究框架

2022年冬奥会语言服务的功能主要由基本核心功能、同步衍生功能、持续发展功能三方面构成,这些功能源自冬奥会作为大型国际赛事的巨大影响力及庞大语言需求。对2022年冬奥会语言服务问题的探讨可以采用语言消费研究的一般框架,在此基础上,充分考虑到冬奥会语言服务的要求,明确研究的特点和重点。

(一)2022年冬奥会语言服务的主要功能

1.基本核心功能

筹备和举行阶段赛场内外的具体语言服务,旨在满足不同语言服务需求、打造城市国际语言环境,对应的是语言服务的基本核心功能。在实现这一功能方面,北京2008年奥运会积累了一些具有开创性的经验。第一,在北京奥组委设立专门的"语言服务处",负责语言服务规范文件的制定、语言服务供应商的招标和管理、译员招募、场馆语言服务团队组建与运营等。第二,在奥运会历史上首次设立语言服务供应商,推动了奥运会语言服务日趋标准化、正规化,由翻译服务供应商负责重要会议的同声传

译,以及相关文件资料的笔译服务,语言培训服务供应商负责对国内裁判、翻译人员、北京奥组委其他工作人员、志愿者、市民的语言培训。第三,在比赛期间设立"口译服务热线",使用44种语言为奥运竞赛场馆、非竞赛场馆、服务场所等提供语言服务,其中,多语言服务总机为奥运会工作人员和各代表团成员提供10个语种的24小时值守热线(残奥会期间为9个语种的24小时值守热线)和34个语种的18小时值守热线。第四,在奥运会历史上首次采用了智能语言翻译服务,"北京奥运多语言综合信息服务系统"向用户提供奥运信息和城市信息的发布、查询、翻译等服务,服务语言包含11个语种。第五,着力提升市民及窗口行业语言服务能力,成立了"市民讲外语活动组织委员会",举办活动,搭建平台,为市民学外语营造良好氛围、创造便利条件。"北京市民讲外语活动"被国际奥委会列为奥运人文遗产。

2. 同步衍生功能

通过优质的语言服务,促进民心相通、塑造国家形象,旨在实现语言服务的同步衍生需求。冬奥会是全球最具影响力的冬季综合性运动会,也是展示国家形象、传播语言文化的重要平台。2022年冬奥会的语言服务对于推进"一带一路"沿线国家民心相通有着重要意义。

2022年冬奥会筹备阶段的赛事组织、场馆建设、市场开发、宣传推广等工作,需要与国际社会保持密切联系,进行深度合作,语言服务是做好这些工作的基础。在冬奥会举办期间,为来自世界各地的人们提供优质的语言服务,实现各方之间的畅通交流,对于增强赛会体验、营造冬奥氛围、实现办赛目标、展示开放包容自信的大国形象至关重要。

3. 持续发展功能

着眼长远,实现奥运人文遗产的可持续发展,属于语言服务的持续发展功能。《北京2022年冬奥会和冬残奥会遗产战略计划》提出7个方面的遗产目标、35个领域的重点任务。

其中,"创新赛会服务保障工作规范与标准,提升赛会服务保障能力和水平,为中国大型赛事和未来奥运会筹办留下宝贵遗产""收集、整理、留存与运用好北京冬奥会筹办信息与知识遗产,总结各业务领域办赛经验,做好知识传承与转移,为未来中国大型赛事和奥运会筹办提供宝贵的智力财富""培养志愿服务人才队伍,形成可传承与借鉴的冰雪运动志愿服务规范与标准,提升志愿服务水平""加强与国际体育组织的沟通协调,以体育交流拓展人文交流、经济交流,以民心相通促进开放包容、互利合作""健全智慧服务管理体系,全面提升城市精细化管理水平,提升城市无障碍意识,提高城市无障碍设施和服务水平,增强城市综合竞争力和国际影响力"等项任务的完成都是以语言翻译、语言教育培训、语言技术以及窗口行业的语言服务为基础的。

(二)2022年冬奥会语言服务的研究框架

从文献梳理来看,关于北京2008年奥运会语言服务问题的有王会赛(2008)、汪磊(2009)、梁汉平(2011)、张莺凡(2012)等人的研究论文;关于2022年冬奥会语言服务问题的有任丽莉等(2015)、王迪(2016)等人的研究论文。整体看,聚焦语言服务问题的论文在2008年奥运会及2022年冬奥会的相关论文中占比都很低,根据前面对2022年冬奥会语言服务功能的分析,对语言服务问题的研究十分重要,并且,搭建一个科学的研究框架,为今后大型国际赛事的语言服务研究奠定基础,也是非常必要的。

1.基本概念界定

(1)语言产品与语言服务。

语言产品是以语言为核心要素或主导要素,以满足某种语言需求为目标的产品形态,包括语言出版、语言培训、语言翻译、语言测试、语言文字信息处理、语言艺术、语言康复、语言会展等业态的产品。[1]

语言服务是由语言翻译服务、语言教育服务、语言(技术)支持服务、特定行业语言服务构成的服务。[2] 语言服务就是利用语言(包括文字)、语言知识、语言技术及语言的所有衍生品来满足语言生活的各种需要。[3]

(2)语言需求与语言消费。

语言需求是语言产品、语言服务产生的基础,语言需求的主体包括个人、社会群体和国家,需求动因包括增强语言能力、实现跨语言交际、提升人力资本等。

语言消费既包括对以语言为核心要素或主导要素的营利性产品、服务的消费,也可以包括对窗口服务行业提供的伴随式语言服务的消费,还包括对由政府提供的公共语言产品的消费等。[4]

2.基本研究框架

语言消费作为一种具体的行为,可以将语言需求、语言产品、语言服务等概念有机串联起来,因此,可以将"语言消费"作为搭建研究框架的切入点。

语言消费研究可以根据研究纵深度的开掘,划分为三个层次:第一层次的研究内容包括语言消费主体、消费对象、消费需求、消费方式、供给主体、供需状况、供给对策等;第二层次的研究内容包括语言消费需求的形成机制、影响语言消费行为的内部与外部因素、语言消费习惯的稳定程度及其动态变化过程等;第三层次的研究内容包括语言消费的现有总体规模及潜在规模、语言消费对于语言产业发展和国民经济发展的

---

[1] 李艳.语言产业视野下的语言消费研究[J].语言文字应用,2012(3):25-32.
[2] 屈哨兵.语言服务研究论纲[J].江汉大学学报(人文科学版),2007(6):56-62.
[3] 李宇明.语言服务与语言产业[J].东方翻译,2016(4):4-8.
[4] 李艳.语言消费:基本理论问题与亟待搭建的研究框架[J].语言文字应用,2017(4):132-141.

推动作用。在语言消费研究的框架中,第一层次主要是回答"是什么";第二层次主要是解决"为什么";第三层次主要是探讨"怎么样",即语言消费是怎样推动生产的、产生了怎样的效益。[①]

结合2022年冬奥会语言服务研究的具体要求,可以语言消费第一层次的研究为重点,同时,从语言消费第二层次、第三层次研究中提取部分内容,形成如下研究框架:2022年冬奥会语言服务的消费主体、消费需求、主要内容、影响因素、供给主体、供给状况、供给对策。

二、2022年冬奥会语言服务的消费主体与主要内容

"满足语言生活的各种需要"是对"语言服务"功能的高度概括,可以帮助我们确定"冬奥会语言服务"的边界。"冬奥会语言服务"是满足冬奥会期间各种语言需求的服务,语言服务消费主体包括国际奥委会官员、各国奥运代表团的官员和运动员、媒体、赛事观众、游客等;消费内容既包括语言翻译、语言培训、语言技术,也包括窗口行业的语言服务。从服务空间上可以分为比赛场馆(含冬奥村)内外两部分;从服务时间上可以分为开幕前的筹备阶段、开幕到闭幕之间的举行阶段、闭幕后的总结阶段三部分。不同主体、不同空间、不同阶段对语言服务有不同的需求,既有微观、具体的需求,也有宏观、长远的需求。我们可以按由内到外、由小到大、由近到远的脉络对2022年冬奥会语言服务的主要内容进行梳理。

(一)筹备阶段语言服务的主要内容

赛场内(场馆、冬奥村、新闻中心):(1)明确语言服务的语种(包含针对特殊人群的盲文、手语等服务)、内容、对象、时间以及技术需求等具体要求;(2)制定口译、笔译规范及术语表,官方文件和出版物的翻译;(3)确定语言服务供应商,选拔和培训专业翻译人员,建立译员数据库;(4)语言服务志愿者的选拔、培训;(5)机器翻译软件和硬件设备及同声传译相关设备、远程同传测试等;(6)制定赛时语言服务运行机制,明确各团队负责人、成员及职责。

赛场外(主办城市全市范围内及相邻区域):(1)市民外语能力与冬奥语言服务能力培养;(2)窗口服务行业从业人员结合岗位要求提升冬奥语言服务能力;(3)城市公共场所标识、导引及讲解信息、餐饮菜单外文翻译的规范管理;(4)语言服务机器人、App以及提供多语种综合信息实时互动服务的在线平台等。

---

① 李艳.语言消费:基本理论问题与亟待搭建的研究框架[J].语言文字应用,2017(4):132-141.

(二)举行阶段语言服务的主要内容

赛场内(场馆、冬奥村、新闻中心):(1)开闭幕式、国际奥委会会议、赛后新闻发布会的同声传译、交替翻译;(2)为媒体提供新闻报道方面的翻译服务;(3)为冬奥组委、国际奥委会、各奥运代表团、媒体成员及其相互之间的交流提供语言服务;(4)场馆内的其他口译服务(包括兴奋剂检查、医疗、安保等);(5)冬奥村内设置专门的语言服务点,由语言志愿者提供多语种的信息服务;(6)及时发现语言服务中出现的问题并进行调整。

赛场外(主办城市全市范围内及相邻区域):(1)在机场、火车站、地铁等交通站点配备多语种语言志愿者;(2)宾馆、酒店、安保、银行、医院等做好语言服务力量的调配和应急预案;(3)旅游景区、博物馆做好多语种导览和讲解服务;(4)倡导市民展示热情、友好的城市主人形象,通过良好的语言服务、有效的语言交流,促进"民心相通"。

(三)总结阶段与语言服务相关的内容

赛场内(场馆、冬奥村、新闻中心):(1)总结语言服务经验,做好知识传承与转移,为未来中国大型赛事和奥运会筹办留下宝贵信息和知识遗产;(2)完善语言志愿服务规范与标准,建立专门的大型赛事语言志愿服务人才队伍。

赛场外(主办城市全市范围内及相邻区域):进一步优化城市国际语言环境,提升城市整体语言服务能力。

三、当前冬奥会语言服务的主要影响因素及其供给状况

根据2022年冬奥会不同阶段、赛场内外的语言服务内容要求,围绕冬奥会语言服务,需解决的问题可以分为三个方面:一是技术研发,即研发可提供语言翻译智能服务的软硬件产品,包括多语种翻译机器人、App、便携式或者可穿戴式翻译机、实时翻译及语音转写的软件和硬件设备等;二是人员选拔,包括确定语言服务供应商、首席翻译官、语言服务经理、高级语言翻译人才团队,构建专业语言服务团队,选拔和培训语言服务志愿者;三是环境建设,主要是主办地国际语言环境的优化,包括交通、安保、餐饮住宿、商业、金融、旅游、医疗等窗口行业从业人员外语服务能力的提升,市民外语交流能力的培养,公共场所外语标识等各种外语翻译的规范,公共综合信息网站多语种语言服务能力的不断提升等。

(一)新技术的运用成为冬奥会语言服务的重要影响因素

技术、人员、环境三个方面需解决的问题在不同程度上都与新技术的运用密切相

关,可以说,新技术的运用成为冬奥会语言服务的重要影响因素。与北京2022年冬奥会举办时间相近的是韩国平昌2018年冬奥会和日本东京2020年奥运会,其语言服务新技术的运用和研发状况具有参考意义。

1. 平昌2018年冬奥会的新技术运用

一是采用人工智能翻译技术,实现29种语言间的"无障碍沟通"。在平昌冬奥会期间,人工智能翻译系统Genie Talk被确定为官方翻译应用程序,其可自动对语音和图像进行识别和翻译,用户只需对着Genie Talk说话,它就能以声音和文字的形式翻译成使用者想要的语言,其服务语言包括英语、汉语、日语、法语、西班牙语等29种语言。二是发布支持多种语言的官方App。平昌冬奥会官方App可以为用户提供此次冬奥会、冬残奥会的运动员信息以及实时更新的排名、奖牌榜、奥运纪录等相关信息,支持英语、法语、日语和汉语等语言。三是使用机器人译员提供翻译服务。四是由机器人组成志愿者团队,在机场、赛事场馆等地使用汉语、英语、日语、韩语4种语言提供服务。

2. 东京2020年奥运会的新技术研发

日本政府于2014年成立了"东京奥运会科技创新工作组",开展"为国外游客提供智能化服务"等项目研发活动,使外国游客在访日期间感受不到文化和语言的差异。同时,打造超越语言与文化差异、让任何人都可以自由舒适地交流和观光的全球化城市形象。

在这一目标下,日本开发出了多语种语音翻译技术VoiceTra、语音翻译手机软件、可穿戴式卡片翻译机、搭载翻译和对话功能的可移动机器人等。其中,VoiceTra支持18种语言的语音输入和15种语言的语音输出,可实现8种语言的即时识别、翻译,识别率在90%以上,内容基本可以覆盖旅行、医疗、购物领域的会话翻译。专用于旅游的语音翻译手机软件TabiTra内置日本各大旅游景点的多语种翻译,可以实现21种语言的语音和文本输入、输出。可穿戴式卡片翻译机内置两个全向式麦克风,能够自动检测说话人,并借助云端服务器,为医生和患者提供日英或日汉互译,在嘈杂环境中也可实现95%以上的识别率。此外,搭载翻译、对话功能的可移动机器人可使用4种语言在机场、医院及观光区域提供服务。①

3. 我国2022年冬奥会语言服务新技术、新产品研发状况

2022年冬奥会需要研发面向参赛运动员、工作人员及国内外游客等服务对象的多语种语言翻译软件及便携式语音翻译终端设备、多语种(包含手语)交互机器人等;

---

① 柏燕秋.科技助力东京奥运会及对我国的启示[J].全球科技经济瞭望,2018(5):6-11;柳雨.东京奥运会语言翻译产品研发状况及启示[N].语言文字报,2019-04-10(2);甄子健,吴松,柏燕秋.日本人工智能发展研究[J].全球科技经济瞭望,2018(3):60-68.

服务冬奥多语种传播的会议同声传译、会议转写等办公和信息发布智能系统;为冬奥赛事、赛程、交通和文化旅游等信息提供查询服务的多语种智能问答交互终端设备等。

科技部、北京冬奥组委、体育总局等部门联合制定了《"科技冬奥"重点专项实施方案》,作为国家重点研发计划,从2018年至2022年,实施方案对21项科技研发项目进行支持。其中,"冬奥多语种语言服务关键支撑技术及设备"旨在研究冬奥场景下多语种语音和语言处理关键技术、研制面向残奥运动员服务的手语交互机器人等。此外,还规划研究高性能公众服务无线网络、多语言信息服务、观众服务交互以及构建智慧服务统一App等。

为帮助研发机构更为有效地开发多语翻译软件系统,北京冬奥组委为中译语通、科大讯飞等积极提供冬奥会相关语料数据,共同致力于推动相关技术和产品的研发。在智能语音翻译产品的研发方面,根据科大讯飞官方网站的介绍:讯飞翻译机3.0支持中英、中日、中韩、中俄离线翻译,支持中文与英、日、韩、法、西、德、俄、意、葡、泰、阿拉伯语的在线拍照互译功能;讯飞转写机可以为会议等场景提供高效的语音转写服务,实时生成双语或多语字幕;此外,科大讯飞还开发了"体育行业翻译官"等行业翻译产品,可以提供针对专业领域的中英在线互译服务。

(二)对2022年冬奥会语言服务供给状况的调查

整体来看,冬奥会语言服务的提供者可分为专业、行业两大类。其中,专业语言服务的提供者根据服务内容要求的不同,可细分为高级翻译人员、外语专业人员、能提供基本外语服务的志愿者等;行业语言服务的提供者主要指景区、交通、餐饮、住宿等窗口行业能够提供外语服务的从业人员和志愿者。

专业语言服务和行业语言服务的质量直接关系到赛会的成败。在借鉴往届奥运会、冬奥会语言服务经验的基础上,特别要注意避免以往曾出现的问题:希腊雅典奥运会期间,有球队的主教练在新闻发布会上公开指责主办方配备的翻译水平太差;官方印制的地图和各类宣传品除英文版外,大多没有提供其他语言的版本。意大利都灵冬奥会期间,许多游客认为志愿者不能提供英语服务是该届冬奥会最大的问题之一。俄罗斯索契冬奥会期间,因俄方工作人员不懂英语,使外国人在安检时状况频发,据当地调查公司统计,索契约80%的市民缺乏基本的英语知识,这给冬奥会语言服务工作带来了困难。

2019年4月,课题组所在的中国语言产业研究院与北京语言文字工作协会联合北京冬奥组委语言服务处到北京延庆、河北张家口进行调研,发现围绕语言服务的供给有一些亟待解决的问题。由于语言能力培养、语言服务人才储备需要一个时间周期,在短时间内如难以得到较好解决,那么,借助技术手段,通过"人机协作"方式,可在一定程度上缓解相关问题。

1.专业语言服务方面

冬奥会和冬残奥会所有的冰上项目都被安排在北京城区,延庆、张家口赛区主要进行的是雪上项目,其中,延庆赛区举办冬奥会高山滑雪、雪车、雪橇项目和冬残奥会高山滑雪项目;张家口赛区将进行"滑雪"和"冬季两项"这两个大项的比赛。雪上项目的运动技巧性更强,术语种类相对复杂,对翻译水平的要求也更高。除了专业的高级口译人员外,部分语言服务工作也需要由具备交替传译能力的志愿者来完成,如运动员结束比赛后需要志愿者在混合采访区为运动员和媒体提供语言服务。此外,还有大量的语言服务工作需由具备基本外语交流能力的志愿者来承担,如在注册、安检处、兴奋剂检测等环节提供语言服务等。

目前,延庆、张家口在语言服务志愿者的储备上相对弱于北京城区,其中,延庆由于高校数量少,具有一定外语服务能力的青年志愿者储备不足;张家口高校外语教育所开设的语种还比较有限,尚不能覆盖冬奥会语言服务所需的 8 个基本语种(法语、英语、汉语、日语、韩语、德语、俄语、意大利语),在这种情况下,智能翻译 App、便携式智能翻译机等软硬件设备可以起到较好的辅助作用。同时,由于滑雪比赛场地的空间特点与北京赛区之间的通勤需求,2022 年冬奥会将在三大赛区之间使用远程同声传译技术,配套的语音转写服务也将为使用不同语言的媒体人员提供便利。

2.行业语言服务方面

对于窗口行业从业人员的语言服务能力,北京城区在 2008 年奥运会期间积累的经验为 2022 年冬奥会的行业语言服务奠定了基础。截至目前,延庆、张家口赛区也都开展了一些针对窗口行业的语言服务培训,但仍存在一些短时间内难以解决的问题。

其中,延庆文旅局开发了"冬奥英语"线上培训平台,已经培训 15,000 余人次。目前,景区和 15 家签约酒店从业人员的日常英语基本能够达标,但大多数自营酒店服务人员的外语能力还比较低,亟待结合岗位工作要求进行相应的语言培训。但是,服务人员流动性较大,给培训工作的开展带来了困难,现在接受培训的员工到冬奥会举行期间是否还能在岗存在较大的不确定性,这使得整体培训效果难以得到保证。针对这一问题,提供语言服务机器人等配套智能翻译设备就显得尤为必要。

北京冬奥组委延庆运行中心负责人介绍:冬奥会赛时如果运动员受伤、生病,将主要在延庆当地医院就诊,目前,对定点医院的医生提出了"懂英语,会滑雪"的基本要求。还需考虑如果运动员使用英语之外的语言怎么办的问题,为医生提供可穿戴式多语种翻译设备将较好地解决这一问题。而如果运动员患有疑难杂症,还需要能够提供多语种翻译服务的远程视频医疗设备。

综上所述,2022 年冬奥会的赛事特点、三个赛区语言服务人力资源的储备情况以及语言服务的各方需求,使得语言服务"人机协作"成为一个必然的趋势。

四、2022年冬奥会语言服务对策思考

2022年冬奥会语言服务的对策大致由四大部分构成:规范标准的制定、技术设备的研发、人力资源的储备和语言环境的建设。

(一)明确需求,规范标准:优质语言服务的前提

1.明确2022年冬奥会不同阶段、赛场内外语言服务的具体要求

2008年奥运会前,北京奥组委基于对205个参赛国家和地区的调研,确定了语言服务的语种数量、主要项目及内容。在语种方面,以英、法、汉语为北京奥运会的官方语言,在此基础上,同声传译的语种增加了西班牙语、阿拉伯语、俄语、葡萄牙语等,整体提供服务的语种不少于55种。据统计,北京奥运会共为2,000多场次国际会议和赛后新闻发布会提供了12个语种专业同传和交传服务,为3,600多万字的资料进行了笔译;提供了3,000余次多语种电话翻译服务;比赛期间,平均每天笔译量约50万字、专业口译300场、场馆口译服务5,000场。①

2022年冬奥会语言服务,需要根据参赛国家和地区的语言使用情况,制定相应的语言服务方案,明确语言服务的语种(包含针对特殊人群的盲文、手语等服务)、内容、对象、时间等具体要求。比如,哪些国家运动员夺冠的可能性较大,哪些国家的运动员在某一项目上具有明显优势,则须将这些国家的运动员、媒体等作为语言服务的关键对象。在赛时,还须做好应对一些突发情况的预案。

同时,结合近几届冬奥会的观众情况、我国冬季入境游情况等,制定针对赛事观众、冬奥游客的语言服务具体方案,包括场馆位置、基本情况、交通路线及交通方式、奥运设施布局、场馆平面图、奥运设施的开放时间和使用须知、入场券的使用方式、无障碍运行服务、各场馆的文化活动安排、安检规则、关于违禁品的相关规定以及其他安全注意事项等赛事运行信息的多语提供,还有面向游客的多语种出行、游览信息等。

2.制定语言服务规范标准,建立科学有效的语言服务团队运行机制

需要根据本届冬奥会的具体要求,相应制定"笔译(口译)规范手册""冬奥会术语手册""笔译(口译)中心运行规范"等。目前,北京冬奥组委编制完成的《北京2022年冬奥会英语规范手册》,可以提高组委会各业务领域在与国际奥委会等相关国际组织交流中的冬奥术语英文使用规范,为提供优质的语言服务奠定基础。

为确保翻译服务质量,需要建立科学有效的语言服务团队运行机制。2008年奥

---

① 王迪.2022年北京冬奥会语言环境建设情况分析和改善对策:以2008年北京夏季奥运会为启示[J].四川体育科学,2016(5):9-12;王会寨,卢石.北京奥运会语言服务刍议[J].山东体育学院学报,2008(2):22-24.

运会时期,北京奥组委设立了"首席翻译","首席翻译"选拔、组建由 115 名译员组成的专业口译团队,在赛时统一调配、合理分工,较好地完成了各项语言服务任务。2022 年冬奥会也需提前搭建专业口译团队,确定团队负责人、职责以及运行机制,并在测试赛中进行团队运行效果的检验,从而进行调整和完善。

(二)新技术研发:优质语言服务的基础

5G 网络的发展为语言服务新技术的运用提供了支撑。2022 年,高速率、低延时、大连接的 5G 网络可以为北京冬奥组委及奥运大家庭其他成员、运动员、观众、媒体等提供优质的智能化服务。在 5G 网络的保障下,借助虚拟化、人工智能、边缘计算等技术,可以确保多种智慧程序的运行。面向 2022 年冬奥会的智能语音翻译技术的研发要与 5G 网络的发展相结合,在 360 度全景直播、VR 沉浸式体验、赛场医疗、智慧城市等智慧程序中嵌入多语种语音翻译技术,实现语言服务在场景、体验等多方面的升级。

(三)人力资源储备:优质语言服务的关键

一是着力培养、锻炼高级翻译人才高标准完成赛时翻译任务的综合能力。

二是选拔和有效培训语言服务志愿者。根据以往的经验,每届奥运会期间,为每位专业翻译人员支付的成本约为 3 万美元,因此,为避免产生额外的预算,一般会对专业翻译的数量进行合理控制,由专业语言志愿者来完成一些非重大场合、零碎时间段的翻译服务;同时,在交通、天气等因素导致专业翻译人员不能准时到达距离较远的场馆时,专业语言志愿者也可以及时代行专业译员的职责。因此,专业语言服务志愿者的选拔、培养工作十分重要,

特别是对于紧缺语种的志愿者,需要及早掌握这些语种在校大学生的数量与培养状况,建议外语类高校开设相关专业选修课,使紧缺语种的学生更早了解冬奥语言服务的内容。此外,还可从来华外国留学生中选拔紧缺语种的志愿者。

三是根据体育产业的未来发展,在高校中设置相关专业、方向,培养具有体育专长的外语专业人才或具有外语专长的体育专业人才,满足大型国际赛事对专门翻译人才的需求。例如,张家口学院制定了"五懂"(懂外语、懂滑雪、懂礼仪、懂文化、懂急救)人才培养方案,对照冬奥会语言服务所提出的能力需求,将培养学生的外语能力与滑雪技能相结合,同时加强对学生的文化礼仪素养、医疗救护能力的培养。

四是建立语言服务志愿者人才库,形成大型国际赛事语言人才培训与使用的长效机制。2008 年奥运会期间,北京地铁可为外国乘客提供 6 种外语服务,110 可提供 38 种外语服务,北京奥运观众呼叫中心使用 30 多种语言提供信息服务,高校志愿者在其

中发挥了十分重要的作用。① 2022年冬奥会赛会志愿者预计为2.7万人左右,冬残奥会赛会志愿者预计为1.2万人左右。在志愿者的招募和培训中,参加过往届奥运会的语言服务志愿者是非常宝贵的人才资源,应该建立长效机制,使他们能够发挥出更大的作用。

(四)语言环境建设:优质语言服务的保障

在北京、张家口城市语言环境建设中,需要明确主体、细化内容、提前检测、不断优化。参与语言环境建设的主体包括来自各行业的社会志愿者、窗口服务行业从业人员、市民;通过冬奥知识、冬奥语言服务中英文常用语等内容的培训,增强参与主体对服务冬奥的意识和能力,为实现整体语言服务的优质化提供保障,避免其成为冬奥语言服务的"短板"。

1.开展丰富多样的市民培训,不断增强人们服务冬奥的意识和能力

北京市民讲外语活动组委会、市政府外办等部门主办的"北京外语游园会"自2002年起到2018年已经举办了20届,累计吸引百余万市民参与。中国语言产业研究院组织专家编写出版了《冬奥会:体育·语言·文化》和《英语世界·冬奥特刊》《汉语世界·冬奥特刊》,作为"北京市民语言文化大讲堂"冬奥文化培训读本。延庆提出了从2017年到2022年的"五年十万大培训"目标,面向全区机关、事业单位工作人员开展外语培训;延庆电视台推出了《英语大家说》栏目。张家口对市直机关工作人员的英语培训于2019年底完成,2020年开始面向窗口服务行业从业人员的外语培训。

2.分行业细化培训内容,确保窗口行业冬奥语言服务培训的实用性

一是根据不同行业、不同岗位在冬奥会期间的语言服务内容,编写实用性强的培训手册。2008年奥运会期间,地铁运营有限公司编发了《地铁实用英语》培训教材,北京市公安系统编印下发了包含7种语言的《奥运安保外语服务用语》,这些做法可以向出租车、公交车、铁路、航空等其他交通领域和餐饮住宿、医疗卫生、银行、通信等窗口服务行业推广。

二是制订培训和考核计划,通过开展多种形式的"岗位练兵"活动,切实提升窗口行业从业人员的冬奥语言服务意识和能力。在2001年北京申奥成功之后,北京市公安系统制定了"民警外语培训七年规划",并且建立民警外语学习档案;北京130余家博物馆约1.2万名博物馆工作人员提前接受了语言培训;地铁运营有限公司除英语外,还对客运服务人员进行手语培训。在2022年冬奥会的筹备中,一方面可以延续以往的这些做法,另一方面还应帮助窗口行业一线人员掌握智能翻译软件和设备的使用方法,最大限度地解决外语沟通问题。

---

① 汪磊.北京2008年奥运会语言环境建设及其社会效果探析[J].语言文字应用,2009(1):2-11.

3.开展全市范围外语标识的核查纠错，不断优化城市国际语言环境

北京市于2006年曾发布地方标准《公共场所双语标识英文译法》，在2008年奥运会举办前，全市累计新设和更换英语标识牌83万块，此后，又相继发布了餐饮菜单等方面的英文译法标准等。2018年，北京市政府外办对国贸和金融街等区域的公共服务领域外语标识规范工作进行了核查，并计划在全市开展外语标识核查纠错。

在公共场所外语标识规范方面，课题组调研发现，北京地铁中双语标识的英语翻译中存在站名"名"不达意、站名之间难以区分、提示类标牌语言使用不当等亟待调整的问题；张家口部分景区的标识牌外语翻译存在表达生硬、语法使用不当等问题。

对此，根据交通、旅游、文化娱乐、医疗卫生、邮政电信、餐饮住宿、商业金融等领域英文译写的国家标准《公共服务领域英文译写规范》(2017年发布实施)，可呼吁市民、专家、媒体等社会各界积极参与到"纠错"活动中，在全社会形成语言使用规范化意识；同时，将窗口行业的自查自纠与政府部门的集中核查相结合，共同推动城市国际语言环境的优化。

五、结语

2017年5月19日，北京冬奥组委、教育部、国家语委共同启动"北京冬奥会语言服务行动计划"，提出要开展语言文字信息技术研究集成、外语志愿者培训、冬奥会语言文化展示体验以及为特殊人群提供语言文字服务等项目。目前，基础资源建设、规范标准建设、优化城市语言环境等项工作都在推进中。在这个过程中，我们需要进一步明确冬奥会语言服务对象、内容、目标，根据时间段、供给主体等对目标进行细分，制订科学、细致的实施计划，并通过测试赛以及其他先期举行的大型国际体育赛事，锻炼语言服务队伍，完善赛时运行方案。着眼长远，通过富有成效的语言服务，推动奥运遗产的可持续发展和城市国际语言环境的不断优化。

(本文原载《语言文字应用》2019年第3期，第二作者为高传智)

语言是生产力,也是战斗力
—— 疫情防控中的语言产品与服务

从最初的紧急动员、科学宣传到对接需求、语言救援,从凝心聚力、统一行动到语言技术服务、开放语言学习平台和内容资源……在这场疫情防控的阻击战中,语言产品与服务的供需呈现出多样化特点,同时也有明显的自发性特点。

一、语言服务的三个阶段

第一阶段:紧急动员,迅速、广泛普及科学防疫措施。这一阶段的语言产品以标语、口号、顺口溜、打油诗为主,多为民众自发创作,言简意赅,朗朗上口。尽管客观来看,其中一些标语确显有些粗暴、不近人情,缺少语言的优美与文雅,但大疫当前,响鼓重槌,首先要考虑的是信息传播的有效性,这些语言产品使用目标受众易于接受的表述方式,能够在最短时间内引起人们的高度重视,从而最大限度地控制疫情蔓延。

第二阶段:语言救援,满足多语种、多样化信息需求。大致从 2020 年 1 月 25 日始,语言参与抗击疫情从村庄转向互联网,从民间创作转向专业创作,并开始根据不同受众需求提供对象化、多语言服务。比如,迅速出现了表情包、快板、朗诵、鼓书弹唱等多种语言艺术形式的防疫知识传播。同时,多语种疫情信息服务迅速启动,北京市民服务热线 12345 提供 8 种外语的疫情信息服务,"北京手语研究会"拍摄防疫手语视频,中国外文局中国翻译研究院翻译审定了 180 条疫情相关词汇英文表达,山东省翻译协会为多地海外对华医疗物资援助提供落地服务,等等。此外,智能机器人等语言技术产品也通过接入政府、医院的网站以及微信公众号、App 等线上平台,为公众提供信息查询服务。

第三阶段:使命担当,语言企业免费开放服务平台和内容资源。语言技术、培训、出版等企业纷纷开放平台,免费提供语言文化内容资源。如人民教育出版社、上海外语教育出版社、商务印书馆、外语教学与研究出版社等企业免费开放部分语言出版物的电子版及语言教学资源,科大讯飞向全国提供智能语音外呼、智能输入终端等服务。

二、语言的战斗力

语言是文化资源,也是经济资源。语言产品与服务具有经济、文化、社会价值,提供语言产品与服务的语言培训、翻译、技术、出版、康复、测试、艺术、创意、会展等语言行业构成语言产业。

语言的生产力通过语言产业得到集中体现。一方面,语言产业通过提升国民语言能力、优化城市语言环境,促进使用不同语言的群体之间的经贸活动,降低经济活动中的沟通成本,从而间接产生经济价值;另一方面,以知识经济、绿色经济为特征的语言产业在国民经济中的贡献率呈上升趋势。在此次疫情防控中,语言产品与服务的生产力迅速转换为特殊时期的战斗力。

语言的战斗力在抗击疫情中得到体现。在"跑赢"病毒、与疫情扩散抢速度上,语言产品以有些"强硬"但接地气的方式,建立了民众高度统一的防疫认知。此后,多语种、多形式的语言救援,满足了受众的不同语言需求,通过语言的力量,凝心聚力,共克时艰。在完成信息传递、沟通交流等任务的基础上,随着社会各界对于抗疫艰巨性逐渐有了充分认知,语言产品和服务的供给进入了由战斗力向生产力回归阶段。

三、建立语言应急机制

着眼长远,我们应思考如何在重大突发公共事件中建立有效的语言服务快速响应机制。

首先,建立语言服务迅速响应机制,提升快速反应能力。由相关部门牵头制定"重大突发公共事件中的应急语言服务预案",根据重大突发公共事件中语言需求的种类、内容与特点,建立语言服务迅速响应机制,确保快速反应能力。语言产品与服务的有效供给,是以对语言消费需求的充分把握为基础的,要充分考虑重大突发公共事件中不同受众的需求,制定尽可能详尽的应急语言服务预案。

其次,建立应急语言服务保障机制,增强高效服务能力。具体包括:应急语言服务协同联动机制,统筹各方力量,有效配置语言服务资源;应急语言服务人才培养机制,培养多语种、跨学科应急语言服务人才,满足重大突发公共事件中的语言传播、语言翻译、语言智能、语言安全、语言抚慰等需求;应急语言服务产学合作机制,设计、研发应急语言产品;应急语言服务定期练兵机制,确保"战"时万无一失。

再次,充分发挥新媒体、新技术的作用,优化语言服务效果。在此次抗击疫情中,主流媒体的微信公众号等新媒体、语言智能机器人及语言智能翻译等新技术的参与,是实现语言战斗力的重要保障。值得关注的是,在乡村中、高速公路入口处,还出现了采用无人机进行语言服务的方式。人工智能技术处在快速发展中,新的媒体形态不断出现,在未来,需要充分利用一切有效的技术手段和传播渠道,为增强语言战斗力服务。

最后,提升国民语言能力,为应急语言服务提供深厚土壤。此次部分标语、口号引发的争议及围绕"山川异域,风月同天"等诗句进行的讨论,值得深思。无论是语言的生产力还是战斗力,都是以国家语言能力、国民语言素养为底色的。国民语言能力的提升、语言文化素养的培养非一时之功,因此,应从长计议,推广国家通用语言文字,提高国民语言能力,深化中华经典诵读工程,提升全民的语言文明意识与语言文化素养。

(本文原载《光明日报》2020年2月22日)

大力发展语言产业
服务国家语言战略

　　语言产业是生产语言产品以满足各种语言需求的业态集合,具体包括语言培训、语言出版、语言翻译、语言技术、语言艺术、语言创意、语言康复、语言会展、语言测评等行业。国家语委在"十二五"科研规划和国家语言文字事业"十三五"发展规划中提出要开展语言产业研究,促进我国语言产业发展。

　　今天,语言产业不断满足着语言产品与服务新的消费需求,为增强国民语言能力、推进语言文字工作治理体系和治理能力现代化、提高语言文字工作服务国家发展大局的能力和水平奠定了坚实基础。未来,贯彻全国语言文字会议精神,面对国家语言战略的新要求,需要从以下方面着眼:

一、连接传统与现代:中国语言产业的功能与使命

　　20世纪80年代,随着对语言资源经济属性认识的不断深入,语言产业在语言资源保护、传承以及相关产品研发、传播中的重要功能日益显现。如现代的语言艺术可以将古老的甲骨文设计成网络流行的表情包;运用语言智能技术可以搭建便捷高效的在线语言培训平台,使每位学习者拥有一位人工智能老师,实时帮助其纠正发音;通过融媒体语言出版保存珍贵的语言文字音像资料;包括语言博物馆、语言博览会在内的语言会展,更是对各类语言产品的综合展示,唤起了社会各界对语言文字问题的再认识与再思考。2020年,在抗击新冠肺炎疫情、推普脱贫攻坚战、推动中国语言文化国际传播中,语言企业屡建"战功"。

　　可以说,语言产业连接着传统与现代,在开发中保护、在传承中传播,古老的语言文字焕发出新的生机与活力;在满足人们日益增强的语言需求、提高国民语言能力的同时,也不断提升自身在国民经济发展中的贡献率,据中国语言产业研究院初步研究,2019年我国语言产业全行业产值达1万亿元人民币。

二、创新引领未来:语言技术赋能新经济与新业态

　　语言产业以新经济为主要特征,在新一轮科技革命和产业变革中,直接为新动能

的壮大贡献力量;同时,以语言智能为代表的语言技术行业为其他新技术、新经济、新业态发展提供着必不可少的技术支持,是新旧动能转换的"助推器",并与其他新基建内容一起,为国家智能经济发展和产业数字化转型奠定坚实基础。

语言智能直接影响和推动着人工智能体系的进步,被认为是人工智能皇冠上的明珠。据统计,语音智能领域单位技术产出高于人工智能行业整体:目前我国人工智能创业项目中有252家处于语音识别和语义分析赛道,占比10.6%。截至2018年年底,我国人工智能领域申请专利44.4万件,其中,语音识别与自然语言处理技术申请专利6.1万件,占比达13.6%。

在人类发展进程中,生产要素的形态经历了从农业经济、工业经济到数字经济时代的三次变迁。在数字经济这一新经济时代,以大数据为代表的新型生产要素具有无限增长和供给的特性,为经济、社会发展提供了无限可能性。随着语言智能的发展,语言数据的重要价值将日益凸显,在人工智能基础数据服务行业中,拥有更丰富的方言、非通用语数据采集能力以及更优秀的语音识别、语音合成、语义理解等数据处理能力的企业将更易于脱颖而出。

三、服务国家战略:协同共建语言产业交叉学科

2010年以来,国家经济与社会各方面的进步、语言产业各业态的蓬勃发展势头、相关研究机构的成立推动了语言产业研究的发展。随着语言学与经济学、管理学、计算机科学等学科的交叉融合,研究不断深化、细化,形成了语言产业经济、语言智能、语言管理、语言政策与规划等专门学科方向。2012年,《语言产业导论》一书中首次提出建立"语言产业经济学";首都师范大学、山东大学、北京语言大学等高校启动了语言产业研究、语言经济学、语言智能与技术等方向的硕、博士生培养工作;"中国(北京)国际语言文化博览会"已成功举办三届,进一步激发、带动了学界对语言产业交叉学科相关问题的探讨。

语言产业交叉学科的建设,有待多学科领域、产学研各界的携手努力、协同共建,根据国家发展需要不断探索、逐步完善,以"语言产业学科创新"来推动中国特色语言产业发展范式的构建,为语言产业发展培养和输送高端专门人才,在新技术变革、经济与社会发展、国际交流进入新时期的大背景下,面向语言产业发展的新要求、国家战略发展的新布局以及人类命运共同体的构建,共同肩负起推动语言产业发展、服务国家语言战略的历史使命。

(本文原载《中国教育报》2020年10月10日)

转型之路：
文化产业研究

康德认为"人是目的,不是工具","一切人都是目的,而且一切人又彼此地都是手段"。亚当·斯密在《国富论》中提出"理性经济人"理论,他认为假如一个人在需求中能够唤起另一个人的利己之心,让对方认为与其合作是一件对自己有益的事情,那么,才有可能说服对方。台湾"社区营造"的例子也说明了这一点。在开始阶段,当社区居民并未认识到社区文化发展、公共空间营造与自身利益之间的关联时,会向社区营造工作站要求直接的经济回报,例如开会要发便当等。"社区营造"发展到今天,虽然被批评者认为是为一些NGO组织提供了承揽政府项目的机会,但客观来讲,其对于改善台湾城乡社区的环境、开发社区文化资源、增强社区凝聚力、提升居民文化自豪感等起到了积极的作用。在台湾随处可见的志工,当被问及是否有补助时,他们往往非常自豪地说:"都是无偿的,没有报酬。"当社区居民将自身得失与社区发展联系到一起时,其会逐渐意识到每一个人的积极参与对于社区发展的意义以及社区发展将给每一个人带来的回报,包括物质层面的回报和精神层面的回报。

因此,在社会文化发展的过程中,不仅不必对个体所表现出的利益诉求表示失望,而且要对这一诉求进行合理的引导与满足,使个体在社会参与的过程中获得物质和精神两个层面满足感的平衡。

无论是城市还是乡村,文化治理目标的实现,离不开对"人"的关注,离不开对"人"的文化主体性的激发。

本部分在对文化产业问题的探讨中,始终以"人"为出发点、关注点、聚焦点和落脚点,从多个视角进行了调查与思考。

"人"文化主体性的激发与城乡文化治理的创新
——以中国台湾20世纪90年代以来的"社区营造"为研究参照

一、"治理"与"文化治理"概念综述与内涵解析

文化治理是一个不断发展的概念。探讨"文化治理"可从对"治理"概念的解析入手。

俞可平在《全球治理引论》一文中认为,全球治理委员会对"治理"的定义具有很大的代表性和权威性,"治理是各种公共的或私人的个人和机构管理其共同事务的诸多方式的总和。它是使相互冲突的或不同的利益得以调和并且采取联合行动的持续的过程。它既包括有权迫使人们服从的正式制度和规则,也包括各种人们同意的或以为符合其利益的非正式的制度安排"。根据该定义,"治理"首先是一个"过程";其次,该过程是以"协调"为基础的;再次,治理的主体既涉及公共部门,也包括私人部门;最后,治理应该是一种"持续的互动"。[①]

"治理"强调的是多元主体之间的合作与相互依赖,政府、非政府机构以及公民个体以"多数人的共识和认可"为基本前提,通过多元主体之间的"相互依赖"型合作,弥补单一主体在资源配置与运用方面的不足,因此,也可以说,多元主体之间的持续的互动与合作是以对"各自资源不具备完全性的理性考虑"为基础的。[②] 同时,"治理"还强调了对"关系"的重构,根据皮埃尔·卡蓝默(Pierre Calame)的观点,"治理"的实质是"按照公共利益的法则来构建社会治理主体合作的结构",为此,要"把治理主体的关系摆在制度设计的中心位置"。[③]

进一步而言,"治理"是以多元主体共同建立的合作网络的权威替代政府这一单一主体的权威,"其权力向度是多元的、相互的,而不是单一的、自上而下的"。不过,治理

---

① 俞可平.全球治理引论[J].马克思主义与现实,2002(1):20-32.
② 冯玲,李志远.中国城市社区治理结构变迁的过程分析:基于资源配置视角[J].人文杂志,2003(1):133-138.
③ 李图强,张会平.社会治理中的关系探究[J].学海,2014(4):39-44.

也并非包治百病,作为对国家和市场手段的补充,治理与国家、市场一样,也存在着失效的可能。①

对"治理"主体、特征及客观局限的梳理,有助于我们更好地把握"文化治理"的内涵。

"文化治理"是由来自公共部门、私营企业、非营利团体等各种性质的机构和个人组成的复杂网络,涵盖文化、经济、社会等各个政策领域。公民不仅是文化消费者,同时也是文化决策的投票者,并且,作为专业工作者、文化工人、志愿者、非营利组织的成员,可以有更多样化的渠道影响文化的发展。②

相对于原有"管理"的思维,"治理"思维更强调"弹性规训"和多主体的"能动性和自主性"。上海交通大学胡惠林教授认为,如果将文化管理定义为"国家通过建立一系列规章制度对人、社会和国家文化行为的规范化,对象是文化行为及其整个生态系统,主体是政府"的话,那么,文化治理就是"国家通过采取一系列政策措施和制度安排,利用和借助文化的功能,克服与解决国家发展中的问题,对象是政治、经济、社会和文化,主体是'政府＋社会',政府发挥主导作用,社会参与共治。"③政府角色从"主体"到"主导",而非退居幕后,或是与其他主体处于同等的位置,相对而言,或许更符合当前中国的国情。

从长远发展来看,"文化治理"最终要实现的是以"合作"取代"管理",成为政府文化部门的基本执政思路,从而使得"在一个互动体系中,相互依存的各种政治、经济、社会组织逐步培育出一种新的公民社会关系"④。

二、当前文化发展中城乡居民的参与状况及其原因分析

居民对于城乡文化发展的参与,既包括对文化决策过程的参与,也包括对决策执行过程的参与。作为文化主体,居民凭借文化自觉,对所在区域文化的保护、传承与发展问题给出建议,以多种形式直接或间接地参与到文化发展中,并因此获得一种文化认同感、文化归属感与文化自豪感。

居民对于当地文化发展的参与,相应会得到,也应得到一定的回报。除了精神层面的回报之外,如果某一文化区域的居民将自身或家庭的生产、生活资料提供出来,用于配合当地的文化品牌营造以及文化商品开发,那么其也应在物质层面获得一定的回报。

---

① 俞可平.全球治理引论[J].马克思主义与现实,2002(1):20-32.
② 郭灵凤.欧盟文化政策与文化治理[J].欧洲研究,2007(2):64-76.
③ 胡惠林.国家文化治理:发展文化产业的新维度[J].学术月刊,2012(5):28-32.
④ 郭灵凤.欧盟文化政策与文化治理[J].欧洲研究,2007(2):64-76.

但是,根据笔者目前对国内多个城市及其中特定区域的走访调查,居民作为文化主体的能动性并未得到发挥,无论在文化决策、文化发展过程中,还是在文化项目的利益分配中,大多处于一种"边缘化"的状态。

2009—2012年,笔者持续对北京胡同文化资源开发状况进行了调研,发现当地居民对于如火如荼的"胡同游"并不热情,有的居民甚至还很排斥。在对当地居民的采访中,许多人反映目前胡同旅游开发给他们的正常生活带来了不同程度的干扰,比如旅游公司对车夫的管理不规范,三轮车没有统一的停靠点,随意停候,有的车夫在拉客人游览时横冲直撞;有的车夫未经居民同意,擅自带游客到居民家中参观;居民住所周围的酒吧街噪音很大,且彻夜不停,居民无法正常休息;到了晚上,河两岸通常人满为患,居民很难再像过去一样在河边悠然地散步遛弯。这些都让居民对胡同旅游开发产生了抵触情绪。与此同时,大多数被访者表示居民并没有从胡同旅游开发中得到利益回报,或者说,居民并未成为一个相关主体并被纳入利益分配的考量范围。

居民是一个地区文化的重要组成部分,是当地文化的呈现者,他们的生活状态、生产方式所构成的人文景观是游览者想要了解和体验的重要内容。作为主角的当地居民对旅游开发的态度无疑直接关系到旅游产品开发的成败。在胡同中,紧闭的四合院大门如同一道生硬的屏障,在将商业化的喧嚣关在门外的同时,也拒绝着外来游客想要观察与体验胡同日常生活的愿望。

由于当地居民参与的缺位,旅游公司和一些做游客生意的商家成了胡同中的活跃主体,大量的外来文化充斥在狭窄的胡同中,胡同看上去热闹非凡、色彩斑斓,却在商业化、同质化的过程中,令人遗憾地淹没了老北京胡同的风韵。当地特色文化的传播和游客的消费体验,无疑都因此而打了折扣,相应地,政府与企业在社会效益与经济效益方面的预期也会受到不同程度的影响。

目前,从决策过程到项目运作,再到利益分配,作为城市和乡村主体的居民的"低参与"状况在各地文化发展中都不同程度地存在。在有"最美乡村"之称的江西婺源,笔者看到一位老人在自家大门上张贴了一张"控诉书",大意为承揽当地旅游开发项目的某公司长期不兑现给村民的承诺,将部分村民的老宅院作为游览线路中的重要景点,却不兑现给村民的经济回报。居民个体在与企业组织的博弈中,处于弱势地位,选择在自家门上贴"小字报"的方式,表达对旅游开发企业的不满,凸显了双方沟通中存在的问题。先不说"控诉"的内容是否属实,从传播效果来看,其必然会在一定程度上影响到游客对当地的评价,或许有一些评价是当地政府与旅游企业所不想看到的。那么,为什么不能对村民所反映的情况进行及时的调查并予以解决呢?或许还是因为居民并未被看作一个需要平等协商的主体。

接下来,我们需要进一步探讨的是,造成城乡居民在当地文化发展中的"低参与"状况的主要原因是什么。

从文化决策的机制来看,政策形成中仍是以政府为主导、政策实施也是以自上而下为主,有效的政策评价体系尚未形成。从中央政府到各地方政府,围绕文化发展制定了一系列政策,在"顶层设计"的大背景下,"文化政策迎来空前热潮"。各级政府重视文化发展,相继推出配套政策,无疑是值得肯定的。但是,文化生产、文化传播、文化消费、文化批评等与文化发展相关的各个环节,都离不开"人"的具体参与。这也就决定了在文化决策过程中,无论是"顶层设计"还是"基层落实",都要将一城一地的"人"纳入进来,包括当地居民和相关企业。然而,"文化管理"的思维定式还在继续发挥作用,政府的强势主导状况并未根本改变。"有些政策对企业、对微观经济进行直接行政干预,以政府选择代替市场机制和限制竞争,导致产业结构、企业规模、技术路线等不能由市场主体决定。""山东济南某动漫制作公司的负责人杨华感到,对于自己经营的小微文化企业,国家和地方虽然出台了不少相关的支持政策,但从实践来看,很多政策缺乏可操作性,缺乏支持和服务的有效平台,仍存在包装多、内容少,原则多、细则少,弹性多、刚性少,门槛多、实惠少的问题。"[①]

从居民参与的意识来看,居民作为"文化主体"的自觉意识有待形成,公共参与意识整体仍较弱。根据费孝通先生的观点,文化自觉是以文化主体性的建构为目的的,文化自为则是文化主体性最高层面的要求,是人的能动性、创造性的集中体现。人的文化参与活动,是从自发开始,随着自觉意识的增强,而逐步达到自为的,"当人类开始自觉地对文化进行反思、批判、设计、管理和规划时,文化自为性开始真正生成和确立"[②]。居民的文化自觉、文化自为的形成,既需要一个发展过程,更需要一个使其可以发展的环境。整体看,这一保障与激发居民参与热情的环境还未形成,当前还处于由"文化管理"向"文化治理"转型时期,由于"管理"思维的根深蒂固,居民的参与行为与参与热情难以得到及时的回馈,影响了居民对自身参与行为、参与效能的评价,故而居民认为自身参与的力量是微弱的、没有价值的、不被需要的,继而选择放弃参与。

从居民参与的能力来看,文化参与的能力整体有待提升,该能力的培养、提升与政府对待居民参与的态度有直接相关性。一方面,居民不具备一定的参与能力,会影响政府进一步开放参与渠道;另一方面,缺少必要的参与渠道和参与鼓励,又会影响居民在实践中提升自身的参与能力。因此,从"文化治理"所需要的多元主体培育角度来讲,如何有效激发居民参与热情、逐步培养居民参与能力,是实现从"管理"到"治理"的重要一环。

---

① 李慧.文化政策:如何助力城市成功转身[N].光明日报,2014-06-12(14).
② 李友梅.文化主体性及其困境:费孝通文化观的社会学分析[J].社会学研究,2010(4):2-19.

三、专业人才与民间智慧的结合:中国大陆"外来介入"的实践

我国大量的物质文化遗产和非物质文化遗产存在于乡村,但是,随着年轻人口向城市流动以及城镇化速度的加快,以及新兴文化对传统文化、都市文化对乡村文化的冲击,从古民居等物质文化遗产到民间曲艺等非物质文化遗产都出现难以为继的局面。

在这一背景下,一些知识分子以保护者、发掘者的身份进入农村,开始进行由专业人士主动发起、由当地居民被动(渐进)参与的"乡村实践"。

例如,2011年,左靖与欧宁在安徽黟县碧山村发起的名为"碧山计划"的乡村文化建设,保护徽州老建筑是该计划的一个重要组成部分,两位发起人对当地的老建筑进行了修葺,将自身对乡村建筑的思考融入其中,致力于建立一种徽派民居的保护模式。在此基础上,通过多种形式实现乡村文化资源的"活化"。一是通过"碧山丰年庆"这一传统农耕社会的祭祀仪式来恢复乡村公共文化生活,并在"丰年庆"期间,邀请外来的艺术家、建筑师与当地民间手工艺人合作,创作出一批传统工艺品和生活用品,在碧山村祠堂和旧粮仓展出;二是邀请外来设计师参与,恢复当地的一种叫作"渔亭糕"的传统食物,使其产生经济效益;三是与国内外高校的建筑专业合作,在当地开展以"乡土建筑保护"为主题的夏令营。对于外来者的文化介入,当地居民一开始抱着旁观的态度,但是,也会乐得参与。据项目发起人分析,居民参与的热情源自当地公共文化娱乐生活的匮乏。随着对外来者的逐渐熟悉,居民的态度发生了明显变化,他们会主动将自己家的东西拿出来展示,"他们开始意识到我们的目的不是为了挣钱和开农家乐,而是想与村民一起创造一种新的乡村生活"①。

2014年北京国际设计周策划了一个"乡村实践"的展览主题,展示建筑师对农村的"实质性介入"。展览所表达的理念是"建筑师不只作为设计者,而是作为投资人、农民、经营者、历史保护或文化传承者等角色出现。……建筑师以充满个人特质的方式介入社会,这是建筑师实现自己的过程,深入农村去亲身实践,或许对新农村的改造更具切实意义"。

这些"乡村实践"项目主题不同,其中,陈卫在临安太阳镇双庙村创办的"太阳公社"是以"有机农业"为主题,以"农耕打造理想乡村"和"公社重构理想人际"为理念,以"社区共建理想家园"为目标的。村民中,首批有30人接受了"太阳公社"的理念,愿意作为"永续农业实践者",不用农药、化肥、激素、抗生素及任何的转基因种子,采用传统方法种植水稻和蔬菜,人工除草、手工除虫。该项目邀请专业设计师与村里唯一会盖

---

① 赵玉洁.乡村公共文化空间的多元化实践[N].中华建筑报,2013-01-15(9).

茅草屋顶的老工匠合作，就地取材，以毛竹、茅草和卵石来构筑有活动场和游泳池的猪圈，使猪的生活、生长环境更符合动物本身的习性。按照公社所设计的"生产—消费"链条，村民是公社中的"生产社员"，他们所生产出的有机粮、菜、肉、蛋等农产品直接面向公社中的"消费社员"。城市消费者加入"太阳公社"，支付2.5万元的年费，公社会每周两次为其派送12份蔬果、8个鸡蛋、3斤猪肉、5斤大米，每月派送1只鸡、1只鸭。目前，陈卫的这一模式还在实验中，其希望可以将该模式在更多的农村进行推广、复制。

如果说"太阳公社"致力于在改变农民的农业生产理念、方式的基础上，实现建设美好乡村社会、和谐城乡关系的理想，属于一种"实干型"项目的话，那么，有的项目可以归入"概念型"或"营销型"。

如同样参加"乡村实践"展示的"玉川东西"项目，则是将蓝田玉山村的自然风光和农事活动作为可以观赏的资源，包装呈现给"国内外的艺术家"。按照其在展览词中的描述——"收获节：对于农民来说一年中最幸福的时光就是收获时节，深秋收获后一排排的果实更加展示出玉山的淳朴与自然。在这个收获节里，国内外的艺术家相聚在这个金黄色的小镇，在感受农民的喜悦的同时，伴着一杯葡萄美酒，品尝玉山的味道。"这一项目的发起人是建筑师马清远和他创办的"玉山酒庄"，在这一项目中，外来艺术还会被嫁接到当地建筑中，旨在实现发起者"艺术交融"的初衷。另外还有"钢琴会：西洋乐器的音符环绕着由当地工人建造的房屋，也是'玉川东西'的另一种体现"。这个项目给人的感觉是，外来的艺术形态、外来的观赏者飘忽于当地自然与民生之外，除了作为旅游产品的包装外，能够在多大程度上给当地的生态保护、文化发展带来持续影响？还未可知。

目前，这些以乡村文化为核心主题的实践，取决于发起人的选择，具有一定的随机性，还基本属于实验的性质。在这些为数不多的"乡村实践"项目中，村民依然未成为平等的主体，他们的角色转变只是从旁观者逐渐成为配合者。外来力量对乡村文化的刺激，或者说对村民文化主体意识的激发，是一种选择，但不是最终、最好的选择。

有一些"外来介入"项目在动机描述上，将"投资""经营"放在"历史保护""文化传承"之前，而且，当地村民与历史、文化被作为可以观赏的内容、可以设计的产品。在这个过程中，外来者扮演着强势介入的形象，当地村民呈现出的则是被动、弱势的形象。

而今，如何有效遏制乡村文化衰变的速度，留住美丽乡村，这一问题引起了人们越来越多的关注。乡村文化保护的关键在于建构村民的文化主题意识，即在外来刺激的基础上，唤起当地居民的文化自觉，使他们自觉地参与到文化保护、文化传承、文化建设与发展中，才是根本之策。这种文化之果，是原汁原味的，不是外来嫁接的，也不是外来者在想象的基础上创造的当地文化。

四、居民为主体的社区文化发展：中国台湾"社区营造"的经验

台湾的"社区总体营造"开始于1993年12月，本文无意对台湾"社区营造"多做介绍性或是"溢美"式描述，而是将注意力放在对居民参与过程的探查以及对居民、社区志工、社区管理人员与当地政府、附近高校之间关系的分析上。

"社区总体营造"这一概念最早出现于时任台湾"文建会"主委、副主委的申学庸和陈其南1993年12月向有关主管部门提交的报告中，其主要目标在于从"建立社区文化、凝聚社区共识、建构社区生命共同体"入手，实施文化行政的新思维与新政策。根据这一设想，"居住在同一地理范围内的居民，持续以集体的行动来处理其共同面对的社区生活'人''文''地''产''景'等方面的议题，在解决问题的同时，创造共同的生活福祉，最终在居民彼此之间、居民与社区之间建立起紧密的社会联系。其中，'人'指社区居民需求的满足、人际关系的经营和生活福祉的创造；'文'指社区共同历史文化的延续、艺文活动的经营以及终身学习等；'地'指地理环境的保育与特色发扬、在地性的延续；'产'指在地产业与经济活动的集体经营；'景'指社区公共空间营造、生活环境的永续经营、独特景观的创造等"[①]。

看似由"文建会"主推的"社区营造"及其代表的文化发展思维与政策的转型，如若深究，可以发现促使这一理念提出的背后力量，即被称为"南下"、"返乡"与"重回部落"、"地方史志整理"等民间行动力量的推动。其中，"南下"运动是以高雄这一南部工业城市作为实践基地，将"工人社区"作为重点营造区域，催生了工人博物馆等以工人为主体的文化展示平台；"返乡"与"重回部落"运动是回到家乡的知识分子所发起的，由于他们离乡打拼，后又返乡，兼有国际视野和在地情结，这种身份上的双重性使得他们一方面推行在地经营、世代传承，另一方面又与外界连接，获取更多的关注与支持；"地方史志整理"相比前两种力量要"平和"一些，主要是"宜兰、淡水、三峡、大溪、鹿港、西螺、新港、台南等地方文史工作者，带动与整合散落在社会各个角落的地方文史调查工作（包括乡村教师、民间学者、作家、医生等），参与古迹保存、生态保育、社区重建等工作"[②]。

在1994年之后，由政府下放资源、提供资助，发动民众参与的"社区总体营造"在全台湾地区逐渐铺开。尽管"社区营造"在施行过程中，也受到来自各方的一些批判，例如有观点认为"社区营造"异化为了一些社会组织、文化企业承接政府大宗项目的渠道，不仅没有为民众参与开拓途径，反而阻隔了民众与政府的联系等。但是，客观来看，"社区营造"对于民众参与社区文化发展，确实起到了积极的推动作用，笔者在台湾

---

① 赵玉洁.乡村公共文化空间的多元化实践[N].中华建筑报，2013-01-15(9).
② 钟秀梅.台湾"社区总体营造"的脉络[N].21世纪经济报道，2013-08-19(19).

的实地走访,也验证了这一点。任何一种政策,在实施过程中,都会面临"变调""走味"的可能,对此,需要思考的是,如何防止出现类似的问题,如何趋利避害,而不是因噎废食。

(一)从"便当"参与到"快乐"参与:居民参与状态的演变

今天,在台湾,不论是在北部还是南部、城市还是乡村,都不难见到"社区营造"的成效。例如,笔者在台北附近的大溪镇老街走访时,随意走进街边一家经营纪念品的小店,店主对老街的历史文化如数家珍,还从里间拿出一个泡沫塑造制成的道具,戴在头上进行演示,并告诉笔者这是他组织当地小朋友排练儿童剧用的。这位小店主是老街"社区营造工作站"的成员,他严肃、认真又不乏热心地跟笔者分享了他对文化与社会关系的理解,告诉笔者他目前所做的就是要尽可能保留老街的历史文化风貌,并且让更多的人了解和喜欢上大溪老街。这位偶然遇到的小店主所表现出的文化自信给笔者留下了很深的印象,他是一位热心于"社区营造"的普通人,也是许多在"社区营造"中逐渐建构其文化自信的普通人的一个缩影。

但是,今天我们看到的台湾"社区营造"的成效并非是一蹴而就的,居民对其的态度也经历了一个从冷淡旁观到热情参与的过程。笔者在新竹教育大学环境与文化资源学系调研时,了解到一些社区在最初想要开始做一些营造工作时,为了获得政府资金支持,先要组织社区居民开会商讨,做前期准备。这时,居民往往会问会议组织者"有便当吗?"言外之意,"如果连便当都没有,就不要通知我们去参加了"。居民往往会从功利的角度出发,急于看到效果;若没有得到利益承诺,就不愿意参与和付出。而对于"社区营造"项目的组织者来讲,如果项目没有一定的"雏形",又会因此申请不到政府资助。这种两难状况,的确考验着社区项目发起者的智慧与耐心。

当民众的文化自觉还没有被唤醒的时候,"社区营造"的开展与成败在很大程度上取决于少数的"带头人",这些带头人可能是一些带着先进理念从国外或者大城市返乡的知识分子,可能是有着前瞻视野的基层工作人员,也可能是一些社会组织。因此,在最初的时候,"社区营造"项目的出现具有一定的偶然性。能够坚持下来,并最终获得一定成效的"社区营造"项目也是多种因素共同作用的结果,需要发起者对社区居民的态度和心理有足够的认知,并且能够通过有效的方式将提升居民的文化自觉与激发居民的社区参与意识结合起来。居民文化参与能力的培养是一个系统工程,在这一过程中,要有充分的耐心。同时,也需要发起者具备与政府部门、文化教育机构沟通的能力与智慧,可以围绕"社区营造"的目标,整合多方资源,建构社区生命共同体。

(二)横向连接与纵向深入:以居民为主体的多方资源整合与融通

所谓横向连接,是指社区与当地政府、学校、企业及社会机构的协调、沟通。所谓纵向深入,是指"社区营造"项目在融通各方资源的过程中,实现"社区"与"居民"的互动发展,一方面,居民文化自觉、文化参与意识与能力的提升,推动着社区生命体的成熟;另一方面,社区文化的成熟,会提升社区的凝聚力以及居民的文化自豪感和归属感,相应也会激发居民深入参与社区活动的自觉性。

这里以新竹教育大学、台中教育大学与当地社区的合作方式为例,对"社区营造"过程中的横向连接进行介绍。其中,新竹教育大学环境与文化资源学系的做法是直接由教师和学生进入社区,帮助社区进行营造方案策划,并在营造过程中提供全程的智力支持,同时,在社区与政府的沟通中发挥积极的作用;台中教育大学的做法是从本科生的培养阶段开始,将一部分教学实践内容与"社区营造"相结合,解决"社区营造"中亟须的人才问题。

笔者在新竹教育大学调研时,环境与文化资源学系的丁志坚等几位老师带笔者到他们参与营造的竹南埔内社区进行了实地走访。埔内社区,在进行营造之前,地势较低,内涝严重,环境较差。在营造之初,丁志坚老师帮助社区根据其拥有的湿地和红树林资源,确定了从"景"入手,在构建社区公共空间和独特景观中增强社区居民的凝聚力和归属感的"社区营造"方案。在具体的专业支持方面,丁老师带领学生帮助社区完成了湿地景观设计方案,具体到蝴蝶、昆虫、木麻黄等动植物资源的利用以及导游讲解词的撰写、导览路牌的设计等。将社区作为本科生实习基地,不间断地有学生住在社区,和社区居民一起参与日常的营造工作,如为游客担任讲解员、为小学生"乡土营"担任辅导员等。"乡土营"是新竹教育大学帮助社区打造的一个品牌项目,由政府提供资金支持,由埔内社区具体承办,每年面向小学生组织为期3天的夏令营。夏令营以认识乡土社区、认识湿地物种为主题,它既是一种回报社会的公益文化项目,同时也是对社区文化的一种传播方式。在社区方面,居民参与已经形成了常态,例如,每周有二到三个晚上,他们会一起打磨讲解词或是请大学的老师来进行专题讲座。目前,埔内社区的营造已经与政府、高校和社会之间形成了良性循环,并且具有一定的知名度。笔者在当地走访时,正巧遇到新竹和苗栗40多个社区的代表组团在埔内社区参观,当地农会会长夫妇担任当天的讲解员;一旁是新竹教育大学的本科生正在为"乡土营"的小朋友们进行讲解;湿地旁的林荫道也吸引了一些游客来此休闲、锻炼。

与新竹教育大学环境与文化资源学系相比,台中教育大学文化创意产业设计与营运学系参与社区营造的特点不在于定点为某一社区提供智力支持,而是在学生培养理念以及具体的课程设置中渗透"服务社区"的意识。在该系调研时,黄位政院长带领笔者参观了本科生设计作品展,从中可以看出学生们从各个社区所特有的文化资源中捕捉灵感,积极参与社区文化发展的鲜活主体意识。

(三)把握需求、应时而动:在老、旧资源中发掘社区独特价值

在台湾,有一些老街曾经有过繁华,但后来由于人口向大城市迁移,老街的繁华不再。但是,在经济发展到一定程度后,人们有了怀旧的需求,从而产生了一定商机。于是,有一些老住户陆续返回老街,彰显"一家一馆一特色",发展集观光、餐饮、购物于一体的休闲旅游。以新竹的湖口老街为例,街道两侧的巴洛克式建筑有着厚重的历史感,特别能满足游客的怀旧情结。随着游客的不断增多,老街的一些居民也陆续"回流",他们开办假日市集、私房客家菜,令游客趋之若鹜。为了使社区文化结构更加完整,湖口社区发展协会向政府申请经费,对社区内的教堂进行了整修,对游客开放;社区茶艺馆在假日会组织传统民乐传习,小朋友可以在这里学习二胡、笛子、古筝。用当地居民的话说就是"留住旧的、美的东西"。

在社区营造过程中,地方民俗活动的开发、古迹和建筑特色的维护、地方文史人物主题展示馆的建立、居住空间和景观的美化等,都可以成为社区营造的内容和形成特有文化品牌的途径。

五、从激发"人"的文化主体性入手:文化治理中的多主体融合策略

从文化管理到文化治理,虽然只是一字之差,但理念却大有不同。从文化管理向文化治理的转变,需要逐步确定多元主体的参与地位,特别是明确城乡居民作为参与主体的地位,从激发"人"对自身文化主体性的认知入手,不断提升城乡居民的参与意识与参与能力,只有这样,才能真正实现文化治理的目标。

(一) 以共同目标为前提,形成多元主体的互相促动机制

文化治理的理想状态是在行政当局与民众之间建立起良好的互动机制,其中,既可以是在行政当局的主导下形成某项文化决策,具体由民众来实施;也可以是民众在文化实践中的探索,被行政当局所认可与采纳,继而形成文化决策。

前者如台湾的"社区营造",在"文建会"提出"社区营造"的概念后,台湾行政主管部门制定了《社区营造条例》,此后,其他主管部门相继推出各自的社区计划,如环保主管部门的"生活环境改造计划"、经济主管部门的"创造形象商圈计划"以及"新故乡营造计划"等,从而为社区的整体营造提供了良好的政策环境,一方面激发了社区居民的参与意识,另一方面也为社区自发的营造活动提供了政策和资金扶持。

后者如威尼斯的圣巴拿马(San Barnaba)社区,该社区位于威尼斯本岛中部、大运河支流西岸,在地理位置、特色资源等方面都缺乏优势。2009年年初开始,社区居民在没有获得政府许可的情况下,开始在广场上摆摊销售二手书和生活用品,继而发展成为一个小有规模的市集。当年5月,圣巴拿马社区居民通过威尼斯市政厅正式向威内托大区议会与威内托大区政府提出合法使用圣巴拿马广场空地的要求。经过近6个月的评估与考察,威内托大区政府正式划定圣巴拿马社区的范围,并允许社区居民

可以利用圣巴拿马广场空间进行自主经营,威尼斯传统市集从此形成。与此同时,威内托大区政府与威内托文化遗产保护部为保证圣巴拿马广场不遭破坏,对每天市集的开放时间、地点以及市集陈列架材质等均作出明确规定。如今,圣巴拿马已经发展成为集传统市集、玻璃制品店、蕾丝制品店、面具店、手工艺品店、书店、餐厅、宾馆等多种文化服务设施于一体的新型本土文化社区,该社区吸引了大量国外游客,成为他们在威尼斯观光购物的重要一站。在提升当地居民经济收益的同时,由于规制得当,并未使居民的生活受到影响,政府功能的合理发挥为社区文化、经济以及生态环境的和谐构建奠定了基础。

进入21世纪以来,特别是近五年以来,随着国民受教育程度的提高以及网络新媒体的发展,民众社会参与能力与参与途径已经不再是制约民众参与的主要因素,关键是要进一步明确"人"的参与主体地位,并通过互动机制的建立,增强民众的参与信心。"社区"作为存在于政府和国民个体之间的特定区域,可以更多地发挥沟通功能,既可以代表居民与政府对话,也可以使社区成员在共同的参与行为中形成社区归属感和参与满足感。

(二)认识到个体的"人"参与公共文化构建的客观规律

康德认为,"人是目的,不是工具","一切人都是目的,而且一切人又彼此地都是手段"。亚当·斯密在《国富论》中提出"理性经济人"理论,他认为假如一个人在需求中能够唤起另一个人的利己之心,让对方认为与其合作是一件对自己有益的事情,才有可能说服对方。

台湾"社区营造"的例子也说明了这一点。在开始阶段,当社区居民并未认识到社区文化发展、公共空间营造与自身利益之间的关联时,会向社区营造工作站要求直接的经济回报,例如开会要发便当等。"社区营造"发展到今天,虽然被批评者认为是为一些NGO组织提供了承揽政府项目的机会,但客观来讲,其对于改善台湾城乡社区的环境、开发社区文化资源、增强社区凝聚力、提升居民文化自豪感等起到了积极的作用。在台湾随处可见的志工,当被问及是否有补助时,他们往往非常自豪地说:"都是无偿的,没有报酬。"当社区居民将自身得失与社区发展联系到一起时,他们会逐渐意识到每一个人的积极参与对于社区发展的意义以及社区发展将给每一个人带来的回报,包括物质层面的回报和精神层面的回报。

因此,在社会文化发展的过程中,我们不仅不必对个体所表现出的利益诉求表示失望,而且要对这一诉求进行合理的引导与满足,使个体在社会参与的过程中获得物质和精神两个层面满足感的平衡。

(三)围绕提升个体参与能力,探索高校与社区的合作模式

本文第一部分在对文化治理内涵的分析中提到,"文化治理"最终要实现的是以

"合作"取代"管理"成为政府文化部门的基本执政思路,这一目标的实现,是以"在一个互动体系中,相互依存的各种政治、经济、社会组织逐步培育出的一种新的社会关系"①为基础的,而新的社会关系的培育,离不开参与意识、参与能力的培养,高校作为人才培养和智力输出机构,在这一过程中可以发挥重要的功能。围绕提升参与能力,高校与社区的合作模式可以从三个方面来进行探索:一是高校相关专业直接为社区文化发展提供项目策划、执行方面的指导,包括对居民进行其所需的各种培训,如新竹教育大学环境与文化资源学系与竹南埔内社区的合作模式。二是高校相关专业在人才培养中融入与社区文化发展相关内容,引导学生关注社区文化发展需求,培养学生社会参与的意识和解决实际问题的能力。这一意识与能力将像种子一样,随着一批批学生走向社会,而不断播散并影响越来越多的人,如台中教育大学文化创意产业设计与营运学系的做法。三是高校相关专业与社区合作建立实习基地,在社区营造不断发展成熟之后,将会实现对高校的"反哺"。社区居民的参与热情、参与方式等都将影响到来此实习、实践的学生,使他们在鲜活的体验中,更深刻地理解个体与社区、个体与社会的关系。在高校与社区不断深化的互动合作中,文化治理所需要的"新的社会关系"也将得以构建。

综上所述,无论是城市还是乡村,文化治理目标的实现,离不开对"人"的关注,离不开对"人"的文化主体性的激发。"创新社会治理,必须着眼于维护最广大人民的根本利益,最大限度增加和谐因素,增强社会发展活力",文化治理与社会治理密不可分,如何从当前社会发展与文化发展的实际出发,在确定科学理念的基础上,顺利实现由"管理"向"治理"的转型,不断探索行之有效的治理方式,是当前社会文化发展所面临的重要课题。

[本文原载《中国文化产业评论(第21卷)》(2015年第1期)]

---

① 郭灵凤.欧盟文化政策与文化治理[J].欧洲研究,2007(2):64-76.

对中国文化创意阶层生成与发展的"人本"思考
——基于一种"人物志"的研究方法

一、本文的研究缘起

"国内九成文化艺术作品属于模仿复制",2011年11月12日,新闻出版总署署长、国家版权局局长柳斌杰在"2011中国版权年会"上对当前我国文化产品创新力、创造力所给出的这一评判,或许让一些习惯并喜好用"数字"说话者"无话可说"。根据柳斌杰的观点,在每年4,300多部的文化艺术作品当中,有3,900部左右都是复制、模仿之作。我们不妨进一步追问,即便是在仅有的400多部非复制、非模仿之作中,又有多少在创意上出类拔萃、被受众奉为经典的呢?

以中国的电影产业为例,研究者喜欢引用这样一组数据来对比中国电影30年前后的变化:20世纪80年代初,电影年产量50部,影院观影人数为293亿人次;而今,电影年产量近500部,影院观众数量为2.9亿,仅是30年前的1/100,平均每人5年才进一次影院。1980年,仅《405谋杀案》一部电影的年观众量就达3亿人次,票房过亿,创中国电影观众人数纪录。假设现在的影院观影人数仍能达到30年前的水平,那么,我国电影的年度票房将达到8,000多亿元(票价按30元计算),这是2010年全球电影票房总和318亿美元的4倍之多。[①]

从293亿到2.9亿,导致观众从电影院流失的原因,除却娱乐方式日趋多样化、电影票价逐渐"小众化"、在线和下载免费观看成为人们重要的观影途径之外,还有国产电影原创力的苍白、吸引力的孱弱,难以满足已经被国外影片调高口味的中国观众。

即便票房数字飘红,有时也很难与获得观众好评画上等号。国产大片虽然凭借大投入、大制作、大营销,但如果没有好的故事,也难免换来叫座不叫好的结局;在小成本电影方面,为吸引年轻观众,一些国产悬疑片、惊悚片相继出现,如2010年平安夜上映

---

① 潘天强.浮云时代的非影院影像传播[J].电影艺术,2011(5):37-39.

的《午夜心跳》,借贺岁档的错位营销及演员的号召力,以 400 万元的成本获得了 3,200 万元的票房,被认为是小成本电影的成功范例。但是,票房数字背后观众的评价却相当"不给力"——"剧情不够清晰,惊悚得没特点""连鬼的造型都是抄袭的""为追求恐怖才拍的,没有观看价值""如果你没看过恐怖片,如果你喜欢国产电影,那你去看吧。但是,如果你喜欢看恐怖片,那就走吧,别看这部国产喜剧科幻大片了"……这样语带辛辣的短评,在"风行网"长达 34 页的《午夜心跳》点评中呈"一边倒"态势。

年产量将近 500 部的国产电影、超过 1.2 万集的电视剧,客观地讲,的确是丰富了中国观众的文化娱乐生活。但是,在质量上,尚不能满足观众的消费需求。不仅对国内观众是这样,对国外观众而言,同样面临吸引力匮乏的局面。根据笔者对在京外国留学生的问卷及访谈调查,发现他们更愿意选择美国电影、韩国电视剧,而很少看中国电影、电视剧,问其原因,答案多为"看不懂",当然,这并非仅仅是语言障碍的问题。

电影、电视剧是中国文化产品的重要构成部分,如果解决不了原创力、吸引力的问题,提高满足国内观众需求的能力、提升在国际市场的竞争力等愿望就无从谈起。那么,原创力、吸引力从何而来呢?归根结底,还是需要有创意智慧、创新能力的编剧、导演,他们要能写出、拍出不落俗套的故事。

继而,包括影视剧导演、编剧在内的文化创意阶层如何才能形成并得以发展,正是本文试图探讨的问题。

二、相关的概念界定

(一)"人本"视角的选取

文化产品的实质是一种精神产品、体验产品,其竞争力来自对消费者的情感触发以及对其精神消费需求的满足。因此,可以说,文化产业是一个以"人"为本的产业,"人"贯穿了文化产品创意、生产、传播、消费的全过程,"人"决定了文化产品的竞争力,决定了文化产业的发展力,决定了一国一地的文化软实力。

关于人才之于文化产业的意义与价值,研究者多有论述,如联合国贸易发展会议创意产业部主任埃德娜·多斯桑托斯·杜伊森博格(Edna dos Santos Duisenberg)提出,文化创意产业发展的环境包括科技、社会、政治的成熟度,文化的多元性与人才素质,其中人才素质最为重要。香港大学许焯权教授认为维持创意有四个最基本条件,人力是第一位的,其次是结构,之后才是社会和管理。与工业经济时代胜在对生产成本的控制不同,创意经济时代一个地区和企业的竞争关键在于是否能产生、留住和吸引一流人才。①

因此,以"人"为研究视角,无疑可以更直观、更鲜活、更有效地抵达问题的核心。

(二)"创意阶层"的由来

"创意阶层"的提法源自美国学者理查德·佛罗里达(Richard Florida),其在2002年出版的《创意阶层的崛起——关于一个新阶层和城市的未来》中认为,社会对创意的经济性需求已经催生了一个新阶层,即"创意阶层"。佛罗里达将"创意阶层"分为"超级创意核心"和"创造性专业人员"。

根据佛罗里达的观点,"超级创意核心"群体包括科技、建筑和设计、教育、艺术、音乐以及娱乐等领域的工作者,他们的经济职能是创造新理念、新技术和(或)新的创意内容。佛罗里达对这一群体所涉及的职业进行了具体的描述——科学家与工程师、大学教授、诗人与小说家、艺术家、演员、设计师与建筑师以及现代社会的思想先锋,如非小说作家、编辑、文化人士、智囊机构成员、分析家及其他"舆论制造者"。

围绕"超级创意核心",创意阶层还包括更为广阔的"创造性专业人员"群体。他们广泛分布在知识密集型行业,如高科技行业、金融服务业、法律与卫生保健业以及工商管理应用。他们创造性地解决问题,同时,还利用广博的知识体系来处理具体的问题。②

佛罗里达在《创意阶层的崛起》中的研究,是基于创意阶层已然形成并成为社会中一支不可忽视的重要力量这一前提的,其重点探讨的是创意阶层与社会、经济发展以及与城市之间的互动关系,特别是其"3T"(技术、人才、宽容)理论,思考的是一个城市如何才能吸引创意人才以及如何综合评价一个地区的创意指数等问题。此外,佛罗里达对创意阶层的界定外延较大,其中,不同行业门类虽说在创意方面具有一定的共性,但差异性也是不可忽视的,如科技行业的创意与文化艺术方面的创意,无论对创意者的思维方式还是具体操作的要求都有着较大的不同。

该书中译本2010年出版后,引起了国内研究者的热情关注,出现了一批探讨中国创意阶层崛起的文章。但笔者梳理后发现,这些论文大多是在介绍佛罗里达"创意阶层"理论的基础上,将论述重点放在城市如何提升宽容度、如何吸引创意人才方面。个别论文述及通过高校的创意教育及相关职业培训来推动创意阶层形成的问题。对于中国创意阶层,特别是文化创意阶层生成与发展所涉及的根本问题、所需要的基本条件等尚缺少深入的探讨。

---

① 胡毋意.文化创意产业的原创力研究[D].上海:复旦大学,2009.
② 佛罗里达.创意阶层的崛起:关于一个新阶层和城市的未来[M].司徒爱勤,译.北京:中信出版社,2010:9,80.

(三)文化创意阶层

本文所界定的"文化创意阶层"外延要小于"创意阶层",特指从事文化产品创意、策划、生产、营销及相关项目管理的人员,并将提供原创内容的核心创意人员作为研究重点。

中国的文化创意阶层还处在生成发展的初期,从业者大多数还没有达到从容挑选栖息城市的程度,况且在中国,目前阶段可供挑选的余地也有限。"文化创意"较之外延更为宽泛的"创意",所受的外界制约因素要更为复杂一些,文化创意的从业者需要具备更强的社会适应力和生存耐力。

文化创意阶层的养成需要从幼儿园阶段的教育开始,对于个体来说,其人文修养、思维方式、行为习惯在进入大学阶段之前就已经基本定型,因此,单纯寄希望于大学对创意人才生成的影响,是不现实的。

(四)"人物志"的方法

《人物志》是三国时期魏国刘劭所著,被认为是我国第一部系统品鉴人物才性之作。《人物志》提出了一整套人物品鉴的原理、原则和方法,不管是对当时还是以后的人才选拔和培养,都有重要的指导意义。① 而今,"人物志"也被用作一些人物纪录片、人物传记类栏目的名称,如中国网络电视台的《二战人物志》、新华社的《感动中国——共和国100人物志》、凤凰卫视的《五四人物志》等。

本文不准备罗列数字,一方面是对某些统计数字的真实度存有疑惑;另一方面,单纯凭借数字无法判断文化创意从业者的质量、生存状态及成长过程。因此,本文更愿意采用一种"人本"的视角来探讨文化创意阶层的生成与发展这一以人为核心的问题,基于这一考虑,"人物志"不失为一种鲜活、有效的方法,即通过对文化创意从业者的深入访谈,对其性格特征、成长经历、思维方式、人生感悟等进行剖析,从中获得对文化创意从业者的多维度认知,为文化创意阶层的生成与发展提出相应对策。

三、文化创意阶层的核心素质

从2009年到2011年,笔者与本专业的本科生一起,对电视、电影、广告以及网络与新媒体等行业的文化创意从业者进行了深度访谈,访谈对象包括中国网络电视台副总经理、海润影视集团文学部总监、中国电视剧制作中心导演、中影集团项目营销策划人、中央电视台新闻栏目及科教栏目主编、电视剧编剧、广告策划人等。

---

① 田建荣.中国考试思想史[M].北京:商务印书馆,2004:105.

通过对访谈的梳理,可以归纳出文化创意从业者需具备的核心素质:

(一)善于学习与自我管理

在所访谈的对象中,有些人并没有接受过四年制的全日制本科教育,但是凭借着善于学习的素质和善于自我管理的能力,他们在大浪淘沙中最终成为可以闪光的金子。

如海润影视集团文学部总监孙允亭,自小学习绘画,先是考取一所专科院校的美术专业,毕业后从事广告设计,后发现自己渐渐对此失去兴趣,萌生了想成为作家的念头,经过努力进入解放军艺术学院戏剧影视文学专业学习。在"军艺"学习期间,他每天早晨六点起床,如果当天没有课,便在图书馆或自习室看书、写作,一坐便是一天,直到晚上十点半回宿舍。从放弃学习了12年的绘画,到从零开始学习剧本写作理论、研磨剧本、尝试写作,再至成为一名收入可观的剧本"写手"(在采访中,孙允亭的原话为"枪手"),如果没有善于学习的素质和强大的自我管理能力,仅用两年时间实现这一转型,可以说是一项难以完成的任务。

中国网络电视台副总经理问永刚的经历也颇为传奇。在2009年之前,他有一个令人印象深刻的名字——问题。当有人问其这个名字的来历时,他以问代答:"这是问题吗?"当谈话中,有人沉默不语时,他会笑问"你是在想问题吗?"儿子的出生,让其"毅然决然"地放弃了这个"神秘"而充满创意的名字,因为他不想当有人问孩子爸爸是谁时,得到"是问题"的回答。当然,说其传奇,并非因为名字,而是经历。他自称"放羊长大的孩子,没有上过正规学校"。因为对电视的热爱,他从家乡来到北京广播学院旁听,谈及那段经历,他至今仍难掩激动,对个别老师将满腔求学热情的他拒之门外表示不解和愤然。后来,他成为北京广播学院电视系1995级正式在册的硕士研究生,终于可以名正言顺地坐在教室里听课了。

以上两个人物的经历也印证了佛罗里达的观点:"创意精神建立在自律、专注和辛勤努力的基础上。一个人需要长期艰苦的努力才能构建心理结构并发挥自己的潜力,这并非易事。"[1]

(二)善于反思与直面风险

善于思考,对自我的发展做出理性的判断,敢于面对风险,不惧怕挑战,能够把握机会,是成功的文化创意人士所需具备的素质。

仍以海润孙允亭为例。2007年时,他跟随老师写剧本,替人"捉刀"一集已经能挣到4,000元,这时,他开始思考自己的未来:是继续做一个衣食尚且无忧的无名"枪

---

[1] 佛罗里达.创意阶层的崛起:关于一个新阶层和城市的未来[M].司徒爱勤,译.北京:中信出版社,2010:37.

手",还是去实现或许一辈子也未必能实现的著名"编剧"梦?最终,他选择放弃前者,到海润影视制作公司文学部,做了一名剧本编辑。当时,文学部有两个人,但基本上只有他一个人上班,他每天的工作就是校对和打印剧本,然后把剧本送到剧组。在访谈时,已经在编剧行中颇有建树的孙允亭用十分形象的语言向我们描述了他当时的工作状态:"一台15寸的球屏、裸露着主机的老电脑,一台总是卡纸、'抽风'的旧打印机,经常是从早晨一来就开始打印剧本,到天黑的时候,才能打印完5本。"就这样,与老旧电脑和打印机"作战"的日子一点点摧残着孙允亭的梦想,那时的他27岁,他又一次问自己:"是坚持还是放弃?"最终他的回答是"死扛"。"扛"是在访谈中,多次出现的一个字。孙允亭的职业经历如同他写的剧本一样有戏剧性。如今,回看过往,他说经验就是"要能扛得住"。在"扛"了整整一年半之后,机遇终于降临了,由于一位编剧因事缺席,领导临时决定让孙允亭补缺,担任《潮起两江》的编剧。改革开放30年的宏大背景、工业改革的题材,对孙允亭来说无疑是不小的挑战。但是,这个机会对自己意味着什么,孙允亭心里很清楚,他用20天的时间拿出了一个15万字的剧本。正当剧本获得认可,他踌躇满志规划未来的时候,这部戏被叫停。面对这一"变故",还是只能"扛住"。直到4个多月后,好消息传来,这部剧又可以拍摄了。但随之而来的还有一个不太好的消息,由于进入11月后,很多夏天的场景没办法拍摄,所以,剧组必须赶时间开机。这样一来,留给孙允亭修改剧本的时间就十分紧张了。于是,以每天平均一万八千字的速度,有时连续30多个小时不合眼,孙允亭终于在要求时限内把这个任务"扛"了下来。

  问永刚研究生毕业后被分配到北京市门头沟区委,这在今天看来是一个"金饭碗"。然而,经过一晚的前思后想,他第二天就选择了离开。因为,在他心中,有着一个不曾磨灭的梦想。到科影后,短短几年,从编导、主编到创办人物专访栏目《大家》并担任制片人,后又担任科影厂厂长助理、科影传媒文化公司总经理。无疑,在人们看来,他已经很成功了。但就在这时,他又做出了一个"冒险"的决定,调到当时尚"前途未卜"的央视国际,即中国网络电视台的前身,全程见证了中央电视台在媒体融合大潮中的"跌宕起伏"。今天看来,人们在理解他的选择的同时,或许也会赞叹他的勇气和智慧。

  面对困顿,能够"扛"得住;面对风险,有智慧做出判断,有勇气为梦想坚守,是对孙允亭、问永刚的访谈带给笔者的感悟。

  从另一个角度来说,敢于直面风险,在很大程度上也与一个人的自信心有关。玛格丽特·博登(Margaret Boden)在《创意心灵》中谈道:"创意要求创意者具有并保持自信,一个人必须有自信才能寻求新的创意,并且不受别人批评的干扰,在不断犯错误的过程中最终实现其目标。有时可能出现自我怀疑的情况,但终归会被自信所战胜。打破甚至完全颠覆惯例常规,必须有足够的自信。在面临别人的怀疑和嘲讽时继续前进,则需要更强的自信心。"①

(三)葆有激情并坚守信念

在中国,刚从事创意的年轻人大多会面临现实与理想的冲突所带来的内心"撕扯感"。如在中国的广告行业,当年轻人发现做创意不如做销售收入多的时候,是坚持做可以让自己获得精神满足感的创意工作,还是转而做能满足现实需求的销售工作?未来广告公司的姜蕴哲谈及这个问题时说:"因为我是学广告的,创意本身对我有吸引力,看到好的创意,我会非常兴奋,会觉得能从事这个行业实在是太酷了。但是干了一段时间之后,我发现国内不管4A公司还是本土公司,拍广告片其实赚不了多少钱,利润很少,竞争还非常激烈,所以,创意人才流动也是有各种各样的原因吧,比如收入、工作状态、提升空间,或者其他行业的诱惑,等等。我有一个师兄,放弃做文案创意之后,到户外媒体做销售;还有一个朋友,原来也是做广告的,现在在一个艺术团当副团长,经常带团到全国各地演出。"

文化创意从业者因为现实生活的需要进行流动,无可厚非。但无疑,这种向行业外或是不同岗位的流动,也会对文化创意阶层的形成和发展造成不利的影响。

这里想继续探讨的是创意需要激情的话题,一个文化创意从业者的坚守可能更多地来自职业创造所带给他的成就感、荣誉感。以中央电视台《焦点访谈》栏目制片人、主编庄永志为例。将近10年前,笔者第一次在《新闻调查》见到他的时候,他正在一丝不苟地翻阅观众来信,从中发现选题线索,那时,他是这一声名显赫的深度调查栏目的策划。10年间,斗转星移,当不少人已经"各奔前程"的时候,再次见到他时,依然如同10年前的从容、淡定,但话匣子一打开,那单薄身躯中所蕴含的巨大能量却令人敬佩,谈及当时接连发生的"血拆"事件,他神情凝重;说到刚发现的采编人才,他满怀欣喜。他在北京没有买房,而是在老家为父母买了一套房子,每月还贷,同时,还不间断地资助以前节目中的采访对象。

可以说,正是这些有激情、有信念的人,中国文化创意阶层的形成才有希望,他们是文化创意阶层在形成过程中的精神脊梁。与此相关,《创意阶层的崛起》一书中提到了一个"内在报酬"的概念,"哈佛商学院心理学家特蕾莎·阿玛贝尔(Teresa Amabile)在对动因和报酬的研究中发现:内在动机有助于创意的发挥,而外在动机则是有害的。当人们主要是出于自身的兴趣和喜欢某项活动而从事这些活动时,他们就会比那些主要受外部目标激发的人更有创意"②。

---

① 佛罗里达.创意阶层的崛起:关于一个新阶层和城市的未来[M].司徒爱勤,译.北京:中信出版社,2010:34.
② 佛罗里达.创意阶层的崛起:关于一个新阶层和城市的未来[M].司徒爱勤,译.北京:中信出版社,2010:38.

四、文化创意阶层生成与发展的条件

文化创意从业者在成长过程中受到来自家庭、学校、社会等方面的影响,可以说一个优秀的文化创意人才的形成是多重因素影响下的结果。

佛罗里达在阐发人生而具有创意能力时,认为创意与个体所生存其中的家庭、民族、种族、国家等无关。如果不是翻译而带来的理解偏差的话,我对此持不同观点。因为,个体的思维与行为方式、文化价值观等一定会受到其生活环境的影响,继而又会影响到其创意的能力与方式。

泰勒·考恩(Tyler Cowen)在论述文化创造性时,提出了"气质说"的观点,他认为:"气质是一个文化的特殊感觉或品位,气质包括了人们行为方式的隐秘知识或背景知识,但往往不能被语言或文字描述出来。气质可以被看作是一个社会的世界观、风格和灵魂构成的背景网络,或文化解释的框架,因此气质是用以创造或观察艺术背景语言的一部分。"[①]生活在同一国家、同一文化中的文化创意从业者既有相同的"气质",同时,不同的家庭环境和教育背景,又使其呈现出差异。

前一部分,我们探讨了文化创意阶层应具备的核心素质。这里,我们需要分析的是这些核心素质是如何形成的,又有哪些因素会影响其形成。

根据文化创意人才成长的过程,分以下阶段来进行探讨:

(一)童年时期:以"家庭人"为主的阶段

让·皮亚杰(Jean Piaget)认为,人的知识不管多么高深、复杂,都可以追溯到其童年时期,甚至可以追溯到胚胎时期。对于儿童思维的发展,皮亚杰的观点是,从出生到两岁左右是人思维的萌芽期,这一阶段的心理发展对未来心理演进的整个过程起着决定作用。十一二岁左右,儿童的思维能力已能超出事物的具体内容而感知事物。[②] 童年阶段对一个文化创意从业者的影响包括两个方面:

首先,童年时期,人所接受的来自家庭的影响,对其心智发展、人格塑造都有着至关重要的作用。

在对海润影视孙允亭的访谈中,他所讲的一个童年故事,给我们留下了深刻的印象:在他刚上小学的时候,有一天,他背着书包正欲出门,被其父亲唤回,父亲让他想想忘了什么。他匆忙检查了一下书包,该带的都带着呢,又欲出门,再次被父亲喊回,又认真翻看书包,还是没发现什么。直到他第三次被父亲叫住时,父亲才为他揭开答案——忘了跟爸妈说再见。20多年后,孙允亭还能够清晰地回忆起这件陈年往事,在

---

① 考恩.创造性破坏:全球化与文化多样性[M].王志毅,译.上海:上海人民出版社,2007:60.
② 勒弗朗索瓦.孩子们,儿童心理发展:第9版[M].王全志,等译.北京:北京大学出版社,2004.

讲述中充满对父亲的爱与感激。他说父亲从不强迫或硬性灌输给他什么,比如搬家了,担心他换一个新环境不适应,父亲没有替他决定是否转学。在父亲的这种教育中所养成的自信和独立思考意识,成为孙允亭成长中的财富。

相反,有问题的家庭教育,会形成一种恶性循环,正所谓"一代人替一代人吃药",如果缺乏反思意识的话,人们往往会以父母对待他的方式来对待他的下一代,或者简单粗暴,或者溺爱无度。且不说创意能力,这种教育方式,从长远看,将直接影响整体国民现代人格的形成,当然,还有国家文化发展战略的实施。

其次,童年时期人们的体验和经历将成为其日后从事文化创意活动的重要源泉。

在《作家的童年经验及其对创作的影响》一文中,童庆炳教授举中外成功作家的实例,阐释了一个核心观点,即童年记忆对于一个作家具有至关重要的意义。"每一个人都有一个童年,有生养他(她)的父母,有养育他(她)的故乡,有属于他(她)的独特的心理事件和喜怒哀乐等等。这一切构成了他(她)最初的生活环境和人生遭际,形成了他(她)的短短的却是重要的经历。然而,完整的童年经验并不仅仅是指原本的童年生活的记录,它还包括活动主体对自身童年生活经历的心理感受和印象。……童年经验的这种性质对作家至关重要,它意味着一个作家可以在他一生的全部创作中不断地吸收他的童年经验的永不枯竭的资源。"[1]

不仅对于作家的文学创作是这样,童年记忆的作用在当今许多艺术家的经历中也得到了证明。日本动画大师宫崎骏幼年时,母亲因病住院长达9年,他放学回家为照顾两个弟弟,在纸上画画给弟弟讲故事,这与其日后走上动画创作道路不无关系。台湾青年剪纸艺术家吴耿祯童年生长在台南海边,盐水溪是台南市最大的溪,吴耿祯爷爷家就住在溪边,他可以划着竹筏在溪上玩耍。这种童年记忆为其成年后的设计提供了源泉,溪流、水的曲线成为其作品的主题。[2]

由此可见,创作者童年经验、成长经历与原创力之间有着十分密切的关系。因此,如何有意识地从儿童阶段即开始进行系统的人文素养教育和创意思维训练,对于我国文化创意阶层的养成是十分重要的。

(二)青少年时期:以"学校人"为主的阶段

在本文中,为了论述的需要,童年、青少年时期仅为一个大致划分,这两个阶段之间会有交叉。前一阶段,我们着重分析的是家庭对人创意能力形成的影响。这一阶段,我们来探讨学校教育的作用,并将大学作为关注重点。

在文化创意人才养成的过程中,大学肩负着提供系统、正规的理论指导和实操训练教育的任务,一方面是对学生大学前的创意潜能的激发和提升,另一方面是为学生

---

[1] 童庆炳.作家的童年经验及其对创作的影响[J].文学评论,1993(4):54-65.
[2] 胡毋意.文化创意产业的原创力研究[D].上海:复旦大学,2010.

就业后的从业之路夯实基础、铺平道路。

但是,根据笔者从 2009 年至今,对全国 20 多所开设文化产业相关专业的高校的走访调研来看,情况并不十分乐观。

较为突出的一个问题是某些办学者存在"本位"主义思想,比如,有的院校文化产业管理专业负责人是学文学出身,或者多数老师都是做文艺理论研究的,那么,他们就以理论教育和研究作为本专业学生的培养重点,甚至几乎涵盖所有的教学内容。客观来看,在文化创意产业的发展中,我们需要批评家,更需要建设者。一个"只见过猪跑"却"没吃过猪肉"的人,不仅难当创意之任,无疑也难以做好策划、管理等工作,即便是做批评研究,是否能够真正切中肯綮,恐怕也是个问题。

因此,对于开办文化产业专业的院校来说,首先要有一种对未来负责的态度,在此基础上,可以因"史"制宜(即根据本学校的优势资源或者本专业所依托院系的传统资源,来确定自己的"差异化"发展路径)、因"地"制宜(即充分利用本地的自然、人文、社会等资源,来确定自己的人才培养重点),同时,充分考虑国家、区域文化产业发展战略规划等多方面因素,来确定本专业的人才培养模式。

根据笔者的教学体会,具体到创意能力培养方面,要在理论和实践、"博"与"专"之间把握适度原则。文化产业及其相关专业的学科交叉性较强,对学生的人文基础、管理能力、创意灵感和操作技能有综合的培养要求。实践课设置过少,不利于学生锻炼和掌握实际操作技能;实践课设置过多,会挤占理论课的时间,不利于提升学生的人文素养,相应会影响学生思维能力和创造能力的培养。

如何适时、适量、适度、适需地设置实践课程,是文化创意人才培养中需要考虑的一个问题。结合学生不同阶段的需求,在不同年级各有侧重地设置实践课程,循序渐进地培养学生的创意热情和创意能力,是一种较为可行的方式:

一年级,设置一些"过渡性"实践内容,培养学生的专业兴趣,使他们顺利进入专业角色,明确本专业的学习定位,对自己的职业规划有一个初步设想;二年级,开设一些实践方法课,同时,在理论课中适量增加案例分析,运用探究式的教学方法,培养学生独立思考的能力;三年级,集中划分板块,开设不同主题的实践课,如视听传播类、编辑出版类、项目运作类,同时,与大学生科研与创业项目相结合,指导学生走出校门,到文化产业第一线去,与真实的社会消费需求直接接触,增加其对自己所学专业适用性的感性和理性认知;四年级,利用校内外的实习基地,为学生提供真正进行实践操作的平台,在实战中磨炼学生的抗挫折能力、应对能力、判断能力等,使其在毕业时可以与就业市场平稳对接。

(三)就业后时期:以"社会人"为主的阶段

这一部分,要探讨的是政府、企业及社会组织在文化创意阶层生成与发展中所应扮演的角色、发挥的作用。

首先，政府有责任为文化创意阶层的生成和发展提供制度环境和政策支持。

在制度环境方面，要通过教育体制的改革、创意评价体系的构建、相关法律法规的完善，提供适合文化创意人才成长的气候和土壤，在全社会营造一种宽容、和谐的文化氛围。

佛罗里达在《创意阶层的崛起》中谈到一位他曾采访过的年轻女性："（她）以一种严肃且令人印象深刻的措辞描述了'寒蝉效应'——在我从小长大的地方，我们习惯了按部就班的生活，没有人鼓励我们进行创造，确立我们自己的目标，相反只是按照少数几个人的目标行事。我要说的是，我们都是'制度化'的个体——因为制度决定了我们的生活方式。"[①]好的创意需要与众不同的思维方式和习惯，实现这一点，不仅需要个人，更需要整个社会的共同努力，否则，文化创意阶层的生成与发展便成了"无本之木，无源之水"。

在政策支持方面，要为文化创意人才的培养、培训、就业、发展提供相应的服务和保障，解决影响文化创意阶层形成的一些具体问题。例如，资金问题。如果各地政府可以从园区、基地的建设投资中，拿出一部分用于人才培训或是作为创意基金，或许会在一定程度上改变"大楼"与"大师"的悬殊比例。

在"2011中国版权年会"上，柳斌杰表示，为了鼓励文化领域出新作品、新创意，政府将通过设立文化创意扶持体制和基金给予鼓励，例如中央到地方提供资金扶助，福利彩票相当比例倾向文化领域。希望这些"将来时"的举措能够成为"现在时"，并且能够真正对于改变我国文化创意阶层的生存环境起到积极的推动作用。

其次，企业与社会组织有义务为尚处于"试飞"期的文化创意人员提供必要的培训。

通过对北京一些刚走出校门的文化创意从业者的采访，发现很少有企业会安排专门的入职培训。新入职的文化创意从业者固然可以"在干中学""以战代训"，但是对于这些初出茅庐者来说，刚进入一个行业（企业）的前3个月，成了"刻骨铭心"的"阵痛期"，不少人在此期间会出现自我怀疑，在离开还是留下之间反复徘徊。我们甚至可以将之称为"3个月现象"。分析这一现象产生的原因，从个体角度而言，当进入一个新的、陌生的环境，谁都会面临一个逐渐适应的问题；从企业角度来说，文化创意行业竞争压力大、工作节奏快，毕业生并非成批入职，这都给组织培训提供了一定的难度。但是，客观来讲，企业负有责任安排专人对新入职的员工进行工作内容、流程、要求的基本讲解，以帮助新入职者尽快适应工作环境，这对于企业而言也是非常有利的。

日本电通广告公司的做法值得我国的文化创意企业借鉴：电通公司创办了针对在

---

① 佛罗里达.创意阶层的崛起：关于一个新阶层和城市的未来[M].司徒爱勤,译.北京：中信出版社,2010:24.

校大学生的电通创意塾,每年吸引众多大学生参与其培训计划,培养了一大批广告创意与策划人才。同时,公司会为员工进行入职培训,内容涉及职业素质、业务流程和专业技能等。此外,公司还为员工提供职业终身教育,选派业务骨干到国外学习营销、管理、人事和财务等专业知识,以提高企业的核心竞争力。[1]

所以说,在文化创意阶层的形成与发展中,政府、学校和企业不能"铁路警察,各管一段",而应共同肩负起为国家文化发展谋未来的责任感和使命感。

五、结语

党的十七届六中全会提出,文化的发展繁荣,队伍是基础,人才是关键。要深入实施人才强国战略,牢固树立人才是第一资源思想。加快培养造就德才兼备、锐意创新、结构合理、规模宏大的文化人才队伍。

文化人才队伍建设目标能否实现,无疑直接关系到国家的文化发展战略。而文化人才队伍建设,亦即本文所探讨的文化创意阶层的形成与发展,并非可以"头痛医头,脚痛医脚",按照中医的说法,若要调气血,需从脾胃调起。在实际操作中,要本着"以人为本"的原则,着眼长远,制定规划,明确政府、学校、企业及相关环节各自的职责。同时,在这一进程中,要有自我检省的意识,借鉴国外的相关经验,不断纠正偏差、调整完善,使得我国文化创意阶层能够在一个适宜的生态环境中健康成长。

[本文原载《中国文化产业评论(第15卷)》(2012年第1期)]

---

[1] 周华清.美日广告教育模式比较研究[J].中国出版,2011(16):75-78.

"非遗"传承人开办"家庭博物馆"的意义与策略

一、前言

随着经济的快速发展,文化遗产的保护问题愈加严峻,特别是对于那些尚未获得足够关注的非物质文化遗产而言,更是如此。在这一背景下,从 2003 年至今的十年间,我国在非物质文化遗产保护方面的规定、立法从无到有,不断完善,显示出一个具有悠久历史和丰富遗产的国家在文化保护方面应有的姿态。

联合国教科文组织于 2003 年 10 月通过《保护非物质文化遗产公约》,2004 年 8 月,我国全国人大常委会通过决议,加入该公约;2005 年 3 月,国务院办公厅下发《关于加强我国非物质文化遗产保护工作的意见》,对国家级非物质文化遗产代表作申报评定暂行办法做出了规定,并明确了相应的工作管理机构;2006 年 5 月,国务院批准和公布了第一批国家级非物质文化遗产名录,共计 518 项;2006 年 11 月,文化部下发了《国家级非物质文化遗产保护与管理暂行办法》;2011 年 2 月 25 日,《中华人民共和国非物质文化遗产法》由十一届全国人大常委会批准通过,并于当年的 6 月 1 日正式实施。

以上举措对拯救正在消失中的非物质文化遗产以及推动非物质文化遗产的保护、延续和再创造起到了重要的作用。但不容忽视的是,从世界范围来看,非物质文化遗产保护依然是一个新的、需要不断探索的课题,对于正行驶在经济发展快车道的中国而言,非物质文化遗产保护更是面临许多挑战。

非物质文化遗产的保护、传承以及再创造,都属于传承人、习得者以及欣赏者的智力劳动和精神感受的范畴,因此,应更多地遵循文化发展与传播的自然规律,探索有利于其生命周期延续和重新焕发生机的保护与传承方法。本文将以"传统技艺"类的非物质文化遗产为例,分析传承人开办面向公众开放的"家庭博物馆"对于非物质文化遗产保护与传承的现实意义,并结合具体案例来分析其在设计与传播方面的策略。

二、研究对象的界定及相关文献综述

(一)研究对象的界定

1.非物质文化遗产的界定与分类

联合国教科文组织《保护非物质文化遗产公约》中对"非物质文化遗产"的界定是:"被各群体、团体、有时为个人视为其文化遗产的各种社会实践、表演、表现形式、知识和技能以及相关的工具、实物、工艺品和文化场所。"根据这一定义,该公约将"非物质文化遗产"分为五类:(1)口头传说和表述,包括作为非物质文化遗产媒介的语言;(2)表演艺术;(3)社会风俗、仪式、节庆;(4)有关自然界和宇宙的知识和实践;(5)传统手工艺技能。[1]

《中华人民共和国非物质文化遗产法》对"非物质文化遗产"的界定为:"各族人民世代相传并视为其文化遗产组成部分的各种传统文化表现形式,以及与传统文化表现形式相关的实物和场所。"具体分类包括:(1)传统口头文学以及作为其载体的语言;(2)传统美术、书法、音乐、舞蹈、戏剧、曲艺和杂技;(3)传统技艺、医药和历法;(4)传统礼仪、节庆等民俗;(5)传统体育和游艺;(6)其他非物质文化遗产。[2]

从定义来看,我国《非物质文化遗产法》较国际公约要笼统一些。作为补充,在对分类的描述方面,前者比后者要更为具体一些,比如,对应公约的"表演艺术"一项,我国《非物质文化遗产法》将其明确为"传统美术、书法、音乐、舞蹈、戏剧、曲艺和杂技",此外,在其他类别中,还具体列出了"医药和历法""传统体育和游艺"等项目。从法律实施的角度来看,分类描述越具体、清晰,越有利于非物质文化遗产的申报和保护。

2."非物质文化遗产"传承人

国务院 2005 年发布的《关于加强我国非物质文化遗产保护工作的意见》,首次正式使用"传承人"这一概念。2006 年 12 月 1 日起施行的《国家级非物质文化遗产保护与管理暂行办法》对"传承人"应符合的条件进行了规定:完整掌握该项目或者其特殊技能;具有该项目公认的代表性、权威性与影响力;积极开展传承活动,培养后继人才。[3] 根据这一规定,我们可以将"非遗"传承人界定为"某项'非遗'项目最具影响力

---

[1] 保护非物质文化遗产公约[EB/OL].(2003-10-17)[2013-03-05].http://www.moe.gov.cn/strcsite/A23/jkwzz_other/200310/t20031017_81309.html.
[2] 中华人民共和国非物质文化遗产法[EB/OL].(2011-05-10)[2013-03-01].http://www.npc.gov.cn/zgrdw/huiyi/fwzwhycbhf/2011-05/10/content_1666069.htm.
[3] 国家级非物质文化遗产保护与管理暂行办法[EB/OL].(2007-01-07)[2013-04-02].http://www.gov.cn/gongbao/content/2007/content_751777.htm.

的代表人物,对于该项目的保护与传承起到至关重要作用的人"。

2007年6月,文化部公布了第一批"国家级非物质文化遗产项目代表性传承人"名单,包括民间文学、杂技与竞技、民间美术、传统手工技艺、传统医药等5大类的226人。截至2012年底,国务院共公布三批国家级非物质文化遗产名录和两批扩展名录,合计1,530项;公布国家级非物质文化遗产项目代表性传承人四批,共计1,986人。①与此同步,各省、市也相继认定了省级、市级非物质文化遗产项目及代表性传承人,并通过为传承人提供相应的资助、支持传承人开展传习活动等一系列举措,为"非遗"的保护工作奠定了基础。

3."家庭博物馆"

1974年,国际博物馆协会对博物馆做出界定:"博物馆是一个不追求营利的、为社会发展服务的、向公众开放的永久性机构,为研究、教育和欣赏的目的,对人类和人类环境的见证物进行搜集、保存、研究、传播和展览。"②由此可见,博物馆的功能包括搜集、保存、研究、传播、展览、教育、欣赏等。

"家庭博物馆"是以个人或家庭为创办者和运行主体的博物馆。在本文的研究中,"家庭博物馆"不同于私人博物馆、民办博物馆,在对开办主体特征予以强调的基础上,还有对"家庭"这一特定空间环境的强调。因为,正是这一特定的空间,使这一类型的博物馆蕴含了更为丰富、更具人性化的文化信息,也为参观者提供了立体、多元体验的可能性。

(二)文献综述

以"家庭博物馆"为主题,在中国知网中跨库检索,搜得22篇有效文献,其中有12篇为各类报纸对"家庭博物馆"这一新兴事物的报道,学术论文为10篇。这10篇学术论文可以分为两大类,一类是对少数民族区域以民族风情文化为主题的家庭博物馆的研究,如《民间博物馆在非物质文化遗产保护中的作用与地位——以湘西凤凰山江苗族家庭博物馆为例》(石民勇,2008)、《开启山野文明的钥匙——西江苗寨建立"家庭博物馆"有感》(张玲玉,2008);一类是对城市居民基于个人兴趣所开办的家庭博物馆的研究,如《原生态的上海石库门家庭博物馆》(张文琪,2013)、《申城家庭博物馆热》(吴少华,2001)。通过梳理发现,尚未有针对"非遗"传承人家庭博物馆的研究。

在EBSCO外文期刊数据库中,以"household museum"为关键词搜索,除一篇英国女王开放骑兵博物馆的报道外,未发现有家庭博物馆的相关学术论文。以"family museum"为关键词,相关论文有 *The Disney Story*(Reid, Robert L, 2010),是对建于

---

① 数据根据国务院正式公布的三批非物质文化遗产名录累计整理。
② 博物馆[EB/OL].[2013-04-02].http://baike.baidu.com/subview/41497/6740504.htm?fr=aladdin.

旧金山附近的迪士尼家族博物馆的空间结构和设计等进行的探讨。除此之外，未发现有非物质文化遗产家庭博物馆方面的论文。

通过对国内外相关研究的不完全统计，从传承人开办家庭博物馆的角度来探讨非物质文化遗产保护的论文数量较少。结合国内的实践，可以对这一状况进行解释，即目前传承人开办家庭博物馆尚属少数，该问题还未成为研究的热点。

但是，从发展趋势来看，这也正说明了研究的意义与价值。对国外非物质文化遗产保护相关研究的梳理，也可以从另一角度验证这点：目前，各国政府在保护的政策导向上已经体现出了由以"物"为核心向以"人"为主导的理念转变，加大了对遗产承载主体的认识与尊重，从而使非物质文化遗产保护活态性与动态性的特征逐渐显现。[①]

在我国，某些地方政府在鼓励传承人以多元化的方式进行"非遗"传承、与公众开展深度互动交流方面做了一些尝试。如北京市为民间手工艺制作家庭挂牌，将其命名为"家庭艺术馆"，涉及鬃人、面人、剪纸、泥人等艺术种类。"家庭艺术馆"除了展示之外，还会进行传统技艺的讲学、授课以及与社区、学校合作开展活动等。

我们所要探讨的传承人"家庭博物馆"在功能上比"家庭艺术馆"更进一步，更强调对传承人所承载的文化信息的多维呈现：不仅展示技艺本身，而且将传承人的成长经历、文化观念、生活环境等纳入展示与交流的范畴，以"人"来打动人，以"人"来影响人。这是传承人"家庭博物馆"的价值所在，也是本文研究的意义所在。

三、以"人"为主导的展示与传习实践：建立传承人"家庭博物馆"的前奏

目前，非物质文化遗产保护和传承的主要方式可分为展示和传习两大类。非物质文化遗产的展示，主要是在专门的展馆、展厅中以文字、图片、视频或实物的方式进行静态展示；传习，主要是在展馆、学校或是传承人的家中等场所通过讲座、交流、教学等方式对非物质文化遗产进行讲解和技艺传授。"据不完全统计，目前，全国各省（区、市）已建立国有或民营等各种形式的非物质文化遗产馆 424 个、展厅 96 个，民俗博物馆 179 个，传习所 1,216 个。"[②]

那么，当前"展示"与"传习"这两种方式的效果如何呢？

2012 年，笔者与研究生对北京市西城区非物质文化遗产保护与传承状况进行了调查。根据该调查，单纯的静态展示在传播效果上并不理想。

以西城区非物质文化遗产展示中心为例，该中心 2009 年 6 月 12 日正式对外开

---

① 谢菲.国外非物质文化遗产相关研究述评[J].贵州民族研究，2011(3)：93-98.
② 刘魁立.我国非物质文化遗产保护的若干问题[EB/OL].(2010-09-03)[2013-04-03].http://npc.gov.cn/npc/c12434/c541/t20190522_66317.html.

放,是北京市首家,也是目前唯一一家"非物质文化遗产保护项目"专业展览馆。一层的展厅展示北京的国家级非物质文化遗产项目,二层展示了西城区的非物质文化遗产项目,这两个展出区域在设计和布置上与常规的静态展览大同小异,参观者走马观花,难以认识到这些非物质文化遗产的精妙之处,更遑论对其产生浓厚的兴趣了。

为了改变这种单一、单向的传播方式,该中心又辟出专门区域。在一层设置民间工艺展示区,参观者可以看到手绘京剧脸谱、皮影制作等民间手工艺人在现场的制作和展示;在二层设置传承人工作室,由非物质文化遗产的传承人在此进行制作、展示,参观者既可以与传承人直接互动交流,了解手工艺品的制作流程和技巧,也可以在传承人的指导下,尝试现场制作。

除了在静态展示中融入动态的元素、为参观者与传承人提供一个面对面交流的平台之外,西城区什刹海街道办事处于2012年暑假举办的面向辖区内小学生的"非遗"夏令营也是在传承方式创新方面的一次有益尝试。这次活动的意义,一是在于"'非遗'传承,从娃娃抓起";二是主要面向在什刹海就读的外来务工人员子女,以"我的童年在北京"为主题,向孩子们展示皮影、毛猴儿、风筝、面人、脸谱这些非物质文化遗产,并请毛猴儿、皮影等项目的传承人现场讲解制作方法,指导孩子们动手参与完成一件作品。同时,也通过孩子进一步影响家长,激发他们的兴趣,使越来越多的人参与到非物质文化遗产保护的行列中。

可见,一些文化主管部门已经认识到以"人"为主导、为"传承人"与公众的直接交流搭建平台的重要意义,开始尝试在非物质文化遗产的保护与传承中创新思路与方法,使公众可以近距离地接触这些传统手工技艺,感受其蕴含的文化魅力。但是目前,邀请传承人到博物馆进行现场展示,在展览场馆中为传承人开设工作室以及组织小学生"非遗"夏令营等做法毕竟尚未普及,更多的非物质文化遗产仍然是以展板、屏幕的方式与参观者见面,这种单调且没有"温度"的方式限制了非物质文化遗产生命力的体现。而且,从调查来看,传承人在展馆开设工作室、组织"非遗"夏令营等方式,在对非物质文化遗产的生活化、常态化呈现以及传播方面也存在一定的缺憾,有待进行理念与方式的进一步创新。

在非物质文化遗产的保护与传播过程中,传承人无疑是重要的主体。如何充分发挥传承人的作用,将保护与传播融为一体,在保护中进行渗透式传播,在传播中实现自觉性保护,是我们需要进一步探讨的问题。

四、特殊的空间选择及符号意义的建构:传承人"家庭博物馆"的理论思考

维特根斯坦认为"理解一种语言,就是理解一种生活方式"[①],同样,理解一种文化,也是理解一种生活方式。了解一种非物质文化遗产的理想方式,是进入其形成与发展的天然环境当中,在传承人真实的生活状态中感受其艺术创作,体会这一文化遗产的独特魅力。从这个角度来看,非物质文化遗产项目的传承人以其现实生活环境为基础来开设"家庭博物馆",集艺术作品展示、技艺传习、互动交流、参与体验等功能为一体,具有其他空间所不具备的文化符号意义和传播优势。

以北京市西城区什刹海为例,什刹海区域是北京旧城中30片历史文化保护区中面积最大的一片,也是传统风貌保留最为完整、历史文化资源最为丰富的区域。什刹海核心保护区由成片保护最为完整的四合院构成,在动与静的结合中展现着老北京人的生活环境与生活方式。正是在这里的胡同和四合院中孕育出了鬃人、毛猴儿、皮影、风筝、泥塑等民间手工技艺,这些艺术的产生与发展都与胡同居民的精神生活需求息息相关。

其中,始创于清朝末年的"鬃人"是受皮影戏和京剧的影响而产生的。"鬃人"人物造型高约9—16厘米,头和底座采用胶泥脱胎,用秫秸秆做身架,外绷彩纸(或色绸)做衣服,内絮少许棉花。依据故事勾画脸谱、描绘服饰,并且,在底座上粘一圈约2—3厘米长的猪鬃。按照京戏中的生、旦、净、末、丑,由若干个鬃人组成一组戏剧人物,将其放置于铜盘中,轻轻敲打铜盘的边沿,靠猪鬃的弹力,盘中的鬃人便会舞动起来,配上京剧的唱腔,如同真人在舞台上演出一样,老北京人也称其为"铜盘人"或"盘中好戏"。这一艺术形式巧妙地将京剧文化与物理学原理相结合,是为数不多的可以进行动态表现的民间手工艺品。[②]

"鬃人"于2007年被评为北京市级非物质文化遗产,被称为"鬃人白"的白大成是目前"鬃人"艺术的唯一传承人。2004年12月,白大成位于什刹海街道东官方胡同1号的家和"面人"艺人张宝琳家、剪纸艺人刘韧家一起被西城区文委命名为"家庭艺术馆"。在白大成家一层的展室,参观者可以看到以200多个京剧人物为原型的300多件鬃人。当参观者对"鬃人"艺术表现出浓厚的兴趣时,主人会耐心讲解、现场表演,还会和参观者探讨怎样更好地保护非物质文化遗产。

在这一展示与交流的过程中,我们可以发现:传承人、居所、展品等构成了一个特殊的"场域",与常规的展馆或是展厅相比,传承人的家庭这一特定环境由于承载了一

---

① 维特根斯坦.哲学研究[M].李步楼,译.北京:商务印书馆,2005:341.
② 鬃人[EB/OL].[2013-04-03].http://baike.baidu.com/item/鬃人/6457509.

定历史的生活空间和传承人真实的生活状态,因此可以传递出更为丰富的感性信息。正如文化哲学家卡西尔所言,作为一种符号的艺术"既不是对物理世界的模仿,也不只是强烈感情的流溢。它是对实在的再解释,不过不是靠概念而是靠直观,不是以思想为媒介,而是以感性形式为媒介"①。如果说在常规展馆中,参观者可以接收到的信息是平面的、被动的、单向的,那么,在传承人家中,所获得的信息可以是立体的、主动的、双向的。传承人在自己熟悉的生活环境中,所呈现出的是真实的生活状态,参观者在与传承人的交谈中以及对其创作的观摩中,可以完整地感受到传承人对于其所传承的文化遗产的理解。同时,胡同本身就是一个沉淀了厚重历史的博物馆,走进胡同中的院落,对于参观者来说,无异于进入一个特定的可以与历史对话的情境。

根据布尔迪厄的观点,"文化资本的传承和积累是长时间的过程,其结果是形成某种生活方式"②,虽然布尔迪厄的这一观点是针对某一社会阶层来说的,但对于具体的个体而言,这一论断也是适用的。在文化传承与积累的过程中,一些文化符号被"铭刻到持久的、一般化的与个人身体的关系中,铭刻到掌握一个人的身体、显示给他人、移动它和为其制造空间的方式中,由此赋予身体一种社会性外观。身体习性是经验和表达一个人的社会价值感的切身而实际的方式"③。同时,在其日常的生活空间中,传承人相对会呈现一个放松的状态,其对自身"社会性外观"和"身体习性"的装饰成分相对较少。从传播效果来讲,其愈是展现出其真实的生活方式、创作状态,对参观者获取感性信息的价值就愈大。

因此,"家庭博物馆"的意义在于充分认识其在空间上和主体状态上所蕴含的特殊文化符号价值,这些在特殊空间、特殊状态下所传递出的符号信息,具有不可替代性、不可复制性,每一个参观者、每一次参观过程,都可能会产生不同的体验,这取决于参观者与传承人之间的流动的人际交流状态。静态的空间环境和动态的人际交流,共同建构了参观者全感官参与的个性化文化体验。

目前,传承人的"家庭艺术馆"将作品与技艺的展示引入"家庭"这一特定的环境中,使其具备了内容人性化、空间立体化传播的可能性。但是,大多数人还未认识到空间上和主体状态上所蕴含的特殊文化符号的意义,因而,"家庭"这一特殊"场域"的价值还有待开发,即进一步实现由"艺术馆"到"博物馆"的迁移,形成文化"符号圈"的设计与发展理念。

---

① 卡西尔.人论[M].甘阳,译.上海:上海译文出版社,1985:186-187.
② 张意.文化与符号权利:布尔迪厄的文化社会学导论[M].北京:中国社会科学出版社,2005:142.
③ 张意.文化与符号权利:布尔迪厄的文化社会学导论[M].北京:中国社会科学出版社,2005:143.

五、从点到面形成文化"符号圈":传承人"家庭博物馆"设计与发展策略

(一)个体、区域与城市整体相结合的分层设计策略

追求真实的状态并非要排斥有效的设计,合理的设计有助于在不影响主人家正常生活秩序的同时,为参观者提供近距离接触非物质文化遗产、与传承人面对面深入交流的机会;有助于在有限的空间中,最大限度地展示不同时期、不同类型的艺术品,并能够划分静态展示观摩区、动态创作体验区,使动与静相得益彰、互不影响。

"鬃人白"白大成位于什刹海东官房胡同1号的家有5间平房,其中的两间作为展厅,面积约为40平方米。展示分为三个主题:"鬃人"系类作品、戏曲艺术藏品、民间手工艺品,展品合计在1,500件以上。由于展品太多,一部分不得不集中放在柜子里,加之被称为"盘中戏"的"鬃人"在静态展示的同时,更重要的是进行动态表演,才能让参观者领略这种手工艺术的神奇之处,所以,在展厅中还需要辟出一定的表演空间。因此,非物质文化遗产项目传承人的"家庭博物馆"在空间设计的策略上,一是要与整体宅院的结构、所处外围环境(如北京胡同)的历史等相结合;二是要突出所传承的非物质文化遗产项目的主题,在"专"的基础上做到"博";三是充分利用现有空间,合理划分不同区域,通过巧妙的布局,在小空间里营造大意境,使参观者可以在历史时空与现实时空中自如"切换",获得独特的感官和精神体验。

在做好单个传承人"家庭博物馆"设计的同时,要将散落在城市中的传承人"家庭博物馆"分区域串联成线,并绘制出"城市家庭博物馆地图"。例如,北京市西城区从2004年首批"家庭艺术馆"挂牌至今,已经先后成立了超过40家的"家庭艺术馆"。西城区可以从中选出文化价值高,且在展品数量、展出面积、接待能力等方面达到公开展出条件的传承人家庭,作为非物质文化遗产"家庭博物馆"来设计。这样,在什刹海周边这一相对集中的区域里,若干个"家庭博物馆"自然地分布,连同其所处的胡同一起,可以形成一个庞大的、开放的生态博物馆。在此基础上,借鉴国外一些景区的经验,还可以印制区域"家庭博物馆"手绘地图,由参观者在任一家庭博物馆中免费自取;区域内的便利店、书报亭等处,也都可以放置类似的"文化地图",向游览者免费提供。

在传承人"家庭博物馆"的整体发展思路上,除了突出单个博物馆的特色、建立区域文化优势之外,还要将"家庭博物馆"放到整个城市的范畴内来予以观照,即从个体到整体,"符号形成文本,文本形成文化,文化形成符号圈"。"符号圈"的概念,是洛特曼受维尔维茨基"生物圈"概念启发而提出的。洛特曼在1984年发表的《论符号圈》一文中对"符号圈"概念进行了解释:"在现实运作中,清晰的、功能单一的系统不能孤立

地存在。它们只有进入到某种符号的连续中才能起作用。这个符号的连续体中充满各种类型的、处于不同组织水平上的符号构成物。这样的连续体,我们按类似于维尔纳茨基的'生物圈'概念,称之为'符号圈'。"符号圈中的每个符号、每个文本都是独立的个体,对于自身而言,其是整体;但其同时又作为系统中的一部分,存在于符号圈的整体之中,进行着传承、保护、产生信息的循环。

城市作为人的聚集场所,如同个体的人一样,在其成长的过程中,逐渐形成了自身的气质,这种气质糅合了不同的性格元素,相应呈现出不同的面向。以北京为例,在其实现国际文化中心目标的过程中,传统历史文化、当代创意文化以及自然生态文化等将共同构成北京城市文化的"符号圈",每一类文化符号都将从其他文化中获取营养,来强化自身传承、保护以及产生新的信息的能量。传承人"家庭博物馆"作为一类重要的文化符号,既要保持个性,展示特性,同时,也要能够与区域、风格、城市的文化气质相得益彰,给人以整体的、自然的美感。

(二) 传承人"家庭博物馆"文化影响力的提升策略

既要充分给予传承人在"家庭博物馆"运行与管理方面的自主权,遵循文化生产的规律,使传承人可以保持自在自为的艺术创作状态;同时,也需要各级政府和文化管理部门提供政策的引导与扶持,从而形成规范、可持续发展的整体态势,形成更大的文化影响力。

例如,在借助新媒体建构有效的传播平台方面,城市文化旅游主管部门可以在官网上开辟传承人"家庭博物馆"频道,对各"家庭博物馆"的相关信息进行整合传播;同时,鼓励各"家庭博物馆"开设微博,并通过城市文化旅游官方微博对其进行关注和推介。在智能手机和4G网络逐渐普及的背景下,传承人的"家庭博物馆"还可以利用微信等社交媒体来建立与公众在信息和情感上的直接互动,使更多的人关注非物质文化遗产的状况以及重视非物质文化遗产的保护问题。

此外,传承人"家庭博物馆"文化旅游纪念品的设计开发也是文化传播的重要内容。目前,国内博物馆的纪念品在种类和创意上都还有待提升。"家庭博物馆"作为新生事物,可以充分发挥在文化技艺方面的特色和优势,在做好"非遗"展示与传习的同时,将富有特色和创意的纪念品作为馆内传播的延续。在此基础上,城市文化旅游管理部门可以从中选取有代表性的纪念品,推荐到其他旅游景点,一方面可以丰富各旅游景点的纪念品种类,另一方面,也可以使更多的人了解"非遗"传承人及其"家庭博物馆"。

六、结语

非物质文化遗产保护是一个世界性的课题,我国的非物质文化遗产丰富,但是,整体来看,目前的保护效果并不理想,在保护的思路、方法、路径方面还需要不断地探索。特别是针对那些濒临失传的非物质文化遗产,如何有效地实施抢救性保护措施,并唤起更多的人对非物质文化遗产的关注,使文化遗产焕发出新的活力与魅力,是当前亟待思考的问题。

尽管目前"非遗"传承人开办"家庭博物馆"还属少数,但是,从理论和实践分析以及趋势判断来看,这是一种值得推广的方式。一个民间艺人相当于一座小型博物馆,一个民间艺人的离世,无疑意味着一座小型博物馆的毁灭。因此,我们需要以不断创新的精神,寻找更好的保护与传承方式,吸引更多的人来关注传统艺术,使传承人的技艺"香火不灭"。只有这样,文化博物馆才能够在有形与无形的空间中"枝繁叶茂"地存在下去。

[本文原载《文化产业研究(8)》(2014年第2期)]

对北京胡同旅游产品深度开发的思考
——以什刹海地区为例

一、北京胡同文化资源分析

北京的胡同形成于元朝,明、清以后又不断发展。据文献记载,元朝共有街巷胡同430条,明代达到上千条,清代发展到1,800多条,民国时期有1,900多条,新中国成立初统计有2,550条。改革开放以来,随着经济和城市建设的发展,至2007年,北京的胡同余1,320条。不仅数量减少,而且,在这1,320条胡同中,只有430条胡同完整保留了传统格局,仅占总数的1/3。有685条部分保留了传统格局,占总数的52%。其余有的仅仅保留了20米长的"胡同";有的也只是几处四合院,如花市头条、手帕胡同;有的正在拆除之中。[①]目前,北京的胡同主要分布在什刹海、西四、东四、东单、前门大栅栏、鲜鱼口等区域,其他区域的胡同已经被新的建筑和改造的气氛所包围。什刹海区域在北京胡同中无疑是一个令人瞩目的亮点。什刹海东起地安门大街,北至北二环南侧,西抵新街口南大街和北大街,南到平安大街,面积323公顷,是北京市旧城30片历史文化保护区中面积最大的一片,也是传统风貌保留最为完整、历史文化资源最为丰富的区域。因此,我们以该区域为例,对胡同文化资源做一梳理。

在民俗文化资源方面,什刹海集中体现了传统的北京居住文化。当地的街巷结构最早形成于元代,许多建筑年代久远,其中,烟袋斜街是北京历史文化轴线的重要节点之一,京味文化突出,已经成为北京重要的特色旅游街。什刹海核心保护区由成片保护最为完整的四合院构成,在动与静的结合中展现着老北京人的生活环境与生活方式。在人文历史资源方面,这一区域历史文化积淀深厚,有40余处文物保护单位,包括位于北京旧城中轴线北端的钟鼓楼,北城仅存的德胜门箭楼,著名的恭王府、宋庆龄故居、郭沫若纪念馆等,在北京城市建设发展史及政治文化史上都占有重要地位。这

---

① 蒋彦鑫.北京仅3成胡同保存完整 旧城保护面临尴尬[N].新京报,2006-12-19.

一区域曾建有王府、寺庙,多达30余座,现代保存比较完好的有恭王府及花园、醇亲王府、广化寺等10多处。在自然风景资源方面,什刹海是北京城内六海水系的重要组成部分,包括前海、后海和西海,人们习惯上将北部三海统称为"什刹海"。34公顷的水面自然地融入街区之中,包含"燕京小八景"之一的"银锭观山"。我们通过对什刹海地区的个案调查,试图探寻解决北京胡同游现存问题的对策以及提升北京胡同旅游文化内涵的途径。

二、对什刹海旅游产品的实证调研

(一)对什刹海胡同游客的问卷调查

2009年8—12月,我们对什刹海胡同的200名游客进行了随机问卷调查。此次问卷调查被访者男女比例为1:1;19—25岁之间的游客占50%,26—35岁之间的游客占30%,36—45岁之间的游客为10%,46—55岁之间的游客为6%,18岁以下的游客为4%。对问卷进行统计发现:在游览方式上,自助游的游客超过70%,随团游的游客为24%。在游览时间上,少于2小时的游客为58%,在2—5小时之间的游客为36%,5小时以上的游客为6%。在游览消费上,游客的花费在100元以上的为48%,在10—100元之间的为36%,在10元以下的为16%。在对服务人员的满意度方面,38%的游客表示满意,20%的游客表示不满意,42%的游客表示没有接触人力车夫、讲解员等提供旅游服务的人员。在对最感兴趣的旅游点方面,52%的游客选择胡同,26%的游客选择水上游览,12%的游客选择名人故居,4%的游客选择寺庙,6%的游客选择其他。在旅游服务及产品定价方面,针对人力车、故居门票及餐饮等的价格,58%的游客认为不合理(价格偏高),42%的游客认为合理。在对胡同旅游整体质量的评价方面,54%的游客表示比较满意,38%的游客认为一般,表示非常满意、不太满意的游客均为4%。86%的游客表示愿意参加与胡同居民的互动活动。在对什刹海胡同游的建议方面,84%的游客认为在"文化表现方式"上需要提升,64%的游客认为"旅游管理"需要加强,42%的游客认为应加大"旅游宣传"力度,52%的游客认为应做好"古建筑维护"。

(二)对什刹海胡同旅游的体验调查

结合观察体验及实地走访,我们发现什刹海的胡同旅游开发存在以下问题:

第一,胡同游产品缺少清晰定位。什刹海胡同旅游项目开发定位不明确、主题不清晰,随着酒吧的大量开张、聚集,破坏了这里原本沉静古雅的气氛,使得主题更加模糊不清。

第二，胡同游产品缺少文化深度。在对什刹海内三轮车夫的采访中我们发现，车夫们普遍觉得现在的胡同游路线不能充分体现北京文化。经过体验，我们发现现在政府部门规定的胡同游路线，实际上只穿行了一条胡同，其他的时间都是沿着水边游览。在胡同中的时间不到整个游程的四分之一，难以深入领略胡同文化。

第三，胡同游产品缺少衍生设计。旅游纪念品不仅能给当地带来可观的经济收入，而且对于游客来说，还可以通过旅游纪念品延伸对该地区的旅游体验。但是目前，什刹海胡同游的配套旅游产品开发不够，缺乏具有北京胡同元素的旅游纪念品，没有标准统一的旅游产品销售门店。

第四，胡同游产品缺少本地认同。居民是一个地区文化的重要组成部分，是当地文化的呈现者，他们的生活状态、生产方式所构成的人文景观是游览者想要了解和体验的重要内容。作为主角的当地居民对旅游开发的态度无疑直接关系到旅游产品开发的成败。在对当地居民的采访中，许多人都反映目前胡同旅游开发给他们的正常生活带来了不同程度的干扰。

第五，胡同游产品缺少有效营销。作为北京的特色旅游之一，胡同游的营销方式单一、力度不够，没有突出胡同文化的内涵，难以有效吸引游客。除官方的宣传外，一些旅行社对什刹海胡同游的宣传失实，其中对旅游路线和参观门票的不实宣传最为严重，这无疑会对北京胡同游的信誉和品牌构建造成不良影响。

三、对胡同游产品深度开发的思考

与任何一种产品的研发相同，北京胡同旅游文化产品开发，在对自身现有和潜在的文化资源有清晰认知的基础上，要充分了解胡同游消费者的心理和需求，然后再进一步对目标受众进行分类，找出其共性需求和个性需求，相应对自己的产品进行调整和完善，以满足目标受众的消费需求。

针对北京胡同游而言，可以大致将消费者分为北京本地游客、北京周边游客、国内远途游客、国外游客等。显然，本地及周边游客与远途游客、国外游客的消费行为会呈现出一些差异化的特征，这就需要相应进行差异化的产品设计，既吸引远途、国外消费者来体验与其熟悉的生活环境差异较大的京味建筑和民俗风情，又满足本地和周边消费者来此进行文化休闲的需求。针对前者，产品可以凸显"穿行胡同，体味北京民俗文化"；针对后者，则可以强调"凭海临风放飞心情""徜徉故居对话历史"等。

通过前面的梳理分析，笔者认为北京胡同旅游在产品深度开发中，应注意以下问题：

第一，以胡同为主打资源，以体验为突出特点。在对游客的问卷调查中，针对"最感兴趣的旅游点"一项，52％的游客选择胡同，26％的游客选择水上游览，12％的游客选择名人故居。同时,对本区域文化资源进行整体评估,也会发现,能够体现老北京民居风格和居民生活方式的胡同是其特色所在,也是相比其他地方的差异点所在。因此,应将"胡同文化"作为该区域的主打资源进行产品设计和开发。在展现北京胡同独特风韵的同时,还需将"体验"作为产品的核心元素予以凸显,因为大多数游客并不满足于"走马观花""蜻蜓点水"式的游览,他们还希望能够走进胡同人家,去体验胡同中的真实生活状态。体验不同于休闲,体验更强调消费对象与消费主体原有生活环境、方式及经历的差异化,且差异度越大,给消费主体带来的体验动力和体验乐趣相对越大,如从城市到乡村、从南方到北方,这种空间环境的变化,相应会给消费主体带来一系列不同的体验;而休闲对此要求相对要低,其更强调的是主体的一种状态,例如消费者足不出户在家中亦可以实现休闲的目的。在我们的调查中,有86%的游客表示愿意参加与胡同居民的互动活动,这也可以说明,有不少于86%的消费者是抱着体验的预期前往的。因此,契合消费需求,提供有效的体验载体,是产品设计的关键点。

第二,合理进行旅游分区,建立良好市场秩序。在对什刹海胡同游的建议方面,52%的游客认为应做好"古建筑维护"。游客心目中的胡同是古老、静谧的,落日的余晖从斑驳的砖墙上缓缓滑过;胡同居民的生活是从容、闲适的,对弈的老人、玩耍的孩童,还有院子里飘溢出的饭菜香气。因此,应对该区域进行合理划分,核心区为胡同及一些文保单位,拓展区为水域,外围区为酒吧、门店等相关设施。这样,既能保证部分游客的餐饮、娱乐等方面的消费需求,又可以最大限度地减少对胡同文化的破坏,避免"舍本逐末"。由政府主管部门负责,将与核心区主题风格不一致的门店迁至外围区;对"胡同游"公司加强管理,提高人力车夫的整体素质,提倡"步行游胡同",人力车停靠在胡同口,避免引起胡同内的交通拥堵;重视游客"口碑营销"的力量,在调查中,有58%的游客认为人力车、故居门票及餐饮等的价格高于合理价位,对此,应在科学评估的基础上制定价格,对哄抬价格和"宰客"行为进行严厉处罚。

同时,在胡同游产品的开发设计中,要充分考虑胡同居民的合理诉求,一方面降低胡同开发给居民生活带来的干扰,另一方面也要让居民从旅游开发中获益。根据我们对什刹海地区居民的调查,大多数被访者表示不仅没有从胡同游中获得直接收益,而且胡同游还直接干扰到了他们的日常生活,所以他们并不支持胡同游。在这种情况下,又怎能要求带有这种态度的居民向外来游客展现出热情、好客的一面呢?因此,要让胡同居民成为胡同游的利益主体,例如在居民有主观意愿的前提下,可以通过评选,确定胡同旅游接待户。

第三,丰富胡同旅游内涵,延长旅游产品链条。目前,北京胡同游可供选择的线路少,旅游内容单薄,缺少体验项目。实际上,在什刹海景区,依托胡同和四合院,自古就有许多富有特色的民俗活动,如放荷灯、泛舟游湖、宴饮赏荷、冰床围酌等。今天,钓鱼、游泳、划船、赛艇、下棋、弹唱、消夏舞会等民俗活动依然显示出蓬勃的生命力。这些民俗文化资源的合理开发,将会丰富胡同游的文化内涵。在衍生产品的开发方面,目前,北京胡同游的旅游纪念品开发鲜有创意,缺乏统一的设计规划。因此,政府主管部门从中协调,加大胡同旅游纪念品的设计开发力度,推出系列摆件、文具、服饰、茶杯等。

  通过以上方式,可以为不同需求的游客提供相应的产品和服务,同时,丰富产品内容、增加互动体验,有助于延长游客在胡同景区内的游览时间。据我们的调查,游览时间少于2小时的游客为58%,这显然对胡同文化的有效传播是不利的;游览时间的延长,有助于游客深入体验胡同文化内涵,从而,使得胡同旅游作为一种文化传播的方式可以步入良性循环。停留时间的增加,相应也可以提高游客在景区内的消费,使居民、企业可以从中合理获益;居民、企业收入的增加也可以使旅游产品与服务质量得到保障,而这又与游客的满意度直接相关。因此,北京胡同旅游产品的开发作为一个完整系统,应从整体上来进行设计和完善,以期向国内外游客展示真实的北京以及真实的北京人。

(本文原载《江苏商论》2012年第4期)

发掘优势文化资源,激发游客体验兴趣
——北京西部古村落旅游文化产品开发研究

北京西部古村主要聚集于门头沟地区,拥有保存完好的古村落40个,其中,爨底下、灵水、琉璃渠三个国家级历史文化名村在文化资源的开发、旅游品牌的构建上已颇显成效。但是,较之徽州、江浙等地的一些历史文化名村(镇),如安徽黟县的西递和宏村、江苏的同里和周庄、浙江的乌镇和西塘以及江西婺源的理坑,京西古村落在知名度上确实要逊色许多。

那么,与以上知名古村相比,门头沟古村落的文化资源特色是什么,如何契合自身优势资源和游客消费心理进行有效的市场细分和产品定位,如何在科学保护的基础上开发具有差异化的旅游产品,如何合理利用多种媒介形式提升本品牌的社会认知度和美誉度,是京西门头沟古村落文化创意品牌构建中亟待思考和解答的问题。

一、京西古村落的文化资源特色及旅游产品定位

对自身所拥有的资源进行客观审视,找出其与竞争对手的差异点,根据市场需求,找准自身的定位,是京西古村旅游产品开发需要思考的第一个问题。

那么,京西古村落在文化资源上有何特色呢?的确,在湖光水色上,京西古村落无法与婉约、秀美的江浙古村相提并论;在民风民俗上,又比不上新疆、云南等地的少数民族村落。但这并不意味着京西古村落在与这些"最美乡村"的竞争中就失去了抗衡的可能性,问题的关键是如何审视和评价自身的资源,并予以合理的开发设计。

下面,以京西古村落中的国家级历史文化名村爨底下、灵水、琉璃渠三村为例,对当地的文化资源特色逐一分析。

(一)爨底下村:独特的山地民居和神秘的军户文化

在门头沟古村落中,爨底下村最早进行旅游开发,该村由保存完好的74套院落、689间房屋构成,清代古民居建筑群是其核心资源。

由于地处山区,当地民居巧妙地将四合院的建筑布局与山区的地形地貌结合起来,形成了独具特色的"山地民居四合院"。研究者认为爨底下村的古民居蕴含着深厚的北方建筑文化内涵,其历史文化价值在全国亦属珍贵之列。

除此之外,爨底下村的建筑特色还体现在全村院落的整体布局上。在我国,大多数地方的村庄由于是各家各户自发而建,一般较少顾及全村建筑物的整体效果,很难形成一个规则的形状。爨底下村则不同,因为是由同姓同宗的一个家族繁衍而成,因而具备了对布局进行统一规划的可能性。今天,从高处俯瞰,爨底下村整体呈"元宝"型布局,由此可以推见当初规划者的良好希冀。在布局上,民居集中而不杂乱,以一条南北中轴线为界,有规则地向两侧铺开。

从建筑细节上来看,在一座座"山地四合院"中可以发现一些耐人寻味的设计理念,如为了克服山中院落面积狭小的弊端,当地先民创造出了向地下和空中延伸的房屋建造方式;作为古商道的途径之地,还衍生出了"民居、客栈"一体的建筑风格等。

与其他省市的古村落相比,爨底下村还拥有一项独特的资源,即"军户文化"。这也与该村的成村历史密切相关。爨底下村西的"爨头",因地势险要,自古为军事要地。辽金时期,曾在这里修建军事隘口;为加强北方的防御,明洪武年间,开始在此筑隘设兵,后又在爨头修建关隘"爨里口",受辖于天津关千户。有研究者认为,爨底下村村址即为当年驻守爨里口的军营所在地,该村是由军户后裔繁衍成村。"墙高 10 余丈,设有敌台、出兵道、暗道,大墙之上的敌台两侧都是接墙起房,不仅提高了大墙的高度,而且朝向大路的方向都装有小窗,既能采光通风,又增强了防御能力。"[①]今天,走在爨底下村的巷道上,仍可以感受到当年军事防御体系所遗留的历史痕迹。

因此,与浙江的水乡村落、徽州的山乡村落以及少数民族聚居区的民俗风情村落相比,爨底下村可以将旅游产品定位于"京西山地四合院:北方民居建筑文化的奇葩,关塞金戈铁马历史的化石"。

在旅游文化产品的设计开发和营销推广中,要紧扣这一定位,方能与其他古村落区隔开来,才能借助独特的文化和历史内涵形成差异化竞争优势。

(二)灵水村:诗书传家、内蕴悠长的举人文化

灵水自古文风昌盛,据记载,明清两代,从该村走出 22 名举人、2 名进士及 10 余名国子监监生,因此,该村被誉为"京西举人村"。

与此相关,在这些读书人的倡导下,当地形成了良好的民风民俗。如清光绪年间,吉州知州刘增广在村中碾房墙壁上写下"君子不争"四字,提醒村民在使用碾子时要互相谦让、邻里和睦;为了保护泉水不被污染,康熙年间,村民共同制定了"水池三禁"的

---

① 陈志强.风貌依旧的明清山地民居群:爨底下[M].北京:中国和平出版社,2010:134.

村规,并刻碑立于水池旁边,此碑至今保存完好,人称"三禁碑",具有很高的文物价值;看到因猪羊被放养,啃食别人的庄稼而引起的邻里纠纷,刘增广与村民共同订立了"猪羊圈养"的村规,如有人违规,其放羊的猪羊将被宰杀,全村人分而食之,直到今天,灵水村民一直严格遵守着这项规定。此外,还有"共喝秋粥""核桃晚打"等风俗。

在游艺习俗方面,"转灯场"是当地许多村子都有的一种将祭神的宗教仪式和民间游艺活动相结合的传统文化活动,兼有娱乐、竞技和礼仪的特点与功能。灵水村的"转灯场"因历史久、规模大、严守传统礼仪而尤为出名。

在民居风格上,与京西其他村落不同的是,灵水的四合院兼有京城官宅四合院、京西山地四合院和山西商宅四合院的特点。其原因在于灵水村做官者多,他们的住宅比爨底下村的山地四合院要宽大气派;又由于村里一些人在山西做官,在翻修房子时,又添加进了一些山西商宅四合院的建筑特色。多种因素相互融合,形成了别具一格的"京西山地官宅四合院"。

相比爨底下村的"军户文化",灵水村的特色在于"举人文化",对知识的尊重、因读书而带来的村民整体素质的提升,以及由此而产生的一系列约定俗成的行为规范等共同构成了当地的文化内涵。

在旅游文化产品的设计开发、推广营销中,应抓住"举人文化"这一特色,但同时又要注意不要将"举人文化"庸俗化,如果过于突出功利性,则有悖于当地"举人文化"的实质。

(三)琉璃渠村:琉璃之乡千年不断的琉璃文化

琉璃渠村是我国现存唯一的"琉璃官窑",千百年窑火不断,形成了"皇家琉璃文化"。例如,清朝对琉璃构件的使用规制极为严格,除皇帝外,只有亲王、郡王能够使用琉璃制品,其他人即便位高权重、富可敌国,屋顶也只能使用普通的瓦片。古代对琉璃颜色的使用有明确的规定,如皇宫的正门、正殿使用全黄琉璃瓦,王府的正门、正殿使用绿琉璃瓦。

作为琉璃之乡的琉璃渠村,工匠们在长期的生产生活中,形成了许多独特的礼仪、禁忌、规矩,从而形成了当地独有的"琉璃民俗文化"。当地流传着许多与琉璃有关的民谚,如"人怕叫爷,窑门怕斜""火前汗换银,火后眼挣金""钦贡不眨眼,恩贡小打盹"等。在建筑习俗方面,当地人至今依旧遵循古制,虽然生产琉璃,但在建房时决不使用琉璃瓦覆顶。

琉璃渠村的民间香会也颇具特色,其中五虎少林会是第一批北京市级非物质文化遗产保护项目,在庙会和年节活动表演中很受人们欢迎。

显然,而今绝无仅有的"琉璃官窑"以及绵延千年的琉璃文化是琉璃渠村最重要的文化资源,也是其产品设计开发中最大的卖点。

二、京西古村落的文化产品设计理念及开发策略

与任何一种产品的研发相同,京西门头沟古村落文化产品的设计开发,首先要了解消费者的心理及需求,并在此基础上,对市场进行细分,明确自己的目标受众。然后,再进一步对目标受众进行分类,找出共性需求和个性需求,相应对自己的产品进行调整和完善,以满足目标受众的消费需求。

例如,根据消费者的所属地域,可以大致将消费者分为北京本地游客、北京周边游客、国内远途游客、国外游客等。显然,本地及周边游客与远途游客的消费行为会呈现差异化的特征,相对而言,门头沟古村落对于国内南方和国外游客的吸引力会大于对国内北方游客的吸引力。[①] 这就需要相应进行差异化的产品设计,既吸引远途消费者来体验不同的村落建筑和民俗风情,又满足周边消费者来寻古访幽、文化休闲的需求。针对前者,产品可以凸显"触摸历史,体味北方民居建筑文化";针对后者,则可以强调"暂别喧嚣,古村中静听历史的回音"。

(一)产品设计理念:对古村落群进行整合设计,以现有强势资源为主打卖点

门头沟的古村落众多,从爨底下、灵水、琉璃渠这三个国家级历史文化名村的文化资源分析中可以看出,它们虽说同属一镇,却各具特色,各有看点。但是,在产品开发策略中,要着重突出门头沟古村落的共性,即"山地民居四合院",并主推爨底下村。

因为,首先,如果产品类型及卖点过多,不利于消费者记忆和识别。其次,爨底下村的山地四合院保存完整、数量多,且旅游开发时间较早,社会认知度较高。主推爨底下村,有利于与国内其他名村竞争,较快打开市场。最后,可以以点带面,由现有强势资源带动潜在优势资源,向消费者提供"一村一品"的古村落文化消费"菜单"。

只有这样,在整个门头沟古村落文化产品的品牌营销中,才能够缩短消费者获知、了解和认可产品并做出购买决定的时间。当消费者抵达当地之后,再进一步通过有效的营销手段,延长消费者驻留时间,引导他们到其他村落游览、体验。

在重视整合设计的基础上,还需将"体验"作为产品的核心元素予以凸显。有研究者将"品牌体验制胜"作为"品牌丛林法则"的重要规则之一,认为创造品牌体验项目是品牌在竞争中获胜并保持持久活力的秘诀,并且坚信"善用品牌体验的品牌才是未来品牌竞争的优胜者"。体验为何有如此魔力?研究者给出了自己的解释:你对丛林里哪棵树印象最深?当然是你曾经用手摸过甚至爬过的树,如果你还品尝过其果实,那

[①] 笔者在"中国民俗学"的课堂上对 30 名学生进行了随机调查,结果表明,在不考虑时间、费用等因素的前提下,90%以上的学生倾向于选择南方的古村落进行游览。被调查者中 60% 为北京学生,其余 30% 为北方其他省市的学生,10% 的调查者来自湖南、云南。

必定记忆深刻,这就是你对树木的"品牌体验"了。①

为产品添加体验元素或者开发体验式产品来增加产品的吸引力,已经成为许多旅游文化产品设计者的共同选择。不过,在实际操作中,不能忽视的一点是体验不同于休闲,体验更强调消费对象与消费主体原有生活环境、方式及经历的差异化,且差异度越大,给消费主体带来的体验动力和体验乐趣相对越大。如从城市到乡村、从北方到南方,这种空间环境的变化,相应会给消费主体带来一系列不同的体验;而休闲对此要求相对较低,其更强调的是主体的一种状态,例如消费者足不出户,在家中亦可以实现休闲的目的。

对京西门头沟古村落来说,既然消费者是抱着体验的预期前往的,那么,契合消费需求,提供有效的体验载体,是产品设计的关键点。

(二)产品开发策略:静态资源原生状态"表现",动态资源合理演绎"再现"

古村落优势文化资源在于原汁原味的民居建筑、古色古香的历史遗存以及村民的生存方式,在产品开发中,要小心呵护这种原生状态,古朴自然、不加雕琢的真实是最具审美价值的,也最能给消费者带来游览的热情、参与的激情,最大限度地满足消费者的差异化体验需求。

但是,对于那些并不存在于日常生活中的场景,例如"转灯场"等年节习俗,作为古村落文化的重要组成部分,如果不加组织,在非年节时段难以展现,无法满足远道而来的消费者亲身参与体验的愿望。为了解决这一矛盾,可以对类似的动态资源进行合理的组织、搬演,达到拟真实的"再现"。

在静态资源的开发方面,要本着"天然去雕饰"的原则,维持当地日常生活的原貌,以古民居为圆心和载体,客观地呈现京西山村居民的衣、食、住、行。游客来到村里,不会感到仅仅是到了一个旅游景点,而是走进了一个真实的、充满烟火气的生活场景。

因此,与其让家家户户挂上统一的客栈标牌,使用统一设计的床单被罩,倒不如在确保干净、整洁的前提下,维持生活细节的多样性,可能会产生更好的效果。因为,明显的加工痕迹会导致美感被稀释。此外,在对一些生活设施进行改造时,也应采取审慎的态度。如为了满足游客的住宿需求,提高古民居的接待质量,近几年,门头沟古村落的民居客栈统一安装了淋浴热水器、冲水式厕所。可是,这种改造或许只能满足部分游客的需求,对于那些专为原生态体验而来的消费者来说,无疑是令人失望的。在印度有这样一个例子,在一种新型"生态旅游"项目中,一项内容是将游客送进一间没有空调、没有电视、没有任何客房服务的小屋,任其被蚊虫叮咬。游客为进行这一"回

---

① 品牌 2.0 丛林法则[EB/OL].(2008-01-31)[2010-05-06].https://baike.baidu.com/item/品牌 2.0 丛林法则/10872665?fr=ge_ala.

归自然体验",每天需支付300美元。这也说明,部分消费者是有别样"体验"需求的,为此也是具有相当承受能力的。因此,在古村落文化产品开发中,应避免"一刀切",要根据消费者的不同需求进行分类开发,避免顾此失彼,甚至造成舍本逐末。

在动态资源的开发方面,可以对一些年节、婚丧习俗及濒临消失的文化遗产进行组织演绎、集中展示,类似于纪录片拍摄中的"真实再现",但要注意"再现"必须以"真实"为基准,做到不着痕迹地演绎。

对于一些规模较大、时间较长的表演活动,可以固定在每周或者每月的某几天,各村的特色表演时间可以错开。借鉴湘西苗寨"市集"时间安排的经验,比如,有的村寨赶集时间是农历每月的部分奇数日,相邻村寨则安排在偶数日,这样,为游客在驻留期间的体验活动提供了较大的选择余地。

在京西古村,游客除了"住农家屋、吃农家饭、品农家菜、做农家活、购农家货、享农家乐"之外,还应该能够体验古老神秘的祭祀、婚丧、节庆习俗,在丝弦锣鼓声中,与斑驳沧桑的历史对话。爨底下村和灵水村可以错开时间,定期举行"转灯场"表演,并邀请游客参与体验;琉璃渠村可以组织香会,让游客看到五虎少林会等表演;也可以将"喝秋粥"作为灵水村的一个表演项目进行适当开发;利用爨底下村的"军户文化"资源,还可以开发针对年轻人的CS实战野外竞技项目,丰富游客驻留古村落期间的体验"菜单"。

在产品设计与开发中,动、静资源要互不干扰,动静结合,以多样的产品设计来满足消费者的多元需求。

三、京西古村落文化创意品牌的推广及营销策略

虽说"酒香不怕巷子深",但"酒香"飘出"巷子"总归需要一定的时间,而且还会受到风力、风向等因素的影响。因此,对于京西古村落来说,主动、有效地进行自我推广和品牌营销是十分必要的。根据当地具体情况,对产品的推广、营销可以分解为四个问题:

其一是对谁说,即传播受众的确定问题。该问题的解决需要通过对现有消费者和潜在消费者的深入调查,发现消费者的共性和个性特征,据此进一步确定自己的目标受众,并对其消费需求进行准确划分。其二是说什么,即传播信息的编码问题。该问题的解决需要将自身的产品特性与目标受众的需求相结合,确定自己要向消费者传递的信息,并考虑消费者的解码习惯,实现有效传播,以期影响消费者的决策。其三是在哪儿说,即传播平台的选择问题。该问题的解决需要选择目标受众较为频繁接触的媒体,以提高产品及品牌信息的到达率。其四是怎么说,即传播方式的创新问题。该问题的解决需要契合消费者心理的、新颖的、独特的传播方式,来增强对消费者的说服力。

本文前两部分对门头沟古村落自身资源及旅游产品定位进行了分析，对产品的设计理念和开发策略进行了探讨，已经基本回答了前两个问题。接下来，需要着重探讨后两个问题。

关于传播平台的选择，如果将京外消费者，特别是南方和国外的消费者作为京西古村落旅游的重要目标受众，那么，仅在北京当地媒体进行宣传推广显然是不够的。国家级媒体以及覆盖范围较广的卫视频道、有影响力的网络媒体应该是信息发布和广告投放的主要媒体。与此同时，口碑营销的力量不容忽视，"驴友网"等旅游相关网站和旅游者聚集的一些网络社区也应作为重要的营销平台。

关于传播方式的选择，除在媒体投放广告之外，还应有效运用活动营销、事件营销等方式，来提升京西古村落的品牌认知度和美誉度。例如，可以倡议发起中国山地古村落旅游节，联手江西、贵州、四川等地的知名古村落，借助群体声势，比附知名品牌，打出自身的影响力，提升自己的知名度；还可以与人气较旺的旅游网站合作，定期举办京西古村落民俗摄影大赛，比赛形式可采用海选和打擂的方式，实现全流程动态、透明呈现，利用守擂和攻擂的过程，制造悬念，充分吸引受众的注意力，激发目标受众参与的积极性；此外，根据当地的历史史实拍摄电视剧、开发以爨底下村古代驻军为蓝本的网络游戏，电视剧的热播、网络游戏的流行，无疑都将有效地提升京西古村落的品牌资产。

在京西古村落旅游产品开发中，需要秉持的一条重要原则是：在保护中开发，在开发中保护，如两者相悖，以保护为重。目前，在我国一些古城镇的开发中，已经出现了令人痛心的破坏性后果，昔日民风淳厚、恍如仙境的古城，如今被极度商业化、庸俗化。毋庸置疑，随之而来的将是其作为旅游目的地价值的逐渐丧失。作为尚未全面开发的京西古村旅游区，无疑当合理开发，避免重蹈覆辙。

[本文原载《中国文化产业评论（第 14 卷）》（2011 年第 2 期）]

京津冀区域特色旅游合作开发研究

一、京津冀旅游资源特性及游客的主导消费心理

京津冀三地的旅游资源丰富多样,北京最著名的旅游景点包括天安门、故宫、颐和园、王府井、八达岭长城、明十三陵、北京胡同等;天津是近代最早的通商口岸之一,旅游资源以街头小吃、民间文化、欧陆古典风情最为著名;河北有山有海,著名旅游资源有北戴河、避暑山庄、木兰围场、赵州桥、沧州武术、吴桥杂技等。[1] 其中,北京的旅游资源可以分为皇城文化、民俗文化及现代文化三大类;天津的旅游资源可以分为商业文化、民间文化等;河北的旅游资源可以分为自然景观、民俗文化等。

京津冀区域不但旅游资源丰富,而且高品位旅游资源在全国所占比例高,以世界文化与自然遗产项目为例,京津冀共有7个(北京有6个、河北有1个),长三角只有1个,珠三角尚无世界文化与自然遗产(见表1)。[2]

表1 京津冀区域高品位旅游资源数量及占全国的比例(截至2008年9月)

名称	数量(个)	占全国比例(%)
世界文化与自然遗产	7	25.00
国家重点文物保护单位	275	11.70
国家级自然保护区	15	2.40
国家5A景区	9	13.64
国家地质公园	9	10.60
国家历史文化名城	7	7.00
国家重点风景名胜区	10	3.60

---

[1] 张广瑞,等.关于京津冀区域旅游合作发展的思考[EB/OL].(2008-06-02)[2010-09-10].http://www.cnta.gov.cn/html/2008-6/2008-6-2-21-16-31-51.html.
[2] 赵建强.京津冀区域旅游空间结构优化研究[J].社会科学家,2009(12):90-93.

虽然地理环境、自然条件相近,但京津冀三地的旅游资源还是各有特色的,这为三地的合作奠定了基础。从实践来看,京津冀的旅游合作可以追溯到1985年"京东旅游区"的成立,"该旅游区包括北京平谷的金海湖,天津的盘山、黄崖关、蓟县和河北省的清东陵等,致力于京东地区两市一省旅游资源的开发和景区的合作,创造了一些行之有效的联合开发、联合营销的合作方式,效果明显"①。此后,京津冀三地为推动旅游协作所进行的努力一直未曾间断,但体现到区域旅游产业的发展规模和对相关产业的拉动方面,整体效果还未显现。相比之下,长三角、珠三角的区域旅游产业发展已经较为成型,单从数字来看,2006年《中国区域发展蓝皮书》显示,2004年长三角地区接待境外游客的数量是京津冀地区的1.8倍,创造的旅游收入是京津冀地区的3倍。②

目前,区域旅游整合营销的效果日益显现,对于提升区域旅游产品的整体吸引力和影响力起到了有力的助推作用。如长三角地区提出"同游苏浙沪,阳光新感受"的口号,将上海的都市游、浙江的山水游和江苏的古典园林游进行打包营销;珠三角地区提出了"一江珠水,三颗明珠"的口号,将"一国、两制、三地、四种文化(岭南文化、西方文化、都市文化、历史文化)、五个特区(香港、澳门、深圳、珠海、汕头)"作为区域旅游的特色。③ 相比之下,京津冀对本区域旅游资源的整合还未见有较为清晰的思路。

根据2005年的统计数字,作为京津冀、长三角、珠三角核心城市的北京、上海、广州三地的游客构成在发生着变化。在这三个城市中:北京的入境游客绝对数和占总流量的比重在三城市中已退至最小,与此同时,国内游客人数跃居首位,其中,自费旅游者(观光游览和休闲度假以及探亲访友)呈上升趋势,而且,北京市民休闲度假的比重要远高于全国平均水平(也高于上海、广州)。④

从游客构成的变化可以看出在长三角、珠三角的整合营销攻势下,北京对入境游客的吸引力呈现萎缩趋势,但作为国家首都和文化旅游资源丰富的大都市,其对国内游客的吸引力仍高居榜首,同时,北京本地居民的旅游需求非常旺盛。

面对来自上海、广州的有力竞争,作为京津冀区域中心城市的北京只有主动联合天津、河北,找准本区域的旅游资源整合方式、旅游产品定位,形成合力,丰富自身的旅游资源,提高游客在单位时间的游览质量,才能在入境游市场与上海、广州相抗衡。

不仅如此,京津冀区域旅游的发展,对于保持北京在国内游市场中的优势地位也至关重要,因为"在远程市场上,三地联合产品更具吸引力,如在广州市场上,单纯的北京,仅仅故宫、颐和园、长城很难卖,要加上天津、河北的承德、石家庄才更有

---

① 张广瑞,等.关于京津冀区域旅游合作发展的思考[EB/OL].(2008-06-02)[2010-09-10].http://www.cnta.gov.cn/html/2008-6/2008-6-2-21-16-31-51.html.
② 赵建强.京津冀区域旅游空间结构优化研究[J].社会科学家,2009(12):90-93.
③④ 京沪穗三城市旅游业比较[EB/OL].(2010-06-05)[2010-10-12].http://www.bjta.gov.cn/lyzl/dybg/06slyjdybg/164604_15.htm.说明:因旅游局机构调整,原网站网址现在已无法打开。

销路"①。同时,京津冀区域旅游市场的成熟完善对于满足北京市民的休闲度假需求无疑也将起到积极的作用。

对于天津、河北来说,合作无疑也预示着"共赢"。目前,河北省国内游客的30%来自京津地区;在入境游市场上,"珠三角所在的广东省在旅游外汇收入和入境旅游人数两项均列全国第一;长三角所在的苏浙沪三省(市)两项均在全国的前五位;京津冀所在的北京列前三位,天津列第十位和第十六位,居中游,河北列第二十位和第十九位,居中下游"②。所以,三地合作,通过优势资源及营销策略的整合,扩大入境游市场份额、稳定国内游市场占有率、满足区域内居民的旅游需求,是旅游产业发展的理智选择。

二、京津冀旅游文化产品的设计理念及营销策略

较之长三角、珠三角,京津冀区域旅游的定位还是应该放在人文旅游上,主推不同主题的文化游线路。针对驻留时间长短不同、旅游心理需求不同的游客,可以设计京津冀区域旅游的不同主题版块,方便游客选择和自由搭配。

如针对境外游客对中国传统文化比较感兴趣的特点,可以设计"皇城文化＋民俗文化＋燕赵文化"的主题线路,游览内容包括故宫、北海、颐和园、天坛等皇城文化的特色景观;北京的胡同、茶馆、小吃、京剧,天津的戏院、相声、杨柳青年画,河北的皮影、秧歌、杂技、陶艺等民俗文化景观。之所以将"燕赵文化"单独列出来,是因为其难以被前两种文化所涵盖,"慷慨悲歌"的侠士文化以及由数百条成语典故所映衬的古赵文化,拂去历史的尘埃,稍加雕琢,将会成为吸引国内外游客的一块"美玉"。在以往的相关研究中,"燕赵文化",特别是"赵文化"资源的旅游开发尚未引起研究者的足够重视。究其原因,是因为邯郸作为古赵都城、赵文化的核心城市,没有被包含在"京津冀都市圈"之中。③ 笔者认为,在京津冀区域旅游整体规划中,应当将邯郸囊括进来,首先是当地待开发的旅游资源丰富,主要为春秋战国时期的历史文化资源,可以较好地对区域内现有旅游资源进行补充,满足不同类型游客的探知需求。其次是高铁开通之后,北京至邯郸只需1.5小时,可以实现两地之间一日往返。

针对国内远途游客,可以在皇城文化、民俗文化、燕赵文化的基础上,添加"现代文化＋会展文化",因为北方的山水虽具特色,但受气候等自然原因的影响,整体会逊色

---

①② 京沪穗三城市旅游业比较[EB/OL].(2010-06-05)[2010-10-12].http://www.bjta.gov.cn/lyzl/dybg/06slyjdybg/164604_15.htm.
③ 根据自2004年启动,但至今未正式公布的《京津冀都市圈区域规划》,京津冀都市圈区域规划按照"8＋2"的模式制定,包括北京、天津两个直辖市和河北省的石家庄、秦皇岛、唐山、廊坊、保定、沧州、张家口、承德8个地市。

于南方的山水,所以,吸引国内远途游客,还是要以人文旅游资源为主打,比如北京的798艺术聚集区、宋庄画家村、首都博物馆、中国科技馆、历史博物馆、军事博物馆等常规旅游以及由国际车展等大型展会旅游等。

在区域内,于皇城文化、民俗文化、燕赵文化、现代文化、会展文化的基础上,针对北京游客,可以发展京郊、津冀的休闲游;针对津冀游客,可以发展前往北京的人文游以及京津冀三地之间的交互游。

在营销策略上,应该抓住当今游客的心理共性,将"体验"作为营销的重点,对入境游客强调为其提供"异域"——中国传统历史与文化的体验;对国内远途游客强调为其提供"异质"——北方传统历史与文化的体验;对区域内游客强调提供城乡之间互动的文化体验。

2009年,笔者指导学生进行了一项题为"城市与农村互动——体验产品的开发与研究"[①]的国家级大学生科研项目,研究小组通过对北京500名城市居民的问卷调查发现:城市消费群体的休闲方式具有体验化的趋势,对乡村文化的消费意愿高,32.4%的人选择富有传统民俗气息的消费场所,91.3%的人选择农家乐或采摘;城市消费者对于郊区体验旅游的消费意愿十分强烈的占50%,不想去的仅占4.9%,其中影响消费者消费意愿的最大因素为交通。

通过深入访谈发现,在城乡互动中,适合作为体验产品开发的资源包括:传统民俗主题、地域特色主题、农村特色主题、现代艺术主题和游戏体验主题的体验餐厅;秧歌、旱船、杂技、皮影等具有特色的乡村民间娱乐文化活动;纺线织布、插秧收割、养蜂收蜜等具有乡村特色的参与性活动;灯会、庙会、香会等具有庆祝性的聚集活动等;传统征战改编的竞技游戏项目等。

当今大多数游客已经告别了20世纪那种"下车拍照,上车睡觉"的旅游状态,追求更高的旅游质量,希望从中获得身心的愉悦与满足,期待从中获得深层次的感受。因此,在营销中,应契合游客的这一需求,强调京津冀区域旅游中不同主题、线路、目的地、产品能够给游客带来的特别"体验",以触动和说服游客。

三、京津冀区域旅游协作的运行模式及精细管理

自1985年京东旅游区成立以来,京津冀三地旅游合作一直未曾间断。

1987年,由北京旅游学会发起,联合天津旅游学会、河北旅游学会,在北京密云白龙潭召开了第一次"京津冀区域旅游合作研讨会",而后,随着参与的省市越来越多,发展为北方十省市旅游联谊会,并促成了每年一届的"北方旅游交易会",由各地轮流举

---

① 项目组成员:赵珊、方瑶瑶、陈宇。

办;2003年9月19日,京津冀三地旅游局在北京中华世纪坛广场举办了"京津冀旅游宣传周"活动。①

2007年4月,三地签订京津冀旅游合作协议。根据该协议,京津冀将建立区域旅游协作会议制度;策划设计共同的旅游宣传口号,统一发布使用;联合挖掘开发三地若干条精品旅游路线或旅游产品;共同建立联动机制,完善救援应急机制,对旅游市场进行规范整顿。

河北省于2008年正式实施《河北省环京津休闲旅游产业带发展规划(2008—2020)》,并相继组织开展"河北旅游进京津""京津自驾车游河北"系列宣传活动。在北京和天津分别举办"河北休闲旅游宣传周",组织河北省旅游部门和企业走进北京百家社区开展促销活动。河北各市也纷纷采取措施,加快与京津地区的旅游合作。

2009年1月23日,京津冀三地景区共同推出旅游年票。为加快京津两地的互动旅游,两地旅游部门共同拟定京津塘高速路通行费补贴方案,从2009年7月1日起,开通了"旅游绿色通道",两市分别为对方旅行社旅游大巴免除100万元的高速路通行费。②

从以上梳理可以看出三地对于加快区域旅游合作具有共识与热情,而且在合作的道路上已经取得了实质性的进展。但是,在一些具体、关键的细节问题上还有待进一步落实。细节决定成败,无疑交通、信息、收费、服务等方面的细节直接关系到三地旅游合作的效果。

在这方面,长三角、珠三角区域有一些做法值得借鉴。长三角江浙沪三省市的主要城市之间通用城市交通"一卡通",方便了区域内游客的出行;合力打造区域旅游品牌,在国内外旅游展中联合组团、联合参展、联合请进来(邀请目标市场的旅行商和旅游记者),联合走出去(到目标市场巡回促销)等;树立共赢意识,研究如何将上海已实现的对部分国家旅游团队落地签证延伸到江浙两省等。珠三角区域,2002年成立"广深珠旅游合作联席会议制度",共同打造"活力广东,精彩广深珠"的旅游形象;共同开展促销,包括媒体宣传,联合开发产品,如面向国际市场的"广州一日游""香港购物游""香港会展游""澳门欧陆风情游"等;尝试研究制定新的发展政策,推进三地资源共享、客源互送、线路互补、价格互惠、联合促销、人才互动等。③

在京津冀区域旅游合作的现有基础上,从该区域实际出发,借鉴其他区域的已有经验,笔者对京津冀区域旅游的发展有以下建议:

第一,深入分析自身旅游资源,对应开发特色旅游产品。结合当前旅游市场出现

---

① 张广瑞等.关于京津冀区域旅游合作发展的思考[EB/OL].(2008-06-02)[2010-09-10].http://www.cnta.gov.cn/html/2008-6/2008-6-2-21-16-31-51.html.
② 京津冀区域旅游合作显现"叠加效应"[N].经济日报,2009-08-18.
③ 京沪穗三城市旅游业比较[EB/OL].(2010-06-05)[2010-10-12].http://www.bjta.gov.cn/lyzl/dybg/06slyjdybg/164604_15.htm.

的新趋势、游客对旅游目的地的新要求,对三地,特别是津、冀的文化资源进行深入筛选、归类,找准本区域的比较优势,推出差异化的特色旅游产品。

第二,制定区域整体营销战略,对位进行有效整合营销。首先,要明确营销什么,根据不同类型游客的需求制定相应的营销策略;其次,是选择营销平台,针对入境游及国内远途游客,要借鉴长三角、珠三角的做法,在国内外旅游展及其他大型国际活动中,联合组团参展,只有这样才能真正形成合力。当然,这需要三地中的每一方都能放下自己的"小算盘",切实从区域"大棋局"出发,携手走好每一步棋。

第三,建立政府间长效合作机制,调动企业合作积极性。三地旅游合作协议的签订只是合作的第一步,在实际运作中,还有许多工作要做,需要有专门的机构、人员来负责协调管理。因此,京津冀三地的旅游协作会议制度在实施中,应设立一个日常协调管理部门,及时反馈、处理三地旅游合作中出现的问题,为更好地进行合作提出对策建议。在政府部门积极合作、去除一些政策"瓶颈"的基础上,让"市场的归市场",调动三地旅游企业的合作积极性,实现客源互送、价格互惠、人才互动等。政企共同努力,完善区域特色旅游市场,提高旅游产品整体质量。

(本文原载《改革与战略》2011年第4期)

当前我国网络视频内容生产的新趋向

有研究者将国内网络视频产业的发展分为四个阶段：2005年开始的探索培育期，2007年开始的融资高峰期，2009年开始的监管规范期，2010年以来的竞争加剧期。[①] 2012年，优酷、土豆的强强联手，重新设置了网络视频产业的版图，市场竞争的考验升级，在这一态势下，"内容为王"和"差异发展"的"老调"在网络视频行业被"重弹"。显然，不论是"内容"战略还是"差异"战略，对于当前视频网站"治疗"用户黏性弱这一"致命伤"都将是十分重要的选择。

2013年，视频网站内容的竞争日趋白热化，爱奇艺并购PPS，搜狐巨资投向《中国好声音》，乐视斥资9亿元买下花儿影视100%的股份……"大手笔"的动作吸引了人们的关注，差异化的内容吸引了用户。但是，短暂的"辉煌"之后，却有可能面对较长时间的"落寞"，这是大多数视频网站不得不接受的一个现实，因为"与其他互联网应用相比，视频网站最大的不足是用户没有忠诚度，吸引用户的手段只有内容。哪一家网站提供的视频内容够优秀，它就能获得更多的用户。一旦内容投入减缓，用户会立即转身而去，没有一丝犹豫"[②]。优秀的内容是资本、人才、时机、用户习惯等综合因素的结合体，一家网站在内容上要做到时刻优秀、优秀到底，其难度可以想见。但视频网站的用户是以"内容"论英雄的，谁的内容好看就看谁的，有时用户甚至"只记得播出内容，不记得播出平台"[③]。在网络视频产业的"江湖"中，"不进则退"同样是一句箴言。因此，从2013年到2014年，可以发现各个视频网站发展战略有向内容生产倾斜的趋势，在确定差异化定位的基础上，通过掌握内容生产的主动权，以优质的、差异化的内容来提升自身的用户忠诚度和品牌竞争力。

本文将从网络视频内容来源的变化、视频内容生产的技术环境和消费环境三个方面来对网络视频内容生产的新趋向进行探讨。

---

① 汤代禄.网络视频的发展历程及趋势[J].新闻战线,2013(3):79-81.
②③ 萧然.没有用户忠诚度是视频网站的致命伤[J].IT时代周刊,2014(2):70-71.

一、网络视频内容生产方式的演进

在内容方面,视频网站的发展趋势涵盖了多个方面,从向影视制作机构购买版权,与内容生产商进行版权合作,到巨资购买影视制作公司,取得对产业链上游内容生产环节的控制权;从吸引用户上传 UGC 内容,到与专业院校合作,培养与发现优秀专业人才,向专业制作开放网络播出平台,实现内容生产的 PGC 化,这些变化构成了视频网站在内容方面较为清晰的发展趋势。

(一)内容购买方面,独家播出成为视频网站的竞争策略之一,强力拉升内容对用户的吸引力

2012 年底,搜狐视频斥资亿元独家买断《中国好声音》第二季的网络播出权。这一行为开始并不被人看好,但是在 2013 年 7 月 12 日晚首播的两小时内,"搜狐视频累计直播在线人数超过 400 万,有 3142 万用户通过搜狐视频观看,播放量超过 1.2 亿"[1],似乎显示出搜狐视频这次版权购买的"物有所值"。作为《中国好声音》的唯一网络合作伙伴,搜狐视频除享有《中国好声音》主体节目以及两档衍生电视节目的全球不限 IP 的独家播放权外,还享有 PC+移动端、网页及客户端、IPTV 数字电视的播放权及转授权。据"搜狐视频负责人介绍,由于此次《中国好声音》从制作到播出,搜狐在新媒体领域享有的独家权益众多,销售情况十分火爆","节目未开播广告收入过亿,其中,仅移动端的广告收入就超过千万"。[2]

随后,独家购买热播综艺节目的热度持续升温,2013 年 11 月,爱奇艺的副总裁段有桥向媒体透露已经投入 2 亿元购买了国内综艺节目 TOP5 的网络独播权,"爱奇艺与 PPS 已经决定不再做分销,所以在 2014 年,要看到中国 TOP5 综艺节目,就只能在爱奇艺和 PPS 上看了"[3]。2014 年 1 月,湖南卫视《我是歌手》第二季开播,乐视网买断了该栏目的网络独播权,1 月 3 日《我是歌手》第二季第一期节目播出,"拉动全屏播放量突破两亿大关,创造了历史新高。其中,移动屏的视频客户端播放量更是首次超过 PC,整体占比超过 50%"[4]。

除热播综艺节目外,购买热播电视剧的独播权也是视频网站竞争的热点,如乐视

---

[1] 搜狐视频:好声音广告营销之战[EB/OL].(2013-10-17)[2013-11-22].https://www.iheima.com/article-54394.html.
[2] 搜狐视频移动端全球直播《中国好声音》[EB/OL].(2013-07-12)[2013-10-20].https://www.163.com/ent/article/93N09DOI900032DGD.html.
[3] 爱奇艺副总裁段有桥:内容生产与整合进度将提速[EB/OL].(2013-11-25)[2013-11-26].http://stock.caijing.com.cn/2013-11-25/113606733.html.
[4] 《我是歌手》卫视收视夺冠 乐视网独播创纪录[EB/OL].(2014-01-06)[2014-02-01].http://zhuanti.cww.net.cn/news/html/2014/1/6/201416161631364.htm.

网购买《甄嬛传》的网络独播权。截至2013年2月,该剧共为乐视网带来超过35亿次的总流量,持续刷新网络视频行业流量最高电视剧记录。

(二)在购买的基础上,发展出"内容购买+衍生自制"的生产模式,使内容兼具节目营销的功能

搜狐视频在《中国好声音》第二季播出期间,还策划并相继推出《冲刺好声音》《K歌之王》《好声音英雄谱》等自制节目。其中,《K歌之王》是以《中国好声音》当季的热点歌曲、人物、时间为基础的一档互动K歌吐槽类的节目;《好声音英雄谱》是一档聚焦《中国好声音》台前幕后的访谈节目,为观众提供独家采集的节目录制花絮和导师、学员的独家采访。[①] 拿下《我是歌手》第二季网络独播权后,乐视也随即为其量身定制了每日更新的衍生娱乐内容产品。这种内容生产模式,借助了热播综艺节目的号召力,提供观众感兴趣的幕后内容;同时,也在每周节目播出后和下周节目播出前,使观众的热量有一个释放的出口;此外,也为所购买的节目制造话题,形成了节目的又一种营销方式,通过自制节目,将享有独播权的所购买的节目与本视频网站有机地"捆绑"在一起。

(三)内容自制方面,自制影视剧成为内容竞争的热点,自制栏目开始出现由网站向电视台"倒流"的现象

2013年9月30日,乐视网以现金和发行股份相结合的方式购买了花儿影视100%的股权,总价为9亿元。这次收购,昭示了视频网站从平台商、渠道商向内容生产商转型的意图。虽然,从业界分析来看,普遍认为视频网站斥巨资做上游收购到底值不值还有待观望,也有分析认为乐视此举或许更多是为了资本运作、刺激股价,这一"并购模式短期内不太可能成为行业方向"[②]。不过,从另一角度看,乐视此举可以说进一步提升了视频网站在内容生产方面竞争的层级。视频网站已经从向影视制作机构购买内容、与影视机构合作生产内容、自制栏目和微型影视剧,到购买专业影视制作公司,拥有了独立制作大型影视剧的能力。

以此为背景,乐视宣称从2014年开始,将率先转型为"互联网视频内容生产平台",并在2014年推出700集精品自制剧,平均每天播出两集自制新剧。花儿影视正在制作的有《红高粱》和《产科医生》。此外,根据乐视网公布的排播单,2014年播出的自制剧有《蕾女心经》《唐朝好男人(第二季)》《情人》《超级教师》《北京朝酒晚舞》《家有

---

① 搜狐视频今晚独家网络开播第二季《中国好声音》王者归来全网覆盖[EB/OL].(2013-07-12)[2013-10-22]. https://yule.sohu.com/20130712/n381429600.shtml.
② 乐视网9亿收购花儿影视争议:郑晓龙去留风险[EB/OL].(2013-10-09)[2013-10-22]. http://finance.sina.com.cn/stock/s/20131009/021716925688.shtml.

狐狸精》《整垮EX》等。从中可以发现自制剧在类型和内容上的一些特点,如继续将年轻网友作为主要的目标受众,从剧名到题材都旨在迎合目标受众的口味,内容上的尺度较之电视平台更为大胆,涉及校园黑道、高官情事、青春迷失等。

在题材上打"擦边球",用以抵消自身在制作质量上的弱势,是这两年网络自制剧的一种生存策略。因为,"从实际效果看,传统的电视剧仍牢牢把握着影响力、话语权以及商业、广告等,网络自制剧仍是边缘身份,大多仍是山寨味儿浓厚,偶尔也出现所谓'逆袭'电视台的剧目,如《欢迎爱光临》曾在深圳卫视播出,但在反响和评价上都平平,在和传统电视剧的竞争上毫无优势可言"[1]。但是,"毁三观""重口味"的题材显然不能代表网络视频产业未来的发展趋势。相比从内容上寻找差异,业界和分析者更看好网络自制剧从形式和理念上建立与传统电视剧的差异,比如充分利用网络的特点和大数据的优势,在选题和制作、播出过程中,实现与网络观众的全流程互动。

根据2013年度的《中国视听新媒体发展报告》,"截至2013年3月,全国共有608家机构获批开展互联网视听节目服务……所有互联网传播视听节目许可证持证机构中,广电机构占33.5%,非广电媒体机构占14.7%,非媒体类国有机构占17.3%,民营机构占34.5%"[2]。开办主体性质的不同,对网络自制栏目的类型也形成了较为明显的影响。2012年12月底,中国网络视听节目服务协会评选出"2012年中国网络视听优秀栏目",从19档获奖栏目看,新闻、社教类的获奖栏目多来自有传统媒体背景的网站,民营网站的视频自制栏目在体育、生活、娱乐类型方面更具优势,如娱乐类五档获奖栏目中,新浪、搜狐、爱奇艺和优酷各有一档。[3] 2013年4月,第六届《综艺》年度节目暨电视人评选增设了网络自制节目奖,搜狐视频的娱乐栏目《大鹏嘚吧嘚》获奖。

而今,自制剧和自制栏目已经成为一些视频网站的"标配"。不过,视频网站也认识到自制栏目对于视频网站的意义不在挣钱,而为在增加差异内容的基础上,提升品牌识别度和用户的黏性。因此,在原来综艺娱乐类自制栏目的基础上,出现了少量的社会人文类的自制栏目,比如在2014年1月获得金瞳奖原创视频栏目金奖的《晓说》,是优酷推出的一档为音乐人高晓松量身打造的文化脱口秀栏目,该栏目2012年3月上线,上线24小时内播放量就突破了100万,到2013年底,《晓说》两季的总播出量超过3.4亿次,其中,第二季的集均播放量在470万次以上。在热播过程中,该栏目的制作方式也逐渐丰富和多样化,比如由简单的室内录制加上了外景拍摄,由高晓松在现场边走边说,这种调整也得到了网友的认可,其中,新加坡、俄罗斯等集的平均播放量

---

[1] 冯遐.网络自制剧的纷争[EB/OL].(2013-06-03)[2013-10-23].http://www.chinawriter.com.cn/wxpl/2013/2013-06-03/163833.html.
[2] 视听新媒体蓝皮书出炉 全球移动终端消费视频时长增加1倍[EBOL].(2013-06-17)[2013-10-24].http://tech.cnr.cn/jdxw/201306/t20130617_512832852.shtml.
[3] 2012年中国网络视听优秀栏目评选结果出炉[EB/OL].(2012-12-30)[2013-10-24].http://ent.sina.com.cn/v/m/2012-12-30/21443824326.shtml.

超过了500万次。这一以个性化的方式传递文化视点的栏目在上线后不久就吸引了浙江卫视《艺术:北纬30度》摄制组的关注,认为《晓说》与《艺术:北纬30度》在解密文化现象、开阔文化视野等定位上有重合之处,因此具有合作的可能。在这一背景下,高晓松录制了《晓说——艺术:北纬30度之印度》,9月7日在优酷上线,9月9日在浙江卫视播出,实现网络自制栏目首次网络、电视双平台同播。

网络自制栏目流向电视台,实现了视频内容资源的"倒流"。除了《晓说》登陆浙江卫视黄金档外,还有输出到北京卫视、东方卫视的《优酷全娱乐》,以及分别登陆河北卫视与河南卫视的爱奇艺的人物访谈《青春那些事儿》和综艺节目《汉字英雄》等。[①] 可以预见的是,未来将会有更多的网络视频内容输出到传统电视平台上,特别是随着一批电视媒体人进入视频网站或是创办自媒体,专业的水准加上商业的眼光,能够使其在短时间内获得网络用户的认可,从而令传统电视媒体心动并产生合作的欲望,实现网络自制栏目向传统电视平台的流动。

(四)在UGC方面,着力提升用户制作内容的质量,包括发掘优秀用户以及与专业院校进行人才培养合作

在美国,由于严格的版权管理制度,UGC(用户生成内容)成为YouTube等网站重要的内容来源。在中国,UGC内容曾使得优酷在视频网站的内容资源竞争中脱颖而出,2013年,在进行了一轮影视剧资源的竞争后,优酷、土豆开始重新将侧重点投向UGC自制内容,以进一步降低对专业版权内容的依赖,同时提升自身内容的差异化程度。在内容竞争的新态势下,优酷、土豆在吸引用户上传内容、优化UGC质量、扩大UGC影响力等方面,推出了一系列新的举措。首先,将培养青年原创人才作为重要的发展策略,推出"土豆映像计划",为青年原创导演提供包括项目孵化、商业支持、创作培养、传播展映、线下交流等一体化扶持服务;与中国传媒大学、北京电影学院等专业院校合作,扶持在校生中的优秀创意与制作人才,从人才入手,把握优秀原创内容制作的源头。其次,在行业中率先推出"播客分成计划",加大对原创内容的吸引力度,并着力打造完善的行业生态链。2013年第六届"土豆映像节"参赛作品超过18,000部,总播放量超过2亿次,其巨大的影响力已经显现。土豆网在将大赛和内容的影响力转化为商业价值的同时,推出了"播客分成计划",即"将视频作品的部分广告收入分享给原创作者,并为优秀作品提供推广支持、搜索优先、签约合作、专项投资等在内的全方位支持"。在此基础上,土豆网还将通过"土豆映像首发""土豆映像监制""土豆映像出

---

① 金错刀.央视之殇:互联网正在干掉电视[EB/OL].(2013-10-15)[2013-10-24].https://lmtw.com/mzw/content/detail/id/96070_2/keyword_id/-1.

品"等诸多计划,帮助原创播客完成从 UGC 到专业制作团队的逐级进阶。①

除土豆外,爱拍、酷 6 等网站也都有针对原创作者的分成和奖励政策,并且在平台设计上强调与用户的互动,着力从用户中发掘明星原创人。如爱拍原创已经拥有了庞大的明星作者群,在网站与原创人之间形成了稳定的情感关联,实现了用户与平台的共同发展和价值提升。

中国的视频网站从 2008 年以来,已经从最初搭建平台吸引用户上传的以量取胜,到实现利润分成留住优秀原创人,并且未雨绸缪,通过与专业院校的合作,介入人才培养过程中,以提升在未来竞争中对内容生产源头的控制力。特别是随着 4G 牌照的发放以及移动设备的发展,未来 UGC 将会更加便捷,竞争也会更加激烈,包括爱奇艺在内的一些视频企业已经开始在 UGC 领域增加投入,谁能抢占人才的高地,谁就能赢得这场"战役"。

二、网络视频生产技术环境的发展

(一)4G 时代的到来将对移动视频的生产形成有力刺激

2013 年 12 月 4 日,工信部正式向三大运营商发布 4G 牌照,中国移动、中国电信和中国联通均获得 TD-LTE 牌照。"为了应对 4G 网速提升带来的服务形式升级,中国移动日前宣布推出基于移动 4G 网络的自有业务,包括即摄即传、高清视频、云游戏等业务。"4G 时代的到来,被认为是视频网站的发展机遇,因为,"现在 PC 端的视频服务已经处于饱和状态",4G 为视频网站向"移动端"发展提供了可能。②

4G 网络及 4G 移动设备的普及,将使此前被压制的用户对移动视频的需求得到释放。对于视频内容提供者来说,如何在数量和质量上满足用户对移动视频的需求,是其亟待解决的问题。以手机视频为例,视频内容提供者需要在视频内容的类型、题材、时长上都充分考虑到手机视频播放的硬件、时间以及空间特点,同时,也要根据对手机用户的数据分析,实现更具个性化的内容传播。从移动设备自身的特点出发,未来移动视频将会在短视频、微视频方面形成竞争热点。

(二)各类视频录制硬件、软件的应用使 UGC 更加便捷

视频拍摄、剪辑的硬件和软件设备是导致 UGC 整体发展速度缓慢的制约因素之

---

① 2013 土豆映像节举行颁奖礼[EB/OL].(2013-06-13)[2013-10-24].http://media.people.com.cn/big5/n/2013/0613/c40733-21830317.html.
② 4G 时代:移动视频市场"马太效应"将加剧[EB/OL].(2014-01-14)[2014-01-12].https://Imtw.com/mzw/content/detail/id/99612/keyword_id/-1.

一。Vine的创始人推出这款应用的初衷就在于简化音视频剪辑，使用户在6秒的录制过程中，实现后台同步编辑，录制完成即可直接上传。国内类似的短视频分享应用有微拍、啪啪奇、微可拍、微录客、新浪秒拍等。除了短视频分享应用外，爱拍原创也推出了"拍大师"，其具有从录像、剪辑、字幕、配音配乐到镜头特效的视频处理功能，而且可以一键分享，这一软件帮助爱拍实现了每日数万上传作品以及近千万的日活跃用户量。

目前，如何吸引用户保持持续分享的热情，是短视频分享应用普遍面临的问题。将短视频分享应用与平台和社区的搭建相结合，成为一些网站的选择。如手机YY2013版，在打通传统PC客户端、网页端、移动客户端，成为业内首家提供三大平台视频平台的基础上，其自身还可以作为一个视频内容生产端，满足用户随时随地录制视频、上传及互动的需求。

(三)充分利用大数据资源进行网络视频内容开发

与视频网站相关的大数据包括用户进行视频搜索、观看、分享时等产生的记录。目前，一些视频网站已经开始开发利用，或者宣布将发掘使用大数据。如优酷总裁魏明表示视频网站主要可以从三个方面利用大数据，一是作为采购时的依据，二是作为用户运营的依据，三是用以支撑原创自制。爱奇艺也表示在对用户影视内容推荐、精准广告投放和影视拍摄等方面都将利用大数据。

比如优酷利用"协同过滤推荐"技术，对用户的信息喜好进行预测，作为向用户进行视频推荐的依据。如果说这是视频网站对于大数据最为基础的应用的话，那么，2013年，在"优酷指数"基础上发展而来的"中国网络视频指数"，则可以为优酷土豆集团提供从广告售卖到版权购买，再到播放器产品的优化等决策的指导。① 我们可以看一个具体的例子，2013年5月，通过对后台数据的挖掘，优酷土豆内容营销团队发现，用户每天上传的15万UGC视频中，有大量内容与"亲子"主题相关，这与奥利奥正在进行中的"扭开亲子一刻"活动具有高契合度，从而促成了两个企业的合作——奥利奥通过优酷土豆向社会征集亲子时刻，并将从中筛选出冯小刚微电影的故事蓝本。

三、网络视频内容消费环境的变化

网络视频内容的生产要与消费环境的变化相适应，一方面要敏感把握用户的消费需求，另一方面也要善于引导用户的消费行为。

放入手机卡就可以打电话的平板电脑以及大屏幕手机的出现，家庭、办公楼以及

---

① 解读优酷土豆的大数据工程[EB/OL].(2013-07-25)[2013-10-21]. http://tech.163.com/13/0725/10/94KDK5MG000915BF.html.

公共场所中无线 Wi-Fi 的普及,从硬件和网络两个方面推动了手机视频用户数量和观看时长的增加。根据 CNNIC 第 33 次中国互联网络发展状况统计报告,截至 2013 年 12 月底,中国网络视频用户规模达 4.28 亿,手机端在线收看或下载视频的用户数为 2.47 亿,较 2012 年底增长 83.8%,在手机类应用用户规模增长幅度统计中排名第一。从用户观看手机视频的行为习惯看,在晚上睡觉前观看的比例为 66.2%,在家中(宿舍)休息时观看的比例为 60.1%,在午休、等人和乘坐交通工具时观看的比例为 50.3%,在工作间隙、排队等时间观看的比例为 33.1%,在吃饭、看电视时观看的比例为 25.5%;平均每次观看视频时长在 10 分钟至 30 分钟的占 23.3%,30 分钟至 1 小时的占 29.1%,一到两小时的占 26.7%,10 分钟以内和 2 小时以上的均占 10% 左右。

从手机视频的观看场所分析,在家中或宿舍中观看的比例最高;从平均每次收看手机视频的时长分析,30 分钟到 1 小时之间的比例最高,一到两小时之间的比例紧随其次。这与我们之前对手机视频收看的空间环境和时长的分析有所不同,在以往的研究中,作为便携式移动媒体的手机,是在室外、移动状态中,用以填充"碎片化"时间的视频收看终端。手机用户的视频观看习惯的这一变化,需要网络视频内容生产者予以关注,并相应调整生产策略。

此外,利用微博进行网络视频营销,已经成为视频网站驾轻就熟的产品营销策略。利用网络用户乐于分享的习惯,进行微博口碑传播,曾经创造了若干影视产品的成功营销案例。但是,在互联网的"江湖"中,复制是没有未来的,变化是始终存在的,所以,把握住用户心理,挖掘并满足用户的潜在需求,才能以不变应万变。以提出打造"社群"概念的罗振宇为例,其抓住了年轻用户追求平等的参与感以及群体归属感的心理,"新媒体的本质就是社群,互联网的核心就是去中介、去中心、去组织,未来每个人都会摆脱工业时代给我们固定的社会角色和社会分工,自由联合"①。按照罗振宇的规划,他的"罗辑思维"就是要打造成这样的一个去中心的会员团体,他们可以分享,也可以共同创造。这样一种互联网社群模式将去向何方,又将会对网络用户的行为习惯产生怎样的影响,有待我们进一步观察。

总之,在这个时代,我们已经习惯了互联网带来的改变,并且从网络视频内容生产的变化中欣悦地看到,"人"正成为被关注、被满足的主体。但同时,我们也需要警醒的是,"世界上最远的距离,是我在你对面,你却在看手机",如何避免互联网对人的异化,是每个网络文化的生产者和消费者都需要面对和思考的问题。

[本文原载《影视文化(10)》(2014 年)]

---

① 罗振宇口述:新媒体的本质——社群[EB/OL].(2014-05-18)[2014-10-24]. http://www.iheima.com/article-74976.html.

综艺节目的"火"还能怎么烧

2012年以来,电视综艺节目的"火"越烧越旺,《中国好声音》《爸爸去哪儿》《我是歌手》《奔跑吧,兄弟》等被称为"现象级"的节目所形成的示范效应,加剧了卫视频道"众人拾柴"的热情。2015年200档、2016年400档,卫视频道综艺节目的数量成倍攀升。不仅如此,综艺节目的冠名费也进入亿元时代:2015年,综艺节目独家冠名超亿元的由2014年的7家增加到10家,《非诚勿扰》和《爸爸去哪儿3》分别以5亿元的冠名费刷新综艺节目冠名纪录。

有人说,中国的电视综艺节目已经进入"资本时代"。"资本"毕竟是"逐利"的,那么,高额乃至巨额的投入能否带来相应的利润回报?

整体来看,2015年综艺节目对省级卫视的收视贡献拉动较为明显,由2014年的44.8%提升至47.8%。但是,我们还应该看到,观众的注意力高度集聚于几个节目、几家卫视,并且从综艺节目收视份额来看,"二线"卫视与"一线"卫视的差距进一步拉大,品牌节目及卫视对观众注意力资源的垄断态势已经形成,并将在一段时间内持续。

"几家欢乐几家愁",在"明星真人秀"的混战中,有相当数量的制作方是很难挣到钱的,特别是面对高额的国外节目模式版权费、明星出场费、满足观众视听需求的大片制作费等,留给制作方和播出平台的利润空间被极大压缩,所以,有的综艺节目制作人不无苦涩地说他们实际上是在给版权方和明星打工。

应该看到,目前电视综艺节目的竞争,不仅拼资本,还要拼平台,综艺节目优势播出平台所积累的品牌影响力短时间内难以被"后起之秀"攻破。2016年第二季度卫视综艺节目平均收视率前10名中,浙江卫视占了7席,其中《奔跑吧,兄弟》继续"领跑"综艺节目收视率排行榜。但是,也要看到,"跑男"第四季相比第三季,平均收视率已经从4.27下降到3.59,期均播放量从3.07亿下降到1.66亿。虽然"跑男"品牌的影响力可能还会持续,但并非"高枕无忧",当节目的创新力难以承载观众的忠诚度时,"审美疲劳"这把"达摩克利斯之剑"依然会无情落下,这也是市场规律所决定的。

国家新闻出版广电总局于2015年7月发布了《关于加强真人秀节目管理的通

知》,要求真人秀节目不能单纯追求收视率,还要发挥价值引领作用,特别是要"提高普通群众参与真人秀节目的人数比例","不能把节目变成拼明星和炫富的场所,不能助长高片酬、高成本的不良风气"。时隔一年,2016年6月国家新闻出版广电总局发布了《关于大力推动广播电视节目自主创新工作的通知》,规定"各电视上星综合频道每年在19:30—22:30开播的引进境外版权模式节目,不得超过两档。每个电视上星综合频道每年新播出的引进境外版权模式节目不得超过1档,第一年不得在19:30—22:30之间播出"。并且明确指出,只要中方未取得完全知识产权就将视同引进境外版权模式节目进行管理,从而使得"联合研发"这一打擦边球的做法也不再有效。

那么,在市场杠杆和政策杠杆的双重调节之下,电视综艺节目,特别是明星真人秀的"虚火"能否得到控制,从而实现健康有序的发展呢?我认为以下几个问题还需要引起各方关注:其一,从购买版权到原创模式,还有多远的路要走?自主创新能力的培养、机制的形成,需要人才,也需要对自主版权的法律保障,还需要有承担失败风险的勇气、付出试错成本的相应准备。其二,如何从明星真人秀实现向非明星真人秀的理性转变?以普通人为主角的真人秀节目《我们15个》在电视平台播出的收视情况不及网络平台,有评论认为这凸显了电视综艺非明星真人秀的尴尬处境。我认为,对于观众的收视行为还需要做进一步分析研判,正视观众对明星真人秀的收视习惯与喜好,加大对优秀非明星真人秀节目的营销力度。其三,如何做到不仅"有意思",还要"有意义"?从文化类综艺节目《中国成语大会》在今年上半年所产生的冲击波中,或许可以找到部分答案。2015年《中国汉字听写大会》获得白玉兰"最佳综艺节目"唯一大奖。可见,传统文化资源的充分挖掘与有效运用,已经成为电视综艺节目研发的一个新的趋向。

(本文原载《人民日报》2016年9月20日)

不妨先做"资产评估"

一种"新"媒体形态的出现,更多意味着传播技术的发展、传播理念的革新,是人类在打破时空限制的道路上又前进了一步,但并不一定意味着对原有媒体形态的颠覆或取代。对于任何一种媒体形态来讲,有无相对优势以及相对优势的大小是决定其存在的关键。所以,且不必忙于给传统电视媒体的未来做出定论,在谈"拥抱"新媒体之前,也需要盘点下电视媒体的"家底",做一做传统电视媒体的"资产评估",认清自身的优势和价值。

电视媒体因其视听内容生产对专业素养、技术水平、团队合作有较高要求,可替代性相对较低。但是,观察2013年以来我国商业视频网站的发展布局,会发现电视媒体原来作为版权拥有者的优势地位有所松动:商业视频网站正在通过斥巨资购买影视制作公司、吸引资深电视人加盟、与影视专业院校合作、从用户原创内容创作者中发掘"潜力股"等方式,增强自制节目能力,提升自制节目品质,提前介入人才争夺,逐步削减在内容上对电视媒体的依赖。可以预见,随着一批有良好口碑的视频网站自制栏目、自制剧的发展成熟,并形成一定的品牌带动效应,人们对于网络自制内容粗制滥造的整体印象会逐渐改变,电视媒体内容生产上的绝对优势也将被削弱。

面对这一已然存在的挑战,电视媒体需要思考的是怎样做到"人无我有,人有我优",确定自身的相对优势。

其一,做真实、客观、理性、权威的电视新闻节目。目前,视频网站自制节目中娱乐、生活类内容居多,新闻类节目较少。电视媒体有着公共电视台的职责,有大型现场直播报道的丰富经验,且能够优先接触到权威信息源。因此,应当在重大事件的现场报道、电视新闻评论、电视新闻深度调查等节目上体现出优势,扮演好"瞭望者"的角色。

其二,做兼具视听美感和思维快感的精品文化节目。电视媒体大型纪录片、历史文献片的创作优势难以被替代,可以凭借富有经验的专业人才和经年积累的珍贵素材,潜心创作这一类节目。作为电视媒体,也需交付创作人员以较为开放的探索空间。

其三，为受众提供贴近现实生活、制作精良的电视剧。目前，电视台还是大多数电视剧制片商首选的播放平台，其在电视剧题材的选择上也体现出与视频网站自制剧的差异性，这也是电视台的相对优势所在。

客观地说，以上这些相对优势有一些是以电视媒体的"先发优势"为基础的。与此同时，随着虚拟现实技术、增强现实技术等新技术在视频内容生产中的应用，某种程度上可以说，今天的电视媒体与商业视频网站已被拉到同一起跑线上。未来若希望长期赢得受众，需能够敏感把握新技术、准确研判市场趋势并抢先布局，同时坚持传递主流价值观与内容品质至上的创作原则。

（本文原载《人民日报》2017年1月24日）

启航之路：
文化传播研究

文化传播是以一定的文化资源为基础的。与自然资源相对应,文化资源是人类在社会历史发展过程中所创造出来的资源,是人类文明传承的重要载体。在将文化资源转化为文化产品的过程中,我们需要对其进行一定的符号化处理,并根据传播学的基本规律,对受众的认知特点、需求及以往文化传播的效果进行科学的调查,并思考以下问题:

　　由于传播是发生在有主观意识的个体、群体之间的活动,传播者的编码能否被受众有效、准确地解码;受众的解码是否能够符合传播者的传播意图;不同国家、区域、民族、个体在接受中国文化的过程中有哪些明显的差异;如何根据这些差异相应调整传播方式,提高传播的有效性。

　　总体而言,本部分在探讨文化传播与语言传播关系的基础上,通过对电视人物专访、电视剧、电视新闻、电影等不同类型媒介产品的调查研究,就如何优化传播策略进行了多视角、多维度的思考。

在文化传播中拓展语言传播
以语言传播深化文化传播

本文所探讨的"语言传播","通常是指一种语言从以其为母语的人群向其他人群扩散",具体来说,包括"掌握和使用某种语言的人数增加和该语言使用范围的扩大"。[①] "语言传播涉及两个层面:一是语言在同一文化系统内部的传播;二是语言在不同文化系统间的传播。"[②]

语言传播作为一个国家语言文化建设的重要组成部分,对于社会文化的发展有着至关重要的意义。美国当代人类学家古迪纳夫(H. Goodenough)指出,作为文化的组成部分,语言与其他部分相比,特殊性表现在"它是学习文化的主要工具,人在学习和运用语言的过程中获得整个文化"[③]。语言学家 J. R. 格莱德斯通(J. R. Gladstone)认为:"语言与文化紧密地交织在一起,语言既是整个文化的产物或结果,又是形成并沟通文化其他成分的媒介。"[④]新近有研究者进一步提出,"一切文化活动与文化创造都离不开语言","所有的文化积累可以说都是保存在语言信息系统之中的",因此,可以说"语言是文化的凝聚体"。[⑤]

从以上研究可以看出,虽然在具体论述上存有差异,但对语言与文化密不可分的关系是毫无疑义的。基于语言与文化相依相融的存在与发展关系,语言传播与文化传播之间同样具有相互促动的力量:中华文化影响力的提升有助于推动汉语的跨文化传播;汉语在另一文化圈中的推广可以帮助更多的人理解中华文化。

本文将以语言与文化的互动关系为切入点,在对当前汉语国际传播的途径与现状进行梳理的基础上,结合在美国的体验调查和实地走访,对如何更为有效地推动汉语国际传播进行探讨,为汉语传播的实施以及相关规划的制定提供参考。

---

① 贺阳.汉语学习动机的激发与汉语国际传播[J].语言文字应用,2008(2):23-31.
② 贺宏志,周建设.北京高校语言文化建设研究[M].北京:首都师范大学出版社,2013.
③④ 丁丽蓉.语言与文化关系视角下的大学英语教学[J].现代教育科学,2010(9):146-148.
⑤ 杜道明.语言与文化关系新论[J].中国文化研究,2008(4):133-140.

一、目前汉语国际传播的途径与现状

汉语国际传播,指其他国家(地区)学习和掌握汉语的人数的增加及汉语使用范围的扩大。汉语国际传播的途径可以根据语言教学地点分为国内、国外两类,前者是指外国留学生到中国来学习汉语,后者是指学习者在其所在国由中国外派教师或当地教师向其讲授汉语。

(一)外国留学生来华学习汉语

外国留学生来华学习汉语,包括来华接受汉语言专业的学历教育、汉语进修或汉语短期培训等;也有部分接受其他专业学历教育的留学生,会在进入专业学习前,先修汉语以通过语言关。

根据教育部公布的《2012年全国来华留学生简明统计报告》,2012年来华留学生达到328,330人,来自200个国家和地区,分布在全国31个省、自治区、直辖市的690所高等院校、科研院所和其他教学机构中学习。在基本掌握来华留学生总数、来源及分布状况的基础上,通过对2003—2012年留学生统计数据进行比较可以发现,来华单纯学习汉语的人数在逐渐下降,同时,来华接受学历教育的人数呈上升趋势:2003年,来华学习汉语的留学生占当年来华留学生总数的80%以上。[①] 到2010年,学习汉语的留学生比例为62.5%。[②] 2012年接受学历教育的留学生占总人数的40.66%,相应地,语言类留学生的比例下降为59.34%,中医、国际贸易、管理等专业吸引了数量可观的留学生。

来华语言类留学生比重的下降,会给汉语传播带来什么影响?对此,我们可以从多个角度来进行分析。

1.留学人员总人数逐年上升,单纯语言类留学生即使比重下降,人数同比也呈上升趋势

2008年,来华留学生总人数为223,499人,语言类学生比例约为64%,人数约为143,500;2010年,来华留学生总人数为265,090,语言类学生比例为约60%,人数约为156,400;2012年,来华留学生总人数为328,330,语言类学生比例约为59%,人数约为194,800。[③] 整体看,来华进行短期或长期语言进修、语言培训的人数虽然所占比

[①] 外国留学生现状调查 老外为什么这么"牛"[EB/OL].(2003-11-10)[2013-09-03].http://edu.sina.com.cn/l/2003-11-10/56287.html.
[②] 中国成亚洲国际学生流动的重要目的地[EB/OL].(2011-03-28)[2013-02-11].http://www.chinadaily.com.cn/dfpd/yn/2011-03/28/content_12237555.htm.
[③] 语言类留学生比例和数字根据教育部历年公布的来华留学生总人数及学历生比例数字估算得出。

例在下降,人数却在逐年增加。

2.部分来华留学生将开始汉语学习的时间提前到中小学阶段,在汉语达到一定水平后来华接受大学教育,有助于其在有限的学习时间内更深入地理解中国语言与文化

随着我国孔子学院、孔子课堂在海外的发展,外国中小学生接受汉语教育的人数在增加,其中,部分学生在具备了一定的汉语水平后,希望到中国的大学获得某个专业的学位。美国佩斯大学孔子学院院长牛卫华女士认为:"美国学生去中国留学,一方面是想学习语言,学习语言的人更感兴趣的是短期留学,半年或者一年;还有一部分学生,他们的中文已经很好了,希望去中国进一步提高中文水平,也想能够系统地得到一个学位,这样的学生,人数在增长。……美国政府正在大力推动10万名美国学生留学中国的计划,对于很多学生来说,这是一个难得的机会,如果想要通过这个计划获得奖学金去中国留学,在孔子学院这样的机构先打好汉语基础,将是美国学生参与竞争的重要筹码。"[1]

除了在本国的孔子学院、孔子课堂打好汉语基础再到中国读学位外,也有一部分留学生选择直接到中国接受中小学教育,然后再报考中国的大学。例如,目前内蒙古已经成为蒙古国中小学生学习汉语的最大留学基地,截至 2012 年 11 月,"共有 464 名留学生在内蒙古 8 所中小学学习汉语","蒙古国学生来内蒙古留学的目的性很强,他们中的大多数通过两年的汉语学习,拿到一定等级的汉语水平考试(HSK)证书,然后参加内蒙古自治区在乌兰巴托组织的统一考试,考试合格者可以拿到来中国公费读大学的名额。根据内蒙古与蒙古国签署的一份协议,内蒙古同意在 2010—2014 年 5 年间由内蒙古大学等 6 所高校每年接受 100 名蒙古国留学生并予以资助"。[2]

3.来华留学生中学历生比例的增加,将有助于提高汉语的国际影响力及话语权

一种语言的传播程度不仅取决于其非母语学习者的数量及分布范围,同时也取决于该语言现实和潜在的用途及应用领域。如果一种语言只在民众的日常活动中使用,不能进入较高层次的交流领域,如国际政治、国际贸易、国际金融、科技、学术等,那么,即使分布范围广、学习人数多、使用频度高,也很难算是国际上的重要语言。因此,只有使汉语由日常生活进入高端的交流领域,成为重要国际场合中的工作语言,才能真正提升汉语的国际影响力和话语权。

乔治·韦伯(George Weber)用以评估语言影响力的六大因素中,将"国际使用该

---

[1] 汉语水平或成外国学生到中国留学最大障碍[EB/OL].(2012-05-04)[2013-03-03].https://www.chinanews.com.cn/hwjy/2012/05-04/3866106.shtml.
[2] 争取中国大学入学资格 蒙古中小学生来华学汉语[EB/OL].(2012-11-17)[2013-04-03].https://www.chinanews.com.cn/edu/2012/11-17/4336344.shtml.

语言的主要领域数目"涵盖在内。按照母语使用人数,汉语排在第一位。若综合考虑到第二语言使用人数、使用国家数目和人口、国际使用该语言的主要领域数目、使用该语言的国家的经济力量、社会与文学声望等因素,汉语的排名则降至第六位。

因此,长远来看,我们应提高留学生的培养层次,随着能熟练使用汉语的各类专业人才跻身经贸、科技以及政治等领域,汉语可以逐步成为这些国际交流领域的重要工作语言。

(二)外国学习者在当地学习汉语

外国学习者在当地学习汉语,包括当地中小学开设汉语课程、当地大学外语系设置中文专业及开设汉语公选课、其他教育机构开设的汉语培训以及中国外派教师与当地合作设立的孔子学院、孔子课堂等。

从2004年首家孔子学院成立至2008年的4年间,孔子学院数量增长迅速。2009年之后,孔子学院开始进入内涵式发展阶段。截至2013年6月,孔子学院总部已在113个国家建立420所孔子学院、591个孔子课堂。2012年,全球孔子学院注册学员达到65.5万人。孔子学院在办学过程中,借鉴英、法、德等国推广本民族语言的经验,不断探索海外非营利性公益机构在汉语和中华文化传播方面的有效途径,除了培训和向海外派出汉语教师和志愿者之外,也启动了本土汉语教师培养工作,设立专门奖学金,选聘当地学生和在职教师到中国读取汉语国际教育硕士学位或进行短期培训。

根据美国华盛顿应用语言学中心的调查,"美国2.75万所至少提供一门外语的中学中,汉语课的比例由1997年的1%上升至2008年的4%"。同时,参与大学预修科目汉语项目的学生数量也增长迅速。《纽约时报》援引专家的分析认为,之所以出现汉语教育培训热,是因为"父母、学生和教育人士都意识到中国作为一个重要国家崛起,他们相信掌握流利汉语可增加机会"。[①] 美国的"汉语热"基本代表了目前汉语在海外的接受状况。或是出于实用主义的考虑,或是出于对中国文化的兴趣,有越来越多的人开始考虑挑战这门"难学"的语言。

但海外学习汉语人数的增加,也凸显出师资存在的问题。李凌艳认为,海外汉语教师多为华人华裔,与国家汉办外派的汉语教师和志愿者相比,这些本土的汉语教师虽然在教学方式上相对更易被中小学生所接受,但是,有不少人并没有接受过正规的教育学或中文专业的教育,在专业知识方面亟待"充电"。[②] 优秀师资的供需矛盾仍是当前汉语国际传播中所面临的一大问题,为了有效解决这一问题,2013年2月发布的《孔子学院发展规划(2012—2020年)》指出:要加大孔子学院所在国本土师资培养力

[①] 李艳,陆洁.产品供给视角下的美国语言教育培训行业分析[J].云南师范大学学报(哲学社会科学版),2013(5):41-47.
[②] 李凌艳.汉语国际推广背景下海外汉语教学师资问题的分析与思考[J].语言文字应用,2006(S1):75-81.

度,扩大"孔子学院奖学金"规模,招收更多的各国青年来华攻读国际汉语教育专业硕士学位。同时,国家汉办还在具备条件的高校中设立了汉语国际推广师资培训基地,服务于海外本土师资培训。

在以上宏观概述的基础上,下面将结合笔者在美国的体验调查,从微观的角度对汉语在海外的传播做进一步的分析。

二、对汉语在美国传播状况的体验调查

笔者于2012年10月至2013年9月在美国加州进行了为期一年的访问学习,在此期间,在美国中、东部高校进行了走访调研。这里将结合对一个高校中文专业和一个社区周日中文学校的参与观察、对一所孔子学院的走访调查以及对两位学习中文的美国人的深度访谈,对汉语在美国的传播进行微观化、细节化的展现。

(一)实用心理和审美取向:学习汉语的主要动机

来自国内的关于外国留学生汉语学习动机的调查报告表明,留学生学习汉语的动机大多是基于某种物质或精神方面的实际需要。据这些调查报告分析,外国留学生学习汉语的动机主要有两类,一是工具型动机,一是融合型动机。

笔者在美国加州和密歇根的调查,与研究者在国内所做的调查得出的结论相同。

首先,从工具理性出发,学习者希望通过学习汉语能够为自己将来的职业选择带来积极影响。以密歇根大学博士生艾布拉姆(Abram)为例,他所学专业并不是语言,而是生物学,但他却可以说非常流利的中文。围绕其学汉语的动机、过程等问题,笔者对他进行了深度访谈。Abram在读高中时就开始有了学中文的想法,因为他计划将来从事与中国相关的工作。不过,当时他所在的高中并没有开设中文课程。在学中文的强烈愿望促使下,Abram找到离家最近的一所大学,求教于中文专业的老师,后由这位老师推荐,他在一个中国老师开办的中文培训班学习,成为班里唯一的非华裔学生。Abram每周上两次中文课,一次是老师对他的单独辅导,一次是与华裔学生一起上课。进入大学后,Abram选修了中文课程,但由于已经学习了两年中文,他感觉大学的中文课程比较简单。为了能够继续提高中文水平,他争取到学校的资助,每年暑期到北京的一所高校进行交换学习。正是由于这种有明确目标的积极学习态度,Abram在学习中文的道路上以快速奔跑的状态,超越了他中学、大学时代的同学。Abram说,他在中文课上的许多同学,也包括一些华裔同学,由于对学中文没有明确的目的性,觉得将来也不一定会用到这门语言,相对投入的精力就要少很多。

其次,从价值理性出发,出于对中华文化感兴趣而开始学习汉语,不涉及对自身职业规划方面的考虑,只是追求一种自我满足式的成就感,也是一些人学习汉语的动因。

以密歇根大学的苏姗娜(Susanna)为例,她从喀麦隆来到美国,在大学图书馆做保洁员。由于喜欢看中国电影,特别是艺术电影,她喜欢上了中国文化。她向笔者描述了她喜欢看的中国电影 *Sunflower*(《向阳花》,一部表现黄土高原的人们对传统戏曲艺术坚守和挚爱的影片)。Susanna 喜欢中国民歌,她可以声情并茂地演唱《茉莉花》。当笔者好奇地问她在哪里学的中文时,却得到了一个意想不到的回答,Susanna 说她完全依靠自学,没有老师教。由于她工作的图书馆是理工专业图书馆,没有中文教材,所以,她会乘公交车到城市图书馆去借中文教材和录音带,利用工作之余听录音来练习发音,平时在校园里会主动找中国留学生说中文。当笔者遇到她的时候,她已经自学了一年半的时间,能够比较流利地用中文与笔者交流。像 Susanna 这样完全出于个人兴趣,依靠自学达到熟练使用中文来交流的人在美国或许并不多,但是,她至少让我们得到这样的信息:激发人们对中国文化的兴趣,可以帮助他们获得学习中文的内在动力;我们在关注在校学生的同时,也需要尽可能地开展社区中文教育,满足不同年龄、职业、阶层的人学习中文的需求;同时,一套好的教材至关重要,有针对性的教材可以在一定程度上弥补师资的不足。

学习者的动机既包括引发行为的起因,又包括维持行为的原因。在调查过程中笔者发现,学习者从产生学习汉语的兴趣,到坚持学习和学好汉语,是一个需要不断进行动力补充的过程。在这个过程中,有时会呈现出价值理性和工具理性相互推动、循序强化的特征。比如,有的学生最初因对中国功夫电影感兴趣,产生了学中文的想法,但如果没有后续动力不断补充的话,这一学习行为就会变得难以维持。仍以 Abram 为例,虽然最初吸引他关注中国、想学中文并辗转求师的是中国的功夫电影,但后来能让他坚持不懈的动力来源是其"从事与中国有关的工作"的职业目标。同时我们还应注意到,即便是有这一明确目标作为动力来源,在 Abram 从高中阶段到读博士这近十年间,仍然需要有对中国文化不断深入的认识和认同,才能使其不断确信自己的目标,并强化自己的学习动力。因此,我们在对外汉语传播中,应对学习者的学习动机和内在动力补充机制有清晰的了解,这对于汉语传播范围的拓展、效果的提升都具有积极的意义。

(二)"要我学"与"我要学":部分华裔学生与非华裔学生学汉语态度的差异

笔者在美国调查期间发现,华裔学生与非华裔学生在学习汉语的态度上存在较为明显的差异:前者的状态是"要我学",后者是"我要学"。这里,我们着重对华裔学生学习汉语的状态进行描述与分析。

在加州,笔者曾在大学中文专业进行体验式教学,在课堂上发现,积极参与课堂交流,课下还不停向老师提问的多为白人学生,而华裔学生多表现出一种被动、消极的学习状态。如果说这其中有不同种族在学习习惯、表达方式上的差异的话,我们可以再从其他角度进行补充观察。笔者分别在加州旧金山附近和密歇根州安娜堡的华人社区进行了走访,了解到华裔子女中有相当一部分人不愿意学习中文,甚至表现出与父母对抗的情绪。如果父母对子女学习中文不够重视,或者教育方法不够得当的话,这部分华裔学生基本上既听不懂也不会说中文,更不用说书写和阅读了。稍微好一些的,可以做到部分听懂,可以简单地说一些中文。这其中不仅包括在美国出生的,也包括在幼儿时期移民至美国的华人子女。究其原因,一是认为将来不会回中国,所以学习中文"没什么用";二是对自己母国的文化不了解,更谈不上喜爱和认同。

这一现象值得我们进一步思考:首先,华裔子女对待汉语学习的态度和行为,无疑会在一定程度上影响其周围的非华裔青少年。其次,在美国的华人已经在一定程度上融入了当地社会,具有更多的语言传播优势,他们的子女如果能够较好地掌握中文的话,未来可以成为汉语传播、文化交流的桥梁。因此,我们在对外汉语传播中,应重视华人群体,特别是将华裔子女作为一个重要的传播目标。

(三)文化与语言的同步传播:在汉语语言传播的同时实现与文化的有效对接

语言的对外传播,是以实现更好的交流为目的的。母语不同者若要实现更好的交流,除了语言的学习外,还离不开对语言所植根的文化土壤的了解。在调研中笔者发现,大学中文专业在课程设置上不同程度地存在着"重语言,轻文化"的问题,这也使得学习者对于交流中可能面临的文化差异没有做好相应的准备。例如 Abram 第一次来北京时,中国人合餐的饮食方式令他感到很意外。他告诉笔者,在学校里,中文专业的课程除了中文外,还有《论语》、用英文授课的《中国历史》以及简单的中国社会介绍,但没有中国文化以及中美文化比较方面的课程。因此,中国人的生活方式、饮食文化方面的内容对他来讲是完全陌生的。

由此引发我们的思考是,汉语的对外传播与中国文化的传播应该寻找同步、相融、交汇的渠道与方式。比如在孔子学院、孔子课堂中,除了语言外,还应增加一些对于中国传统和现代文化的介绍,使学习者能够多方位地对中国进行了解。目前,一些孔子学院已经开始了这方面的课程尝试。笔者在旧金山州立大学孔子学院了解到,他们在州大中文专业开设了"俗语与中国文化""汉语语言与中国社会""中国电影文学"等课程,很受学生的欢迎。当然,这对师资和教材等也提出了相应的建设要求,是我们在汉语对外传播中需要着力加以完善的。

三、对汉语跨文化传播的进一步思考

通过前面对汉语跨文化传播现状的梳理以及对美国的体验调查分析,我们可以强化这样一个观点,语言传播离不开文化传播的推动,语言传播有助于文化传播的拓展。

简而言之,对外文化传播可以激发人们学习汉语的兴趣和热情,同时,汉语水平的提高也将帮助人们更好地理解中国文化,减少跨文化传播中的文化折扣,提升对外文化传播效果,从而使对外文化传播与语言传播步入相互促动的良性循环状态。在具体实践中,我们可从以下三点入手,逐步推动海外文化传播与语言传播的良性互动。

(一)把握语言学习的需求动机,激发国外人群的汉语学习热情

在汉语对外传播中,应对目标人群的语言学习需求进行细分,并制定相应的传播策略。首先,区分学习者的动机属于实用需求还是文化需求。针对前者,在基本语言教学的基础上,还可以开设"商务中文""科技中文"等满足学生实际需求的课程;针对后者,可以围绕中国传统文化和现当代文化,从书法绘画、舞蹈音乐、手工技艺、影视媒体、饮食服饰等多个门类设计教学内容,帮助学习者更好地了解中国文化。其次,在学校、社区等教学环境中,针对不同年龄、不同职业的目标人群的需求特点,一方面满足现有学习者的需要,另一方面也要把握潜在学习者的需求,通过有效的课程营销,吸引更多的人学习中文。在这方面,一些社会培训机构或许可以发挥市场适应性强的特点,根据目标人群的需求,推出新的语言教育产品或培训服务。

在汉语对外传播中,我们可以整合多方的教育资源,如孔子学院、目标国家大学的中文专业以及中小学的中文课程、社区公共教育、商业教育培训机构等,有效协调、优势互补,激发和满足不同类型群体的汉语学习需求。

在这些教育资源中,值得关注的是教会(特别是华人教会)的周日学校。在周日学校开设中文课程的优势在于,以家庭为单位到教会参加周日活动,在父母的鼓励和督促下,并且和众多小伙伴一起,容易让华人子女有兴趣坚持学习中文;同时,华人教会也比较容易找到优秀的师资,比如,可以与附近高校的中国访问学者建立联系。笔者在加州调研时,曾访问过一所华人教会的周日学校,学生年龄从5岁到14岁不等,中文水平也参差不齐,不同年龄、不同水平的学生在同一个班上课,因为他们只有一位老师,这位老师还是地质学专业的。后来,随着中国访问学者和中国留学生的加入,师资短缺的状况得到了改善。

(二)挖掘文化产品的独特魅力,由文化吸引力催生语言竞争力

对一个国家的文化或者某一种文化产品感兴趣,从而开始学习这个国家的语言,在外语学习者中是一个较为普遍的现象。如中国功夫电影、日本动画片、韩国电视剧等,是不少青少年学习汉语、日语、韩语的最初动因。因此,我们可以从具体的文化产品入手,打造好中国的文化名片,通过独具魅力的文化产品,吸引目标受众关注中国文化。

由于文化折扣问题的存在,中国的文化产品在欧美等西方国家的传播不可避免地

会面临一些困难。以中国电影为例,根据笔者对在京外国留学生的调查,中国电影的国际影响力还比较弱,受众对中国电影的消费期待尚未形成。究其原因,中国电影讲故事的能力、推陈出新的能力以及对国外受众的分析能力还有待提升。从另一个角度看,海外受众因文化折扣产生的刻板印象也是影响其对中国电影评价的一个重要因素,如果刻板印象不能得到有效改变,跨文化传播中的认知折扣问题将长久存在。因此,在中国电影的对外传播中,要通过对受众解码习惯的分析,相应优化自身的编码方式,扭转受众的刻板印象,改变其先入为主的价值判断;同时,实现影片生产与营销的国际化,拓展电影海外传播的新媒体平台,扩大中国电影的影响力。

其他种类的文化产品也是如此,要做好对自身资源和受众特征的分析,找到产品和受众之间的对接点,培养海外受众对中国文化产品的好感和兴趣。这样做不仅可以减少因文化折扣带来的刻板印象,而且能够使海外受众由喜爱中国文化而产生学习汉语的愿望,从而由文化的吸引力来催生语言的竞争力。

(三)因地制宜,形成与当地文化相适应的语言传播方式与策略

我们知道,不同的国家、地区,不同的种族、民族,拥有不同的文化、习俗以及价值观。具体到教育方面,也会有不同的教育制度、模式和理念。比如,与本土师资相比,我们外派的汉语教师虽然在专业素养上要更胜一筹,但在教学方式、方法上却往往不及对方。根据研究者的调查,教师的教学风格与方法,是导致学生外语学习动机减退的重要因素之一。旧金山州立大学孔子学院的美方院长告诉笔者,他们希望中文教师在赴美之前能够掌握美国课堂管理、教学以及组织课外活动的方法和要求,缩短到美之后的适应时间。除此之外,做好跨文化传播方面的知识准备,也是我们在进行汉语国际传播中需要重视的问题。特别是在一些移民国家,如美国,汉语教师在课堂上可能要面对不同肤色、种族的学生,掌握跨文化传播的基本理论和技巧,才能在与不同族裔学生的交流中更加有效地进行语言的传播。

在全球化的背景下,在互联网技术与应用快速发展的趋势下,互联互通成为这个时代的一个显著特征。这一特征激发了人们相互沟通、相互了解的愿望,也增加了语言学习的需求。在这个时代中,只有不断建设好自身的语言与文化,才能避免迷失在全球化的巨浪旋涡中。因此,我们从国家政策层面到具体教学、研究层面,围绕如何做好语言文化建设这一课题,需要以开放的态度,既要制定中长期的战略,又要因时、因地制宜,制定出每一个阶段、每一个区域、每一所学校以及每一门课程的策略,使每一步都能够走得扎实,在良性互动中实现中国语言与文化的同步、有效传播。

(本文原载《语言文字应用》2014 年第 3 期)

孔子、孔子学院的海外认同与中国文化的对外传播

文化传播是以一定的文化资源为基础的。与自然资源相对应，文化资源是人类在社会历史发展过程中所创造出来的资源，是人类文明传承的重要载体，包括历史人物、文物古迹、民俗、建筑、宗教信仰、语言文字等。当前，随着文化产业的发展，文化资源的外延已经拓展到自然资源领域，如云南怒江、澜沧江、金沙江"三江并流"被列为世界自然遗产，云南的石林被列为世界地质公园，这些自然资源已经成为当地发展文化产业的重要文化资源。

在将文化资源转化为文化产品的过程中，我们需要对其进行一定的符号化处理，并根据传播学的基本规律，在对自身资源有充分认知的基础上，对受众的认知特点、需求以及以往文化传播的效果进行科学的调查，并思考以下问题：

由于传播是发生在有主观意识的个体、群体之间的活动，传播者的编码能否被受众有效、准确地解码？受众的解码是否能够符合传播者的传播意图？不同国家、区域、民族、个体在接受中国文化的过程中有哪些明显的差异？如何根据这些差异相应地调整传播方式，提高传播的有效性？

儒文化是中国传统文化的重要构成部分，孔子是中国文化对外传播的重要符号之一，孔子学院是中国语言文化对外传播的重要渠道。因此，对孔子、孔子学院的海外认同状况进行梳理和调查，有助于为完善中国文化对外传播策略提供重要参考。

一、孔子形象的海外认同状况

北京师范大学文化创新与传播研究院 2015 年 6 月发布的《外国人对中国文化认知调研报告（2014）》将中国文化分为六个类别，每个类别设定三个文化符号。"中国著名人物"这一项，选择的文化符号是"花木兰""孔子""李白"；"中国哲学观念"这一项，选择的文化符号是"阴阳""孝顺""天人合一"；"中国艺术形态"这一项，选择的文化符号是"京剧""中国水墨画""敦煌壁画"；"中国自然资源"这一项，选择的文化符号是"熊

猫""长江""香格里拉";"中国生活方式"这一项,选择的文化符号是"绿茶""唐装""面子";"中国人文资源"这一项,选择的文化符号是"功夫""春节""孙子兵法"。

调查组对美国、英国、法国、日本、韩国、澳大利亚6个国家进行取样调查,回收样本2407份,调查发现:各国对各项文化符号的认知度有较为明显的差异,其中,"熊猫""绿茶""阴阳"的认知度较高,"天人合一""面子""敦煌壁画"的认知度最低。

认知与认同是两个层面的问题。一些符号的认知度高,并不意味着这些符号的认同度或者喜爱度高。2012年察哈尔学会、中国外文局对外传播研究中心、北京华通明略信息咨询有限公司发布了《中国国家形象调查报告2012》。该报告表明海外民众最喜爱的中国元素排名前十者依次是:熊猫、长城、成龙、中国美食、故宫、龙、茶叶、中国功夫、扇子、瓷器。相对来看,海外民众对京剧、孔子、旗袍、奥运场馆、姚明、中医中药、天安门广场和汉字等中国元素的喜欢程度较低。[①] 这与北京师范大学的调查结果基本一致。北京师范大学通过调查发现,外国人对中国自然资源、生活方式等具象的文化符号认知度较高,但对中国哲学观念、艺术形态等抽象的文化符号认知度整体偏低。

不仅在对不同类型文化符号的认知上存在差异,即使是同一类文化符号,在不同国家和区域间也存在认知差异。北京师范大学通过调查发现,不同国家、区域对中国文化符号的认知度和认同度存在一定的差异。比如,同处于儒文化圈的韩国,在生活方式和思想观念上与中国较为相近,对孔子、李白、京剧、孝、面子、功夫等9个文化符号都比较熟悉;美国人通过好莱坞的电影等媒介产品,对花木兰、阴阳、天人合一等5个文化符号较为熟悉;法国人对中国文化符号的认知度最低。

王德岩认为,孔子是中国文化中最复杂的文化符号,也是蕴含中国人情感和想象最复杂的文化形象。他还认为有必要从多元视角来解读孔子的形象,师者、王者(素王)、至圣、学者、罪者和使者——这六张面孔是不同历史阶段孔子的形象建构,与中国文化对外传播相关的是孔子的"使者"形象;作为使者的孔子代表中国与世界对话,成为国际上认知度最高的一个中国文化符号。孔子的思想很早就传入朝鲜、日本、越南等国,在东亚形成儒家文化圈;16、17世纪以后,孔子的学说和形象传到欧洲,在欧洲文化中几经变化,成为代表中国文化最著名的一个符号。但是,我们既要看到孔子形象在海外的高认知度,又要看到孔子形象在海外的变迁以及由此带来的中国文化海外认同度的变化。比如17世纪,西方对孔子极度崇拜,对中国也极度崇拜,认为中国是一个用孔子的理性就能治理好的国家。但到了19世纪,在鸦片战争中失败后,中国在国际上的形象就是停滞、非理性、不进步等。[②]

因此,在对外传播孔子形象、儒学文化以及中国文化的过程中,首先要调查目标国家对原有孔子形象的认知与接受状况,尽可能准确把握。针对目标国家对孔子形象的

---

① 张蕾.崛起的中国在海外是什么形象[N].中国青年报,2012-12-12(4).
② 王德岩.孔子的六张面孔[N].解放日报,2012-12-22(8).

认同状况,有学者以美国为例进行了深入研究。

四川外国语大学张涛教授遴选了19世纪中期以来美国《纽约时报》《华盛顿邮报》《洛杉矶时报》《基督教科学箴言报》等代表不同地域和不同群体的几大报纸上的3000篇文献,对近代以来孔子在美国媒体上的形象进行了系统、细致的分析归纳,解析出美国社会塑造的孔子形象和赋予孔子的文化含义。张涛认为从1849年至今,孔子形象在美国的变迁可以分为五个时段:

第一个时段,1849年,美国西海岸的加利福尼亚正掀起一股淘金热。大量华工的出现改变了美国人对中国的印象,美国人眼中的华人落后、愚蠢、迂腐而又狡黠,这些负面特质无一例外地被投射到孔子身上。否定孔子的思想,讥讽Confucius(孔子)实乃confuse(混淆、迷糊),甚至指斥孔子为"反文明"特性之源的声音甚嚣尘上。傲慢的美国人主张"去孔子化"、全盘接纳基督教文明才是中国进步的必由之路。

第二个时段,1882年美国通过《排华法案》,排华情绪上升至顶点。与此同时,美国进步主义思潮也波及全国,理性的声音渐渐回归。在两种因素的共同作用下,美国的孔子观也呈现出两种不同倾向,既有斥责中国落后、贬损华人言行的内容,也有渐渐欣赏孔子思想,逐渐引用并以此鞭策美国政治与社会行为的一面。

第三个时段,从1920年至1950年,在中国,孔子形象在一次次政治翻覆中震荡起落;在美国,孔子延续着美国政治监督者、评判者和启发者的角色,甚至被塑造为值得美国信赖和支持的中国文化符号。

第四个时段,从1950年开始,因美国冷战时期的对华政策和国内变革,本为中国文化象征的孔子被用作美国对华冷战的舆论武器,发挥攻击中国的重任,服务于美国的冷战利益。与此同时,孔子仍然为美国人的日常生活、行为处事、个人修养提供指导,并逐渐渗透到日益发达的消费文化中。

第五个时段,1972年,中美之间的坚冰开始融化,双方告别敌对状态,进入新的外交阶段。孔子成为两国增进对话了解的窗口,启发着美国人对当代中国的认知,更被认为是美国"打开东亚之门的钥匙"。但在一些美国人眼里,孔子作为扩展中国国家软实力的工具,也极大地挑战着美国的文化影响。

历史证明,在美国的孔子形象至少受到四重因素的影响:中美关系的状况、美国国内政治与社会状况、孔子在中国国内的影响以及华人、华侨在美国的地位。今天,我们在全球传播孔子及其思想时,应该考虑到这些错综复杂的因素,正视目标人群的中国观。①

在美国,一般民众对于孔子的认识大多是模糊而又肤浅的。虽然孔子的雕像在一些高校和城市都可以见到,提起孔子,人们也普遍把他视为一个智者而尊敬有加,但他

---

① 孔子,浮沉于美国人的中国观[EB/OL].(2012-04-28)[2017-05-06].http://www.yxhenan.com/info/xgxx/mrmj_12777_9824.html.

们倾向于用自己熟悉的宗教概念来理解孔子及其儒家教义……多数人只知孔子是个中国哲学家,至于他的哲学思想很多人并没有基本的了解。由此看来,美国学界对于孔子虽然已有相当认识,孔子思想要真正为大众所接受,还有相当的一段路要走。①

因此,我们在对外传播孔子及儒学文化的过程中,要综合考虑目标国家、目标人群的历史、文化以及目标人群对中国文化符号的主观态度、客观接受能力等多种因素,采用有针对性的传播策略。

二、孔子学院的海外认同状况

我国政府于1987年成立了中国国家汉语国际推广领导小组,简称为"国家汉办"。孔子学院就是由国家汉办承办并在全球予以推广的。2003年《汉语桥工程》颁布之后,"汉语国际推广"得到正式确认并被全面采纳和实施。作为我国第一个真正意义上的规范性的海外汉语推广培训机构,孔子学院在这一历史背景下应运而生。孔子学院总部(Confucius Institute Headquarters)设在北京,2007年4月9日挂牌成立。按照《孔子学院章程》规定,孔子学院总部是全球孔子学院的最高管理机构,是中国政府促进中外语言和文化交流、发展人类多元文化、共同构建和谐世界的重要机构。境外的孔子学院都是其分支机构,主要采用中外合作的形式开办。

孔子学院(Confucius Institute)秉承了孔子"以和为贵""和而不同"的理念,旨在推动中国文化与世界各国文化的交流与融合,以建设一个持久和平、共同繁荣的和谐世界为宗旨。它是一个非营利性的、推广汉语和传播中国文化与国学的教育和文化交流机构,一般设在国外的大学和研究院里。全球首家孔子学院于2004年11月21日在韩国汉城(2005年改称为"首尔")正式成立。从2004年到2008年短短4年间,孔子学院的数量增长迅速。2009年后,孔子学院开始进入内涵式发展阶段。截至2013年6月,孔子学院总部已在113个国家建立420所孔子学院和591个孔子课堂。2012年,全球孔子学院注册学员达到65.5万人。其中,在欧洲35个国家开设了140所孔子学院和126个孔子课堂,欧洲孔院的注册学员达到17.2万人,比上年增长79%。英国的孔子学院数量居欧洲国家之首,2005年,国家汉办与伦敦大学亚非学院签署合作协议,成立了英国第一所孔子学院;到2012年4月,英国已建有19所孔子学院和63个孔子课堂。② 亚洲地区已有90所孔子学院,以柬埔寨王家研究院孔子学院为例,其自2009年成立至今,注册学员已超过6,800人。③

---

① 王茜.孔子学说在美国的接受[J].才智,2012(34):172-173.
② 欧洲孔子学院数量英国居首 需求仍在增加[EB/OL].(2012-06-03)[2017-05-06].http://www.chinanews.com/hwjy/2012/06-03/3934426.shtml.
③ 2013年亚洲地区孔子学院联席会议在柬埔寨召开[EB/OL].(2013-05-30)[2015-06-05].http://www.chinanews.com.cn/hwjy/2013/05-30/4874181.shtml.

但是,"随着孔子学院在世界各地陆续开办,对它的一些异议也不时传来,或质疑其存在的目的,或戒惧它威胁西方学术自由和言论自由",有学者以美国媒体的相关报道作为切入点,对孔子学院的海外形象进行了研究,发现"外媒直接以孔子学院为主题的报道并不多,但在其他话题下谈及它的却不少。大体而言,外媒对孔子学院的评论主要围绕软实力、中文热、教育经费、学术自由、政治宣传工具等几个话题进行":在涉及孔子学院的报道中,软实力是出现频率最高的话题,如《华盛顿邮报》称孔子学院是"中国扩大其海外影响的一个手段",是"增加其软实力'魅力攻势'的一个部分",是"提升其软实力"的重要手段等;外国人对孔子学院的顾虑,一是担心其威胁西方的学术自由,二是担心其成为中国政府的政治宣传工具。"有人认为,中方如此慷慨地资助建立孔子学院,必定有附带条件,如'一系列禁谈的话题,你被告知,不能谈论……'。也有人认为,孔子学院与中国政府关系密切,缺乏独立性……影响学者的言论……如果你批评中国,那就'不能参与中国资助的与孔子学院合作的研究项目','得不到孔子学院提供的研究经费'……哥伦比亚大学的教师大卫·布兰纳(David Blaine)担心'建有孔子学院的大学会因为依赖中国政府的经费而屈服于中国政府的压力,从而压制对中国不利的言论'。"整体上看,外国媒体在传达对孔子学院的担忧时,也提供了相对客观的评价,如指出"教授们警惕来自北京的对迅速发展的孔子学院的政治干预,但看来发生这种事的可能性微乎其微","孔子学院的急剧增加使一些人担心,有中国政府参与的办学模式可能会对学术自由造成威胁,但也有一些人认为这种担心纯属多余"。①

也有研究者通过梳理欧洲媒体中有关孔子学院的报道,对孔子学院在欧洲的形象进行了调查。"在法国媒体眼中,孔子学院的形象具有二重性:既是一个教授汉语、宣传中国文化的教学交流形象,也是一个承载着中国政府政治抱负、旨在推动文化外交和提升国家软实力的半官方形象。这两种形象的共存,也使得法国媒体对孔子学院呈现出比较复杂的态度。"与其他欧洲国家的媒体报道相比,"瑞士媒体的用语几乎是最为激烈的,孔子学院与中国政府(注:报道中常用'北京'代指)的关系常被强调;一些记者疑虑孔子学院的进驻会威胁海外合作院校的学术自由,批评类报道所占的比重也比较大"。②

研究者对美国媒体和欧洲部分国家的媒体相关报道的梳理,体现出一些共性的问题:一是由孔子学院的半官方背景所引起的防备心理,二是担忧孔子学院输出中国价值观以及带来的"文化扩张",三是批评孔子学院限制学术自由、影响合作院校的学术自由等。

---

① 叶英.从外媒报道看孔子学院的海外形象[J].四川大学学报(哲学社会科学版),2015(3):48-57.
② 徐婷婷.孔子学院的欧洲形象研究:基于欧洲法语报刊对孔子学院形象报道的分析(2005—2013)[D].北京:北京外国语大学,2015.

三、孔子、孔子学院的海外认同与中国文化对外传播

孔子是中国文化的特定符号,孔子学院是中国文化传播的渠道。中国文化对外传播的有效推进也有助于更多的外国人了解孔子及其学说、理解孔子学院的办学目的。所以说,孔子、孔子学院的海外认同与中国文化的对外传播之间存在着正相关的互动关系。

由于孔子这一文化符号在海外具有一定影响力,所以,在推动中国文化的对外传播中,我们可以进一步探讨如何更为有效地增进外国人对孔子形象的认知与认同;孔子学院负有传播中国文化的使命,目前需要研究的是如何消弭因"冷战思维"带来的戒备心理以及文化差异导致的刻板印象,使孔子学院在推动中国文化对外传播方面起到更好的作用。

又由于是在文化传播的语境中进行探讨,所以,我们还需要将以上问题纳入传播学的范畴予以研究。比如,从"谁来说""对谁说""说什么""怎么说"等方面,对传播者、受众、传播内容、传播方式进行整合考虑、有效规划。

首先,在传播者方面,要进一步发挥民间主体与个人的力量,以形成对官方力量的有效补充,同时也有利于避免官方力量或半官方力量在传播文化中遇到的一些抵触情绪和有意无意的干扰。

拓展传播者范围,不仅要鼓励国内更多的学术团体、文化传播机构以及有意愿的个体创造性地与海外进行文化交流,使更多的海外民众了解孔子及其学说,同时,还要充分发挥海外华人的传播力量。

其次,要从跨文化传播的角度做好国外受众的调查与分析,将群体特性与个体特征相结合,根据不同区域、民族、成长环境、教育背景、文化接受偏好等因素,制定更具针对性的传播策略。

北京师范大学通过调查发现,外国受众在认知中国文化的过程中,超过60%的受访者认为媒介比较不可靠,认为最为可靠的是家人与朋友间的人际传播,之后才是网络传播、大众媒体传播。从对各类文化产品的接触意愿来看,外国人对中国图书的接触意愿最高,其次是中国电影。但同时,不同国家的受众对中国文化产品类型的偏好也表现出一定的差异,如英国人喜欢读中国书,美国人喜欢看中国演出,韩国人喜欢看中国的影视作品,法国人喜欢中国的手工艺品。

影视作品在塑造人物鲜活、生动的形象方面有先天的优势,特别是对儒学蕴含的中国传统价值观的跨文化传播而言,更宜采用较为轻松、"寓教于乐"的方式。为此,要努力扭转外国受众对中国电影的刻板印象,改变其先入为主的价值判断,否则,题材选择、生产制作、营销宣传等环节的创新可能都难以收到预期效果。当然,改变人们的行

为习惯是需要时间的,也是有风险的,但也并非无从着手,可以从影响目标市场的舆论领袖(如目标国家的影评人、媒体记者、文化学者等)开始,同时特别关注年轻受众如高校在校学生,因为他们往往对事物具有好奇心,也愿意接受新的观点。

在美国高校访学期间参加的一个"日本文化节"活动引发了我对此问题的思考。在"日本文化节"开幕的当晚,学校影厅放映了一部日本纪录电影 *Jiro Dream of Sushi*(《寿司之神》),其传播目的不仅仅是通过镜头语言来渲染寿司的精致和美味,更在于传达一种精神和信念。85 岁的主人公对制作美食孜孜以求、一丝不苟,他指导两个儿子以及几位店员从食材的选择、座位的安排到寿司的制作和码盘等,无不细致严谨。用主人公的话说,寿司就好比他的爱人,做最好的寿司是他一生的事业。在表现主人公信念和追求的同时,影片也没有忽视对人物性格的塑造。严谨但不刻板、思维活跃、语言幽默,是这位 85 岁的主人公留给观众的印象。在观看此片时,周围都是这所学校的老师和学生,且以美国人为主,从他们发出的赞叹声和会心的笑声来看,他们不仅看懂了这部片子,而且被影片的内容打动了,颇为认同影片想要表达的主题。显然,一次愉悦和引人思考的观影活动,对观众按照编码者的意图来定位和审视影片出品国的电影文化是有积极意义的。

日本作为亚洲国家,在文化上与中国有许多共性,在跨文化传播中,面临与中国同样的一些问题。其所做出的调整和应对,无疑值得中国电影人借鉴。一是要对受众的接受习惯进行分析,相应调整编码方式、话语模式;二是要从有影响力的人入手,引导目标受众形成对中国电影与中国文化的新印象,使外国观众能够以一种开放的心态重新审视中国文化。

最后,对孔子及孔子学说进行详尽、细致的符号梳理,在此基础上确定传播内容,再根据受众文化消费的特点与需求,开发相应的文化产品。

文化传播不仅包括文化"走出去",也包括"请进来"。我们要通过开发曲阜的在地文化旅游产品,吸引更多的入境游客,使其在曲阜这一特定的空间中获得不可替代的文化体验。正如前面所提到的,多数外国人更愿意接受口耳相传的人际传播,那么,每一个来过曲阜的外国游客都是传播者,而且具有不可低估的传播能量。外国游客在孔子故乡看到的,比其他的说教更有影响力,也更能影响外国人对孔子及中国文化的态度。因此,做好文化"大本营"的建设是当务之急,也是重中之重。

[本文原载《儒家文化与中华优秀传统文化》(齐鲁书社 2018 年版)]

对电视人物专访节目社会功能与评价标准的思考

一、电视人物专访节目的社会功能

电视人物专访节目兼具大众传播与人际传播的特征,这使其与其他节目形态相比,在传播的社会功能方面表现出了较为明显的交叉色彩。

(一)电视人物专访满足了人们对深层人际交流的需求,并极大地拓展了人际交流的范围

人始终对他人抱有一种好奇心,渴望了解他人的生活方式、人生际遇、价值观念。然而,现代社会人与人之间信任危机的加剧使人们不得不将深层的自我"屏蔽"起来,使人们的交流满足感大打折扣。

电视人物专访是以充分体现被采访者的个性特征、挖掘被采访者的内心世界为着力点的深层人际交流,其优势和价值在于为观众打开了一扇走进他人内心世界的门,人物的自我袒露越真诚、越深入,为观众展现的内心世界就越真实、越丰富,就越能满足观众对深层人际交流的渴求。而且,不同定位的专访栏目选取不同年龄、职业、经历的人物作为专访对象,为观众展现了一个时代的人物群像谱,以"拟态"形式极大地拓展了观众人际交流的广度。

(二)电视人物专访由当事人以第一人称方式直接传播,最大限度地保留了信息的原生状态

电视人物专访节目中的被采访者以第一人称方式讲述自己亲历的事件、知晓的情况以及自己对生命的理解、对人生的感悟,在这里,传播者本身就是信源,信息不需要经过第三者的转述直接抵达观众。虽然,专访节目是经过剪辑的人际交流,和现场的交流不可能完全一致,不过,尽可能保留现场交流的原生状态,是电视人物专访节目剪辑的基本原则。

(三)电视人物专访通过对被采访者的选择和把握,影响社会舆论、价值取向及行为方式

法兰克福学派创始人霍克海默(Max Horkheimer)将媒介形容为"透镜",他认为人们通过媒介可以观察世界,并建构自己理解世界的方式。美国学者埃弗雷特·罗杰斯(E. M. Rogers)分析了大众传播和人际传播在人们接受新观念、新技术的过程中所担负的不同功能,他认为在新观念、新技术推广和扩散的过程中,大众传播能够有效地提供相关知识和信息,而在说服人们接受和使用新观念和新技术方面,人际传播则更为直接、有效,因此,推广新观念、新技术的最佳途径是"将大众传播和人际传播结合起来加以应用",这是罗杰斯"创新扩散理论"的主要观点。借用罗杰斯的这一观点,以大众传播和人际传播的交叉为基本特征的电视人物专访在传播价值观念、影响接受者的行为方式方面有着得天独厚的条件。

《大家》等一些有代表性的电视人物专访栏目传播效果反馈也表明,成功的电视人物专访在引导社会舆论、塑造现代人格、凝聚精神信仰等方面发挥着积极的作用,为处于多元文化和社会转型中的当代人提供了规划自己人生的"摹本"以及定位人生价值、生命意义的"风向标"。

二、电视人物专访节目的评价标准

不同类别的电视人物专访节目在最核心的评价标准上是一致的,即以有血有肉、真实可感的人物为载体,以充满个性色彩的语言和非语言符号为手段,为观众提供全方位的、第一手的、多层次的信息。

(一)内容方面:提供高饱和度的信息,展现人物真实的个性

电视人物专访节目中所传递的信息大致可分为事件信息、情感信息、观念信息、知识信息四类。在不同定位的专访节目中,各类信息的比重会有所不同。因此,电视人物专访节目内容方面的评价标准可以概括为:

第一,根据栏目定位,恰当选择信息采集和传递的着力点,以某一类信息为主干来结构节目,如新闻人物专访可以事件信息为主干,杰出人物专访可以观念信息为主干,娱乐明星专访可以情感信息为主干,专业人士专访可以知识信息为主干。不过,单靠一类信息并不能撑起一期完整、成功的人物专访节目。在专访节目中,总是以一类信息为主,其他种类信息为辅,相辅相成,共同实现节目预期的传播目标。

第二,不论何种定位的人物专访节目,都应把落脚点放在人物个性风格的展现和塑造上。为此,一期节目中的各类信息要相辅相成,立体化、多角度为表现人物服务。

第三,注重信息传递的层次感以及各类信息之间的"互证性",使人物真实可信、可亲、可感,避免将人物"概念化""脸谱化"。

(二)形式方面:注重叙事策略和技巧,使节目具有一定的形式美感

人物专访节目对叙事策略和技巧提出了较高的要求:

首先,以讲好"人生故事"作为电视人物专访的主导思维模式。理想的电视人物专访节目应该能够凭借对人物人生经历和内心世界的揭示,带领观众穿越时空隧道,进入一个与自己看似不同却又息息相通的另一个人的生活,使观众获得一种近乎真实的心灵体验并由此引发对自我、对现实人生的反思。实现这一传播效果的前提是依据叙事逻辑建构节目框架,并把讲好"故事"作为贯穿始终的主导思维模式。

美国心理学家布鲁纳(J.S.Bruner)将人们的思维模式分为两种——范式思维模式和叙事思维模式。前者依靠严谨的理性分析、逻辑证明、实证观察来探索世界,适用于自然科学领域的研究论述;后者是人们理解他人和世界的一种"故事化"方式,即通过人物、情节、场景来解释人的思想和行为,用故事可以更逼真地解释人们的意图是如何转变为行为的,以及行为为何呈现出这样或那样的具体表现形式。电视人物专访是对人心理的探究,人的心理极其微妙复杂,很难用概念界定、抽象命题来描述,而具有灵活性、开放性的叙事思维模式显然更适用于专访节目。

其次,明确采访者与被访者在故事的叙述中各自所发挥的作用。在电视人物专访节目中,围绕着展示人物的真实个性、引发观众对诸多问题的深入思考这一传播目的,人生故事的叙述大致有三种情形:

一是被访者对自身的行为方式及其原因有着透彻的认识,在故事的叙述中发挥着关键性作用,而采访者主要是以倾听者的姿态出现。如《大家》栏目在对启功先生的专访中,92岁高龄的启功老先生虽然说话已经不很利落,但言谈间的豁达幽默给人留下了十分深刻的印象。面对像启功先生这样的专访对象,采访者要明确自己的配角位置,不能抢戏,而要搭戏。

二是被访者对自身的性格和心理特征认识尚不清晰,需要采访者从旁观者的角度,引导、帮助被访者思索自己的人生经历与性格、心理之间的关系,再进一步用人生故事来印证自己的判断。如《大家》栏目专访我国泌尿外科专家郭应禄院士,在前期采访时,郭老的学生、同事一致认为其性格中最突出的一点是乐观——处变不惊、临难不悲、虽苦犹乐、从容淡定。当采访者就此向郭老求证时,郭老表示以前还真没意识到,而正是采访者的提问帮助其打开记忆的闸门,讲述自己人生经历中按照常理会被人认为"难以理解"的桩桩件件。在这种情况下,采访者与被访者扮演了"共谋"的角色,共同完成了对被访者人生故事的开掘和叙述。这种角色对采访者提出了较高的要求,既

不能"越位",又要适时、适当提出自己对被访者人生经历的看法、观点,以求证和商榷的方式刺激被访者深入检视自我。

三是采访者居于主导位置,选取被访者人生经历的某个截面,将叙述控制在特定事件的范围之内。这种情况多见于新闻人物专访。一般而言,其关注的是人物与新闻事件相关的经历和故事,在事件的叙述中串联起人物的性格与命运的关系。从人物的角度来解读新闻事件的需要,对采访者主导谈话走向的能力以及发现、挖掘和放大新闻点的能力提出了较高的要求。在这种专访中,采访者需要把握好"主观"与"客观"的关系,既根据采访目的,积极主动引导和掌控谈话走向,又要避免妄加揣测,给被访者和观众"强加于人"的感觉。

最后,借鉴戏剧的叙事手法,合理运用悬念、冲突、情节、节奏等元素。叙事手法不仅是一种讲述方式,也将直接影响观众对人物以及节目的理解。社会学者大卫·R. 梅因斯(David R. Maines)认为,讲好一个故事至少包括三个基本要素:(1)为了聚焦和评价而从过去选出的具体事件;(2)通过情节、背景和刻画,赋予所选事件以结构、意义和脉络,将之转化为故事的要素;(3)创造事件的事件顺序,以确立事件如何和何以发生,同时使叙事要素获得节律、持续和进度的特征。简而言之,就是在节目开始之前,节目制作者先确定一个核心情节,之后将所选择的一系列事件按照特定的顺序串联起来。为了增加故事的吸引力,还需要在叙事过程中始终贯穿悬念,通过对情节的设计和节奏的把握,使观众不知不觉地投入到对人物命运的关注之中,并沿着节目设置的问题脉络进行理性的思考。

内容和形式的评价标准可以归纳为两个字——"真"和"美"。"真"和"美"是中外哲学家千百年来讨论的主题。具体到电视人物专访节目,我们可以将其含义描述为"真实"和"好看",即用能够深深打动观众的方式讲述真实的人生故事、展示人物真实的内心世界。

(本文原载《艺术评论》2008 年第 12 期)

"合作"与"冲突"
——电视人物专访的基本交流模式与策略分析

电视人物专访节目是人际传播与大众传播相结合的一种节目形态,深入剖析其人际交流的基本模式,有助于我们把握电视这一大众传播平台上人际传播的基本规律。按照社会学的观点,任何存在着社会关系的地方,都既有合作又有冲突,社会人际交往无疑也不例外。以面对面的对话交流为基本形式的电视人物专访,同样也承继了社会人际交往的基本样态——合作与冲突。

一、"合作"与"冲突"——人际交往的两种基本样态

(一)人际"合作"的心理动因及作用机制

现代博弈论被认为是研究机智、理性的局中人之间冲突与合作的学科。在分析人的合作动机时,博弈论将人假设为追求自身福利最大化的理性动物。基于这一假设,人们选择合作是因为合作得到的个人福利比不合作要大。

在将人定义为"理性的经济人"的同时,亚当·斯密又从感性的角度对人们的合作动因进行了分析,提出了"同情共感"的观点。在亚当·斯密看来,人类的自利性和同情共感能力是同时存在的,这使人在待人处事上,总是在自己的利益和对别人感情的考虑之间做出判断和协调。也有学者认为除同情心外,正义感、愧疚感、宗教信仰等因素,都有可能是导致合作的心理动因。

那么,人际合作秩序又是依靠何种机制运行的呢?桑塔菲学派的经济学家萨缪·鲍尔斯(Samuel Bowles)和赫伯特·金迪斯(Herbert Gintis)认为是"强互惠行为"在发挥作用。"强互惠行为",即在双方的合作中,如果对方背叛合作,哪怕这种背叛不是针对自己,自己也要对其进行惩罚,甚至不管花费多大的个人成本,[①]这种行为又被称

---

① 金迪斯.强互惠行为的演化:非亲缘人群中的合作[J].理论生物学杂志,2004(2):17-28.

为"利他惩罚"。

人际合作与自我利益的追求、内心的正义感以及同情共感等因素密切相关,这一结论可以用来解释电视人物专访中被访者的合作动因,如通过电视这一大众传播平台树立自己的正面形象,增强自己的影响力;出于责任感、正义感或是无法回避的义务,将自己知道的与公众利益有关的事实公之于众;基于人类同情共感的本性,将自己对生命的感悟、自己成败的经验教训与更多的人分享等。促使被访者接受采访邀请的往往并非单一动因,而是出于多种动因的混合作用。

(二)人际"冲突"的形成原因和应对之策

冲突是"由于实际的或希望的、反应的互不相容性而产生的两个或更多社会成员之间的紧张状态"[①]。冲突包括自我内心冲突与人际冲突两种,本文主要探讨的是人与人之间的冲突。人际冲突是指个体或群体彼此知觉到对方阻挠或将要阻挠自身利益的实现时所产生的直接对立的社会行为。[②]

1.人际冲突的形成原因

社会学家科瑟尔(Lewis A. Coser)将社会中出现冲突的原因归纳为两种:一种是物质性原因,即为争取物质利益而发生的冲突;一种是非物质性原因,或称为价值性原因,即由于各方所持的价值观念、情感态度等不同而引发的冲突。相对物质性原因引发的冲突而言,非物质性原因导致的冲突更为复杂,与本文研究对象的关联度也更大。

在人际交往(电视人物专访)中,当交往的双方在观念、性格方面存有较大的差异,又未能通过恰当的信息沟通、情感交流缩小这种差异时,冲突就像一座"活火山",随时都有爆发的可能。如果在这种情况下,再出现信息被误读或沟通不畅,并且未能及时排除交流障碍,那么,冲突的出现在所难免。人际关系心理学中归纳了引发人际冲突的若干非物质性动因:

(1)归因。在人际关系中,当个体认为他人的某些行为给自己带来损害时,会下意识地对他人的行为进行归因。如果归因的结果倾向于内归因,即强调对方做出损害行为的主观、有意、非偶然性,与对方发生冲突的可能性就比较大;如果倾向于外归因,意识到对方做出这一行为的客观、无意、偶然性,发生冲突的可能性会大大减小。

(2)报复。如果在交往中,一方并非有意的不当言行,使对方感觉自己受到了伤害,从而产生报复心理,将会使双方的交往陷入恶性循环,最终导致双方关系破裂。为避免出现这样的情况,首先,个体需要在交往中对自身进行有效的"印象管理"[③],使对

[①②] 郑全全,俞国良.人际关系心理学[M].北京:人民教育出版社,2002.
[③] 印象管理(impression management),出自美国社会学家欧文·戈夫曼的代表作《日常生活中的自我呈现》,又被称为"自我呈现"或"印象整饰",指人们运用多种策略,选择适当得体的语言和非语言行为来控制和调节自己的外在形象,使别人对自己形成良好印象,以争取别人的理解,润滑人际关系,使交往顺畅进行。

方对自己的人格、品质有一个积极、稳定的认识,这样,即便偶尔不慎冒犯对方,对方也会主要采用外归因的方式,理解并原谅你的行为;其次,个体需要在交往中及时发现对方情绪、态度的变化,并客观地对其进行归因,如果你认为有继续交往的必要,需要恰当地运用一些交往策略,让对方感觉到你合作的诚意,及时"化干戈为玉帛",减少给后续交往带来消极影响。

(3)信息沟通不畅。人际关系心理学认为,在人际交往中,人们获取信息的渠道不同、彼此又互不通气是导致人际冲突的主要原因。信息沟通不畅,可分为两个层面来分析,一是关键性的信息没有被传递出去,双方在这一信息的掌握上出现不对称,因而难以在同一信息平台上进行沟通;二是关键性信息虽然传递出去了,但由于传递的方式存在问题,使信息未能有效到达对方。

2.人际冲突的应对之策

在冲突的协商解决中,采取什么样的策略要根据具体的情境和对方的心理来决定。美国心理学家奥斯古德[①]针对冲突解决过程中的心理较量,提出了"减少紧张的逐渐回报策略":第一步,冲突的一方首先公开表明他希望缓和紧张,并明确宣布其为减少紧张所采取的单方面让步措施;第二步,做出让步的实际行动,这些行动必须是可做公开检验的,旨在建立起真诚的形象,给对方造成一种心理压力;第三步,对对方的让步回报以更大的诚意,促成良性的互动关系,最终实现冲突的缓解。

与"减少紧张的逐渐回报策略"可以配合使用的是"利益绑定策略",即求同存异,寻找双方利益的一致点,建立超越当前冲突的共同目标。在这一共同利益框架下,再探讨解决冲突的途径,这样,双方在眼前利益和长远利益、局部利益和全局利益的权衡下,会避免纠缠于细枝末节,能够甘心情愿地在具体问题上做出让步。因此,确定符合双方利益的共同目标,被认为是解决冲突的一种有效方法。

二、电视人物专访中"合作"与"冲突"的基本策略

电视人物专访是以合作为基调的一种人际交往活动,当被访者同意接受采访时,其与采访者之间就已经达成了合作的协议。专访开始,意味着双方的合作正式开始。不过,在合作的基调之上,会发生种种冲突,冲突的存在一定程度上可以提高节目的可视性,有时也可以使被访者保持一定的兴奋度,但是,如果把握不好,也容易引发被访者的抵触心理,对采访者采取"非暴力不合作"的态度,甚至直接拂袖而去,导致合作关系破裂。那么,如何在"合作"与"冲突"之间实现有效的切换呢?

---

① 奥斯古德(Charles. E.Osgood,1916—1991),美国心理学家,致力于学习理论及其实验研究,提出了具有重要影响的学习迁移模型。此外,他创立的语义分化法被广泛应用于人格、临床以及职业选择中。

(一)在"合作"的交流状态中,要适当"同中求异"

人际吸引是交流成功的前提和基础,为此,采访者作为交流中的主动方,需要运用传递好感、表示赞同等方式使被访者意识到自己对于采访者的吸引力;作为回报,被访者会对双方的合作投入更大的热情。但是,如果在专访中,采访者始终采用迎合、仰视、赞美、欣赏的态度面对被访者,是否一定会收到理想的回报呢?

美国社会学家、现代社会交换理论的奠基人乔治·C.霍曼斯(Geoge C. Homans)提出了"贬值—饱和理论"。该理论指出,对人际吸引所做出的反应如果过于频繁,结果会适得其反,人们在短时间内越是经常地接受某一回报,该回报在未来的价值就越小,假使某人频繁地接受他人正面的情感反应,他就会对这种反应产生饱和感。

研究者们对人际交流中"表示赞同"与"获得好感"之间的关联性进行了研究,得出结论:(1)有些情况下,开始表示不赞同,随后再表示赞同比一贯表示赞同更有吸引力;(2)偶尔表示赞同比一贯表示赞同所产生的吸引力要大;(3)用变换的方式来表示赞同比用一贯不变的方式更具吸引力,如在与对方第一次交往时表示赞同,但在第二次交往时表示反对,在后面的交往中又给予对方肯定的评价,这要比自始至终一直表示赞同更能吸引对方。

孔子曾云:"君子和而不同,小人同而不和。"①早在西周末年,史伯就曾提出:"和实生物,同则不继。"②意思是任何事物都是由众多的成分以某种方式结合而成的,单一的成分不可能产生新事物。承认事物的多样性,促动多样性之间的互补,才能谓之"和"。

同样,在人物专访中,采访者要着力营造一种和谐顺畅的交流氛围,但不必在观点、态度上刻意求"同",适当从多个视角、层面提出不同的见解、看法,可以对被访者的思维形成必要的刺激,使被访者始终保持一定的兴奋度。只有这样,才能"和实生物",在观点的碰撞、思想的交锋中,使对话不断深入,甚至现场生发出新的观点来。

(二)在"冲突"的交流状态中,要适当"存异求同"

霍曼斯等人在对人际吸引的研究中还发现,在人际交流中,如果两个互有好感的人在对第三者或其他事物的评价上意见相左,他们的关系就会失去平衡。在这种情况下,他们的交流关系能否继续就成了问题。或者是一方转变自己的看法,去适应对方的观点;或者是双方互不相让,一笔勾销以往的交流关系并拒绝以后再进行交流,除非对方转变观点。针对这种情况,霍曼斯等的观点是人际交流关系要想得到扩展,就必须在某些领域取得某种一致。即使在发生观点冲突的情况下,倘若双方在其他领域达

---

① 《论语·子路》。
② 《国语·郑语》。

成一致的意见,他们的关系就会持续,甚至扩展;否则,平衡的交流关系就难以为继,最终导致交流失败。

在电视人物专访中,特别是对于一些有争议的新闻人物专访、明星人物专访,尖锐的质疑是节目的看点。但是,如果被访者认为双方在交流中所发生的冲突已经严重背离了自己的利益诉求,并且看不到采访者有试图改善交流关系的迹象,就会从心理上放弃这次交流。被访者在对交流失去信心和兴趣的情况下,比较极端的做法是"拂袖而去",导致合作关系彻底破裂。那么,如何才能避免这一状况呢?

在专访中,采访者可以站在被访者的对立面提出自己的不同观点,也可以对被访者进行较为尖锐的质疑,但要注意不可动摇、损害双方合作的基础:第一,确保自己的交流态度客观、理性、平等,既不能一味逢迎,也不能充满敌意;第二,要尊重对话的自然发展,及时修正自己原有的观点,不能"抱残守缺",如果一切以自己的既定结论为准,专访就失去了意义;第三,如果双方在某些问题上出现了较大的分歧,已经直接影响到被访者对交流的信心和兴趣,采访者要及时采取措施,比如找出自己与被访者在认识上相同或相似的地方,或者站在被访者的立场上对其观点表示理解,抑或重申双方的共同观点,总之,以积极的态度向对方传达暂且"存异"的信息,使对话恢复正常,避免被访者因合作的正向回报不足"拂袖而去",或者"身未动,心已远",在后面的对话中采取不合作的态度,这两种结果,都意味着交流的失败。

以上是从人际交流角度对基本合作原则的分析。就电视人物专访而言,有些情况下交流的失败并不意味着节目的失败,还需根据被访者及现场情况进行具体分析。例如,《面对面》栏目曾专访时任安徽蒙城副县长的牛群,节目从头至尾都是对牛群尖锐的质疑。从采访者的角度来说,牛群作为公众人物,有义务接受媒体代表公众所进行的考问;从牛群的角度而言,他需要极力维护自己的形象,"拂袖而去"显然对其不利,因此,他宁肯选择插科打诨,也不会断然撕破脸。从人际交流的基本标准来衡量,这个专访显然是不成功的:采访者过于强势,被访者始终处于被动、退避中,而且被访者为了维护自己的利益,一直忙于"左挡右拦",故意用戏谑掩饰自己强烈的不满情绪,基本没有对采访者敞开心扉,更不可能直言不讳。但是,从电视人物专访的角度来看,也不可简单认为这个采访是失败的。因事关公众利益,采访者有质疑的责任,即便被访者没有坦言相告,其回答问题的表情、态度都被观众尽收眼底,观众可以据此判断被访者当时的心理活动,分析事实到底是怎样的。不过,需要注意的是,采访者用这种交流方式对待被访者,要具备两个基本前提:一是质疑关乎公众利益;二是对被访者的心理素质或者说"抗击打能力"有准确的估计和足够的信心。在专访中,为了避免交流的彻底断裂,采访者必须准确把握对方心理承受的"底线",运用心理技巧使交流始终在一个可接受的空间内"弹性运行"。

[本文原载《现代传播(中国传媒大学学报)》2008年第6期]

我国人物传记电视剧制作与传播的实证研究

笔者对 1982 年至 2010 年间制作播出的 154 部人物传记电视剧进行分析,发现其中约 70% 的作品为中央、省、市电视台制作,25% 左右的传记剧为各级宣传部门、地方政府、法院或军队等与电视台影视制作中心合作拍摄;仅有 5% 左右的传记剧制作单位构成中可见少量企业的名字。体制内的制作单位、体制内的导演,甚至编剧和演员,主流的传播语态,尤其是一些当代英模人物传记剧的主旋律"潜台词"等,无不令人好奇,在传记电视剧的背后,有着怎样的制作动因?是怎样的创作理念主导着传记电视剧的生产?其传播效果如何?本文旨在对这些问题进行探讨。

人物传记电视剧是展现一个真实人物独特的人生经历及人物与时代的关系的电视作品。我国传记电视剧的出现始于 20 世纪 80 年代,现今看到的最早一部人物传记电视剧是 1982 年播出的《鲁迅》。

在社会功能上,传记电视剧与传统的传记文学作品具有共性:以其真实的人物形象,对读者形成教育和感染力量,起到一般文学作品所无法起到的作用;比之一般史籍能够更有效地把历史人物的形象镂刻在人类的心灵中,构成一种特殊的社会精神文化财富。同时,还能够传播某些有益的知识。[1] 但与传统传记作品不同的是,作为影像化的传记作品,传记电视剧具备更多的视听表现手法,形成了这一类作品的特色,较之单纯以文字为传播符号的传记作品,能够在视听感官上满足受众的欣赏需求,最大限度地做到对历史的真实还原、对人物细腻入微的塑造,实现受众与人物之间穿越时空的精神交流,同时又可以产生不同于其他类型电视剧的真实感。例如,在传记电视剧空间的架构中,有的就是人物曾经工作、生活的真实场景。这种真实不同于单纯的文字描绘所形成的"真实感",在确保真实的前提下,直观的空间环境可以折射出更多的信息,带给观众更加深刻的触动。

在电视产品当中,传记电视剧、传记纪录片以及人物专访等,都属于传记作品。作

---

[1] 朱文华.传记通论[M].上海:复旦大学出版社,1993.

为影像化的传记,它们在塑造人物、思考历史、反映社会、影响受众等方面所释放出的能量不可小觑。特别是传记类电视剧在这方面有着天然的优势,其可通过对一个个独具个性的人生样本的深层透析,既观照大的历史背景和社会变迁下个人命运的跌宕起伏,又透过个人命运的风雨浮沉来反观特定的历史阶段和社会进程。人物的人生抉择、价值观念等无疑会引发观众的深层思考,从而对观众的思维方式和行为方式产生不同程度的影响。但是,当今的人物传记电视剧是否以及在多大程度上实现了这一功能,是我们需要分析与思考的问题。

一、20世纪80年代以来播出的人物传记电视剧概况

笔者在国家广电总局备案的1978年以来制作播出的所有电视剧中,根据人物传记电视剧的基本界定标准选出154部,并将其划分为帝王将相、文化人物、近代革命人物、当代英模四类。通过统计分析发现:

(一)从播出类型来看:近代革命人物剧所占比重较大

帝王将相、文化人物、近代革命人物、当代英模的数量分别为38部、33部、49部、34部。其中近代革命人物类49部,占总数的32%,位居四类人物传记剧数量之首,帝王将相类居于其次,文化人物和当代英模传记剧数量大致相当。

单纯从比例上来看,近代革命人物传记剧所占比例较大,其中有相当比例的作品隶属于某次宣传"战役",渗透主流意识观念的意图较为明显。这类剧虽不乏真实感人之作,但也存在一些共性化的问题,如对人物的描写较为"脸谱化",演员在追求"形似"的过程中忽视了"神似",有些场景和表演甚至出现类似舞台剧的效果。对真实状态的背离,难免令观众敬而远之。这一问题也存在于当代英模传记剧之中。

(二)从播出时间来看:发展轨迹和选题来源差异明显

1.帝王将相类在某些时段呈现出较明显的集聚倾向

这一类型电视剧始自20世纪80年代中期,以1985年的《诸葛亮》、1986年的《努尔哈赤》的播出为标志。此后两年这一类型电视剧发展缓慢,至80年代末停滞,停滞状态持续到1994年。这一状况在1995年至1998年之间逐步改变,帝王电视剧开始升温,帝王将相人物传记电视剧也在1999年出现了一个小高峰。在新的千年之初,这一热度平稳持续,并在2004、2006年达到高峰。此后,呈现逐步下降趋势。

这一现象的出现与大的社会背景密切相关,由于帝王将相人物传记电视剧的商业化特征较为明显,制作播出与消费需求之间的关联度较强,所以,收视状况的波动是影响创作者选题的一个主要因素。

在同时期的帝王将相题材电视剧中,传记剧的制作质量相对较高。如《汉武大帝》《雍正王朝》《唐明皇》等,在尊重史实及对人物进行合理艺术塑造等方面,与"戏说"类帝王电视剧形成了较鲜明的对比。

2.文化人物类的制作播出没有呈现出明显的规律

文化人物传记电视剧在20世纪90年代初期和21世纪第一个10年的中期分别出现了一个小高峰,但经分析可发现其具有一定的偶然性。

通过对文化人物传记剧导演阐述的梳理发现,文化人物传记剧的制作动因主要有两个:一是导演、编剧对传主有浓厚的兴趣,产生了很高的创作热情;二是一些地方影视制作机构以弘扬当地文化为主旨,为与当地有关的文化名人立传。

相对而言,文化人物传记电视剧主观表达的色彩较浓。其在主流价值观的传播意图方面,既不像帝王将相传记剧那样有一种对商业价值的内在渴望,又不如革命、英模传记剧有那么强烈的官方色彩、政治意味,属于一类相对比较超脱的传记剧题材。

3.近代革命人物传记电视剧中开国元勋题材呈减少趋势

这一类人物传记电视剧从时间上来看,除了在20世纪90年代末期和21世纪之初形成一个突出的峰起之外,其他时间段的制播数量基本较为均衡。分析1998—2002年之间的这一革命人物传记剧的高峰,1999年的庆祝中华人民共和国成立50周年是一个主要因素。不同的是,在2009年数量众多的"献礼剧"当中,近代革命人物传记电视剧很少。以2009年国家广电总局确定的第一批共计36部新中国成立60周年献礼剧为例,近代革命人物传记剧只有4部,占11%。

与国庆50周年时相比,60周年的革命题材电视剧倾向于描写重大的历史事件和革命人物群像,在题材上较之以往出现了一个较为明显的转型。这一转型可以从两方面寻找原因:一是电视剧市场竞争日趋激烈,求新、求变是产业化发展的必然要求;二是开国元勋在此前已经多有展现,创作的难度较大。

4.当代英模传记电视剧制播兼具常规性与随机性

当代英模传记电视剧在1996年、2003年出现两个明显的峰值,其他年份大致均衡。这一类型人物传记电视剧拍摄数量的变化受两方面因素的影响:一是宣传的整体部署,二是先进人物的涌现。所以,较之近代革命人物,当代英模传记电视剧在选题上有更强的主观色彩,主观表达意识更浓。除隶属于大的宣传外,因先进人物的涌现而创作的传记剧则有一定的随机性,包括创作者有感而发(如潘霞导演的《法官潘火中》),也包括命题作文(如沈好放导演的《任长霞》)。

二、人物传记电视剧选题来源的动因分析

研究我国的人物传记电视剧,探究其选题来源是一个很有意义的视角。相对于表

达什么,或许为什么要表达更为真实可信一些。通过导演访谈及阅读导演阐述,我们发现人物传记电视剧的选题来源基本上可以分为三大类:

(一)导演被打动的主动创作

导演被人物的个性魅力所打动,产生了难以抑制的创作冲动与热情,如潘霞导演的《弘一大师》《法官潘火中》、杨洁导演的《司马迁》、王静导演的《曹雪芹》、黄健中导演的《越王勾践》……

这一来源的选题以历史文化人物居多。潘霞导演在《弘一大师》的导演阐述中对创作初衷进行了细致的描写:"1994年初夏,一部名为《弘一大师》的传记小说摆在了我的案上,阅罢,心头涌起一股无法抑制的创作冲动……这位曾为中国新文化运动及佛教文化作出过巨大贡献的名僧身影不时浮现在眼前。就在这令人感奋的瞬间,我下定了为其做传的决心。"《法官潘火中》虽为当代英模题材,却并非命题作文,在该剧的导演阐述中,潘霞导演开篇即写道:"我接这个戏,不是为了任务或出于某种政治因素,而实在是被已故去的主人公那高尚的情怀与精神所感动。我相信,一部作品,只有打动了自己,才能再去打动别人。"

(二)导演被指派的奉命之作

以"命题作文"形式指派给导演的人物传记电视剧制作任务,题材主要为近代革命人物和当代英模。如沈好放导演在接受笔者访谈时,诚实而幽默地谈到,当电视剧制作中心的领导将《任长霞》的导演重任安排给他时,他连任长霞是谁尚不清楚。《李克农》一剧的创作动因是在李克农90周年诞辰之际,时任国家主席的杨尚昆嘱托国家安全部领导,希望能看到一些纪念文章和影视作品。此后,李克农传记电视剧的创作开始进入筹备阶段。《潘汉年》一剧是"根据《中共中央关于为潘汉年平反昭雪、恢复名誉的通知》精神,经党中央批准决定把卓越的无产阶级革命战士潘汉年的光辉事迹搬上荧屏"。导演朱一民在导演阐述中写道:"本剧首次将我党隐蔽战线高级领导者的事迹搬上荧屏。这是一部遵命创作的作品,是一部十分厚重,在某种程度上也可以说是具有填补历史空白意义的巨作。"

(三)地方政府主导的为当地名人立传之作

以地方政府为主导,为与当地有关联的名人立传,其中又以历史文化人物、近代革命人物居多,如《鲁迅》《华罗庚》等。《鲁迅》是"文革"后第一部人物传记电视剧,《华罗庚》被认为是第一部"为活人立传"的传记电视剧,这两部电视剧均为浙江电视台制作。浙版《华罗庚》的拍摄时间为1983年,时隔14年后,江苏电视台又拍摄了一部《华罗庚》,因为华罗庚先生出生于江苏金坛。

通过对选题来源的分析可以看出，大多数人物传记电视剧的拍摄动机源于主观表达的需求，与同期其他类型的电视剧相比，人物传记电视剧的整体商业追求较弱；从文化生产的角度来衡量，其更像是传递情感与观点的作品，而不是以营利为首要目标的商品；从传播意图来看，人物传记电视剧更看重的是剧作播出后的社会影响，即它是否有助于观众更清晰地认识传主，是否能更准确地把握传主的魅力所在，并有所触动、有所启发。

三、人物传记电视剧传播理念的两维探析

（一）真实呈现与教化意图

人物传记电视剧的基础是"真实"，难点也是"真实"，历史人物和当代人物的创作在"真实"这一目标的实现上各有各的"难处"。有的历史人物，可供依凭的记载有限，在创作时不得不融入对人物的合理想象，如杨洁导演的《司马迁》，"因为史书上关于司马迁的文字记载甚少，除了他自己写的《太史公自序》与《报任安书》中叙及身世与遭遇外，再无详细记载。那么，创作《司马迁》就不得不参考与他同朝同事的其他人物的记载，从他与其他人物的交往关系中理出他的处境、位置、线索，勾勒出他一生的命运遭际，然后通过艺术想象完成他的形象塑造。"[①] 显然，这对编剧和导演提出了非常高的要求，需要将人物放在当时的历史背景中，在对传主的成长经历和社会关系深入分析后，对传主的心理发展轨迹做出较为清晰的勾勒，将真实的记载与合理的想象相结合，使人物的性格、形象逐渐丰满。

对于当代人物来说，素材又往往太多，加之"命题作文"的"主题先行"，使得如何在真实呈现、审美表达与宣教功能之间找到一个较好的结合点，成为创作者必须面对的问题。创作者需要将传主首先作为一个真实的"人"来刻画表现，其次才是突出其与众不同的、令人感动的、值得人们学习的品质。前者是根基，如果过于强调后者而失去对前者的重视，那么，这个人物将很难立得起来，在观众眼里，主人公只不过是一个概念化的英雄模范，而不是可感可触、有血有肉的人。

以1990年播出的《赖宁》为例，这部4集电视剧从"童年的梦""少年状元""塑造自我"到"扑救山火"而牺牲，塑造出的赖宁是在学习上没有丝毫懈怠、自我管理能力超强、对需要帮助的人毫不吝惜，同时又疾恶如仇的形象。一个十几岁的孩子，被呈现得太过完美。或许，一个偶尔想睡懒觉、有些青春叛逆心理的赖宁，会更加真实、可爱。

由此可见，对于人物传记电视剧的创作者来说，厘清"真"与"美"的内涵及其相互

---

① 张德祥，李德琼.漫议电视剧《司马迁》[J].中国电视，1998(1)：10-12.

关系是创作的基本前提。

(二)导演个性与作品风格

电视剧作为一种精神文化产品,无疑会或多或少地融入创作者的个性、喜好,受到创作者的思维和行为方式的影响。但是,作为人物传记电视剧,其首先要实现的是对传主的真实呈现,因此,留给创作者的主观表达空间是有条件的。在有可能损伤传主形象或历史真实的时候,创作者要随时准备放弃自己对内容与形式的设想,无论其将达到的效果多么令人激动。

已故潘霞导演在一系列传记剧的创作中,形成了温和细腻、见微知著的风格。她在尊重历史真实的基础上,通过对内容的选择和形式的创造,塑造了弘一大师、宋氏三姐妹、法官潘火中等一系列生动鲜活的人物,给观众留下了深刻的印象。

从潘霞的导演阐述中可以看出她在创作过程中的点滴思考:在《弘一大师》的创作中,李叔同皈依佛门的一场戏,采用了主人公在走向山顶的途中三次回首的面部特写,三次回首中的面部表情和眼神流露,把李叔同无以言表的内心世界淋漓尽致地表现出来。[①]《法官潘火中》的拍摄多选实景,营造出符合特定情节的典型氛围。在镜头方面,在潘火中执行公务时,多用对切镜头,画面洁净、庄严,节奏明快,形成一种神圣感;日常生活场景则多用纪实性较强的长镜头,使光效相对更自然,强调真实感。

不可否认,潘霞导演的创作是整体真实的,但在某些细节方面由于过于想突出主题,反而令观众对内容的真实性产生怀疑。如在《法官潘火中》中,细心的观众会发现每当潘火中筋疲力尽回到家里,只要一拿起筷子,他的战友就会敲门而入,然后两人就会就某问题展开讨论,每每如此。所以,在整部剧中,潘火中几乎没有吃过一口饭,甚至没有夹起过一筷子菜。不过,瑕不掩瑜,无论从人物塑造还是艺术表现来说,潘霞导演的人物剧创作可以说都是首屈一指的。

另一位女导演金萍的作品也非常值得分析,其带给我们对于人物传记剧生命力的思考,即我们是否可以用评价文字创作的标准来衡量影像作品,是否经得起历史检验的作品才是好作品,因为,至少在艺术与技术等表现形式方面,影像创作的发展是极为迅速的。

在《赖宁》一剧中,金萍导演采用诗朗诵的形式来渲染情感、烘托主题;虚构了一个"神女"的形象,通过"神女"与赖宁似在梦幻之境中的对话来描写赖宁的性格。这种抒情式的表现方式,或许与导演金萍的艺术经历有关。客观地说,如何将一个小英雄的形象描写得既真实又不死板,确实不容易。采用画外诗朗诵、虚构主人公与"神女"对话等方式,未尝不是辅助表达的一种手法。从网上搜集到的一些观众对当年收看《赖

---

① 曹文莉.匠心独运 重现人格魅力:潘霞导演人物传记电视剧的艺术追求[J].电视研究,1997(3):38-41.

宁》的回忆来看,"感动""流泪"是使用较多的关键词,这在一定程度上说明,这一抒情手法的运用在当时是被相当数量的观众所接受的。

但在今天看来,这种抒情的手法有一些夸张、不够自然。具体来看,如赖宁在水边放小船,这时画外音的诗朗诵声响起,显得有些突兀;多次出现的赖宁与神女的对话可以理解为赖宁内心的思想活动,是其与另一个"我"的交流,但恍若来自"天外"的声音还是让这部纪实性的人物剧多少有了一些雕琢的痕迹;赖宁去山中探险寻宝,用小锤敲山石的声音处理得有些过于艺术化,随着他兴奋地喊"找到了",紧接着出现连绵的群山、激昂的配乐,主观抒情的色彩有些过浓;剧中的孙爷爷是赖宁的忘年交,有较多的戏份,但有的段落处理得不够精细,如他与赖宁的对话,台词过于书面化,显得不自然。

因此,结合历史和时代背景,从人性和环境角度来刻画人物性格、塑造人物形象;挖掘典型环境中的典型形象,在"同"与"不同"中让观众看到眉目清晰、血肉丰满的"这一个",让作品能够经得起岁月的检验,才是一部成功的传记剧。

(三)"盖棺定论"与"为活人立传"

从当前人物传记电视剧的选材来看,有两个较为突出的缺憾:一是多选择历史上各个时期的伟人、名人,描写当代普通人的作品较少,现在能见到的只有少量以反映派出所民警、居委会主任一心为群众服务等为主题的小型传记剧;二是多为"盖棺定论"型,即现当代人物,特别是一些当代英模,必定是辞世之后才能为其"立传"。多年来,这仿佛已是一个不成文的规定,除了1983年的《华罗庚》被公开称为"为活人立传"之作外,其他在传主尚在世,特别是还正当年时所拍摄的人物传记电视剧几乎没有。

究其原因,通行的"潜规定"是表层原因;深层原因或许较为复杂,如创作者会有一种担心,如果一部人物传记电视剧播出之后,传主被发现有与社会道德或是法律法规相违背的行为怎么办?相比之下,"盖棺定论"较为安全一些。但是,我们不妨换一个角度来看这一问题。首先,对真善美树立客观、正确的认知标准,在对人物作出整体评价的基础上,要允许其在某些局部是不美的、虚假的,甚至某些时候是与善相冲突的;要接受其在未来有可能向与今天相背的方向发展,而创作者,只能对所创作的那个节点的真实负责。其次,文化产品的生产者需要不断地努力,以提升受众的读解能力与消费素养,使其能够辩证、客观地去对一人一事一物作出评价,不绝对、不偏激,同时,也要相信和尊重受众的判断能力,不用将结论"塞"给受众,而要请受众自己去咀嚼、品味。

从当前的人物传记电视剧的创作与传播来看,整体的数量还较为有限,人物类型也不够丰富,没有跟上社会快速发展的节奏,这也在很大程度上影响了其传播效果以及社会功能的实现。从受众角度来看,受众希望看到更多当代的、在各行各业有影响力的人物出现在传记电视剧中。为"大人物"立传,树起的是"碑",使人们看到的是榜样的力量;为"小人物"立传,树起的是"镜",从中人们可以照到自己。因此,我们期待更多的创作者将目光投向当代,敢于为一些开风气之先、引领时代潮流的人物立传。

四、结语

从传播价值来说,人物传记电视剧所具备的先天优势是毋庸置疑的。人的思维与行为方式除小部分受先验因素的影响之外,大部分来自后天的经验积累,包括家庭、人际小环境及群体大环境。在成长过程中,人们需要不断地寻找可以效仿的对象、榜样或者偶像,作为自身的行动参照。特别是在社会机器高速运转的今天,传播技术的发展为每一个个体提供了自由表达的可能,但更多的选择、更多的可能,也造就了年轻一代的迷茫。穿越时空,他们渴望与大师、伟人和英雄对话。他们不需要简单地对崇高的注解,而是希望能够亲身感触大师、伟人和英雄走过的鲜活的人生,看到大师、伟人和英雄如何面对人生的抉择,并从中获取智慧与力量。从传播方式来说,人物传记电视剧要实现满足当代观众需求的目标,个性、真实、艺术是其三个支点。因此,希望政府宣传部门能够善待、企业及社会机构能够重视这一文化产品类型,也希望看到人物传记电视剧能够实至名归地达到其应有的传播效果和社会功能。

[本文原载《现代传播(中国传媒大学学报)》2012年第7期;
人大报刊复印资料《影视艺术》2012年第10期全文转载]

对改革开放以来电视新闻创新发展的思考

2008年,承载着太多的历史意义。这一年,是中国改革开放30周年;这一年,也是《新闻联播》开播30周年。1978年1月,《新闻联播》开播;1978年12月,党的十一届三中全会做出改革开放的重大决策。这或许是时间上的巧合,但也预示着在此后的30年间,电视新闻事业与国家改革开放的密切关联。一方面,电视新闻扮演着大政方针传达者、改革理念催化者的角色;另一方面,电视新闻也随着改革进程的推进,不断调整自身的传播理念与形态,从而更好地担负起"唱响时代先声,推动社会进程"的历史使命。

具有中国特色的改革开放,没有更多的经验可以借鉴。同样,过去的30年,也是我国电视新闻事业在探索中前行的30年。这30年,我国电视新闻从传播技术到传播理念、从传播内容到传播形态发生了有目共睹的巨大变化。回首过往,有成功的经验,也有失败的教训。

前瞻未来,有发展的机遇,但更多的是或显或隐的挑战。对改革开放以来电视新闻事业的发展历程进行反思,总结经验,发现规律,提出问题,寻找对策,对电视新闻今后的发展是十分必要的。

一、由表及里:对电视新闻传播形态创新发展的分析

电视新闻的发展最直观地体现在传播形态的不断创新、不断丰富上。在此,我们可以对这一演变过程进行简要梳理。

(一)从表相看,电视新闻节目的类型不断多样化

20世纪80年代初,在消息类电视新闻节目的基础上,出现了专题类和评论类电视新闻节目,拓展了"电视新闻"的概念。

20世纪90年代,消息类电视新闻节目衍生出早间、午间、晚间等不同时段播出的

新闻节目,并开始对播报方式、播报内容进行改革探索。以中央电视台《东方时空》为代表的电视新闻杂志节目、以《焦点访谈》为代表的电视新闻评论节目、以《实话实说》为代表的电视新闻谈话节目、以《新闻调查》为代表的电视新闻深度报道节目纷纷出现。经过香港回归、澳门回归现场直播的锻炼,电视新闻人对现场直播的理解和驾驭能力不断提升,观众被培养出了发生重大事件看电视新闻直播的习惯。

进入新世纪,以《时空连线》为代表的新闻连线类节目、以《面对面》为代表的电视新闻专访节目相继出现;江苏电视台城市频道的《南京零距离》引发了关于"民生新闻"的大讨论,一时间,各地"民生新闻"类节目遍地开花;出现了电视新闻特别节目,如每年一度的"感动中国人物评选"等。

(二)从效果看,电视新闻节目的功能不断多维化

借助电视新闻节目,观众不仅可以获取新闻信息,而且也可以吸纳观点,还能由此引发更深层的思考,甚至对自身的思维和行为方式做出调整。

电视新闻谈话类节目、电视新闻深度调查类节目、电视新闻评论类节目的兴起,为观众提供了一个"拟态参与"的平台。在这一平台上,屏幕前的观众可以与节目录制现场的主持人、嘉宾和观众进行观点的"交流"与"碰撞",如《实话实说》开播之初所做的《父女之间》,以个案故事的形式引发人们对具有普遍意义的社会问题的探讨和思考。

特别值得关注的是电视新闻节目的舆论监督功能不断深化,以"用事实说话"为栏目口号语的《焦点访谈》也因其在舆论监督方面的突出表现,形成了独特的"焦点现象"。

(三)从机理看,电视新闻传播的理念不断人本化

首先,改变原有的传者本位、单向"灌输"的做法,树立以观众为中心的理念,强调平等交流、互动沟通。1993年之后,出现了《讲述老百姓自己的故事》《实话实说》等一批以普通人为主要参与者和表现对象的栏目,经历不同、性格各异的人们出现在电视屏幕上,真实地展现自己的生活,自然地表达自己的观点,使电视这一大众传播媒介较好地融进人际传播的元素,实现了对普通民众、对现实生活的贴近性,拉近了与广大观众的心理距离。

其次,在明确以观众为中心的基础上,进一步提出了在"第一时间、第一现场"满足观众新闻需求的理念。2003年,中央电视台新闻频道的开播使这一理念得到充分诠释。在此之前,中央电视台在提高新闻报道的时效性方面所做的一系列努力(如增加整点新闻滚动播出次数、构建晚间新闻报道版块、重大事件连续报道和直播报道等),为新闻频道的推出在理念上和实际操作上做了充分的准备。

最后,将得出结论的权利交给观众,体现对观众的尊重。电视新闻节目开始重视通过采访调查展现事件过程以及不同观点的交锋,为观众提供充足的背景信息和相关

判断,由观众经过分析,自己得出结论。在社会转型期,人们的价值取向和思维方式日趋多元,电视新闻将节目的主导观点寓于事实的选择与展现之中,较之以往的"直抒胸臆",无疑更易为观众所接受。

二、追根溯源:对电视新闻传播创新发展动力的分析

大众传播是社会这一庞大体系中的子系统之一,它的发展演变无疑会受到整体社会发展进程的影响。具体而言,政治、经济、文化、科技等子系统对大众传播的影响较为显著。新闻传播是大众传播的重要组成部分,其与社会其他子系统之间的关联更加密切,对它们的变化也更加敏感。

(一)来自政治子系统的推动力

在新闻媒介中,电视新闻因其独有的声画兼具的优势以及逐渐爆发出的巨大能量而受到社会其他子系统的重视。1982年,考虑到电视新闻的播出时间,重要新闻的发布时间从以往的20点提前到19点,《新闻联播》中的重大新闻具有了权威。十三大报告提出"重大情况让人民知道,重大问题经人民讨论",要通过各种现代化的新闻和宣传工具,增加对政务和党务活动的报道,对电视新闻发挥服务政治功能具有深远意义。1986年4月,《人大常委会讨论破产法纪实》是电视新闻报道重大党务、政务活动的突破。人大常委会就国务院的法律草案进行讨论,委员们行使否决权,反映了我国政治民主化的进程。以往,报道重大政治活动都是采用新闻片或纪录片的形式,在没有先例的情况下,中央电视台记者采摄、制作了这一专题报道,播出后引起社会强烈反响。1987年,六届人大五次会议期间,中央电视台具有开创性地播出了8场记者招待会的实况录像,让广大观众第一次有了到"现场"参与重要政事活动的直观感受。1987年,中央电视台对党的十三大开闭幕式进行了现场直播,重要的记者招待会也采用现场直播的方式进行同步报道,获得了广大观众的高度赞扬。

随着政治透明度的增强,重大政治活动报道越来越公开,决策也越来越透明。2004年初,中央电视台新闻频道开播,政治文明的发展、社会公众的需求与传播软硬件资源的充足,使得这次"两会"报道实现了对重大政务活动报道的全面突破,不仅直播了重要报告,还直播了各小组对政府工作报告讨论的实况,并以主持人与嘉宾访谈的方式对相关政策进行了详尽、细致的分析、解读。

党和国家领导人对电视新闻传播的重视,也成为推动电视新闻人不断创新的重要动力。三任国家总理在视察中央电视台时,专为《焦点访谈》栏目题词:1997年,李鹏总理题词"焦点访谈,表扬先进,批评落后,伸张正义"。1998年,朱镕基总理题词"舆论监督,群众喉舌,政府镜鉴,改革尖兵"。2003年,温家宝总理题词"与人民同行,与

祖国同在,与世界同步,与时代同进"。总理们的赠言不仅是对《焦点访谈》履行"舆论监督"使命的褒奖,也是对所有电视新闻媒体的厚望。

(二)来自科技子系统的推动力

科学技术的发展无疑是电视新闻传播创新的另一重要推动力。1984 年,我国第一颗实验通信卫星"STW-1"进入预定轨道,同年,北京、乌鲁木齐、呼和浩特、拉萨、广州开始修建卫星电视地面接收站。1985 年,中央电视台开始租用卫星传送第一套节目,从此改变了电视节目微波传送的局限,初步形成了卫星、微波和地下电缆相结合的立体传播网络。

科技的发展带动了电视传输能力的提高、电视覆盖面积的扩大,也直接促动着电视新闻摄录、编辑设备的革新。20 世纪 70 年代末 80 年代初,电子摄录一体机 ENG 逐渐替代原有 16 毫米胶片摄影机,电视新闻采访的技术手段实现了重大突破,"采摄分离"成为可能,记者可以出镜采访,电视新闻采访的现场感得以突出。现场对声音和画面的同时、完整获取,也使电视新闻直观、形象的传播优势得到了充分发挥。此后,电子现场制作设备 EFP 的出现,满足了现场同时采摄和编辑的需求,电视新闻现场直播成为可能。在此基础上,卫星新闻采集方式 SNG 的出现,将小型地面卫星发射装置安装在可移动运载转播车上,实现了电视新闻采摄编播的同步合一。

(三)来自经济、文化子系统的推动力

经济、文化的发展对电视新闻传播的影响相对较为复杂,既包括经济、文化子系统直接作用于电视新闻媒体的动力,也包括受经济、文化发展的影响。受众需求产生变化,从而带动电视新闻传播从内容到形式的调整。

随着经济、文化体制改革的不断深入,社会转型期的特征逐渐凸显。其中,"碎片化"成为一个不容忽视的特征,表现为传统的社会关系、市场结构及社会观念的同一性不复存在,精神信仰、行为模式的差异性诉求取代了从众性心理,社会价值观呈现出较为明显的变化——改革开放前,社会价值观以一元价值观、整体价值观、理想价值观和精神价值观为主导;改革开放后,社会价值观实现了从一元价值观向一元价值观与多元价值观互动的变化、从整体价值观向整体价值观与个体价值观融合的变化、从理想价值观向理想价值观与世俗价值观共存的变化、从精神价值观向精神价值观与物质价值观并重的变化。

价值观念的"碎片化"不可避免地带来了社会心理的焦虑和迷惘,对生活方向、目标、价值的不确定感以及竞争压力之下的不安全感。这些都使得人们对电视新闻的社会功能提出了更高的要求——能够敏锐地发现初露端倪的社会问题,及时进行多视角的深度分析报道,为人们解疑释惑。特别是在重大突发事件面前,电视新闻传播要能够迅速反应，为人们提供信息以及心理、情感上的支撑。

从更为深远的意义上看，在社会转型时期，应对"碎片化"的趋势，电视新闻传播者肩负着一项艰巨的历史使命，即消解多元化带来的信仰虚无化，通过挖掘人们心灵深处共通的情感信念，在"碎片化"的时代中形成一种"聚合"的张力，使人们对生命意义、生存价值的追问能够得到解答，使我们传统文化、民族精神的"魂"能够得到传承。这就要求电视新闻传播能够不断更新观念，实现内容和形式的创新，以契合受众需求，有效传播信息，搭建交流平台，促进相互沟通。

三、电视新闻改革与社会发展的良性互动

电视新闻传播者不仅是历史的记录者，也是前进路上的"瞭望者"。改革开放以来，电视新闻实现了与社会发展的良性互动。政治、经济、文化、科技等社会子系统推动着电视新闻从传播理念到传播内容与形式的革新；同时，电视新闻的改革也成为推动社会进步和改革进程的一支重要力量。

电视新闻传播者谨记自身使命，充分发挥"以正确的舆论引导人"的重要功能，发现亟待解决的社会问题，对问题的症结进行深入调查，在大的社会背景下对问题的解决路径予以条分缕析的探讨，为政策的制定和调整提供参考。如电视新闻节目中的思辨性报道，将"是什么""为什么"作为报道的重点，引起人们对一些初露端倪的问题的关注，回答人们对一些复杂矛盾问题的困惑。思辨性报道不回避社会现象的复杂性和多样化，注重对事物的每个侧面的剖析，理清事件与全局之间的关系，用理性思考为纷繁复杂的社会现象或问题理出头绪，并让观众跟着去分析、去思考，这是一种符合现代人思维规律的思考问题的方法，也因此更能令人信服，更能引人深思。目前，思辨的报道方式普遍为电视新闻传播者所采用，并形成一股巨大的力量，在为人们提供信息和观点的同时，也潜移默化地改变着人们的思维方式和行为方式，推动着社会前进的步伐。

30年间，电视新闻报道的视角触及各个行业、关注改革的每一环节，从20世纪80年代初的《观察与思考》到90年代开播的《焦点访谈》《新闻调查》，再至2003年后推出的《央视论坛》《新闻会客厅》《新闻周刊》《面对面》等一系列栏目，紧贴改革开放不同阶段出现的新现象、新问题，启发人们的思考，引发社会关注，推动相关政策的出台，使社会制度不断得以完善。社会的进步、改革的深化以及受众需求的日益多样化，又对电视新闻传播的创新发展形成新的推动力。如此往复，在电视新闻传播与社会其他子系统之间形成良性互动。

四、新媒体时代电视新闻传播的发展趋势

自20世纪90年代中后期以来，"网络平台"已经成为能够以数字信号互联互通信

息的一种方式,它的物质形式可以是数字电视,也可以是电脑、手机、MP4、电子纸张、电视等。

技术的发展使新媒体日益渗透进人们的生活之中,加之人们思维方式和表达方式的现代化,博客、播客、论坛等成为信息和观点的"集散地",汇聚了非常可观的"人气"。因此,包括电视在内的传统媒介在新闻传播过程中,已经较为普遍地借助新媒体平台,运用来自新媒体的线索和信息。如利用手机和网络为受众搭建参与直播节目的平台、共享博客(播客)或论坛等网络信息内容等。不仅如此,电视媒体直接开办网站,实现电视新闻栏目的网络直播、点播,开设主持人、记者博客,直接与观众进行沟通、交流,网台联动,最大限度地满足受众需求。

从发展趋势来看,新媒体时代对电视新闻采编和传播模式的改革提出了新的要求。

第一,线性播出的方式将发生改变。在网络平台上,对栏目的时长要求将不再那么苛刻,处理变得更加灵活,这需要电视新闻传播在节目资源整合和栏目设置方面相应做出调整。

第二,赋予新闻参与者更多的权利。非线性传播使受众能够自由决定在某一新闻上投入多少时间。被采访对象、受众可以利用在线反馈,随时补充、修正、评论新闻,使新闻生产主客体的权利趋于平衡。

第三,将引发新闻采编环节的革新。一线记者的工作效率将面临新的标准,进而对记者的工作方式、考核体系产生一系列的连带影响。编辑承担的工作份额将会增加,除了参与策划、督导、组接本媒体记者的采访外,还需投入很大精力关注其他媒体、网友、博客的报道和信息反馈,不停地进行信息捕捉、筛选、上网播出,形成事件的主题化综合报道。

第四,电视新闻的语态将做出调整。媒体需要灵活组合图像、解说、文字、受众之间的联动和反馈,利用网络渠道资源无限的优势进行受众信息需求细分。通过细分,媒体可按照不同受众的反馈,制定下一步的跟进报道要点,实现信息的动态交互生产。

第五,将引发新闻生产结构的改革。现有的条块型生产结构将向并行、放射型生产结构转换。传统电视媒体原有的频道、栏目的界限将变得模糊,各自为战的状况将会改善,取而代之的是以大编辑部为策划核心,以新闻事件为圆心的协作型生产。

改革开放30年,电视新闻工作者唱响时代先声,推动社会进程,无愧于自身的历史使命和社会职责。回首过往,可以校准前行的方向,积蓄奋进的力量;展望未来,面对经济和社会发展的新形势、新问题,电视新闻工作者任重道远,只有与时俱进,勇于面对各种新的挑战,才能在改革进程的不断深化中成功书写新的篇章。

(本文原载《中国广播电视学刊》2008年第12期)

透过"包装"看电视媒体的品牌营销策略

电视媒体品牌营销是以电视产品的营销为基础和前提的,"电视产品是由观众需求和电视产业所拥有的一系列资源相互作用而产生的,……其定义应涵盖电视播出机构、电视节目制作机构与观众之间的全部领域"[①]。因此,探讨电视产品以及媒体品牌营销所关涉的内容是相当庞杂的,本文选取"电视包装"为切入视角,旨在透过电视包装的理念、操作,结合个案分析,探究电视媒体品牌营销的策略。

一、电视包装的营销功能

电视包装是对电视频道、栏目、节目的外在形式要素进行规范和强化,以凸显频道、栏目、节目的个性特征,增强其可识别性,塑造品牌形象,提升传播效果。无论是节目、栏目包装,还是频道包装,都不单纯是为了审美需求,而首先基于一种自身存在和发展而滋生出的实用性需求。在激烈的竞争中,"营销"正是媒体实现这种实用性需求的重要手段,菲利普·科特勒(Philip Kotler)曾非常简明地将"营销"定义为"满足他人的需求且自己也能赢利"[②]。无疑,电视包装的功能也正在于此。

从电视媒体的营销角度来看,电视包装的功能可以分为以下两个层面。

(一)对电视产品的营销

电视包装是对电视产品的一种主动营销,电视通过包装将节目的卖点及相关播出信息传递给观众,邀请观众在节目的播出时间"如约而至";在节目播出过程中,通过有效的导视,既防止现有观众的流失,又留住新进入的观众;通过鲜明、简洁的标识,降低观众的搜索成本,便于观众记忆和识别特定的电视产品;契合观众的心理,结合自身定位,设计频道 ID、形象宣传片、片头、片尾等,不仅满足观众当前的需求,而且引导、创

[①] 吴克宇.电视媒介经济学[M].北京:华夏出版社,2004:20.
[②] 科特勒,凯勒.营销管理:第12版[M].梅清豪,译.上海:上海人民出版社,2006:6.

造出新的收视需求。

(二)对媒体品牌的营销

现代企划创始人史蒂芬·金(Stephen King)是这样来区分产品和品牌的:"产品是工厂所生产的东西,品牌是被消费者购买的东西;产品可以被竞争者模仿,品牌却是独一无二的;产品易过时、落伍,但成功的品牌却能持久不衰。"[1]美国营销协会将品牌定义为"一种名称、术语、标记、符号或设计,或是它们的组合运用,其目的是借以辨认某个销售者或某群销售者的产品或服务,并使之同竞争对手的产品和服务区别开来"[2]。可见,品牌的首要功能是将自我与其他产品或服务区分开来,其依靠的是对产品差异的强调。这些差异既可以与品牌所代表的产品性能有关(如功能方面的、有形的),也可以与品牌所代表的观念有关(如象征性的、无形的)。

在品牌塑造上,电视媒体与其他产品生产者具有一定的共性:首先,要建立品牌差异,凸显品牌特色;其次,要建立品牌形象,激发品牌感觉;再次,要引发品牌联想,拓展品牌内涵;最后,要以品牌共鸣维系稳定的消费者群。但是,电视媒体的品牌塑造又具有其独特个性,这种特性源于其自身就是一个营销传播的载体,因而,在包装系统的运转上可以具有更大的灵活性和更丰富的表现性,如运用视听元素来诠释频道定位,以标识、ID、口号、宣传片等来塑造自己的品牌形象,以个性化的色调、字体来强调自己的品牌特点等。

目前,我国大多数电视媒体在定位的差异化营销方面已经较为成熟,比较有代表性的如安徽卫视定位于"打造中国最好的电视剧大卖场",以播出独家剧、首轮剧为主,同时,向电视剧产业链上游延伸,构建在电视剧播出上的核心竞争力;湖南卫视定位于打造最具活力的中国电视娱乐品牌;山东卫视定位于"情义频道";陕西卫视定位于传扬"关中文化";福建东南卫视定位于"海峡频道"……

有特色的品牌元素是触发受众品牌感觉的必要途径,也是决定一个品牌能否深入人心的关键因素。在对媒体形象的特色化营销方面,较为典型的如重庆卫视,用故事化的包装手法来传递"故事频道"的定位理念。讲述普通人自己的故事,是重庆卫视着力向观众传递的一个重要卖点,为引发观众的"品牌感觉",频道包装中充分发挥了宣传片的表意功能,紧紧围绕"故事"这一核心概念来设计表现的主题和形式,推出了系列宣传片,其中,《活在故事里》以普通人生活的故事化片段,向观众传递出"每个人都是故事主角"的主题;《荧屏是打开故事的窗》,以"窗"这一符号元素将观众的日常生活与电视屏幕建立联系,增强观众对"故事频道"的心理认同;《故事·时代》选取时代变迁、历史进程中的有代表性的镜头,表达了"今天的故事是明天的历史,你我是故事的

---

[1] 王春红,韩福荣.品牌寿命与产品寿命的协同演化[J].商场现代化,2006(13):195-196.
[2] 科特勒,凯勒.营销管理:第12版[M].梅清豪,译.上海:上海人民出版社,2006:304.

主角,也是历史的见证者"的主题,在拓展观众想象空间的同时,也深化了频道的品牌内涵。

现代营销更注重对产品人文内涵的强调,在使用功能之外,通过一些"概念"的注入,来满足消费者的某些心理需求,创造产品的附加价值,拓展品牌内涵,提升品牌价值,如"李宁"的广告语"一切皆有可能"、"耐克"的广告语"Just Do It!"等,契合了现代人张扬个性、追求自由的价值取向。而今,不少电视媒体开始注重对品牌的人文化营销,以旅游卫视为例,"身未动,心已远"的频道呼号语,在观众的脑海中营造出一种心灵跨越山水、自由飞翔的境界,其频道包装所传达出的核心理念是"行走改变命运,眼界改变世界",将"旅游"与"命运""世界"等关键词连接起来,充满哲理,耐人寻味,使具有人文内涵的频道形象得以确立。

二、电视包装的营销策略

与企业品牌营销相同,成功的电视包装,必然是理念识别、行为识别和视觉识别三个子系统的整合营销。首先,借助科学的市场分析、观众分析、自我分析、对手分析,明确营销战略的基本定位,构建自我的核心竞争力,为营销的具体实施提供理念支撑;其次,在此基础上,通过企业准则、管理方法、机构设置、公益活动等,将企业的经营理念付诸运行;最后,在具体实施中,综合运用标识、字体、色彩、声音、画面风格等元素,通过频道LOGO、形象宣传片、收视宣传片、节目预告菜单、导视及广告模版等在播包装以及其他离播包装产品,以独具个性的视觉形象、内蕴深远的精神气质打动观众,塑造为观众所认同的媒体形象。

从电视包装来看,目前,电视媒体品牌营销的策略可以归纳为以下四种。

(一)单一卖点策略

单一卖点要求至少要做到"简单",在本品牌、本产品的定位、理念、特性与消费者的心理、需求、习惯的交集中选择最有触动性、劝服力的一点予以强调;最好能够做到"简约而不简单",即在强调产品功能特性的同时,能够以某种精神内涵引发消费者的共鸣,卖点单一、表述简洁,但却深含意蕴、耐人寻味。

对电视媒体品牌营销而言,就是要找准本媒体的独有特性,尽可能以富有创意的方式将其放大。找到一个主打卖点,将其准确、清晰地传递给观众,效果要胜过一次传达多个诉求点。如CCTV-2的主打卖点是"就在您身边",凸显的是倾心为观众服务的姿态,传达随时为观众提供最新、最有价值经济信息的承诺;CCTV-6的主打卖点是"打开电视看电影",言简意赅,说明了该频道的定位诉求,可以在电视上看的电影,兼具电影的品质和电视的便利,对观众非常具有鼓动性;陕西卫视以"人文天下"为主打卖点,在频道形象宣传片中,大量运用具有陕西特色的文化元素,如秦腔、剪纸、兵马俑、皮影,还有象征中国传统文化的书法、绘画等,突出塑造了陕西卫视"人文频道"的特性。

不论是功能诉求还是心理诉求,只有卖点简明清晰、表达富有创意,才能给观众留下印象,起到塑造品牌形象的作用。

(二)以情动人策略

消费者购买产品时,在追求实质利益(功能诉求)的基础上,还有心理和情感的利益诉求,因此,在营销中运用好情感策略,往往会事半功倍。电视包装也不例外。

比如北京电视台第七频道的《7日7频道》栏目,其定位语是"生活就是一个7日接着又一个7日",该栏目以此为主题制作了一系列形象宣传片,我们以其中一个为例来看一下:前景是一个白色的陶瓷茶杯,背景是一个日历盘,茶杯上的"表情"随着日期的更迭而不断变化,茶杯上方会不断显示出象征天气变化的"符号"——星期日,愁眉苦脸,头上阴云笼罩;星期一,痛苦之极,头上乌云滚滚;星期二,无可奈何,头上大雨倾盆;星期三,忍无可忍,头上雷电交加;星期四,苦苦等待,头上骤雨初歇;星期五,眉开眼笑,头上拨云见日;星期六,心情超好,头上阳光明媚。画外音——生活,就是一种情绪跟随一种情绪;生活,就是一个7日接着又一个7日。这个宣传片形象地描绘出人们心理周期的变化,相信不少观众对此颇有同感。栏目借助宣传片传达出一种对待生活的态度——生活日复一日,是由一个个喜怒哀乐串起来的;一天、一周、一月、一年看似周而复始,但生活的真谛在于发现、在于体验。这种营销策略无疑可以起到"润物细无声"的作用。

(三)整合营销策略

整合营销传播(integrated marketing communication,IMC)的观点是美国营销大师唐·舒尔茨(Don Schultz)在20世纪80年代中期提出的。舒尔茨认为,IMC不是以一种表情、一种声音,而是由更多的要素构成的概念。IMC是以现在顾客和潜在顾客为对象,开发并实行说服性传播的多种形态的过程。

电视媒体在品牌营销中采用整合营销模式,标志着电视包装的内涵从形象识别系统的塑造,上升到整个电视频道、电视媒体商业经营理念的高度,从而成为电视媒体对外营销的平台。具体说,电视包装的整合营销策略可分为横向整合和纵向整合两个层面。横向整合是指包装的各个元素(包括色彩、字体、图形、声音、模版等)要呈现出统一的风格,从整体上凸显包装的个性特征。纵向整合,一是指从频道到栏目、节目的包装成品要协调好体现整体性和彰显个性的关系;二是指在实现频道内整合营销的基础上,还要设计好跨媒体的营销策略,即实现"在播包装"和"离播包装"的整合营销,通过大型活动、公关宣传以及一些特殊事件的营销,与频道在播营销相互配合,共同服务于电视媒体形象的塑造。

(四)稳中渐变,做好维护管理

电视包装一经确定,其核心理念、主要识别体系要尽量保持稳定,因为根据消费者行为学,营销传播的信息只有经过相当频次的重复,才能渗透进受众的有意接收层面,穿过受众的感知过滤层,得到受众对信息的有效解读。同时,绝大多数消费行为都是有习惯性的,这一习惯性来源于安全、简单、本能。对于品牌营销者来说,营销的主要目标就是培养受众的购买习惯,即受众对品牌的忠诚度。

受众习惯的养成是有一定的时间作保证的,这就需要电视媒体的包装在这一时间段内要保持足够的稳定性,不然很容易破坏比较脆弱的传受关系。在具体操作中,首先,要确保视觉识别系统内部各元素的风格统一,频道整体包装一经确定后,在一段时间内要保持相对稳定,不要随意调整。其次,在确保核心元素相对稳定的基础上,可以依据不同阶段的传播目标对包装进行适当调整。最后,根据受众的潜在需求和市场的发展变化,以及包装技术的演进,对原有的包装系统进行调整,使整体包装更为新颖、时尚。

(本文原载《中国广播电视学刊》2008年第10期)

新竞争环境下的电视编排趋向

电视编排是对电视节目进行内容和形式处理的终端,是一个将节目要素变为节目成品的过程。合理的频道编排可以实现栏目之间的顺畅过渡,有效控制观众流,避免观众中途流失。电视编排对于优化电视内容的传播效果、实现电视媒体的营销目标起着举足轻重的作用。

当前,电视媒体所处竞争环境正在变化中,互联网等数字新媒体所具备的实时、互动、便捷等特性对传统电视的优势地位形成冲击;卫星电视的发展和频道化改革导致了电视媒体内部格局的新变化,截至2007年年底,全国已有59个卫视频道,各省市还有为数众多的地面频道,数量在1200个左右。在新的竞争态势中,电视编排作为电视产品制播的重要环节,必然呈现出一些新的趋向。

一、按"季"播出的编排方式引燃竞争热点

按季播出源自美国,是目前颇为流行的电视编排方式。这里的"季"并非是自然规律中的春夏秋冬季节,而是电视播出机构按照观众的收视作息、收视习惯以及收视波动而划分的电视播映季节。在美国,每年9月中旬至来年5月这段时间是无线电视网所划定的一个黄金播出季节,即所说的"编播季"(Television Season)。在我国,2005年,重庆卫视推出了"黄金月、中国节"的节目营销概念,是第一个实践"编播季"这一新型编排理念的卫视频道。随后,包括央视在内的多家电视台也开始实践"编播季"的做法,以节假日或季节的更替等为分界线,将全年的节目编排分为常态节目编排表和特殊节目编排表。

(一)我国电视媒体采用的"编播季"手法

以节假日为依据的"编播季"。这种方式最为普遍,大部分上星频道都会在每年春节、"五一"、"十一"、寒暑假等重大节假日提前部署,整合频道节目资源,根据观众的假

日收视习惯重新编排节目表。

以大型活动为依据的"编播季"。如2005、2006年,湖南卫视以《超级女声》形成暑期"编播季"的高潮,下半年以《歌友会》《超级女声背后的故事》等后续节目维持稳定的收视率。

以电视剧为依据的"编播季"。如安徽卫视在2006年暑期,为吸引青少年观众,在晚间次黄金时段开辟了专门播放港台、韩国收视冠军剧目的《暑期剧场》,先后推出独播剧《王子变青蛙》等,创造了全年收视最高点,收视份额超过2%。

(二)我国电视"编播季"有待解决的问题

按"季"播出,有助于培养观众的约会意识、及时调整节目生产策略以及吸引广告的投放。不过,由于"编播季"在我国出现的时间还比较短,大多是各电视台根据市场竞争需要对自己节目编播的相应调整,整体还处于自发、摸索阶段。从传播者角度看,"编播季"在一定程度上还局限于单纯的节目编排层面,还没有完全实现根据特定"季"的收视需要来进行节目生产。从观众角度看,尚未形成"规模效益",收视市场没有形成按"季"收看的习惯,观众对"编播季"还没有自觉的期待心理,对频道的忠诚度也偏低。从广告商的角度看,我国的"编播季"与广告招商还没有建立起必然的联系,没有实现真正的按"季"招商。

以上问题实际上环环相扣,只有业内形成相对统一的操作模式、规范,改变单打独斗,凭借规律化、规范化运行,促使观众产生收视期待,培养观众的约会意识,从而产生规模效益。同样,规范化操作也有利于电视台与广告商之间的合作,使广告投放能够较好地与"季"的节目内容和编排方式相适应。

二、按"季"编排的应对策略

(一)把握各"季"观众的不同收视特点,培养收视期待、凝聚忠实观众

冬季(12月至来年2月)包含了元旦、春节和元宵节三个重要节日,是全年的收视高峰期,在节目编排上,要突显节庆气氛,与观众过年的心理、情绪相吻合,并结合这一时期白天收视量增加的特点,加大白天时段的编排力度,充分满足观众的收视需求。暑期(6月至8月),要着力编排能够满足青少年、儿童观众需求的节目,在题材上、风格上也都要与目标观众的特性相吻合,使整体编排富有时代感、突显青春气息。此外,针对暑期晚间收视高峰后移的特点,将重点栏目播出时间相应后移,与观众的收视时间相对应。春秋两季,除了长假编排之外,还要有意识地通过主题策划和事件策划,让观众感受到电视台、频道完整的编排思路,使观众能够对频道保持持续的关注。

(二)为每"季"提炼一个主题,简明的产品概念便于观众识记和广告招商

"编播季"的主题要根据自身节目资源状况和竞争对手的编排策略来定,要注意与自身的定位相符,同时主题又要具有一定的延续性,否则不利于培养观众对频道稳定的认知。比如,CCTV-2 在暑期编排中,经过分析,放弃了 4—14 岁的低龄观众。广告招商也要与"季"相适应,打通节目部门与广告部门的界限,由一个专门部门统筹负责,确保节目的目标观众与广告的目标消费者是具有较大交叠的群体。

(三)实现由单纯按"季"编排到真正按"季"生产

在这方面,美国电视台"编播季"的经验值得借鉴,即以"编播季"来带动节目的生产,利用"季"与"季"之间的时间空隙,来培育新节目、评估老节目,并充分调动观众参与的积极性,根据观众的反馈意见来决定节目的去留和发展走向。

(四)将"编播季"与频道发展战略相结合,制定科学的规划

当前,各电视台的"编播季"运作还大多停留在被动应战的层面,对"编播季"缺少全局性、长远性的把握,对收视规律缺乏科学、有效的分析,导致在编排上缺乏整体性、连贯性,难以最终实现维系忠实观众、培养观众收视期待的目标。因此,在未来的发展中,亟须从频道的总体定位、整体架构出发来制定"编播季"的战略规划。

三、更新编排理念以应对新媒体的挑战

自 20 世纪 90 年代中后期以来,以数字技术、网络技术、现代通信技术为核心的新信息技术大规模应用,引发传播方式的变革,对传统电视媒体提出新的挑战。以新技术为支撑的新传播环境带来的显著变化是受众不再是被动的接受者,而拥有了内容的选择权、制作权和传播权。通过 IPTV、手机电视、网络电视的点播功能,人们可以自主选择感兴趣的节目内容,具有摄像、录音功能的手机的普及使人们可以随时随地拍摄下自己认为具有传播价值的音视频内容,上传到播客中进行传播,与更多的人共享。

在此基础上,受众对传播提出更高的要求,包括内容接收的互动性、便利性和低成本等。新的传播技术使得大众传播与人际传播日益交叉、融合,由单纯的"一对多"传播向"一对一""多对多"和"一对多"等多种方式共存转变。人们在网络上收看电视节目,可以实时发表看法、观点,不仅与节目的制作者、传播者交流,还可以在讨论区中与其他正在收看此节目的观众交流。人们通过搜索,可以便捷地找到自己想看的节目,在收看的过程中,也可以跳过不感兴趣的段落。除了以上由新技术的运用带来的便利之外,新媒体内容的编排方式也可以帮助受众降低时间成本,提高使用效率,即通过

"超链接"服务,将相关内容大纵深地组合编排在一起,这样,受众进入某一主题后,可以通过链接,便捷地获取能够充分满足其需求的内容。

新媒体传播环境对电视编排产生了巨大影响:

一是促使传统电视栏目线性播出的方式发生改变。在网络平台上,对栏目的时长要求将不再那么苛刻,处理余地变得更加灵活,这就需要电视传播在节目资源整合和栏目设置方面相应做出调整。

二是新的接收结构赋予新闻参与者更多的权利。新的接收结构可以提供足够的容纳能力,使被采访者有足够的时间清晰、完整地表达自己的观点;新接收结构的非线性传播能力还可以使受众自主决定在某一新闻上投入多少时间;此外,被采访对象、受众还可利用在线反馈,随时补充、修正、评论新闻。

三是新的接收结构还将使现有的条块型生产结构向并行、放射型生产结构转换。新的接收结构以网络平台、新闻事件为圆心,围绕单个新闻事件为主题的相关报道与其他单个新闻事件的相关报道并联而成。传统媒体原有的频道、栏目的界限将变得模糊,各自为战的状况将会改善,取而代之的是以大编辑部为策划核心,以新闻事件为单位的协作型生产模式。

(本文原载《中国记者》2008年第10期,第二作者为弓立军)

对当前中国电影产品跨文化传播状况的实证调查
—— 以在京外国留学生为调查对象

电影作为重要的文化产品之一,从满足受众的休闲娱乐需求到影响人们的价值观念,其在文化传播方面所负载的功能毋庸赘言。从跨文化传播角度来看,电影无疑可以成为外国人了解中国的历史文化、风俗人情、日常生活的有效途径。20世纪40年代,美国学者鲁思·本尼迪克特(Ruth Benedict)通过日本小说、电影等资料来判断日本人的社会心理及民族性格,说明文化人类学、社会学以及传播学研究者以电影等为分析文本来考察社会群体及个体的相关问题由来已久。

接下来研究的是,当前我国电影是否较好地通过跨文化传播实现了提升国家影响力的功能?如果没有,那么阻碍其功能发挥的原因是什么?通过何种方式可以解决影响我国电影跨文化接受的主要问题?为了回答这些问题,笔者将调查对象聚焦于外国留学生。外国来华留学生是中国文化对外传播的重要途径,选择以其为主要调查对象,基于如下考虑:首先,他们对中国文化有一定的了解和相对较为浓厚的兴趣,能够保证样本的相对有效性;其次,外国留学生居住较为集中,在一定程度上降低了样本获取的难度。因此,2012年3月至6月期间,笔者对中国传媒大学、中国人民大学、首都师范大学、北京第二外国语学院的200名外国留学生进行了问卷调查,并对其中50名留学生进行了深入访谈。调查对象来自美洲、欧洲、非洲和亚洲其他国家。本文在这一实证调查的基础上,从以下三个部分对当前我国电影产品跨文化传播的相关问题进行探讨。

一、研究方法及调研过程

首先,通过问卷获得在京外国留学生对于中国电影的基本印象。

调查问卷由封闭式问题和开放式问题两大部分构成,以2007年以来获得国际奖项的中国影片为主要访谈内容,同时涉及2007年以前的部分获奖影片。其中,封闭式问题由对影片(含22部影片)、导演(含10位导演)、演员(含30位演员)的调查三个表格构成,调查了解外国留学生对这些影片、导演、演员是否了解,如果了解,那么如何评价。调查对象可以从"差、一般、好、很好"四个标准中进行选择评价。

开放式问题主要涉及被访者对电影类型的偏好,对中国电影的整体喜好程度,其亲朋好友对中国电影的态度以及被访者对其他国家(指除其母国和中国外的国家)电影的评价。如"在你们国家能接触到中国电影吗?""你在中国一般通过哪些渠道观看电影?(电影院、网络、电视)""请问你经常看中国电影吗?能完全理解吗?你如何评价中国电影?""你喜欢哪些类型的电影?喜欢的中国导演、明星是谁?""你觉得中国电影吸引你的地方是什么?(剧情、动作、表演、演员、导演、中国文化等)""如果不喜欢,不喜欢中国电影的原因?你认为中国电影与你所喜欢的其他国家的电影有哪些差异?""你的亲戚朋友喜欢中国电影吗?经常看吗?喜欢看哪类电影?如果不喜欢,原因是什么?"

其次,在调查问卷的基础上,选择部分调查对象进行深入访谈。

通过了解被访者的成长经历、家庭背景、兴趣爱好等情况,间接分析影响其对中国电影做出评价的原因。结合其所做的问卷,进一步通过直接提问的方式对间接分析进行验证。比如,有的留学生认为中国电影比较"fake(假)",访谈的目的在于发现持此观点的留学生在来华之前多大程度上受到其父母和朋友的影响,其是否对中国电影存在刻板印象;在来华之后,其所在的人际小圈子是否对中国电影持有较为一致的评价,这种评价又在多大程度上影响了其已有的判断。

例如,通过对问卷的分析,选择在首都师范大学学习汉语的韩国学生有利进行深度访谈。从有利的问卷中可以看出:她来北京已经有 5 个月,平时比较喜欢看电影,在韩国时会去电影院看,现在基本是在网上看电影;喜欢看动作片,认为一部电影最吸引她的地方就是动作戏;最熟悉和喜欢的中国电影是《色·戒》,最熟悉和喜欢的中国电影人是张艺谋、成龙和汤唯;在看中国电影时,基本能够理解其中的含义;但是,不喜欢中国电影,认为中国电影很幼稚、没有说服力;她的家人和周围朋友的观点也是如此,因此,基本不看中国电影;最喜欢美国、英国和韩国电影,尤其是美国好莱坞的影片。

根据对有利问卷的分析,对访谈的问题进行了如下设计:首先,了解她及其父母对中国文化的态度与评价,"你为什么选择来中国学习汉语?你的父母和朋友是否支持你的决定?""你来中国后对中国社会与文化的认识发生了改变吗?""你来中国之前和现在接受中国文化的主要途径有哪些?"其次,了解她及其父母对中国电影的态度与评价,特别是这些态度和评价产生的原因,"在没来中国前,你在韩国都看过哪些中国电影?你怎样评价这些电影?其他韩国观众的评价如何?""你为什么会觉得中国电影很幼稚?""你的父母和朋友对中国电影的评价是否与你相同?这些评价是基于哪些因素做出的?"最后,以普通外国观众的视角,探寻中国电影跨文化传播的有效路径,"你认为中国电影与韩国电影最大的区别在哪里?""你认为中国电影能够吸引韩国观众的主要因素有哪些？从你的角度看，你认为中国电影在选材、制作、内容的表达方式等方面的改进措施是什么？""你希望在中国电影中看到更多的表达中国文化的元素，还是希望看到较为容易理解的、世界化的元素？""如果有中国电影在韩国上映，你能及时知晓该电影的信息吗？你认为中国电影的宣传方式是否有助于吸引韩国观众？你认为中国电影怎样宣传才能吸引韩国观众？"

二、调查问卷分析及访谈总结

（一）调查问卷分析

在对中国电影的了解程度方面，统计显示：被调查者中对中国电影有一定了解的占50.6%，对中国电影较为关注的占38.56%。虽然这两项加起来达到了89.16%，但是也不能盲目乐观，因为调查对象为来华留学生，具有一定的特殊性：一是其对中国语言与文化较之其他外国观众具有更强的兴趣，这是其来到中国的重要原因之一；二是接受调查的留学生中有不少人所学专业为中文，通过电影来熟悉中国语言与文化是他们课堂学习和课外练习的一部分，这也客观上增强了他们对中国电影的了解程度。同时，值得关注的是，还有10.84%的被调查者表示对中国电影完全不了解，究其原因，多是在其母国从未接触过中国电影，这也不得不引发我们对如何提升中国电影海外传播能力的思考。

在对中国电影的观看途径选择上，接受调查的在京留学生有41.7%的人选择在网络上观看；选择到电影院观看的占33.3%；选择买（租）DVD方式观看的占16.7%；选择在电视台播出时观看的占8.3%（其中，存在同时勾选多项方式的情况）。从统计中可以看出，网络是外国留学生获取中国电影资源的主要渠道。网络观影，一方面可以轻松获得想看的影片资源；同时，在时间上比较自由；较之购买电影票和DVD，还具有花费少的优点。值得注意的是，选择到影院观看的人数占到被调查者总数的1/3，表明相当比例的被调查者对观影环境和效果具有较高的要求。是否选择影院观影，关键取决于影片的质量和效果能给观众带来多少让渡价值。

在对中国电影的类型偏好方面，被调查者偏好度较高的影片类型首选动作片，且这一选择在不同国籍、不同地域和对中国文化了解程度不同的外国留学生群体中，并没有呈现明显差异。可以说，对动作片的偏好，在被调查者中具有较高的普遍性。《卧虎藏龙》《英雄》《十面埋伏》等2007年以前获得奥斯卡奖项或提名荣誉的几部动作片在留学生中具有较高的认知度。不过，近几年参选国际电影奖项的电影中动作片较少，留学生了解的动作片数量相对很少。本次调查设定可选择的电影类型为：动作片、冒险片、科幻片、恐怖片、惊悚片、推理片、喜剧片、剧情片、爱情片、歌舞片。在动作片之后,留学生比较感兴趣的影片类型相继为爱情片、喜剧片和冒险片,但后三者的比例相比动作片的偏好度有较为明显的差距。

在中国电影吸引外国留学生的主要因素方面,故事因素占到42％,想了解中国文化因素占35.7％,好口碑占12％,对于导演和演员的偏好选择比例很小。在问卷和采访中了解到,超过66％的外国留学生对于中国电影中反映的中国文化,多数情况下并不能完全理解。对于部分东南亚留学生,在字幕翻译较好的情况下,他们还比较容易理解和接受影片内容,但是普遍认为画面不如好莱坞影片有吸引力。一些动作片整体上来说最易理解并且比较有吸引力,相比之下,其他影片对他们的感官和情感冲击力不大。

在对中国导演和演员的认可程度方面,被采访的外国留学生对中国导演和演员的认知度、认可度都比较低。中国导演中张艺谋以其代表作《英雄》和《十面埋伏》认知度和评价排名最高。其次是李安,李安主要得益于《卧虎藏龙》和《断背山》被外国观众认可。其他国内知名导演,如王家卫、冯小刚、陈凯歌、吴宇森等在外国留学生群体中认知度大体相同,都不是很高,评价均属一般。很多外国留学生虽然知道一些电影作品,但并不知道导演是谁,这说明中国导演的国际影响力还很弱。在演员当中,被访者对男演员的认可度高于女演员,成龙、李小龙、李连杰所占比例最高,女演员影响不大,认知度最高的是巩俐和章子怡。其中,相当数量有影响力的演员都来自港台,内地导演和演员的影响力较小。

(二)深度访谈总结

受诸多因素的影响,中国电影的国际影响力较弱,受众对中国电影的消费期待尚未形成。这些因素包括:

1.传播者方面的因素

首先,讲述故事的能力不强,是限制中国电影对外传播的一个重要方面。在访谈中,有将近60％的受访者认为中国电影比较幼稚、虚假,"什么都要用嘴说出来,其实,不用说,也能够看明白",在这一点上,亚洲学生和欧美学生有同感。因此,这在一定程度上表明,并非地域文化背景影响了留学生对中国电影叙事方式的认知。

其次,推陈出新的能力不强,体现在从制作到营销的整个传播过程中。对此,韩国和美国的学生在访谈中都难以掩饰地表现出一种对于他们本国电影的自豪感。如韩国留学生有利认为,相比之下,韩国电影的制作技术更为精细;琼斯等多位美国留学生谈到他们在本国获得的关于中国电影的信息非常有限,因此,人们对中国电影并没有一个清晰的认识,也没有形成对中国电影的欣赏期待和消费习惯。接受访谈的将近90％的留学生(除泰国等少数东南亚国家的留学生外)表示,他们的父母和生活在本国的亲戚、朋友都很少或者基本不看中国电影,而且也不喜欢看中国电影。

最后,受众分析的能力不强,比如,大多数美国观众不喜欢看有字幕的电影,针对美国观众的这一特点,中国电影在对外传播过程中,要相对减少对白和旁白,特别要做好影片的翻译工作。目前,学界和业界许多人都认为"语言关"是中国电影跨文化传播的一个瓶颈。中影集团译制中心主任杨和平认为:"译制是影片对外输出的关键,但我国的译制工作仍处于'散兵游勇''拉郎配'的状态,缺乏专门的译制机构和标准,质量无人把关,导致一些赴国外参展或营销影片的翻译'驴唇不对马嘴',大大影响对外传播效果。"[①]美国迪士尼公司创作总监张云明在接受新华社记者采访时说:"不少中国影片在海外发行,往往找外国人翻译。他们外语虽好,但不懂中国国情,在翻译特定历史背景下的词句时经常闹笑话。比如,把'知青'简单译为'受教育的年轻人',让外国观众丈二和尚摸不着头脑。"[②]因此,需要通过对受众接受习惯的分析把握,尽可能地减少文化、语言差异给电影的跨文化传播带来的阻碍。

2.受众方面的因素

刻板印象和文化折扣是影响国外受众解读、评价中国电影的两个重要因素。文化折扣的客观存在,进一步加深了国外受众对中国电影的刻板印象;同时,刻板印象的加深,也使得跨文化传播中的认知折扣问题长久存在。

以在首都师范大学国际文化学院留学的韩国学生有利为例,她狂热地喜爱中国的功夫电影,这在一定程度上也造成了她对中国文化的喜爱,但是,她来中国留学的这一决定,遭到了母亲的反对,她的朋友也对她的这一决定表示不理解,因为,他们认为中国假的东西很多,"鸡蛋都能造假,怎么做到的呢?"有利做出夸张的表情来模仿朋友们的态度。来中国后,有利将其对中国的亲眼所见和亲身感受告诉在韩国的朋友们,但对他们的观点影响甚微。她的那些并没有来过中国的朋友,会下意识地将中国电影与沉重的主题、落后的技巧、幼稚的表达等概念联系起来。由于这种刻板印象的存在,这些潜在观众对中国电影产生了一种排斥心理,而不是认同感、亲近感和期待感。由于缺乏认同和期待,外国潜在观众不会去主动获取中国电影的信息,也没有足够的兴趣去观看中国电影。所以,很多受众的刻板印象并非来自自身的体验,而是受其所在群体的影响,并在拒绝尝试观看和了解中不断得到强化,这一印象进一步在群体中扩散,从而影响更多的个体。

由于电影等文化产品在跨文化传播中先天存在的文化折扣问题,一些在国内有很好票房表现的电影,在国外却遭遇"滑铁卢"。对影片所依托的历史背景、所展现的风俗习惯的不了解,同时,加之东西方价值观念、思维方式的差异等,成为外国观众接受中国电影的主要障碍。例如,有利在访谈中讲到在汉语课上,老师给他们看了中国电

[①][②] 冲破围城:中国电影走出去难点剖析[EB/OL].(2011-11-20)[2012-03-04]. http://www.cflac.org.cn/ys/dy/dyzx/20111120_23728_1.htm.

影《活着》，并进行讨论，包括她在内的大多数同学都没看懂。尽管对中国文化很感兴趣，有利对中国电影的选择还是仅限于功夫片，而对那些有大量的对白，且涉及一些较为复杂的价值观探讨的反映社会现实问题的电影，或者不感兴趣，或者不能理解。美国学生琼斯谈到为迎合年轻人的口味，美国电影制造商开始生产一些超现实题材的电影，如以未来世界为表现对象的科幻、魔幻电影，他本人并不排斥现实主义题材电影，对于真实反映社会问题的电影也很喜欢看，但就其所看到的中国电影而言，大多数未能做到这一点。在这一方面，一些独立制片人所拍摄的纪录电影更能以诚恳的态度反映社会现实，所以，也更容易为国外受众所接受。

三、对中国电影跨文化传播的进一步思考

（一）分析受众解码习惯，优化自身的编码方式

要努力扭转国外受众对中国电影的刻板印象，改变其先入为主的价值判断，否则，从题材选择、生产制作再至营销宣传等环节的创新，可能都难以收到预期效果。当然，改变人们的行为习惯是需要时间的，也是有风险的，但也并非无从着手。要从影响目标市场的舆论领袖开始，如目标国家的影评人、媒体记者以及文化学者等。同时，要特别关注年轻受众，如高校中的在校学生，他们对事物具有好奇心，愿意接受新的观点，他们将对未来的电影市场走向产生关键的影响。

在美国高校访学期间参加的一个"日本文化节"活动引发了笔者对该问题的思考。在"日本文化节"开幕当晚，学校影厅放映了一部日本纪录电影 *Jiro Dream of Sushi*（中译名《寿司之神》），其传播目的不仅仅是通过镜头语言来渲染寿司的精致和美味，更在于传达一种精神和信念。在观看此片时，观众以美国人为主，从他们发出的赞叹声和会心的笑声来判断，他们不仅看懂了这部片子，而且被影片的内容打动，并颇为认同其所欲表达的主题。显然，一次愉悦和引人思考的观影活动，对于观众按照编码者的意图来定位和审视影片出品国的电影文化是有积极意义的。

日本作为亚洲国家，在文化上与中国有许多共性，在跨文化传播中，它面临与中国同样的一些问题。但其所做出的调整和应对，无疑值得中国电影人借鉴。一是对受众的接受习惯进行分析，相应调整编码方式、话语模式；二是从影响有影响力的人入手，引导目标受众形成对中国电影的新印象，使外国观众能够以一种开放的心态来重新审视中国电影与中国文化。

（二）实现影片生产与营销的国际化，拓展电影海外传播的新媒体平台

从当前中国电影进入国际市场的主要途径看，一是与国外制作公司合作来实现

"借船出海",二是通过参加国际电影节、电影展等活动引起电影界的关注。其中,一些艺术电影和纪录电影的制作者会通过在国外巡回展映的方式来宣传自己的作品。针对前者而言,中方在电影生产和利润分成中多处于弱势,因此,这种为"借船出海"而采取的合作方式并非长久之计。要改变中国影片难以进入海外主流院线的状况(2010年我国达成出口交易的纯国产影片只有1部),首先要练好内功,即提升电影本身的质量,同时也要寻求多元化的新的营销途径和播映平台;就后者来说,参加影展和进行巡展,虽然可以在一定程度上提升影片和创作团队的知名度,但影片如果不能扩大范围进行公映,仍然难以进入受众的视线范围,影响力的扩展毕竟有限,所以寻求新的传播平台无疑也是非常必要的。

实际上,全球网络的互联互通、视频网站的日渐成熟、社交网站的超高人气等都使其作为营销工具和播放平台成为可能,而且,从《失恋33天》等电影在国内采用微博营销大获成功来看,电影与新媒体联姻是具有很强的可行性的。接下来,需要探讨的是如何通过互联网进行中国电影的海外营销。在具体操作上,一是可以与目标市场中人气较高的视频网站合作,如 YouTube 等,在视频网站上或开辟中国电影版块,或分类(如动作片、喜剧片、爱情片等)在电影区投放中国电影,采用渗透传播的方式,有选择地将部分电影设置为免费收看,以培养受众的观看兴趣;二是针对即将投放市场的新影片,在制作过程中,可以在 Facebook 等社交网站上进行话题营销,巧妙地公开电影的拍摄花絮等,吸引受众的关注,推高电影的人气,受众的关注和期待无疑将直接有助于实现中国电影的海外销售;三是在电影公映之初,还可以借助 Facebook、Twitter 来对电影进行评论,或者采用灵活多样的方式吸引受众在网络上对电影展开讨论。

为有效地实现网络传播的目标,应考虑成立专门的网络营销团队,聘请熟悉国外社交网站交流规则和方式、了解目标市场受众的电影消费习惯、善于运用网络营销工具的专门人员,在电影生产的策划阶段就介入其中,使得影片的生产和营销成为一个有机的整体。当然,作为播放平台,网络也存在一些不尽如人意的地方,如播放效果、版权保护、盈利模式等,但其毕竟可以为中国电影的海外传播打开一条通道。同时,作为营销平台,如果操作得当,网络也的确可以产生不可小觑的影响力。

本文以在京的外国留学生作为研究的切入点,将其作为"透镜",通过对他们的问卷调查和深度访谈,探究其背后的父母、朋友的观点和态度,从而折射出不同国家、不同文化背景的受众对于中国电影的接受状况。以此为基础,笔者对中国电影跨文化传播的问题进行了相应的探讨,下一步,还将继续展开对海外受众的问卷调查与访谈,希望能够以点点努力照亮我国电影产品进入海外市场的漫漫征途。

[本文原载《中国文化产业评论(第17卷)》(2013年第1期)]

中小学媒介素养教育实施路径探析

关于"媒介素养",研究者和机构从不同角度对其进行了表述,其中,美国媒介素养研究中心给出的界定具有一定代表性,"人们面对媒体各种信息时的选择能力、理解能力、质疑能力、评估能力、创造和生产能力以及思辨和反应能力"[①]。在传播环境中,受众与媒介是一对相互作用的力量。新兴媒介形态的迅速发展,无疑对受众力量的增加提出了更高的要求。

在媒介受众中,中小学生是一个特殊群体,具有不成熟、易受影响、易困惑等心理特点,他们在接触媒介以及媒介消费方面带有功利性、盲从性以及娱乐性。近年来,有关政府部门采取了种种举措,如加强网络监管、开发"绿坝"软件等,但由于信息技术的快速发展,新媒介的传播更快、更便捷,"堵"的方式收效甚微。在这一背景下,中小学逐步实施媒介素养教育成为迫切任务。

一、当前实施媒介素养教育的迫切性

多项研究表明,青少年已经构成新媒体消费的主体,且其获取信息的来源表现出由传统媒体向新媒体转移的趋势。其中,个人电脑和手机是中小学生接触最为频繁的两类媒介。特别是手机与互联网的联姻,互动加便携,对充满求新意识同时又追求群体认同的青少年形成极大的吸引力。但与此同时,中小学生在媒介使用中也出现了一些新问题,这要求学校必须有效开展媒介素养教育。

首先,新媒体环境下信息互动、搜索、交际等生态特征,深刻影响着中小学生的学习、生活和思维方式。2012年,一项以5,000名小学生为调查对象的抽样调查表明,82%的小学生每天都会上网,超过52%的学生每天上网的时间多于30分钟;80.08%的学生每天都会上网看视频;42.02%的学生每天都会使用微博;28.03%的学生认为

---

① THOMAN E. Skills and strategies for media education[J]. Educational leadership,1999(5):50-54.

网络是众多媒介中最值得信赖的。[①] 另一项针对广州市中小学生课外媒介使用状况的调查显示,网络已经成为中小学生课外阅读的第一渠道。尽管网络的渗透率低于书报刊,但平均接触时间却是书报刊的两倍以上。[②] 这也意味着有相当一部分中小学生已经处于网络媒体的中度或是重度使用状态,他们将网络媒体作为获取各类信息的重要来源,并且对其持有一种不加质疑的态度。

其次,中小学生互联网使用呈现出较为明显的低龄化、娱乐化倾向。2009年《小学生互联网使用行为调研报告》显示,约80％的小学生9岁前就已经开始接触互联网,也有部分小学生在学龄前就已经接触网络。其中,选择玩游戏作为上网目的的学生占了90％,相比之下,只有不到一半的学生(40％)把"学习"作为上网的主要目的之一。[③] 对于中小学生来说,网络新媒体无疑是一把"双刃剑",如果学生在学校和家庭的指导下能够正确使用网络,那么这将有助于其有效获取信息、丰富视野、拓展思维。但如果学生在使用媒介过程中不能得到有效的指导,那么其会在享有自由掌控的快感之后继而产生茫然无助感。

最后,相当数量的中小学生对媒体信息缺乏辨别能力,不能区分媒介现实与生活现实。一项对上海市小学三至五年级学生的媒介素养水平的测试表明,在媒介认知方面,绝大多数小学生会不加批判地将新闻报道内容完全等同于真实社会;有相当数量的小学生会将电视剧中虚构的情节作为真实的生活,而对自己的生活与学习产生不满。这种不满情绪亟须得到合理有效的疏导。同时,在新媒体环境下,面对庞杂的内容,学校更要着重培养中小学生的媒介"控制力",帮助他们更清晰地辨别真实世界与媒介建构的世界之间的区别,使他们在更好地获取所需信息的同时避免受到有害信息的侵扰。[④]

以上所列举的只是当前较为突出的几类问题。随着信息传播技术、方式的不断发展,中小学生在媒介使用中可能还会出现新的问题。解决这些问题的根本办法就是帮助中小学生建构对媒介的正确认知,指导他们掌握合理的媒介使用方法。所以,在新媒介传播环境下,通过有效的途径对中小学生进行较为系统的媒介素养教育尤为迫切。

---

① 吴春燕.广州近五成孩子每天"刷微博"[N].光明日报,2012-06-07(3).
② 廖根深.当代城市中小学生课外媒介使用的分析:对广州市的调查[J].青年探索,2010(4):65-68.
③ 方圆.《我国首部小学生互联网使用行为调研报告发布》:7.1％小学生上网成瘾 游戏是主因[N].中国新闻出版报,2009-08-19(1).
④ 倪琳.迷失在媒介图景丛林中的孩子:一份来自上海三至五年级小学生媒介素养的报告[M]//卢奉杰.和谐社会建设与青少年发展研究报告.天津:天津社会科学院出版社,2008:193-202.

二、国外媒介素养教育对我国的启示

目前,我国的中小学还没有开展系统的媒介素养教育,也没有开设专门的媒介素养课程。因此,其他国家中小学媒介素养教育实施中的经验、做法可以带给我们一些启示。笔者通过对国外 2003 年至今 10 年间媒介素养教育状况的资料梳理发现,国外媒介素养教育较关注以下两方面:一是不断深化教育理念,如对学生媒体认知能力培养到对学生批判思维能力的培养;二是重视对教师的培养。

(一)教育理念方面

随着对媒介素养教育的不断反思,欧美国家在分析和评价媒介内容与结构等元素的基础上,增加了对受教育者批判素养方面的要求。例如,加拿大将培养学生在媒介世界中的独立人格和主体意识作为媒介素养教育的基本理念。具体包括以下几点:使学生认识到媒介内容不等于现实;帮助他们区分虚拟和现实、个人和世界的关系,认识媒体价值和自我价值,并提高学生作为媒体消费者的批判意识;使学生理解公民的概念,知道如何通过媒体进行有效的自我表达。[①]

欧美国家在媒介素养教育中对学生独立人格培养的强调值得我们借鉴。特别是在当前新媒体迅猛发展的态势下,我们更需要帮助青少年在学习媒介传播方式、组织运作方式、职业伦理道德等相关知识基础上对媒介信息做出客观的判断,并能够有效运用媒介实现自我完善。

(二)师资方面

近年来,一些国家的研究者开始对媒介素养教育的效果及面临的问题进行调查分析,试图发现影响媒介素养教育发展的一些"瓶颈"。笔者通过梳理国外资料发现,如何提高教师教学水平是实施媒介素养教育的国家共同面临的问题。

美国在媒介素养教育方面有着悠久的历史,媒介素养教育进入中小学的课程体系已有 30 多年。即便如此,由于教师对媒介素养教育的重视程度和认知状况不同,美国中小学的媒介素养教育在具体实施中出现了一些问题。美国研究者汉斯·施密特(H. C. Schmidt)对亚特兰大幼儿园、小学、中学和大学中的 2016 位教师进行调查发现,美国媒介素养教育存在的问题主要有以下三个:一是师资不均衡,甚至表现出较为明显的差异;二是教育内容过于单薄,如有的仅停留在指导学生如何利用网络搜索信息层面;三是课时得不到保障,在没有硬性规定的情况下,教学时间多取决于教师自己

---

① 张毅,张志安.加拿大未成年人媒介素养教育初探[J].新闻记者,2005(3):50-52.

的把握。[①]

在土耳其,2007—2008学年,媒介素养教育被正式纳入国家教育体系,成为6—8年级学生的选修课。为了解媒介素养教育实施的效果,2010年,艾吉耶斯大学的研究者对开塞里的1194位上过媒介素养教育课程的6—8年级学生进行了调查,调查结果显示,绝大多数被调查者并没有表现出对媒介传播和媒介内容的自觉意识。[②]那么,是什么原因使得教学效果受到了影响?另一项调查从师资的角度为此提供了解释。2008—2009学年,杜姆卢珀纳尔大学的研究者对该校480名即将成为中小学媒介素养教育课程任课教师的在校生进行了调查。调查发现,这些未来的中小学教师虽然能够较好地利用媒介获取信息,并且对媒介素养具有一定的认知,但他们对媒介信息的反映尚处于较低的水平,不能较好地指导学生认识媒介的效果与影响。[③]

从中我们可以得出,媒介素养教育在起步阶段,首要的是做好师资的培养和储备,进入成熟阶段之后,也不能放松对师资质量的要求。教师专业水平和教学能力是决定媒介素养教育实施状况的重要因素,直接关系到媒介素养教育的质量与效果。这也是我国在未来的中小学媒介素养教育中所要着重考虑的问题。

三、我国中小学实施媒介素养教育的可行路径

从长远来看,比较理想的状态是从小学阶段就开始进行系统的媒介素养教育,并循序渐进地延伸到中学和大学阶段,形成一个完整的媒介素养教育体系。我国要实现这一目标尚需时日,但在新媒体环境下开展针对中小学生的媒介素养教育刻不容缓,因此,我们不妨从最具可行性的环节入手,先来解决最为迫切的问题。

(一)以中小学语文课堂为落脚点

目前,中小学语文教学中适当融入媒介素养教育内容,是推行媒介素养教育的可行路径。一方面,这比增设一门媒介素养教育的课程难度要小;另一方面,将其融入语文教学中具有先天的合理性。

第一,目前相当数量的中学语文课都采用了多媒体教学手段,教师在讲解课文时可以插入相关的报刊文章、纪录片、影视剧资料,除了作为辅助材料来增强教学效果外,还可以引导学生比较各类媒体对同一人物、事件的报道角度、传播方式,带领学生

[①] SCHMIDT H C. Media literacy education from kindergarten to college: a comparison of how media literacy is addressed across the educational system[J]. Journal of media literacy education,2013(5):295-309.
[②] CAKIR H,KACUR M,AYDIN H. An empirical research on the media viewing habits of elementary school children who took media literacy courses[J]. E-Journal of new world sciences academy,2011,6(4):753-767.
[③] INAN T,TEMUR T. Examining media literacy levels of prospective teachers[J]. International electronic journal of elementary education,2012(4):269-285.

探讨媒体传播中真实与审美的关系,激发学生的兴趣,于点滴中培养学生自觉的媒体批判意识。第二,某些地方新编的语文教材中出现了少量的报刊文章,虽然这些内容还未被作为教学重点,但从媒介素养教育角度来看,这无疑是一个良好的开端。第三,网络媒体已经成为中小学生生活的组成部分,以疏导的方式让学生能够合理使用媒体搜集信息、进行表达,无疑是语文教学的应有之义。

(二)以中文师范专业为师资培养的突破口

将媒介素养教育有效地融入语文教学中,具备较高媒介素养的中小学语文教师是关键。因此,笔者在此部分探讨作为中小学语文教师摇篮的高等师范院校中文专业应如何开展媒介素养教育。

对中文师范专业的学生进行媒介素养教育,要先解决教学内容和教师资源问题。目前,许多师范院校都设有新闻传播专业,还有的新闻传播与中文师范同属一个学院,这为中文师范专业学生选修新闻传播类的课程提供了条件。

不过,即便有"近水楼台"的优势,教学内容的系统性和受教育者的普遍性等问题仍难以通过自发的方式解决。具体来说,新闻传播专业课程各有其专门的教学目标,虽然有的课程涉及媒介素养教育的内容,但不能在一两门课程中系统地讲授媒介素养知识;非新闻传播专业的学生大多也只是选修其中的一两门课程而已,并且这种选修又多是出于个人兴趣或学分需要,因此,我们不能确保每一名中文师范专业学生都能均衡地学习到相关知识。

为解决上述问题,我们可从以下几方面入手:一是编写专门针对师范专业学生的、适用性强的媒介素养教育教材。同时,学校除了根据媒介素养教育的目标系统教授相关知识外,还应结合学生将来的职业需要,对如何在中小学课堂上进行媒介素养知识的普及进行案例教学和模拟练习。二是培养、配备合格的媒介素养教育任课教师,使其既有新闻传播的专业知识又了解语文教学,同时对媒介素养教育的重要意义又有充分的认识。三是将媒介素养教育作为中文师范专业的必修课,引导学生自觉地学习,进而提升自身的媒介素养。

当然,在师范院校设置媒介素养教育专业是培养专业师资更为有效的途径。以首都师范大学为例,在文学院设置新闻传播学一级学科硕士点,下设媒介素养研究方向,之后又以此为基础于2012年设置了媒介素养教育研究的博士点,开始了为高校以及中小学培养媒介素养教育师资的实践。

(三)以师范院校的附属中小学为教育试点

从"亲缘"、地缘等角度来讲,将师范院校的附属中小学作为媒介素养教育的试点有其可行性和便利性,也有助于实现前面所谈到的"以中小学语文课堂为落脚点"和

"以中文师范专业为师资培养的突破口"。师范院校的新闻传播专业、中文师范专业和附属中小学之间要围绕中小学生媒介素养教育达成共识,并尝试建立较为紧密的合作关系。具体来说,合作内容可包括以下几方面:

一是由新闻传播专业、中文师范专业的师生组成"中小学生媒介素养教育研究"课题组,到附属中小学进行调研,通过对中小学师生的访谈以及随堂听课等方式,了解中小学生媒介素养的现状和亟须解决的问题,进而为有针对性地撰写媒介素养教育课程的教学方案、讲义及教材等奠定基础。二是新闻传播专业的教师可以根据调研情况,针对中小学生中普遍存在的媒介使用问题,到附属中小学开设讲座,为学生释疑解惑,及时解决问题。三是中文师范专业的学生在附属中小学的教育实习中,可以将媒介素养的相关内容与教学相结合,以自觉的研究态度对教学效果进行分析,并将自己作为一个具体的实施者,对中小学生媒介素养教育进行不断的思考和总结,为中小学媒介素养教育的方案设计、教材编写等提供鲜活的素材。四是附属中小学作为中小学媒介素养教育的实施主体,要参与到媒介素养教育的方案设计、教材编写以及师资培养等具体工作中来,因为大多数高校教师没有中小学的教学经历,对中小学教育的特点并不十分了解。高校相关专业与附属中小学的深度合作,既能确保教学方案、讲义教材的专业性,又能确保其在具体教学中的可操作性。五是对中小学在职教师进行媒介素养教育培训,培训对象不仅包括语文教师,还包括其他各门课程的在职教师,以增强中小学教师的整体媒介素养教育意识,提高他们运用媒介丰富教学的能力,在教学中"渗透式"指导学生更好地利用媒介、分析媒介和理解媒介。

(四)建立科学、系统的媒介素养教育体系

以师范院校的附属中小学为试点,一方面先在语文课堂渗透媒介素养教育的内容,另一方面做好师资培养和教材编写等工作,既可以解决当前的迫切问题,又能够着眼长远、稳步推进。当在教育试点中积累了经验、储备了师资,并做好了教材、教法等各项准备时,我们可以考虑将媒介素养教育设置为中小学的一门选修课,然后再根据实施情况,建议各地中小学将其设置为必修课。

在对其他国家媒介素养教育发展轨迹进行梳理时,笔者发现一个共同点,即这些国家都是先由民间推动在某一范围内进行媒介素养教育的实践,之后获得政府的认同与支持,将媒介素养教育作为中小学的必修课或者选修课,在全国范围内进行推广。这一发展路径对我国也有一定的示范意义。我国教育行政部门和政府主管部门可以根据学界的研究探索和各级学校的媒介素养教育实验,借鉴先行国家的做法,对中小学媒介素养教育做出规划,以切实推动媒介素养教育在中小学的实施。

此外,构建关注中小学生媒介素养教育的良好社会氛围也非常重要,包括形成良好的家庭媒介素养教育氛围以及倡导媒体对于中小学媒介素养教育的融入等。记者、

编辑以及媒体管理人员可以走进中小学,帮助学生更多地了解媒介组织的运作以及媒介产品的生产流程;另外,学生也可以以担任"小记者""小主持人"的方式直接参与到媒介产品的制作当中,消除他们对媒介的神秘感、距离感,为理性地进行媒介消费、媒介批判奠定基础。

(本文原载《中国教育学刊》2013年第8期)

附 录

附录一:学术论著(2004—2023)

一、著作

1.《语言消费论》,语文出版社,2022年4月。

2.《慕名而来——北京老字号文化》,北京教育出版社,2018年12月。

3.《公共信任视角下北京政务微博微信传播效果研究》,首都师范大学出版社,2017年12月。

4.《新媒体时代的语言生活》(李艳、盛静),光明日报出版社,2017年12月。

5.《名不虚传——北京老字号的语言与文化》,商务印书馆,2017年10月。

6.《在人际传播与大众传播的交叉点上——电视人物专访节目研究》,首都师范大学出版社,2013年4月。

7.《电视新闻》(叶子、李艳),中国广播电视出版社,2008年7月。

8.《电视包装与编排》,中国国际广播出版社,2008年6月。

二、主编、参编

1.《北京语言产业调查报告》,首都师范大学出版社,2022年4月。

2.《"京疆情"推普帮扶公益活动文集》(贺宏志、李艳),光明日报出版社,2022年3月。

3.《北京语言生活状况报告(2018)》(李艳、贺宏志),商务印书馆,2018年10月。

4.《语言产业研究(第三卷)》,首都师范大学出版社,2021年7月。

5.《语言产业研究(2019)》,首都师范大学出版社,2019年10月。

6.《语言产业研究(2018)》,首都师范大学出版社,2018年7月。

7.参编《语言产业导论》(贺宏志主编,首都师范大学出版社,2012年)及其修订本《语言产业引论》(贺宏志主编,语文出版社,2013年)。

三、期刊论文

1.《语言产业视角下术语资源开发策略研究》,《中国科技术语》2024年第1期。

2.《语言产业视野下老年语言康复产品供需现状与供给对策研究》,《南宁师范大学学报(哲学社会科学版)》2024年第1期。

3.《新时代语言产业规划研究》,《昆明学院学报》2023年第4期;《高等学校文科学术文摘》2023年第5期转摘该文。

4.《中文国际传播策略研究——基于对164国中文传播状况的调查》,《中国海洋大学学报(社会科学版)》2023年第4期。

5.《语言产业与语言生活》,《昭通学院学报》2022年第3期。

6.《语言产业经济学:学科构建与发展趋向》,《山东师范大学学报(社会科学版)》2020年第5期。

7.《北京2022年冬奥会语言服务对策思考》,《语言文字应用》2019年第3期。

8.《对当前英国语言产业及语言服务状况的调查与思考》,《云南师范大学学报(对外汉语教学与研究版)》2018年第3期;并收录于《英国语言生活见闻录》(商务印书馆2018年)。

9.《语言消费:基本理论问题与亟待搭建的研究框架》,《语言文字应用》2017年第4期。

10.《基于大语言产业观的语言培训业供给侧治理思考》,《语言战略研究》2017年第5期。

11.《"一带一路"建设中的语言消费问题及其对策研究》,《语言文字应用》2016年第3期。

12.《新生代女性农民工与微博传播——以四个不同定位的微博为例》(李艳、白杰),《扬州大学学报(人文社会科学版)》2015年第6期。

13.《京津冀特色旅游资源整合创新之路》,《当代北京研究》2015年第2期。

14.《胡同游:如何留住"老北京味道"——什刹海文化资源开发调查》(李艳、马晓雪、逄博),《当代北京研究》2015年第1期。

15.《在文化传播中拓展语言传播,以语言传播深化文化传播》,《语言文字应用》2014年第3期。

16.《对当前广播电视宣传科学管理问题的思考》,《中国广播电视学刊》2014年第3期。

17.《产品供给视角下的美国语言教育培训行业分析》(李艳、陆洁),《云南师范大学学报(哲学社会科学版)》2013年第5期。

18.《中小学媒介素养教育实施路径探析》,《中国教育学刊》2013年第8期;《中国社会科学文摘》2014年第1期转摘该文。

19.《外国人眼中的中国电影》,《中国文化产业》2013年3月。

20.《北京密云地区:休闲创意农业旅游的创新实践》(王奇超、李艳),《中国文化产业》2013年2月。

21.《北京胡同文化资源的旅游产品开发策略》,《中国文化产业》2012年4月。

22.《语言产业视野下的语言消费研究》,《语言文字应用》2012年第3期。

23.《对当前语言培训行业的调查与思考》(王巍、李艳),《语言文字应用》2012年第3期。

24.《我国人物传记电视剧制作与传播的实证研究》,《现代传播(中国传媒大学学报)》2012年第7期;全文转载于人大报刊复印资料《影视艺术》2012年第10期。

25.《对北京胡同旅游产品深度开发的思考——以什刹海地区为例》,《江苏商论》2012年第4期。

26.《京津冀区域特色旅游合作开发研究》,《改革与战略》2011年第4期。

27.《对改革开放以来电视新闻创新发展的思考》,《中国广播电视学刊》2008年第12期。

28.《对电视人物专访节目社会功能与评价标准的思考》,《艺术评论》2008年第12期。

29.《同中求异,存异求同——电视人物专访的基本策略探析》,《当代电视》2008年第12期。

30.《透过"包装"看电视媒体的品牌营销策略》,《中国广播电视学刊》2008年第10期。

31.《新竞争环境下的电视编排趋向》(李艳、弓立军),《中国记者》2008年第10期。

32.《"合作"与"冲突"——电视人物专访的基本交流模式与策略分析》,《现代传播(中国传媒大学学报)》2008年第6期。

33.《逆水行舟:新技术变局中的电视新闻》(高传智、李艳),《中国广播电视学刊》2007年第3期。

34.《谈〈大家〉话荣辱——社会主义荣辱观教育的生动实践》(问题、李艳),《电视研究》2006第10期。

35.《互动交流:传媒的变革与人本的回归》(问题、李艳),《现代传播(中国传媒大学学报)》2006年第6期。

36.《精神"碎片化"趋势中的信仰"聚合者"——从当前受众精神消费需求看〈大家〉栏目的效能与价值》(问题、李艳),《现代传播(中国传媒大学学报)》2006年第4期。

37.《黑格尔〈法哲学原理〉的传媒视角读解》,《三晋声屏》2006年第11期。

38.《由关于新闻立法的争论看新闻立法的必要性与现实可行性》,《三晋声屏》

2006年第9期。

39.《突破电视新闻栏目的同质化瓶颈》(叶子、李艳),《中国广播电视学刊》2004年第11期。

40.《质疑:新闻媒介不可或缺的品质》(叶子、李艳),《现代传播(北京广播学院学报)》2004年第4期。

四、辑刊论文

1.《中国语言产业研究文献计量分析(2010—2021)》(李艳、董潇逸),《文化产业研究(32)》2023年第2期。

2.《北京语言产业发展的背景、现状与任务》,《语言政策与规划研究》2023年第1期。

3.《粤港澳大湾区语言产业与服务问题刍议》(李宇明、李艳),《语言产业研究》(2019年卷)。

4.《从"产业观"到"大产业观":对语言产业研究演进的梳理与理论思考》,《语言产业研究》(2018年卷)。

5.《语言康复行业发展状况》,《中国语言生活状况报告》(2017)。

6.《基于语言服务视角的语言康复行业状况及对策研究》,《语言政策与规划研究》2017年第1期。

7.《北京"老字号"文化的"新"传播》,《燕京创意文化产业学刊(第7卷)》(2017年)。

8.《从台湾的"社区总体营造"到大陆的"乡村实践":空间改造与人"文化主体性"激发的互动研究》,《燕京创意文化产业学刊(第6卷)》(2016年)。

9.《城市人文形象构建下的行业语言服务能力研究——以旅游行业中导游语言服务为例》(李艳、齐晓帆),《文化产业研究(12)》2016年第1期。

10.《"人"文化主体性的激发与城乡文化治理的创新——以中国台湾20世纪90年代以来的"社区营造"为研究参照》,《中国文化产业评论(第21卷)》2015年第1期。

11.《"非遗"传承人开办"家庭博物馆"的意义与策略》,《文化产业研究(8)》2014年第2期。

12.《当前我国网络视频内容生产的新趋向》,《影视文化(10)》(2014年)。

13.《语言产业视野下语言康复行业现状与发展对策分析》,《燕京创意文化产业学刊(第5卷)》(2014年)。

14.《微博使用与当代大学生公民意识的建构——基于在校大学生"新浪微博"使用状况调查的研究》(李艳、潘瑞佳、郭双双),《中国新闻传播研究》2013(下);并收录于《"微时代"的文化与艺术》(中国社会科学出版社2015年)。

15.《在活态展示中保护,于良性循环中传承——传承人"家庭博物馆"对于"非物质文化遗产"保护的价值及其设计策略》,《燕京创意文化产业学刊(第 4 卷)》(2013年);并收录于《文化决策参考汇编(2013)》(社会科学文献出版社 2014 年)。

16.《对当前中国电影产品跨文化传播状况的实证调查——以在京外国留学生为调查对象》,《中国文化产业评论(第 17 卷)》2013 年第 1 期。

17.《对中国文化创意阶层生成与发展的"人本"思考——基于一种"人物志"的研究方法》,《中国文化产业评论(第 15 卷)》2012 年第 1 期;并收录于《第五届北京中青年社科理论人才"百人工程"学者论坛论文集》(光明日报出版社 2013 年)。

18.《为谁立传？如何再现？谁来评说？——对 20 世纪 80 年代以来中国大陆人物传记电视剧创作的思考》,《文化研究(第 12 辑)》(2012 年)。

19.《北京语言培训业状况》,《中国语言生活状况报告》(2012)。

20.《开掘情感资源高附加值,实现人才合作基点前移》,《燕京创意文化产业学刊(第 3 卷)》(2012 年)。

21.《当代中国人物传记电视剧的社会功能及创作特征探析》(李艳、苟鹏),《燕京创意文化产业学刊(第 2 卷)》(2011 年)。

22.《发掘优势文化资源,激发游客体验兴趣——北京西部古村落旅游文化产品开发研究》,《中国文化产业评论(第 14 卷)》2011 年第 2 期。

23.《"博"为"体","专"为"用",对文化产业专业人才培养模式的思考》,《燕京创意文化产业学刊(第 1 卷)》(2010 年)。

五、文集收录论文

1.《抗击疫情中语言产品与服务供给的阶段变化》,《北京语言产业调查报告》,首都师范大学出版社,2022 年。

2.《"京疆情"推普帮扶公益活动纪实》(李艳、贺宏志),《北京语言产业调查报告》,首都师范大学出版社,2022 年。

3.《学术研究及社会普及助力实施"冬奥会语言服务行动计划"》(李艳、贺宏志),《北京语言产业调查报告》,首都师范大学出版社,2022 年。

4.《关于冬奥会会徽衍生文创产品开发的建议》(李艳、郭展眉),《文化决策参考汇编(2021)》,首都师范大学出版社,2022 年。

5.《北京高校社区语言文化建设状况调查》(白杰、李艳),《北京语言生活状况报告(2018)》,商务印书馆,2018 年。

6.《孔子、孔子学院的海外认同与中国文化的对外传播》,《儒家文化与中华优秀传统文化》(齐鲁书社 2018 年)和《第七届世界儒学大会学术论文集》,文化艺术出版社,2016 年。

7.《新生代女性农民工的微博传播及其 O2O 自组织》(李艳、白杰),《中国媒介与女性发展报告(2015—2016)》,社会科学文献出版社,2017 年。

8.《基于对学生"竞合"心理认知的教学改革与实践——以"教学双推进"课程"广告学"为例》,《方法的探索与视野的开拓》,首都师范大学出版社,2015年。

9.《"合作"与"冲突"——电视人际传播的基本交流模式与策略分析》,《方法的探索与视野的开拓》,首都师范大学出版社,2015年。

10.《探索尊重客观规律,提高科学管理水平》,《广播电视宣传管理创新研究》,中国广播电视出版社,2015年。

11.《对北京胡同文化资源开发状况的调研及对策思考》,《文化决策参考汇编(2013)》,社会科学文献出版社,2014年。

12.《什刹海文化遗产保护、利用与传承研究》,《创新驱动提升西城综合竞争力》,北京出版社,2014年;《多彩的创意空间——中国文化产业精选案例研究(第2辑)》,中国书籍出版社,2013年。

13.《中小学媒介素养教育的迫切性及其实施路径——兼论师范院校媒介素养教育师资的培养问题》,《教育创新思考与行动(七)》,首都师范大学出版社,2013年。

14.《利用微博群搭建"新闻采编"第二课堂的探索与思考》,《教育创新思考与行动(六)》,首都师范大学出版社,2012年。

15.《对当前高校文化产业人才培养的若干思考》,《创新驱动与首都"十二五"发展——2011首都论坛论文集》,北京出版社,2012年。

16.《电视献礼剧类型研究》,《中国电视剧产业发展研究报告》,中国广播电视出版社,2011年。

17.《对人文学科"实验类课程"设置及其功效的调查》,《教育创新思考与行动(四)》,首都师范大学出版社,2010年。

18.《"博"为"体","专"为"用"——对文化产业专业比较优势的思考》,《教育创新思考与行动(三)》,首都师范大学出版社,2009年。

19.《新闻法立法的难点及现实可能性》,《多维视域的大众传媒》,中国传媒大学出版社,2009年。

20.《出版业年度发展报告》,《中国文化产业年度发展报告(2008)》,湖南文艺出版社,2008年。

21.《广播电视新闻改革的法制进程》,《瞭望之路:中国广播电视新闻改革研究》,中国传媒大学出版社,2008年。

22.《"碎片化"趋势中的精神"聚合者"——论广播电视在构建和谐社会中的重要功能及其实现路径》,《和谐社会与广播电视》,中国广播电视出版社,2007年。

23.《由分类管理入手推进广播电视产业发展》,《广电产业聚焦》,中国广播电视出版社,2004年。

六、报纸文章

1.《新经济时代背景下发展语言产业的思考》,《中国财经报》,2023 年 3 月 27 日。

2.《大力发展语言产业,服务国家语言战略》(李艳、贺宏志),《中国教育报》,2020 年 10 月 10 日。

3.《语言产业助力粤港澳大湾区建设》(李艳、贺宏志),《光明日报》,2020 年 4 月 11 日。

4.《语言是生产力,也是战斗力——疫情防控中的语言产品与服务》,《光明日报》,2020 年 2 月 22 日。

5.《不妨先做"资产评估"》,《人民日报》,2017 年 1 月 24 日。

6.《综艺节目的"火"还能怎么烧》,《人民日报》,2016 年 9 月 20 日。

7.《青少年媒介素养教育路径初探》,《中国青年报》,2015 年 6 月 15 日。

8.《推陈出新方能别开生面——从选题角度看新闻类人物访谈节目的拓展空间》,《中华新闻报》,2003 年 7 月 23 日。

9.《广播电视报要做"特色菜"》,《中华新闻报》,2003 年 7 月 9 日。

★《语言文字报》专栏和系列文章

1.《语言产业视角下的语言职业初探》(张靓雨、李艳),《语言文字报》,2023 年 7 月 12 日。

2.《我国语言培训行业供需现状与发展规模》(宋莹莹、李艳),《语言文字报》,2023 年 6 月 21 日。

3.《语言会展业亟待推进"展会馆园"四位一体》(李艳、贺宏志),《语言文字报》,2023 年 5 月 17 日。

4.《手语翻译与盲文翻译》(严孟春、李艳),《语言文字报》,2023 年 4 月 26 日。

5.《作为语言创意产品的域名命名服务刍议》(向静仪、李艳),《语言文字报》,2023 年 3 月 29 日。

6.《大型赛事如何助力国际中文传播——从北京冬奥会到成都大运会》(乔江山、李艳),《语言文字报》,2022 年 10 月 12 日。

7.《我国语言产业的发展与前瞻》,《语言文字报》,2022 年 2 月 16 日。

8.《北京冬奥会语言技术产品研发与应用》(黄鑫媛、李艳),《语言文字报》,2021 年 8 月 18 日。

9.《从知识传播到产品服务——语言产业积极助力疫情防控》,《语言文字报》,2020 年 2 月 26 日。

10.《满足语言需求,推动新旧动能转换——语言产业的功能及作用》,《语言文字报》,2019 年 6 月 5 日。

11.《交通行业语言服务现状调查》(闫杨洋、李艳),《语言文字报》,2016 年 9 月

9日。

  12.《银行业语言服务现状调查》(刘敏、李艳),《语言文字报》,2016年7月15日。

  13.《我国语言康复业现状与发展策略》(白杰、李艳),《语言文字报》,2015年7月3日。

  14.《互联网助力语言康复服务》(白杰、李艳),《语言文字报》,2015年5月15日。

  15.《网络字幕组潜藏新业态》(张思楠、李艳),《语言文字报》,2015年3月27日。

  16.《旅游业语言服务现状调查》(李艳、齐晓帆),《语言文字报》,2015年1月16日。

  17.《汉语传播与文化传播应良性互动》,《语言文字报》,2014年12月5日。

  18.《三个瓶颈制约语言康复领域拓展》,《语言文字报》,2014年10月31日。

  19.《我国语言培训市场调查与思考》(郭双双、李艳),《语言文字报》,2014年9月26日。

  20.《挖掘书法的产业潜能》(张瑶、李艳),《语言文字报》,2014年8月29日。

  21.《语音信息处理产业前景广阔》(郭婷、李艳),《语言文字报》,2014年7月25日。

  22.《五大技术促中文信息处理发展》(马绍娜、李艳),《语言文字报》,2014年6月27日。

  23.《语言艺术产业大有可为空间》,《语言文字报》,2014年5月30日。

  24.《解决三个问题,推动语言产业发展》,《语言文字报》,2013年4月26日。

附录二:语言产业学术传播(2018—2023)

一、2018年

1.第四届中国语言产业论坛暨第六届汉语辞书论坛
  鲁东大学(山东烟台),2018年8月18日
  交流报告:语言产业研究的任务与趋势

2.第三届中国文体产业管理创新论坛
  山东大学,2018年10月13日
  大会报告:语言消费与文化产业发展

3.第九届中国语言经济学论坛
  北京师范大学,2018年10月20日
  主旨报告:语言产业研究:演进与思考

4."一带一路"语言文化共兴发展论坛
  第二届语博会(北京),2018年10月24日
  大会报告:"一带一路"建设中的语言消费与文化传播

5.第四届语言文字应用研究中青年学者协同创新联盟学术研讨会
   武汉大学,2018年10月27日
   大会报告:语言产业研究的演进与思考
6.第三届语言服务论坛
   广州大学,2018年11月13日
   大会报告:2022冬奥会语言服务研究

二、2019年

(一)论坛

1."汉语文化及其传播"国际学术研讨会
   广西师范大学(桂林),2019年6月29日
   大会报告:"一带一路"建设中的汉语文化传播研究
2.冬奥会语言服务研究论坛
   中国翻译协会、北京冬奥组委,2019年11月19日
   大会报告:语言消费视角下的语言产业与语言服务
3.国家开放战略与中外语言服务研讨会
   北京语言大学,2019年12月12日
   大会报告:粤港澳大湾区语言产业与服务研究

(二)讲座

1.语言产业与文化产业的关系及其在新旧动能转换中的助推作用
   山东师范大学,2019年4月12日
2.语言产业研究的核心问题与理论框架
   山东师范大学"社科大讲坛",2019年12月20日

(三)交流

1.2019年3月23日,中国语言产业研究院在广东珠海横琴主办"粤港澳大湾区语言文化学术沙龙"。

2.2019年4月25—27日,联合北京冬奥组委语言服务处在北京延庆、河北张家口与冬奥会延庆运行中心、张家口运行中心、张家口学院交流冬奥会语言服务筹备工作,并调研市容语言景观。

3.2019年5月31日,应邀为济南文化企业介绍成语小镇创意策划。

4.2019年6月30日,应邀在广西民族大学学术交流。

5.2019年8月16—17日,中国语言产业研究院在内蒙古大学主办《中国语言产业发展报告》研讨会,并对呼和浩特市语言企业进行走访调研。

6.2019年10月24—25日,主持第三届中国(北京)国际语言博览会主论坛主旨报告及专家对话;主持第三届语博会系列论坛中的首个论坛——第五届中国语言产业论

坛暨第四届语言服务论坛主旨报告。

7.2019年10月26日,第五届语言文字应用研究中青年学者协同创新联盟学术研讨会(山东师范大学)。

8.2019年12月30日,参加在江苏师范大学举办的"推普脱贫攻坚的理论与实践研讨会",介绍中国语言产业研究院和北京语言文字工作协会为2018、2019年"推普脱贫攻坚"全国大学生暑期社会实践专项活动所做的服务工作。

三、2020年

(一)论坛

1.第十二届中国语言经济学论坛

山东大学(威海校区),2020年8月22日

主旨报告:创新引领未来——语言产业赋能新经济新业态

2.第五届语言服务论坛

广州大学,2020年11月22日

大会报告:中国语言产业在重大历史节点的功能与使命

3.第六届中国语言产业论坛

中国语言产业研究院,2020年12月18日

大会报告:中国语言产业研究十年

(二)讲座

1."推普周"话推普——让普通话为更多的人赋能

北京市门头沟区语委,2020年9月7日

2.新经济时代的语言消费问题研究

中国劳动关系学院,2020年11月26日

3.新经济时代语言产业发展的任务与使命

燕山大学(河北秦皇岛),2020年11月29日

4.中国语言产业研究的使命与任务

鲁东大学"鲁东大讲堂",2020年12月25日

5.语言消费与旅游文化传播

鲁东大学商学院,2020年12月28日

(三)交流

1.2020年1月6日,接受中央广播电视总台《汉语世界》栏目专访"语言服务冬奥",1月16日播出。

2.2020年8月29—30日,应邀在西安文理学院学术交流。

3.2020年9月24日,中国语言产业研究院在乌鲁木齐与新疆大学、新疆师范大学、《语言与翻译》杂志社学术交流。

4.2020年9月28日,中国语言产业研究院在新疆阿克陶县教育局调研交流。

5.2020年11月9—10日,中国语言产业研究院在拉萨与西藏大学、拉萨师范高等专科学校学术交流。

6.2020年12月4—5日,中国语言产业研究院在南京与东南大学、南京大学学术交流,并调研浙江湖州善琏湖笔小镇。

7.2020年12月10日,中国语言产业研究院在安徽合肥科大讯飞学术交流,并揭牌共建产学研合作基地。

四、2021年

(一)论坛

1.新文科背景下外语教育规划论坛

东南大学,2021年5月9日

大会报告:从语言消费需求看"一带一路"建设中的外语人才培养思路

2.第五届边疆语言文化暨第七届中国周边语言文化论坛

内蒙古呼伦贝尔学院,2021年7月10日

大会报告:国家通用语言文字在边疆地区传播的理论与实践研究

3.第十三届中国语言经济学论坛

北京外国语大学,2021年7月15日

主旨报告:从脱贫攻坚到乡村振兴——中国语言产业的任务与功能

4.第七届中国语言产业论坛

广西民族大学,2021年10月23日

大会报告:当前中国语言产业的供给现状及发展策略

5.第三届语言与国家学术研讨会

湖北文理学院(襄阳),2021年10月27日(线上)

大会报告:"十四五"时期语言产业研究服务国家战略的任务与使命

(二)讲座

1.中国语言产业研究十年

内蒙古大学,2021年3月20日

2.学科交叉视角下语言产业研究的任务与趋势

泉州师范学院,2021年5月26日

3.学科交叉视角下语言产业研究的任务与趋势

曲阜师范大学,2021年6月13日

4."推普周"话推普——让普通话为更多的人赋能

首都师范大学,2021年9月15日

5.语言产业在服务国家战略中的任务与使命——以脱贫攻坚和乡村振兴为例

河北大学(保定),2021年9月28日

6.语言产业在服务国家战略中的任务与使命——以脱贫攻坚和乡村振兴为例

华中科技大学,2021年10月25日

7.让交流由"无奈"到精彩——冬奥志愿服务中语言文化传播的内容与策略

首都师范大学,2021年12月1日

8.中国语言产业的供需现状及趋势研究

对外经济贸易大学,2021年12月30日

(三)交流

1.2021年4月20日,中国语言产业研究院与广东江门市政府座谈语博会合作事宜,并应邀与五邑大学学术交流。

2.2021年5月23日,应邀在浙江宁波华文汉字应用研究院调研考察。

3.2021年6月10日,参加全球中文学习平台2021年会(青岛),中国语言产业研究院成为平台成员单位。

4.2021年7月21—23日,应湖南郴州市政府邀请,在郴州考察调研语言文化助力乡村振兴,并与湘南学院学术交流。

5.2021年6月和9月,应邀到怀柔五中、延庆十一学校、平谷三中、北京小学万年花城分校、大兴七小、树人瑞贝学校、首师大附中通州校区、史家小学通州分校、通州教师研修中心实验学校、东方小学交流研讨学校语言文化建设,并指导相关课题的申报与研究。

6.2021年10月26日,与武汉大学中国语情与社会发展研究中心学术交流。

7.2021年11月4日,应邀在河北邯郸学院学术交流。

8.2021年12月10日,中国语言产业研究院在全球说(Talkmate)北京公司举办现场教学讲座。

9.2021年12月21日,应邀参加《全国科学技术名词审定委员会章程》修订工作专家研讨会。

五、2022年

(一)论坛

1.中国语言学话语体系建设与国际传播学术研讨会

武汉大学,2022年5月28日(线上)

大会报告:关于术语资源开发应用与传播问题的思考

2.第八届中国语言政策与语言规划学术研讨会

北京语言大学,2022年6月18日

大会报告:北京语言产业发展的现状与任务

3.新媒体语言跨学科研究论坛:语言、媒介与经济

中南大学,2022年7月5日

主旨报告:语言产业与新媒体时代的语言生活

4.第八届中国语言产业论坛

华中科技大学,2022年7月20日

大会报告:语言产业视角下的术语资源开发应用研究

5.推普助力乡村振兴研讨会

江苏师范大学(徐州),2022年7月29日(线上)

大会报告:国家通用语言文字在边疆地区推广普及的理论与实践研究——以"京疆情"推普帮扶公益活动为例

6.内蒙古自治区高等学校应用语言学创新团队专家咨询座谈会

内蒙古大学,2022年8月11日(线上)

主旨报告:语言产业研究的十年"拓荒路"——关于开展原创性研究的思考

7.第十四届中国语言经济学论坛

云南财经大学,2022年9月17日(线上)

大会报告:术语产品的开发应用与传播

8.第一届国际术语高端论坛

安徽大学,2022年11月19日(线上)

大会报告:语言产业视角下术语资源开发应用的若干思考

9.第七届语言服务论坛

广州大学,2022年12月27日(线上)

大会报告:语言产业与语言生活

(二)讲座

1.我国语言文字工作面临的新形势与新任务

内蒙古鄂尔多斯市教育体育局,2022年5月31日上午(线上)

2.语言产业与语言生活

内蒙古大学,2022年5月31日晚(线上)

3.语言产业研究的核心问题

语言产业研究青年学者讲习班(华中科技大学),2022年7月16日

4.语言消费与供给研究

语言产业研究青年学者讲习班(华中科技大学),2022年7月18日

5.校园语言生活与国民语言能力提升

贵州兴义贵州省中小学骨干语文教师国培班,2022年7月28日

6.家园中国:高校在国家通用语言文字普及推广提升中的任务与使命

内蒙古大学,2022年9月15日(线上)

7.从行业及区域数据调查看中国语言产业发展的现状与趋势

  上海外国语大学,2022年12月8日(线上)

8.语言产业与语言生活

  重庆工商大学,2022年12与16日(线上)

(三)交流

1.2022年1月1日,以"建设和谐健康高质量的社会语言生活"为题,接受中国社会科学网"社科圆桌·开启新时代语言文字事业发展新征程"专访。

2.2022年5月28日下午,在第六届语言文字应用研究中青年学者协同创新联盟学术研讨会(南京大学)主编对话环节交流发言(线上)。

3.2022年7月4日,应湖南第一师范学院邀请与长沙市高新区金桥小学教师座谈交流校园语言文化建设的理念与实践。

4.2022年8月10日,以《"语言文化大讲堂"助力语言文化社会普及和民族地区对口帮扶》为题,在国家语委"国家语言文字推广基地骨干人员培训班"(国家教育行政学院)作经验交流报告。

5.2022年9月28日,中国语言产业研究院在声望听力集团北京总部举行成立12周年暨产学研合作现场交流研讨会。

6.2022年9月29日,应邀参加国家语委"迎接二十大,推动新时代国家语言文字事业高质量发展论坛"(商务印书馆),在专家对话环节交流发言。

六、2023年

(一)论坛

1.中国式现代化与语言文字应用研究前沿论坛

  内蒙古大学,2023年1月5日(线上)

  大会报告:做好语言产业发展规划,服务中国式现代化建设

2.第九届中国语言产业论坛

  中南大学,2023年7月9日

  大会报告:中国式现代化视角下的语言产业发展规划研究

3.第九届海外汉语方言国际学术研讨会暨首届海洋语言文化建设论坛

  鲁东大学,2023年7月16日

  大会报告:海洋语言文化建设的理念与路径

4.第四届"面向翻译的术语研究"学术研讨会

  呼伦贝尔学院,2023年7月30日

  大会报告:术语资源开发应用模式路径研究

5.新时代首届西北地区高校语言文字工作研讨会

  宁夏大学,2023年8月14日

大会报告:家园中国——高校在国家通用语言文字普及推广提升中的任务与使命

6.第20届国际城市语言学会年会

内蒙古大学,2023年8月27日

大会报告:语言产业视角下语言职业的界定、分类及相关思考

7.第十届中国术语学建设暨术语研究的发展与未来国际学术研讨会

三峡大学,2023年10月22日

大会报告:学科术语与术语学科:语言产业学科术语建设初步构想

8.第十五届中国语言经济学论坛

山东大学,2023年10月24日

主旨报告:语言产业作为新兴交叉学科的发展现状与前景

9.国际中文产业联盟2023发布会

武汉东湖高新区未来科技城,2023年11月4日

主旨报告:产品观视角下的国际中文教育

10.语言产业助力澳门经济多元化发展论坛

澳门语言学会/澳门语言产业协会,2023年11月11日

主旨报告:澳门语言产业发展的资源基础与路径策略

11.科技赋能华文教育高质量发展研讨会

北京华文学院,2023年11月15日

主旨报告:语言技术助力国际中文教育产品供给升级

(二)讲座

1.粤港澳大湾区语言产业发展的现状与展望

澳门科技大学,2023年4月6日

2.语言资源 语言生活 语言产业——术语资源的产品化及其服务路径

全国公共卫生与预防医学名词规范化建设培训会,2023年4月15日

3.学术拓荒与社会担当——语言文字事业与产业服务国家发展的体验与思考

广州大学,2023年5月11日(线上)

4.中国语言产业的理论与实践

汉考国际,2023年5月30日

5.中国式现代化视域下的语言产业发展规划研究

赣南师范大学,2023年7月11日

6.校园语言生活与国民语言能力提升

贵州兴义贵州省中小学骨干语文教师国培班,8月2日小学教师班,8月4日中学教师班

7.新兴交叉学科建设视角下的语言产业研究与实践

　　暨南大学,2023年9月15日

8.语言产业如何助力乡村振兴

　　江西赣州大余,2023年11月25日

(三)交流

1.2023年3月24日,应邀参加全国科学技术名词审定委员会事务中心成果转化研讨会。

2.2023年4月5日,与澳门大学人文学院、澳门语言产业协会学术交流。

3.2023年4月6日,与澳门科技大学国际学院学术交流。

4.2023年4月7日,中国语言产业研究院在广东珠海横琴主办"粤港澳大湾区语言文化学术沙龙"。

5.2023年5月7日,应邀参加北京外国语大学语言管理学研讨会。

6.2023年5月30日,中国语言产业研究院团队应邀赴汉考国际教育科技(北京)有限公司座谈交流。

7.2023年7月12日,应邀在赣南师范大学交流并考察其位于信丰县的脐橙现代产业学院。

8.2023年8月29日,应宁波市侨联邀请,出席"亲情中华 弈连五洲"第二届五大洲华裔青少年中国汉字棋邀请赛开幕式暨中国汉字棋国际传播研讨会,在研讨会上作"中国汉字棋助力中华语言文化国际传播"主题发言。

9.2023年9月14日,应河北大学文学院邀请,为2023级全体新生做"学术研究与人生规划"分享报告。

10.2023年9月16—17日,在第七届语言文字应用研究中青年学者协同创新联盟学术研讨会(广州大学)上召集与主持"语言文字基础理论和新兴交叉领域"专题研讨。

11.2023年9月23日,受邀担任第三届文化产业学术年会(南京大学)"数字文化产业人才培养与学科建设"论坛点评人。

12.2023年10月25日,应邀参加山东师范大学文学院"山东省语言产业与语言文化建设多人谈"研讨会。

13.2023年10月30日,参加全球中文学习平台2023年会(青岛),发布担任项目负责人和主编的《国际中文教育蓝皮书》,并汇报交流蓝皮书主要内容和项目成果要点。

14.2023年11月7—10日,先后在上海交通大学、东华大学、上海市语言文字工作者协会、上海财经大学、苏州大学、南京大学的国家语言文字推广基地考察交流。

15.2023年11月13日,与澳门科技大学社会文化研究所学术交流。

16.2023年12月26—27日,代表"术语资源开发应用研究基地",参加全国科学技术名词审定委员会 2023 年度业务交流培训会。

附录三:指导研究生学位论文

一、硕士学位论文

1. 逄博:《新媒体环境下什刹海文化旅游品牌塑造与传播策略研究》(2011级文化产业)

2. 马晓雪:《新媒体传播环境下博物馆的媒体传播策略研究——以北京故宫博物院为例》(2012级传播学)

3. 潘瑞佳:《2009年后威尼斯文化资源整合传播新策略研究》(2012级传播学)

4. 郭双双:《北京大学生媒介素养状况研究》(2012级文化产业)

5. 娄辰赫:《台湾青春电影与赴台旅游的关系》(2013级传播学)

6. 张瑶:《北京政务微博传播效果研究》(2013级传播学)

7. 朱文琪:《移动互联网时代手机网络文学产业发展研究》(2013级文化产业)

8. 戴雅安:《中文培训教育模式及策略研究》(2014级传播学)

9. 张思楠:《意大利大学生对中国文化的认同研究——以威尼斯大学学生为调查对象》(2014级传播学)

10. 白杰:《北京高校社区语言文化建设状况研究》(2014级文化产业)

11. 刘敏:《成年女性粉丝的偶像消费研究》(2015级传播学)

12. 闫扬洋:《城市人文形象构建中的地铁语言服务研究》(2015级文化产业)

13. 杨鑫颖:《跨文化传播视域下"中国梦"题材纪录片的叙事研究》(2016级传播学)

14. 帅柳娟:《北京语言出版行业研究》(2016级文化产业)

15. 周甲森:《智能语音翻译软件消费现状研究——以北京大学生为例》(2016级文化产业)

16. 刘奥博:《网红经济模式下网络直播平台与用户互动影响因素研究》(2017级文化产业)

17. 郑亚奇:《北京语言会展业研究——以中国(北京)国际语言文化博览会为例》(2018级文化产业)

18. 董潇逸:《俄罗斯国内的语言消费状况研究——以对汉语语言产品的消费为例》(2018级汉语国际教育)

19. 柳雨:《新冠肺炎疫情爆发后北京高校面向留学生的汉语教育服务研究——以对某高校的体验式调查为例》(2018级汉语国际教育)

20. 张天骄:《"汉语+中医药"的汉语国际传播模式研究》(2018级汉语国际教育)

21. 汪梦尧:《我国老年语言康复服务状况及对策研究》(2019级语言产业研究)

22.赵贤莹:《语言产业视角下的语言培训行业研究》(2019级语言产业研究)

23.郭展眉:《我国对外货物贸易中语言服务人才培养现状与对策研究——基于2021年外贸展会的需求分析》(2019级汉语国际教育)

24.杨东妮:《来华留学生汉语学习移动产品消费状况研究》(2019级汉语国际教育)

25.周百惠:《从全球中文学习平台看国际中文教育供需及策略》(2019级汉语国际教育)

26.曹霄珺:《语言产业视角下的语言出版业研究》(2020级语言产业研究)

27.黄鑫媛:《我国语言技术行业发展研究》(2020级语言产业研究)

28.董锐:《语言产业视角下"全球中文学习平台"产品供需与发展研究》(2020级汉语国际教育)

29.武盟玄:《语言艺术业助力国际中文教育资源建设研究》(2020级汉语国际教育)

30.严孟春:《埃及中文教育供需状况调查研究》(2020级汉语国际教育)

31.向静仪:《粤港澳大湾区语言产业现状与发展策略研究》(2021级语言产业研究)

32.宋莹莹:《上海语言产业发展研究》(2021级语言产业研究)

33.黄阳辉:《区域国别视角下大洋洲中文教育研究——以澳大利亚为例》(2021级汉语国际教育)

34.乔江山:《拉丁美洲中文教育现状及发展策略研究——以巴西为例》(2021级汉语国际教育)

35.张靓雨:《欧洲中文教育现状与策略研究——以英国、法国为例》(2021级汉语国际教育)

36.乔立荣:选题待定(2022级语言产业研究)

37.李金:选题待定(2022级汉语国际教育)

38.李珂:选题待定(2022级汉语国际教育)

39.王梦瑶:选题待定(2023级语言产业研究)

40.郭岫松:选题待定(2023级语言产业研究)

二、博士学位论文

1.董潇逸:《中国语言产业发展策略研究——以语言技术行业为例》(2021级语言产业研究)

2.郭展眉:《术语资源开发应用研究》(2022级语言产业研究)

3.王哲:选题待定(2023级语言产业研究)

图书在版编目(CIP)数据

语言产业与文化传播研究/李艳著.--北京：中国传媒大学出版社，2024.3
ISBN 978-7-5657-3517-2

Ⅰ.①语… Ⅱ.①李… Ⅲ.①语言－文化产业－研究 Ⅳ.①G114

中国国家版本馆 CIP 数据核字(2023)第 240258 号

语言产业与文化传播研究
YUYAN CHANYE YU WENHUA CHUANBO YANJIU

著　　者	李　艳
策划编辑	李水仙
责任编辑	李水仙
封面设计	大鹏设计
责任印制	李志鹏

出版发行　中国传媒大学出版社

社　　址	北京市朝阳区定福庄东街1号	邮　　编	100024
电　　话	86-10-65450528　65450532	传　　真	65779405
网　　址	http://cucp.cuc.edu.cn		
经　　销	全国新华书店		
印　　刷	唐山玺诚印务有限公司		
开　　本	787mm×1092mm　1/16		
印　　张	20		
字　　数	403 千字		
版　　次	2024 年 3 月第 1 版		
印　　次	2024 年 3 月第 1 次印刷		
书　　号	ISBN 978-7-5657-3517-2/G・3517	定　价	89.00 元

本社法律顾问：北京嘉润律师事务所　郭建平